中国外交

China's Foreign Affairs

2017年版

中华人民共和国外交部
政策规划司编

世界知识出版社

图书在版编目(CIP)数据

中国外交：2017年版/中华人民共和国外交部政策规划司编.
—北京：世界知识出版社，2017.4
ISBN 978-7-5012-5425-5

Ⅰ.①中… Ⅱ.①中… Ⅲ.①外交—概况—中国—2017 Ⅳ.①D82

中国版本图书馆CIP数据核字（2017）第047236号

中国外交 / 2017年版

Zhongguo Waijiao / 2017 Nian Ban

责任编辑 / 贾如梅　王晓娟
责任出版 / 王勇刚
责任校对 / 陈可望

出版发行 / 世界知识出版社
地址邮编 / 北京市东城区干面胡同51号（100010）
网　　址 / www.ishizhi.cn
电　　话 / 010-65265923（发行）　010-85119023（邮购）
经　　销 / 新华书店
印　　刷 / 河北新华第一印刷有限责任公司
开本印张 / 720×1020毫米　1/16　28印张　502千字
版次印次 / 2017年5月第一版　2017年5月第一次印刷
标准书号 / ISBN 978-7-5012-5425-5
定　　价 / 88.00元

《中国外交》(2017年版)指导委员会

主 任 委 员：王　毅

副主任委员：张业遂　郑泽光

委　　　员：韩志强　张建敏　汪文斌　马凤春

《中国外交》(2017年版)编辑委员会

主 任 委 员：汪文斌

委　　　员：(以姓氏笔画为序)

王立新	王晰宁	龙　舟
吉树民	汪　琴	高　睿
肖建国	张钧安	张　滔
陈学明	陈传东	陈海平
郑　璇	姚　文	胡文丽
胡　斌	秦　刚	徐　杰
郭少春	郭　伟	董　斌
戴庆利	戴　兵	

政策规划司编辑小组 / 赵亚伟　马文静　陈悦　宫梦媛

外交部长序

2016年，国际形势动荡多变、乱象纷呈。英国脱欧始料不及，中东乱局交替升温，“逆全球化”思潮日益抬头，国际格局调整变化明显加快。在以习近平同志为核心的党中央领导下，中国外交攻坚克难、开拓进取，以更为坚定、稳健的步伐，沿着和平发展道路不断前进，成为乱局中的稳定器、变局中的正能量。

我们成功主办二十国集团领导人第11次峰会，推动二十国集团从危机应对向长效治理机制转型，取得一系列具有开创性、引领性、机制性的重要成果。在亚太经合组织第24次领导人非正式会议上，习近平主席高举构建开放型世界经济、反对保护主义旗帜，推动亚太自贸区建设迈出新步伐。我们同主要大国关系稳中有进，同周边国家睦邻友好进一步巩固，对发展中国家布局更加完善，同各方务实合作持续深化。我们推动“一带一路”建设取得新进展，同沿线国家战略对接、互联互通、产能合作结出累累硕果，亚洲基础设施投资银行开业运营，丝路基金开花结果，为沿线国家共同发展和世界经济复苏注入新的动力。我们为中西部五个省区分别举办全球推介活动，架起中国地方和世界各国对接合作的便捷桥梁。我们推动南海问题重回对话协商解决的正确轨道，旗帜鲜明坚持一个中国原则，扎实开展涉台、涉港、涉藏、涉疆外交，有力维护了国家主权和民族尊严。

百舸争流，击楫勇进。展望2017年，我们将迎来党的十九大，“十三五”规划也进入深入推进的重要阶段。我们将在以习近平同志为核心的党中央领导下，为党的十九大召开营造稳定有利的外部环境，为实现中华民族伟大复兴的中国梦、推进世界和平与发展事业作出更大贡献。

2017年版《中国外交》白皮书深刻分析过去一年国际形势发展动向，集中展示中国外交攻坚开拓的丰硕成果，为各界人士把握世界大势、解读中国外交提供了系统、权威的参考。谨以此书向广大关心支持中国外交的朋友们致以诚挚谢意。期待与您携起手来，共同谱写中国外交新的壮丽篇章。

中华人民共和国
外交部长
王毅
2017年1月

目 录

第一章 2016年的国际形势

第二章　2016年的中国外交

第三章　中国与各建交国家的关系

第四章　中国与国际和地区组织的关系

第五章　中国外交中的国际安全、军控与防扩散工作

第六章　中国外交中的条约法律工作

第七章　中国外交中的边界与海洋工作

第八章　中国外交中的新闻和公共外交工作

第九章　中国外交中的领事工作

附录一

附录二

附录三

第一章

2016年的国际形势

（一）概述

2016年，国际形势动荡多变、乱象纷呈。世界和平与发展事业面临开放与保守、合作与封闭、变革与守旧的重要抉择。

1. 世界经济在深度调整中艰难复苏

国际金融危机爆发八年多来，世界经济仍未完全步入复苏正轨，经济增长延续疲弱复苏态势。国际货币基金组织预测2016年世界经济仅增长3.1%，是近七年来最低水平。全球贸易和投资低迷，大宗商品价格持续波动，政治安全风险对经济影响增大，发展在国际议程中的重要性更加突出。从深层次看，全球经济结构性问题与周期性风险相叠加，传统产业和增长动力不断衰竭，新兴产业形态和增长动能尚未积聚，国际范围内保护主义抬头，国际贸易规则碎片化，世界经济短期内难以走出“平庸期”。

2. 国际力量对比“东升西降”趋势继续发展

发达国家结构性改革进展总体迟缓，经济增长内生动力不足。美国经济温和复苏，英国脱欧使欧洲一体化遭遇挫折，日本经济依然低迷不振。与此同时，新兴市场国家经济出现回稳向好势头，中国、印度仍保持中高速增长，俄罗斯、巴西经济有所起色，新兴市场国家继续成为世界经济增长的主要贡献力量。金砖国家合作领域持续拓展，合作机制不断完善。以金砖国家为代表的新兴市场和发展中国家在国际事务中发挥着日益重要的积极作用。

3. 传统与非传统安全威胁复杂交织

局部动荡、热点问题此起彼伏。朝鲜进行两次核试验，半岛形势复杂敏感。阿富汗和谈陷入僵局。乌克兰危机对立各方矛盾根深蒂固。叙利亚问题呈现长期化、复杂化态势，政治解决进程面临众多变数。全球恐怖活动频度和烈度上升，暴恐袭击主体更加多元。“伊斯兰国”遭受重创，恐怖分子流窜各地，使恐怖主义威胁进一步扩散蔓延。核安全、气候变化、难民移民等全球性挑战更加突出。

4. 民粹主义和极端化思潮上升

在经济持续低迷、贫富分化加剧、恐怖袭击频发等因素推动下，以反建制、反主流、反精英、反全球化等为主要特征的民粹主义思潮在美欧国家抬头。受此影响，西方国家政坛“黑天鹅”事件增多，“逆全球化”风潮迭起，内顾、保守、排外倾向更加明显。民粹主义是当前全球发展困境在思想层面的表现，有着深刻的历史根源和现实背景，将对各国政治生态及国际关系产生深远影响。

（二）全球各地区形势

1. 亚洲地区形势

2016年，亚洲地区继续保持稳定与发展势头，作为世界发展高地和稳定之锚的作用更加凸显，在国际格局中地位进一步上升。

亚洲政治安全形势总体保持和平稳定，是当前全球格局中的稳定板块。

亚洲国家政局基本稳定、社会发展向好，和平、发展、合作是地区形势主流和各国共同愿望。亚洲国家间政治互信不断增强，互利合作持续深入，相互依存日益加深。地区热点和争议问题基本可控，通过对话协商方式处理分歧和争端是亚洲国家的广泛共识。

亚洲发展势头依然强劲，仍是全球最具发展活力和潜力的地区之一。多数亚洲国家致力于整顿财政以重建政策空间，积极采取灵活的货币和汇率政策以应对风险，同时深化结构性改革，大力改善民生，提高经济效率和潜在增长率。亚洲中长期发展前景依然看好。

亚洲区域合作蓬勃发展，一体化进程继续推进。中国—东盟（10+1）合作不断深化，双方共同纪念建立对话关系25周年。澜沧江—湄公河合作首次领导人会议成功举办，澜湄合作机制建设初步成形。中日韩合作、东盟与中日韩（10+3）、东亚峰会、东盟地区论坛、亚洲合作对话等机制互促互补，并行发展。中日韩自贸区和“区域全面经济伙伴关系”谈判稳步推进。“一带一路”建设不断走深走实，为沿线亚洲国家经济发展、转型升级和互利合作注入新的强劲动力。

同时，亚洲地区仍面临一些不稳定、不确定因素。域内发展不均衡、经济与安全“两个轮子”不平衡问题更加突出。朝鲜半岛、克什米尔、阿富汗等热点问题复杂敏感。一些域外国家加大在本地区的军事投入与部署，个别国家推动军事松绑。恐怖主义、自然灾害、跨国犯罪等非传统安全威胁日益严峻。一些国家经济结构调整及政治社会转型的“瓶颈”凸显。区域合作方向之争依然激烈，部分国家互信水平不足等问题依然存在。亚洲地区形势仍在深度调整。

2. 西亚北非地区局势

2016年，西亚北非地区不确定不稳定因素突出，与国际局势关联紧密，大国博弈、地缘争夺、教派矛盾、恐怖主义和难民问题复杂交织。

热点问题持续发展。在国际社会大力打击下，“伊斯兰国”遭受重创，扩张势头遭到遏制，但外溢风险正在加剧。叙利亚局势持续复杂演变，政治进程高开低走，地面战场冲突复趋激烈，叙政府军收复阿勒颇，恐怖主义猖獗，人道局势严峻。伊拉克政府打响收复摩苏尔的战役，反恐取得突破，但民族教派矛盾依旧，安全形势严峻。国际社会对巴以问题关注度上升，支持中东和平倡议外长会举行，但和谈僵局仍未打破，双方零星冲突不断。也门问题僵持难解，各方政治解决意愿虽有所上升，但不轻易放弃武装斗争。南苏丹再度爆发大规模武装冲突，局势十分脆弱，未来发展有较大不确定性。

地缘格局复杂调整。地区各种力量围绕地区热点问题激烈较量，相互之间的关系复杂演变。美国、俄罗斯在地区展开激烈博弈，成为影响地区形势和格局走向的重要因素。

变革转型进程分化演进。土耳其发生未遂军事政变，国内恐怖袭击频发。伊朗核问题全面协议执行总体顺利，但仍面临不确定性。埃及局势总体稳定，面临经济难关。沙特推出“2030愿景”。黎巴嫩选举产生新总统，结束两年半无国家元首状态。巴勒斯坦法塔赫七大选出新一届领导机构。

地区国家经济增长缓慢，主要原因是受世界经济和国际油价低迷拖累，以及地区冲突不断、局势动荡的影响。地区国家积极推行财政和经济结构改革，加大对传统能源及新能源领域的投入，加快基础设施建设，努力改善社会经济环境，但制约地区经济发展的结构性问题依然突出。

3. 撒哈拉以南非洲地区形势

2016年，撒哈拉以南非洲地区总体继续保持和平、稳定、发展的局面，但非洲形势的不确定性有所上升。

多数国家政局稳定，局部地区安全形势仍然严峻。2016年是非洲“大选年”，17国先后举行总统或立法机构选举，总体进展顺利，加蓬、冈比亚大选出现波折。多数国家执政党胜选，其中刚果（布）、乌干达、赞比亚、几内亚等国领导人成功连任。中非结束过渡期，索马里国家重建进程有所推进。南苏丹、马里等热点问题久拖不决，刚果（金）因大选推迟引发骚乱，埃塞俄比亚一度进入紧急状态。非洲国家联合打击“博科圣地”等恐怖组织取得一定成效，但贫困落后、宗教部族矛盾等恐怖主义滋生土壤难以根除。索马里海盗问题尚未彻底解决，几内亚湾海上安全问题凸显。

经济增长受到冲击，呈现多速发展态势。受世界经济复苏乏力和国际大宗商品价格低位运行影响，世界银行预测2016年撒哈拉以南非洲经济增速下调至1.6%，为20年来最低。尼日利亚、南非、安哥拉、莫桑比克等资源富集国经济失速，面临严峻困难；埃塞俄比亚、肯尼亚、乌干达、卢旺达等国经济结构较为多元，保持近7%增长。撒哈拉以南非洲国家总体债务负担加重，部分国家负债率超过国际警戒线。

联合自强呼声增强，一体化进程稳步推进。非洲国家在安理会改革等重大国际问题上坚持一个声音说话，坚持自主解决热点问题，区域一体化取得积极进展。第27届非洲联盟（简称“非盟”）峰会出台首批非洲统一护照，决定非盟成员国自2017年起将本国0.2%的进口关税用于资助非盟日常开支和维和行动预算。非洲人自主解决非洲问题能力增强，政府间发展组织（伊加特）、东非共同体分别在解决南苏丹和布隆迪问题中发挥主导作用。

主要大国继续拓展对非洲关系。法国在马达加斯加举办法语国家首脑会议。日本在肯尼亚举行第六届东京非洲发展国际会议峰会，这是日首次在非洲举行日非峰会，会上日本首相安倍晋三提出未来3年将向非洲国家提供300亿美元资金支持。德国总理默克尔访问马里、尼日尔和埃塞俄比亚，并出席德国援建的非盟总部和平安全大楼交接仪式。印度总理莫迪访问莫桑比克、南非、坦桑尼亚和肯尼亚，此系印度总理34年来首次访问非洲。韩国总统朴槿惠访问埃塞俄比亚、乌干达、肯尼亚和非盟总部，成为首位访问非盟总部并发表演讲的韩国总统。

4. 欧亚地区形势

2016年，欧亚地区形势总体保持稳定，在诸多方面发生深刻变化。

统一俄罗斯党在俄国家杜马选举中赢得胜利，形成议会宪法多数。受国内外多种因素影响，俄经济仍未走出困境，但局部企稳势头有所加强。受叙利亚问题、乌克兰危机等因素影响，俄美关系比较紧张，美、欧对俄制裁不断升级加码，俄西方关系持续困难。同时，俄积极强化东向外交，不断提升在中东地区的影响。

欧亚地区国家政局总体保持稳定。白俄罗斯、哈萨克斯坦、阿塞拜疆、格鲁吉亚议会选举以及摩尔多瓦总统大选顺利举行。乌兹别克斯坦政权平稳交接。塔吉克斯坦、阿塞拜疆、亚美尼亚和吉尔吉斯斯坦等国通过修宪寻求长治久安。

地区经济在低迷中呈现向好迹象。受国际经济大环境不佳等因素影响，欧亚地区经济总体未摆脱萎缩阴影，但与2015年相比略有好转。部分国家的反危机措施发挥一定效用，经济出现向好趋势，但脱困尚需时日。欧亚经济联盟努力推进内部一体化，积极拓展域外合作。

乌克兰危机总体保持在政治解决轨道内。各方均希落实新明斯克协议，但对协议条款解读不同，政治调解进展有限。

非传统安全威胁依然严峻。国际恐怖势力和宗教极端势力加紧渗透，对地区安全构成挑战。各国纷纷采取措施，维护社会长治久安。

5. 欧洲地区形势

2016年，欧洲地区形势继续深刻复杂演变。在恐怖袭击、难民涌入等问题仍较突出的背景下，英国公投脱欧、意大利修宪公投等事件为欧洲地区形势增添更多复杂因素。

欧洲在总体维持和平稳定局面的同时，执政难、组阁难、选举难、公投多的现象比较突出，英国卡梅伦政府、意大利伦齐政府因公投下野，法国总统奥朗德因支持率较低放弃参加下次大选，德国总理默克尔因难民政策支持率下降，西班牙政府组阁耗时一年，奥地利总统选举推迟半年，芬兰、罗马尼亚等国政府阁员频遭裁换，荷兰、英国、匈牙利、意大利等多场公投逐一上演，50多个极端政党活跃在欧盟及成员国政坛。

经济进入温和复苏通道，结构上老问题仍然存在。欧洲经济总量恢复至危机前水平，欧盟与欧元区实现八年来首次全面增长，劳动力市场持续好转，欧盟及欧元区失业率降至危机以来低点，欧元区失业率更是首次降至10%以内。但从基本面上看，欧洲经济的老问题仍未解决。欧洲生产率增长依然较低，经济内生动力仍不足，整体竞争力未有改观，意大利等国银行业风险高企，英国脱欧谈判、难民潮等对经济外溢影响长期存在。

一体化遭受冲击。英国“脱欧”派以51.9%的支持率在公投中战胜“留欧”派，英将在加入欧盟43年后面临脱离欧盟。欧盟在英公投后召开夏季峰会，明确货物、服务、资本、人员“四大自由流通”不可分割，强调欧盟将继续致力于加强投资、创造就业、保障公民安全。欧盟及其27个成员国（不含英国）9月在斯洛伐克举行非正式会晤，开启“布拉迪斯拉发进程”：加强保加利亚和土耳其边境管控，开展国际合作，减少难移民涌欧；加强成员国安全部门间信息共享与合作，建立“旅行信息认证系统”（ETIAS），立即有效执行《欧盟北约宣言》，更好打击恐怖主义，加强欧盟内外安全；计划延长欧洲投资计划，促进经济增长。

外交安全压力不减。恐怖袭击、难移民、乌克兰、叙利亚等问题给欧洲安全形势造成较大冲击，短期内难以根本解决。面对复杂局面，欧盟内外施策，综合应对。欧盟同土耳其达成难民协议，双方就遣返非法难民和接收合法登记叙利亚难民的“以一换一”方案、欧盟加快向土提供30亿欧元难民援助资金、欧盟加快对土公民实行免签、土耳其入盟谈判等达成共识。欧盟积极介入叙利亚等周边热点问题，并寻求深化成员国之间及与北约防务安全合作。欧盟出台全球战略新文件，分析欧盟所处战略环境变化、制定全球战略指导原则、提出欧盟对外行动五大优先事项并对全球战略的执行路径予以明确，进一步强化欧盟共同外交与安全政策。

6. 北美大洋洲地区形势

2016年，北美大洋洲地区形势总体稳定，有关国家政局出现新变化，外部挑战增多。

2016年是美国奥巴马政府任期最后一年。经济领域，加大教育和科技投入，鼓励创新和基础研究，升级基础设施，促进清洁能源开发，增加小微企业扶持力度，培育新经济增长点。社会领域，加大对低收入家庭扶持力度，保护弱势群体，力图缩小贫富差距，壮大中

产阶级。2016年是美国的大选年，共和党总统候选人唐纳德·特朗普战胜民主党总统候选人希拉里·克林顿，当选美国第45任、第58届总统。

2016年，美国经济继续保持温和增长，失业率保持低位。2016财年美联邦财政赤字较上财年上升1487亿美元，达5873亿美元，占同期国内生产总值的2.9%。受世界经济增长乏力等因素影响，美联储在加息问题上态度谨慎，仅在12月货币市场委员会后将联邦基金利率上调0.25个百分点。这是美联储自2015年12月进入加息周期以来首次加息，也是十年来第二次加息。美国债总额超过19.9万亿美元，约占国内生产总值的110%。

2016年，美国加紧推进亚太“再平衡”战略，继续加大对亚太地区的投入。奥巴马总统年内两次访问亚太地区，包括5月访问越南并赴日本参加七国集团峰会，9月来华参加二十国集团领导人第11次峰会、随后赴老挝出席第11届东亚峰会，成为历史上首位访问老挝的美在任总统。2月，邀请东盟10国领导人赴加利福尼亚州出席美国—东盟领导人非正式会议，并发表联合声明，强调美国和东盟战略伙伴关系的重要性。接待新加坡总理李显龙、缅甸国务资政昂山素季等访美，宣布将全面解除对越武器禁运，承诺进一步解除对缅经济制裁。美国务卿克里、国防部长卡特、常务副国务卿布林肯、美军太平洋司令哈里斯等美政军高官也多次访问亚太地区国家。继续巩固与地区盟友关系。3月，美国、日本、韩国三国首脑在华盛顿核安全峰会期间举行三边会晤。7月，美国、日本、澳大利亚三国外长在东亚合作系列外长会期间举行三边战略对话，并发表涉南海问题的联合声明。5月，奥巴马总统参加七国集团峰会期间同日本首相安倍晋三举行会晤并参观广岛核爆地。12月，日本首相安倍晋三赴美国夏威夷再次与奥巴马总统举行会晤，参观美海军“亚利桑那”号战列舰纪念馆并献花圈。加大介入南海问题，公开支持菲律宾南海仲裁案所谓的裁决结果。继续增强在亚太的军事存在，大力推动美国会及有关国家批准《跨太平洋伙伴关系协定》。

奥巴马政府重视发展与印度关系，加强与巴基斯坦反恐合作，推进阿富汗过渡进程。接待印度总理莫迪访问，发表《美印21世纪的持久全球伙伴关系》联合声明，宣布印为美“主要防务伙伴”，敲定《后勤互换协议备忘录》文本，重申支持印加入核供应国集团。防长卡特两度访印。在巴基斯坦境内通过空中精确打击击毙阿富汗塔利班领导人曼苏尔。扩大驻阿富汗美军作战授权，宣布再次推迟从阿富汗撤军计划，2016年内维持9800名驻阿美军规模，2017年年底前保持8400人规模，而非按原计划在2016年年底减少至5500人。参加在布鲁塞尔举行的阿富汗问题国际会议，推动与会各方向阿捐资152亿美元帮助阿重建。与巴基斯坦在华盛顿举行第六轮战略对话。

与俄罗斯围绕叙利亚、乌克兰等问题角力，同时保持接触。美俄元首多次通话，在二十国集团领导人第11次峰会期间举行会晤。美国务卿克里两次访俄，并与俄外长拉夫罗夫多次在第三地会晤，双方就叙利亚停火协议问题多次密集磋商，共同在日内瓦建立旨在保障叙停火的专门协调中心。同时，双方在停火执行上相互指责对方未能遵守协议。美指责俄未执行乌克兰问题明斯克协议，联合欧盟延长对俄制裁，并追加对俄制裁。奥巴马政府指责俄通过网络攻击等干预美国大选，指责俄骚扰美外交官，宣布驱逐俄驻美35名外交官，关闭俄在美两处房产，并对俄联邦安全局、俄军总参谋部情报总局及该局负责人等4名官员实施制裁。

与欧就反恐、乌克兰等问题加强协调，推进在欧军事部署和《跨大西洋贸易与投资伙伴关系协定》（TTIP）谈判。奥巴马总统三次赴欧，访问英国、德国、希腊等国，举行美德英法意领导人集体会晤，出席北约华沙峰会。重申支持欧洲一体化，呼吁英国留在欧盟；重申坚定履行对盟友安全承诺，推进北约在中东欧和南欧军事部署，向波兰增派1000名驻军。宣布将2017年“欧洲安全保证计划”预算翻两番，正式启动在罗马尼亚的导弹防御基地，开始在波兰建设第二个导弹防御基地，准备与北约在欧洲的反导系统对接；与欧盟举行多轮TTIP谈判。

应对多个地区热点问题。谴责朝鲜第四次、第五次核试验及有关射导射星活动，推动安理会通过第2270号、第2321号决议，签署国会通过的《2016年制裁朝鲜及政策加强法》，宣布将包括朝鲜领导人在内的多名官员和实体列入制裁名单，推动在韩国部署“萨德”（THAAD）反导系统。奥巴马总统访问沙特，出席美国—海合会领导人峰会。继续打击“伊斯兰国”，向伊拉克、叙利亚分别增派数百名军事人员，增加对伊拉克安全部队和叙利亚反对派军队装备和培训支持，协助伊拉克军队发动和推进收复摩苏尔战役。防长卡特等高官多次访问伊拉克，协调军事打恐事宜。多次召集叙利亚国际支持小组外长会议，推动达成叙停火协议。敦促伊朗落实伊朗核问题全面协议，允许波音公司与伊朗航空公司签署250亿美元客机销售协议，宣布对参与支持伊朗弹道导弹项目的两家伊朗公司进行制裁，将2016年年底到期的对伊朗制裁法案延长10年。坚持解决巴以问题的“两国方案”，罕见允许联合国安理会通过谴责以色列定居点建设决议。

拓展与拉美国家关系。奥巴马总统实现美国在任总统近90年来首次访古，继续推进美古关系正常化进程。奥巴马总统访问阿根廷，实现美总统近20年来首次访阿。副总统拜登访问墨西哥并主持美墨高级经济对话。宣布关闭关塔那摩监狱计划，积极参与哥伦比亚和平进程，加大对中美洲国家安全和发展援助，协助巴西等拉美国家应对寨卡疫情。

保持对非洲关注和投入。延期《非洲增长与机遇法案》，继续推进实施“电力非洲”等计划。推动在2017财年预算中拨款71亿美元支持非洲国家民主建设和经济健康教育。以制裁为威胁敦促南苏丹总统和反对派领导人执行和平协议。美国务卿克里出席利比亚问题部长级会议。常务副国务卿布林肯访问尼日利亚并出席第二次乍得湖盆地地区安全峰会。

2016年，加拿大政局平稳发展。自由党施政总体顺利，加新任总理贾斯廷·特鲁多着力推动多项大选承诺取得进展。就选举制度改革开展有关政策咨询。推进参议院改革，新任命的参议员不再代表任何政党。加强同各省、区政府进行沟通协调，关注原住民问题以及少数族裔和妇女权利，对同性恋等特殊群体采取包容态度。执政一年来，特鲁多总理支持率长期处在50%以上，执政地位愈趋巩固。主要反对党内部整合尚未完成。受全球大宗商品价格低迷影响，加经济面临较大下行压力。特鲁多政府通过赤字刺激经济，实施扩张性财政政策。重点扩大交通、道路、住房、机场、港口等投入，加大对产学研机构支持，平衡推进能源资源开发和减排议程。对外倡导贸易自由化和多元化，正式签署TPP和《加欧全面经济与贸易协定》，深化北美自贸区建设。特鲁多总理密集出席联合国大会、二十国集团领导人峰会、七国集团峰会、亚太经合组织领导人非正式会议等国际会议，签署气候变化《巴黎协定》，宣布加将竞选2021～2022年安理会非常任理事国，扩大参与联合国维和行动。努力改善和强化同美国等盟国关系，主办北美领导人峰会，特鲁多总理与奥巴马总统实现互访。在巴以问题上重视同以色列盟友关系，同时呼吁维护巴勒斯坦人权益。取消对伊朗金融、贸易等制裁措施。继续在乌克兰问题上对俄罗斯实施制裁，但强调对俄政策须顾及自身利益。

2016年是澳大利亚大选年，总理特恩布尔领导的自由党—国家党联盟蝉联执政。主要反对党工党以及小党和独立议员在议会的席位有所增加。特恩布尔政府以推动经济结构改革、促进增长和就业为施政重点，积极推进税制、劳资关系改革，实施“国家创新与科学议程”，鼓励农牧业、服务业、中小企业发展，打造经济新增长点。在外交上坚持中等强国定位，巩固同美国、英国、新西兰等传统盟友、伙伴的关系，深化同印（度洋）太（平洋）地区重要国家及太平洋岛国关系。重视多边外交、经济外交，积极参与联合国、二十国集团、亚太经合组织、东亚峰会等多边机制事务，推动双多边自贸安排。积极应对恐怖主义威胁，强化国内反恐措施，加大国际反恐合作。

2016年，新西兰政局总体平稳。国家党政府施政进入第八年，继续推进既定经济、社会政策，努力提振经济活力，民意支持率保持高位。12月，执政八年的总理约翰·基宣布辞职，副总理兼财长英格利希当选国家党领袖并就任总理。英格利希随后改组内阁。经济上稳步推进改革，合理管控财政，政府财政盈余上升。加大基础设施建设投入，挖掘农业、服务业潜力，推动经济连续第7年实现稳定增长。继续巩固同澳大利亚、美国关系，拓展同亚太国家、欧洲、中东经贸合作，加大对太平洋岛国地区投入。担任2015～2016年度联合国安理会非常任理事国，积极推动安理会在叙利亚、巴以等问题上发挥更大作用。

2016年，太平洋岛国地区形势总体稳定。多数岛国政局平稳。萨摩亚、瓦努阿图、马绍尔群岛、基里巴斯、瑙鲁、帕劳等国举行大选。岛国经济总体缓慢增长，但地区整体发展水平较低、严重依赖外援的现状未有显著改变。斐济、密克罗尼西亚联邦等国遭受严重飓风、干旱等灾害。各岛国继续推动区域合作进程，加强气候变化、渔业经济等领域政策协调，太平洋岛国论坛、太平洋岛国发展论坛等地区合作机制续有发展。斐济、巴布亚新几内亚等国积极参与多边事务或举办国际会议，岛国作为整体在国际社会受到更多关注。澳大利亚、新西兰、美国、日本等域内外国家以不同形式加大对岛国地区投入。

7. 拉丁美洲和加勒比地区形势

2016年，拉丁美洲和加勒比地区形势在总体稳定中经历深刻复杂调整。

政局变中有稳。地区多国政治斗争加剧，执政难度普遍加大。巴西总统罗塞芙遭弹劾，委内瑞拉朝野斗争激烈，玻利维亚总统谋求再次连任的修宪公投未获通过。但各方博弈未突破现行体制和法律框架，各国均以稳定局势、复苏经济、改善民生、争取有利的内外发展环境为主要施政目标，巴西、秘鲁政权平稳过渡，哥伦比亚和平进程取得重大进展，加勒比国家积极探索改革。

经济复苏任重道远。受国际经济金融大环境及自身经济结构问题等叠加影响，拉美地区2016年预计负增长1.1%。巴西、委内瑞拉等国经济持续衰退，阿根廷、墨西哥、智利等国下调增长预期。加勒比国家经济略有回暖。地区国家持续采取危机应对和改革调整措施，部分国家宏观指标显现触底迹象。

外交多元务实。拉美国家积极拓展同世界各主要国家和地区关系，对外关系格局日趋多元，着力通过多边舞台提升国际影响。巴西成功举办奥运会，秘鲁成功举办亚太经合组织会议，阿根廷担任2018年二十国集团主席国。域外国家积极发展同拉美国家关系，美国继续推进同古巴关系正常化进程，欧盟、俄罗斯、日本加强同拉美国家对话合作。

地区一体化进程曲折前行。受地区政局变化、经济困难等影响，拉美和加勒比国家共同体、南美国家联盟发展步伐放缓，美洲国家组织、南方共同市场内部分歧加剧，但维护团结、加强合作仍是地区国家共识。太平洋联盟自贸区正式建成，观察员国总数增至49个。南方共同市场加快同欧盟自贸谈判进程，并加强与太平洋联盟对话。

（三）专题评述

1. 2016年美国总统选举

2016年2月初，美国总统选举正式拉开帷幕。6月底，纽约地产商唐纳德·特朗普和前国务卿希拉里·克林顿分别赢得共和、民主党内初选。7月中下旬，两党分别举行全国代表大会，正式提名特朗普和克林顿为总统候选人。在两党对决阶段，双方举行了三场总统候选人电视辩论和一场副总统候选人电视辩论。11月8日，美国各州举行总统选举投票，特朗普当选为第45任美国总统。

2月1日，2016年总统初选从艾奥瓦州开始。共和党参选人数众多，竞争激烈，纽约地产商特朗普逐步脱颖而出，确立领先地位。随着初选进程展开，其他参选人陆续退出，特朗普赢得党内提名。民主党方面，前国务卿克林顿优势明显，在初选中一路领先并顺利赢得党内提名。7月18～21日、25～28日，共和、民主两党分别在俄亥俄州克利夫兰、宾夕法尼亚州费城召开全国代表大会，正式提名特朗普、彭斯为共和党总统、副总统候选人，克林顿、凯恩为民主党总统、副总统候选人，并审议通过各自政治纲领。

从8月初至11月初，两党总统、副总统候选人及各自竞选团队赴美各地以各种形式举办竞选造势活动，其中三场总统候选人电视辩论和一场副总统候选人电视辩论引人关注。总统候选人电视辩论分别于9月26日、10月9日、10月19日在纽约市、华盛顿州圣路易斯市和内华达州拉斯维加斯市举行，副总统候选人辩论于10月4日在弗吉尼亚州法姆维市举行，特朗普和克林顿、彭斯和凯恩分别围绕内政、经济、外交、安全等议题展开激烈交锋。

从9月9日开始，北卡罗来纳、明尼苏达等37个州和华盛顿哥伦比亚特区陆续启动提前投票。11月8日是2016年美国总统选举正式投票日。根据美国选举制度，候选人赢得270张以上选举人票即当选总统。计票结果显示，特朗普共赢得30州、306张选举人票、6297.9万张普选票，克林顿赢得20州和华盛顿哥伦比亚特区、232张选举人票、6584.4万张普选票。特朗普当选新一届美国总统。12月19日，在选举人团投票中，因共和、民主两党分别有2名、5名选举人改变投票立场，特朗普、克林顿最终分别赢得304张、227张选举人票。2017年1月6日，新一届国会参众两院举行联席会议，正式确认特朗普当选美国总统。20日，特朗普宣誓就任美国第45任、第58届总统。

2. 英国公投脱欧

2016年6月23日，英国就是否留在欧盟举行全民公投，共有4650万人登记参加投票，超过历届英国大选登记选民数，创历史新高。24日，公投结果揭晓，1741万人投票支持脱欧，支持率为51.9%，1614万人支持留欧，支持率为48.1%，英国在加入欧盟43年后选择脱欧。时任首相卡梅伦在脱欧结果公布后发表讲话，表示尊重英国人民的选择，呼吁各方保持团结，并宣布辞去首相职位。

英国公投脱欧后，欧盟及德、法、意等欧盟成员国领导人纷纷对公投结果表示遗憾，呼吁欧盟其他27国保持团结，希望英国尽快启动脱欧程序。国际金融市场反应剧烈，英镑兑美元汇率一度暴跌11%，创1985年以来新低，亚洲、欧洲等主要股指大幅下挫。英央行七年来首次降息，并扩大量化宽松规模，以应对英国脱欧对经济的冲击。

7月13日，原内政大臣特雷莎·梅正式接替卡梅伦成为英国历史上第76任首相，也是继撒切尔夫人之后第二位女首相。14日，梅首相完成组阁，财政大臣、外交大臣、内政大臣三大核心职位分别由原外交大臣哈蒙德、前伦敦市长约翰逊和原能源与气候变化大臣拉德担任，新设脱欧事务大臣和国际贸易大臣，分别由前保守党主席戴维斯和前国防大臣福克斯担任。10月初，梅首相在保守党年会上首次明确，英将于2017年3月底前启动《里斯本条约》第50条脱欧程序。

3. 联合国安理会审议朝鲜半岛核问题

2016年，朝鲜进行两次核试验，多次试射弹道导弹并发射卫星，连续违反联合国安理会决议。

1月6日，朝鲜进行第四次核试验。安理会举行紧急会议审议朝鲜核试验问题。会后安理会发表主席新闻谈话，强烈谴责朝核试，认为此举严重违反安理会相关决议及核不扩散体系，是对国际和平与安全的明显威胁，决心就朝再次核试采取重要

行动。

3月2日，安理会一致通过涉朝鲜问题的第2270号决议。决议强化和新增了包括全面武器禁运、金融制裁、禁止朝出口部分矿产品、货物检查和交通限制、增列朝受制裁实体和个人等制裁措施。决议还写入维护朝鲜半岛和平与稳定，支持并呼吁重启六方会谈，美朝保证相互尊重主权、和平共处，决议无意对朝人道主义形势及合法经济活动产生消极影响等。

安理会第2270号决议通过后，中国常驻联合国代表刘结一大使作解释性发言，表示中方明确反对朝鲜核试验。中方一贯坚持实现朝鲜半岛无核化，坚持维护半岛和平稳定，坚持通过对话协商解决问题。中国始终主张通过对话谈判等政治和外交方式和平解决国际争端和热点问题。中国是朝鲜半岛近邻和对半岛稳定负有重要责任的国家，始终坚持半岛无核化的大方向，始终反对半岛生战生乱，始终维护自身和地区国家的正当安全利益。中方呼吁有关各方均应避免采取进一步加剧半岛紧张局势的行动。中方反对在半岛部署“萨德”反导系统。

9月9日，朝鲜进行第五次核试验。安理会举行紧急会议审议朝鲜核试验问题。会后安理会发表主席新闻谈话，强烈谴责朝核试，表示将采取进一步重大行动等。

11月30日，安理会一致通过涉朝鲜问题的第2321号决议，强化和增加对朝鲜制裁措施。决议要求对朝出口煤炭设置750万吨或4亿美元的年度上限，禁止朝出口铜等有色金属，禁止各国向朝提供直升机、船舶等；要求各国关闭本国银行在朝分支机构，禁止对朝贸易提供公共或私人金融支持；要求各国加强对进出朝货物查验；严格限制各国同朝开展科技领域交流合作；增列对朝禁运的核导生化两用物项、军民两用物项清单及受制裁个人和实体等。决议同时重申有关措施无意对朝人道、民生造成不利后果，安理会承诺以和平、外交和政治方式解决问题，强调各方采取行动降低半岛紧张局势的重要性等。

安理会第2321号决议通过后，中国常驻联合国代表刘结一大使作解释性发言，表示中国政府坚决反对朝鲜再次进行核试验。2016年年初以来，朝鲜两次进行核试验并多次进行弹道导弹试射。同时，有关方面不断加强军事部署、强化军事存在、扩大军演规模。半岛双方对峙加剧，半岛局势陷入恶性循环。这种局面必须尽快改变。中国是朝鲜半岛近邻，始终坚持实现朝鲜半岛无核化，坚持维护半岛和平稳定，坚持通过对话协商解决问题，反对半岛生乱生战。中方反对在半岛部署“萨德”反导系统。中方敦促有关各方并行推进实现半岛无核化谈判和半岛停和机制转换谈判。中方将坚持推动对话协商，在六方会谈框架下解决半岛有关问题，为早日实现半岛长治久安继续发挥积极和建设性作用。

4. 叙利亚问题持续动荡难解

2016年，叙利亚局势持续动荡，人道局势依然严峻，恐怖主义、难民危机等衍生问题不断外溢，对国际和平与安全构成威胁。

2016年以来，叙利亚政治解决进程经历由波峰落入波谷的过程，并在年底再现积极动向。根据安理会第2254号决议要求，联合国秘书长叙利亚问题特使德米斯图拉在日内瓦召集叙利亚政府和反对派举行三轮间接和谈，但由于双方立场相距甚远，未能谈及实质性问题，和谈陷入停滞。尽管叙利亚国际支持小组多次召开外长会，但并未进一步扩大共识。2016年年底前，哈萨克斯坦倡议于2017年年初在阿斯塔纳举行新一轮叙利亚政府同反对派和谈，安理会并通过第2336号决议对此表示欢迎。德米斯图拉特使也宣布了新一轮日内瓦和谈的时间。

叙利亚地面局势持续动荡。俄罗斯同美国三度达成停止敌对行动协议，推动联合国安理会就停火问题通过第2268号决议，并就对恐怖组织和反对派进行分割达成初步方案，然而有关安排均未能得以有效落实。在俄罗斯等国支持下，叙利亚政府加大军事行动力度，并收复北部重镇阿勒颇。在法国倡议下，安理会一致通过第2328号决议，授权联合国监督叙阿勒颇东部地区的人道主义撤离。此后，在俄罗斯和土耳其推动下，叙利亚政府同反对派就全境停火达成协议。

叙利亚人道局势依然严峻，难民和流离失所者人数居高不下。同时，叙人道救援物资准入情况有所改善，被围困地区逐步减少。叙利亚化武问题再度升温。安理会授权成立的禁化武组织——联合国联合调查机制提交报告，认定叙利亚政府和“伊斯兰国”在叙境内使用化学武器。英国、法国等提出安理会应据此采取行动。

2016年下半年，法国及西班牙、新西兰、埃及等国先后在安理会提出了两份关于阿勒颇人道停火问题决议草案，均遭俄罗斯否决。加拿大、卢森堡等国推动联大通过叙利亚问题有关决议，要求就2011年以来在叙境内发生的违反国际法严重罪行设立独立国际调查机制，收集证据并进行分析，以便未来用于追究刑事责任。

中国一贯秉持公正、客观立场，积极和建设性参与叙利亚问题政治解决进程。中国高举政治解决旗帜，主张应由叙利亚人民决定国家未来，支持联合国发挥斡旋主渠道作用。中国始终认为，联合国及其安理会采取的任何行动，都应有助于推动叙利亚问题的政治解决，有利于维护联合国会员国、安理会成员间的团结。

5. 伊朗核问题全面协议正式起步执行

2016年1月16日，欧盟外交与安全政策高级代表莫盖里尼代表伊朗核问题六国（联合国安理会五个常任理事国和德国）与伊朗外长扎里夫在奥地利维也纳发表联合声明，宣布伊朗核问题全面协议“执行日”到来。这标志着六国与伊2015年7月14日达成的全面协议正式起步执行。

根据全面协议，“执行日”为国际原子能机构确认伊已执行关键核领域措施之日，联合国安理会与美国、欧盟针对伊核计划相关制裁应于同日解除。1月16日，国际原子能机构发布报告，确认伊已完成全面协议规定的12项关键核领域措施，包括取出阿拉克重水堆堆芯、削减离心机、运出多余浓缩铀库存等。同日，美、欧宣布解除与伊核问题相关的能源、金融等领域制裁，联合国安理会将对伊核及核两用品、武器禁运及弹道导弹制裁转为限制性措施继续执行。一年来，全面协议执行总体顺利。全面协议联合委员会举行了五次会议，对执行情况保持经常性审议。

中国作为联合国安理会常任理事国和六国机制成员，在伊核问题上一贯采取客观、公正和负责任的立场，一直呼吁各方从维护国际核不扩散体系、维护中东地区和平与稳定的大局出发，推动伊核问题政治外交解决进程，为全面协议顺利起步执行作出了贡献。4月1日，六国在美国华盛顿举行领导人会议。国家主席习近平应邀与会，阐述中国在伊核有关问题上的主张，为推进全面协议后续执行提供了政治指引。9月22日，六国与伊朗在美国纽约举行外长会，外交部副部长李保东出席。在阿拉克重水堆改造问题上，中方作为六国工作组双组长之一，同美、伊等各方保持紧密合作，推动改造项目不断取得进展。中国将与国际社会一道，继续致力于推动全面协议执行，为伊核问题的全面、长期、妥善解决作出贡献。

6. 联合国秘书长选举

联合国是最具普遍性、代表性和权威性的政府间国际组织，在维护世界和平、促进共同发展方面具有举足轻重的作用。联合国秘书长作为联合国系统的最高行政长官，对国际事务有着重要影响。根据《联合国宪章》规定，秘书长由安理会推荐，联合国大会任命。第八任联合国秘书长潘基文任期于2016年年底结束。

2015年12月，安理会及联大正式启动下届秘书长遴选工作。先后有13名候选人正式向联大提出报名参选，分别是：马其顿前外长、第62届联大主席凯里姆，克罗地亚第一副总理兼外长普西奇（女），黑山副总理兼外长卢克希奇，斯洛文尼亚前总统图尔克，联合国教科文组织总干事、保加利亚前外长博科娃（女），摩尔多瓦前第一副总理兼外长盖尔曼（女），葡萄牙前总理、联合国前难民高专古特雷斯，联合国开发计划署署长、新西兰前总理克拉克（女），塞尔维亚前外长、第67届联大主席耶雷米奇，阿根廷外长、联合国秘书长前办公室主任马科拉（女），斯洛伐克副总理兼外长莱恰克，《联合国气候变化框架公约》秘书处前执行秘书菲格雷斯（女），欧盟委员会副主席格奥尔基耶娃（女）。

联大于2016年4月12～14日、6月7日及10月3日举行秘书长候选人与各会员国之间的非正式对话会。候选人阐述本人对担任秘书长面临的挑战、机遇的愿景及各自主张，并接受各国代表等提问。联大并于7月13日举行全球市民大会，由参加活动的候选人就全球性问题进行公开辩论。

安理会自7月起举行多轮秘密“意向性投票”，了解各候选人所获支持情况。10月5日，安理会轮值主席、俄罗斯常驻联合国代表丘尔金宣布安理会决定向联大推荐葡萄牙前总理、联合国前难民高专古特雷斯。10月6日，安理会成员一致通过第2311号决议，决定向联大推荐古特雷斯为第九任联合国秘书长。

10月13日，联大举行全会，正式任命古特雷斯为联合国秘书长，任期自2017年1月1日至2021年12月31日。古特雷斯在当选演说中表示，《联合国宪章》的宗旨和原则要求推行外交、实现和平，他相信联合国，相信和平、正义、尊严、包容、团结等联合国核心价值。

古特雷斯当选后，国家主席习近平、国务院总理李克强分别向葡萄牙总统德索萨、葡萄牙总理科斯塔致贺电。外交部长王毅向古特雷斯本人致贺电。

第二章

2016年的中国外交

（一）概述

面对复杂多变的国际形势，以习近平同志为核心的党中央高举合作共赢旗帜，引领开放变革潮流，在世界形势乱局中维护中国发展的良好外部环境，在国际体系变局中提升中国的地位影响和制度性权力，谱写了中国特色大国外交新的壮丽篇章。

1. 引领全球治理变局

随着国际力量对比消长变化和全球性挑战日益增多，加强全球治理、推动全球治理体系变革是大势所趋。中央政治局集体学习一年内两度聚焦全球治理，为中国深入参与全球治理进行了顶层设计和行动规划。中国成功主办二十国集团领导人第11次峰会，引导各方把创新和结构性改革作为开创世界发展新局面的主线，把发展议题置于全球宏观政策协调的突出位置，扩大了中国新理念的国际影响，提升了中国改革开放的世界意义，引领了世界经济和全球治理的前进方向。二十国集团领导人第11次峰会达成29项重要成果，在二十国集团发展进程中留下深刻中国印记，成为二十国集团发展史上的里程碑。在亚太经合组织第24次领导人非正式会议上，国家主席习近平直面“逆全球化”思潮，强调要反对一切形式的保护主义，建设开放型经济，推动经济全球化进程向更加包容普惠的方向发展；呼吁各方把共识转化为行动，早日建成亚太自贸区，在国际上起到稳定人心、提振信心、凝聚共识的重要作用。会议通过《亚太自贸区利马宣言》，为亚太自贸区进程注入新动力。国务院总理李克强在联大主持召开可持续发展主题座谈会，率先发布中国落实2030年可持续发展议程国别方案，首次系统阐述中国可持续发展观，彰显了大国担当。

2. 巩固睦邻友好格局

周边是中国和平发展的立足点，也是践行中国特色大国外交理念的示范区。我们积极攻克难点，筑牢支点，应对热点，打造亮点，进一步巩固了总体稳定良好的周边环境。习近平主席热情接待菲律宾总统杜特尔特访华，双方就全面改善发展中菲关系达成重要共识，推动南海问题重回对话协商解决的正确轨道，使利用南海问题搅乱地区稳定的图谋彻底破产，也为中国与东盟国家进一步深化合作扫除了障碍。习近平主席成功访问柬埔寨，对外发出中国力挺老朋友的清晰信号，产生超越中柬双边关系的积极影响。习近平主席访问孟加拉国，中国成为孟加拉国选择的第一个战略伙伴。中缅关系在缅甸政局发生重要变化情况下迅速实现平稳过渡。中国同斯里兰卡的重要合作项目陆续排除障碍、重回正轨。习近平主席成功出席上海合作组织成员国元首理事会第16次会议，推动上合组织发展进入新阶段。李克强总理同东盟国家领导人举行中国—东盟建立对话关系25周年纪念峰会，书写中国—东盟关系新篇章。中方正式启动澜沧江—湄公河合作机制，为东亚区域合作增添新的引擎。中方提出朝鲜半岛无核化和停和机制转换“双轨并行”的解决方案，坚决反对以核问题为借口在半岛部署“萨德”反导系统，为实现半岛无核化、维护半岛和平稳定作出积极贡献。

3. 运筹大国关系棋局

继“庄园会晤”“瀛台夜话”“白宫秋叙”之后，习近平主席同奥巴马总统在二十国集团领导人第11次峰会期间进行“西湖长谈”，达到增信释疑的积极成效，彰显中美共同利益远远大于矛盾分歧、协调合作远远大于竞争摩擦。美国大选结果公布后，习近平主席同当选总统特朗普通电话，推动中美关系沿着不冲突不对抗、相互尊重、合作共赢的轨道继续向前发展。中俄元首一年内五次会晤，双方就加强全球战略稳定发表联合声明，围绕重

大国际和地区问题保持密切协调，能源、航空等领域大项目合作稳中有进，“一带一路”与欧亚经济联盟建设对接合作有序推进，中俄全面战略协作伙伴关系迈向更高水平。习近平主席两访中东欧，李克强总理出席第五次中国—中东欧国家领导人会晤，奏响对欧外交“中东欧协奏曲”。中方成功主办第18次中欧领导人会晤，中法、中德各领域交流合作机制取得新成果，英国新首相梅表示愿继续致力于打造英中关系“黄金时代”。习近平主席在金砖国家领导人第八次会晤期间全面总结金砖合作10年成就和经验，坚定金砖成员国合作信心，唱响金砖合作光明前景，为加强金砖合作提供强劲动力。

4. 深化伙伴关系布局

以发展中国家为重点，推动构建各具特色、各有侧重、相互补充的伙伴关系，全球伙伴关系网络基本形成并日益完善。习近平主席首次访问中东地区，有力提升了中阿集体合作水平。中国成功举办中非合作论坛约翰内斯堡峰会成果落实协调人会议，“中非十大合作计划”显露成效，中非友好合作迈向更高水平。习近平主席第三次访问拉美，为中拉关系发展开辟了更广阔前景，拓展和深化中拉合作已超越拉美国家党派纷争和政权更替，成为拉美社会各界战略共识。

5. 开拓“一带一路”新局

习近平主席在乌兹别克斯坦最高会议立法院发表重要演讲，提出中国愿同沿线国家携手打造“绿色、健康、智力、和平”四大指向的丝绸之路，明确了“一带一路”建设的大方向，得到国际社会普遍响应。迄今已有100多个国家和国际组织表达了积极支持和参与的态度，中国已同40多个国家和国际组织签署共建“一带一路”合作协议。《建设中蒙俄经济走廊规划纲要》正式签署，实现“一带一路”在多边经济走廊方面的突破。加快推进与沿线国家的互联互通和产能合作。雅万高铁开工建设，中老、中泰铁路开工在即，中国企业中标皎漂深水港及工业区项目，瓜达尔港正式开航，科伦坡港口城项目全面复工，中国企业中标希腊比雷埃夫斯港港务局项目，匈塞铁路签署商务协议，以中国装备和标准制造的亚吉铁路正式通车。亚洲基础设施投资银行开业运营，丝绸之路基金首批投资项目顺利启动，中国—海合会以及中以自贸区谈判持续推进。

6. 维护主权安全大局

围绕菲律宾前政府挑起的所谓南海仲裁案这一披着法律外衣的政治挑衅，中方进行了坚决有力斗争。习近平主席等党和国家领导人在各种双多边场合清晰表明中方严正态度，中方有力揭露临时仲裁庭越权、扩权甚至滥权的非法行径，坚持中国与东盟共同达成的地区规则，推动大家一致同意通过直接当事方对话协商解决具体争议，得到来自近120个国家和240多个不同国家政党的理解和支持，有效维护了国家主权权益，维护了民族尊严，也维护了地区和平稳定。旗帜鲜明坚持一个中国原则，扎实开展涉台、涉藏、涉疆外交，反对外部势力干预港澳事务，推动挪威政府在涉及中国核心利益和重大关切问题上作出重要明确表态，维护了国家主权和安全利益。

7. 服务改革开放全局

围绕服务国家发展这一中心任务，积极开拓创新，为国家担责、为地方服务、为百姓造福。启动外交部省区市全球推介活动，先后为中西部五个省区举办专场推介，有机统筹中央、地方两种优势，对接国内、国外两种资源，从服务中央决策延伸到服务地方发展，受到地方普遍欢迎。全力配合国内主管部门做好国际追逃追赃工作，又追回19名“百人红通”人员。同10多个国家和地区达成新的便利人员往来安排，从局势动荡的南苏丹顺利撤离中国公民千余人，成功营救被索马里海盗劫持四年多的渔船船员，领事保护体系日益完善。

（二）中国与各地区国家关系

1. 中国与亚洲地区国家关系

2016年，中国继续秉持亲诚惠容的周边外交理念，坚持与邻为善、以邻为伴，坚持睦邻、安邻、富邻，不断深化和拓展与亚洲国家的全方位交流合作，努力打造互利共赢、共同繁荣的亚洲命运共同体。

高层交往密切，政治互信深化。国家主席习近平访问柬埔寨、孟加拉国，赴印度出席金砖国家领导人第八次会晤，在上海合作组织成员国元首理事会第16次会议、亚太经合组织第24次领导人非正式会议等场合同周边国家领导人互动交流。国务院总理李克强访问蒙古并出席第11届亚欧首脑

会议，出席东亚合作领导人系列会议并访问老挝。中国成功接待缅甸、马来西亚、老挝、越南、柬埔寨、菲律宾、印度、阿富汗、斯里兰卡、尼泊尔、马尔代夫、韩国、蒙古等国领导人访华，不断深化与有关国家双边关系。中国与菲律宾关系实现全面转圜并向好发展，与孟加拉国关系提升为战略合作伙伴关系。中国成功主办博鳌亚洲论坛2016年年会等活动，为维护地区和平稳定、促进经济可持续发展发挥了重要作用。

互利合作提质增速，"一带一路"建设走实走深。亚洲基础设施投资银行正式开业运营，首批合作项目顺利出台，丝路基金首批投资项目正式启动。中国与亚洲国家的基础设施建设和互联互通合作取得重要进展。中老（挝）铁路举行全线开工仪式。中泰（国）铁路签署政府间合作框架文件。印尼雅万高铁动工修建先导路段。马来西亚正式授标中国企业联合体承建南部铁路项目。斯里兰卡汉班托塔港二期工程、科伦坡港口城等项目顺利推进。经济走廊建设形成良好势头，中巴（基斯坦）经济走廊建设取得一系列积极进展。产能合作全面展开，发表《澜湄国家产能合作联合声明》《中国—东盟产能合作联合声明》，产业园区、跨境经济合作园区、临港工业园等项目扎实推进。

区域合作再上台阶，一体化进程不断推进。中国和东盟举行建立对话关系25周年系列纪念活动，召开中国—东盟国家外长特别会议，同意加强战略沟通，聚焦互信合作。中国成功举办澜沧江—湄公河合作首次领导人会议，澜湄合作机制正式启动并进入全面实施新阶段。中国继续推动中日韩、东盟与中日韩（10+3）、东亚峰会、亚洲合作对话（ACD）、东盟地区论坛（ARF）等合作机制保持发展势头，推进中日韩自贸区、"区域全面经济伙伴关系"（RCEP）谈判进程。中国发挥南盟和中国—南亚博览会"两个平台"作用，继续推动南亚区域合作。

稳妥管控热点问题，维护地区安全。在南海问题上，中国坚定维护领土主权和海洋权益，支持并倡导处理南海问题的"双轨思路"，与东盟国家达成《关于全面有效落实〈南海各方行为宣言〉的联合声明》等共识，使南海问题重回对话协商轨道。在朝鲜半岛核问题上，中国高举无核化与和平稳定旗帜，提出半岛无核化与停和机制转换"双轨并行"思路，推动朝核问题重回谈判轨道，同时反对以核问题为借口在半岛部署"萨德"反导系统。在缅北问题上，中国积极支持缅北和平进程，同缅方共同维护中缅边境地区的安宁稳定。在阿富汗问题上，中国坚定支持阿富汗推进和平重建与和解进程。

人文交流更趋活跃，合作内涵不断拓展。2016年是中国—东盟教育交流年、中巴（基斯坦）建交65周年、中老（挝）建交55周年、中文（莱）

建交25周年。“中国旅游年”在印度成功举办，“中国节”暨第二届加德满都（中国—南亚）文化论坛在尼泊尔成功举办。柬埔寨“中国文化之家”升级为“中国文化中心”。中国在缅甸启动“中缅友好学校”网络建设。中国向马尔代夫、东帝汶等国派遣医疗队，为当地提供医疗服务。中国在菲律宾、越南台风，印度、东帝汶严重旱灾，以及缅甸洪灾、朝鲜水灾之后及时施援，彰显了同亚洲国家守望相助的友好感情。

2. 中国与西亚北非地区国家关系

2016年，西亚北非地区不确定不稳定因素突出，与国际局势关联紧密。中国积极稳妥推进对地区外交工作，继续巩固和发展同地区国家的传统友好关系。

中国与地区国家政治互信更加牢固。国家主席习近平成功访问沙特、埃及、伊朗和阿拉伯国家联盟总部，全国人大常委会委员长张德江访问以色列和巴勒斯坦，国务院副总理刘延东访问埃及、巴勒斯坦和以色列，副总理汪洋访问土耳其，中央政法委书记孟建柱访问沙特、阿联酋，中共中央政治局委员、中央军事委员会副主席范长龙上将访问黎巴嫩，国务委员王勇访问阿曼、约旦和阿尔及利亚，外交部长王毅访问卡塔尔、突尼斯。中方邀请埃及总统塞西、土耳其总统埃尔多安、沙特王储继承人兼第二副首相穆罕默德·本·萨勒曼·本·阿卜杜勒阿齐兹·阿勒沙特出席二十国集团领导人第11次峰会，接待摩洛哥国王穆罕默德六世、以色列议长尤利·埃德尔斯坦、阿尔及利亚国民议会议长穆罕默德·哈利法、阿曼协商会议主席哈立德·本·希拉勒·马瓦利等访华。中国与沙特、伊朗建立全面战略伙伴关系，与摩洛哥建立战略伙伴关系，与沙特、土耳其举行两国高级别联合委员会和中土政府间合作委员会机制首次会议，与埃及举行战略合作磋商机制第一次会议。中阿合作论坛第七届部长级会议在卡塔尔多哈举行。

推进“一带一路”建设，务实合作提质升级。2016年，中国与地区国家双边贸易额达2319.3亿美元，进口原油1.9亿吨。中国与沙特、伊朗签署共建“一带一路”谅解备忘录，同阿尔及利亚、苏丹签署产能合作文件，与埃及举行产能合作部长级会议并签署本币互换合作协议。中国与海湾阿拉伯国家合作委员会就实质性结束自贸区货物贸易谈判达成原则共识，与以色列举行中以创新联委会第二次会议并启动中以自贸区谈判。中苏（丹）合作协调工作组和能源合作委员会成立。土耳其东西高铁项目双方工作组首轮磋商成功举行。德黑兰—伊斯法罕高铁项目顺利启动。阿曼杜库姆经济特区中阿产业园区、埃及国家电网升级改造、德黑兰—马什哈德高铁电气化升级改造等项目取得进展。

妥善应对地区热点。巴以问题上，王毅外长出席在巴黎举行的支持中东和平倡议外长会，提出促和新思路。叙利亚问题上，中方设立叙利亚问题特使，平衡做各方工作，促进政治解决。也门问题上，中国邀请联合国也门问题特使、也政府外长、胡塞组织代表访华，平衡做各派工作，推动也门问题政治解决进程。南苏丹问题上，中国积极应对南苏丹武装冲突，妥善处理中方维和人员遇袭事件，同地区国家共同主办高级别会议，努力推动南政治解决进程。

人文交流丰富多彩。在中阿合作论坛框架下，中阿人文交流日益活跃。“中阿汉语翻译联合培养计划”、中国经济发展和中阿合作研修班相继举办。中国邀请第五批阿拉伯国家青年代表团、阿拉伯经济新闻记者代表团、阿拉伯国家知名伊斯兰宗教人士代表团访华。

3. 中国与撒哈拉以南非洲地区国家关系

2016年中非关系快速发展、亮点纷呈，中非全面战略合作伙伴关系深入发展。

中非高层交往频繁。全国人大常委会委员长张德江，全国政协主席俞正声，国家副主席李源潮，中共中央政治局委员、中央军事委员会副主席范长龙上将，中共中央书记处书记、全国政协副主席杜青林，全国人大常委会副委员长严隽琪、向巴平措，国务委员杨洁篪，全国政协副主席王家瑞、马飚，以及外交部长王毅等访问撒哈拉以南非洲国家。4月，尼日利亚总统穆罕马杜·布哈里访华。5月，莫桑比克总统菲利佩·雅辛托·纽西、多哥总统福雷·埃索齐姆纳·纳辛贝访华。7月，刚果（布）总统德尼·萨苏–恩格索访华。9月，南非总统雅各布·祖马，非洲联盟轮值主席、乍得总统伊德里斯·代比·伊特诺，塞内加尔总统马基·萨勒来华出席二十国集团领导人第11次峰会。9月，南非总统祖马、贝宁总统帕特里斯·塔隆来华出席第二届对非投资论坛。10月，几内亚总统阿尔法·孔戴访华。10月，佛得角总理若泽·席尔瓦、几内亚比绍总理巴西罗·贾、莫桑比克总理卡洛斯·阿戈什蒂纽·多罗萨里奥来华出席中国—葡语国家经贸合作论坛第五届部长级会议。11月，塞拉利昂总统欧内斯特·巴伊·科罗马访华。12月，加蓬总统阿里·邦戈·翁丁巴访华。此外，该地区还有多位副总统、议长、外长等访华或来华出席国际会议。

中国在非友好国家数量增加。3月17日，中国同冈比亚伊斯兰共和国正式复交。12月26日，中国同圣多美和普林西比民主共和国恢复外交关系。

中非合作论坛约翰内斯堡峰会成果落实工作取得重要早期收获。首批资金为100亿美元的中非产能合作基金设立，向非洲提供紧急粮食援助、非洲中小企业发展专项贷款增资、中非人文交流等一批合作举措顺利落实。亚的斯亚贝巴—吉布提铁路正式竣工，蒙巴萨—内罗毕铁路建设稳步推进，计划于2017年内通车。2016年7月29日，中非合作论坛约翰内斯堡峰会成果落实协调人会议在北京举行。中非合作论坛52个非方成员100多位部级官员、论坛中方后续行动委员会30多个成员单位代表和非洲驻华使节共计300多人出席了本次协调人会议。中非双方签署了60多项合作协议，涉及金额180多亿美元。会议审议并通过《中非合作论坛约翰内斯堡峰会成果落实协调人会议联合声明》，中非双方一致同意秉持共同发展、集约发展、绿色发展、安全发展、开放发展五大合作发展理念，这成为中非下一步行动的新共识。

中非务实合作全面推进。受国际经济复苏缓慢和国际大宗商品价格持续低迷等因素影响，2016年中非贸易额同比有所下降。但中国对非洲非金融类直接投资逆势上扬。据不完全统计，自约堡峰会结束至7月底，中非双方已签署各类合作协议240多项，涉及金额约507亿美元，其中中国企业对非直接投资和商业贷款逾460亿美元，占比超过91%。中国进一步加大对非洲和平与安全事务的参与力度，积极参与南苏丹、布隆迪等非洲热点问题斡旋与调解，继续参与联合国在非维和行动，倡议并在安理会主持召开了几内亚湾海盗问题公开辩论会。“中非联合研究交流计划”“中非民间友好行动”和“中非新闻交流中心”“中非青年互访计划”等项目顺利执行，首届中非媒体智库研讨会成功举办。

中非在重大国际和地区问题上保持密切沟通和协调。中非在涉及彼此核心利益和重大关切问题上继续相互理解和支持，并在联合国、金砖国家机制、二十国集团等框架下就全球治理改革、气候变化等问题加强协调与配合。中方继续在安理会等场合为非洲仗义执言，支持非洲自主解决非洲问题的努力，呼吁国际社会优先扩大非洲国家在国际事务中的发言权和代表性。非洲国家在南海等问题上声援中方正义立场，给予中方政治支持。

4. 中国与欧亚地区国家关系

2016年，中国同欧亚地区国家关系保持快速、健康、稳定发展势头。

中国同欧亚地区国家高层交往频繁，政治互信不断增强。6月17～24日，国家主席习近平对乌兹别克斯坦进行国事访问并出席在乌兹别克斯坦首都塔什干举行的上海合作组织成员国元首理事会第16次会议。中乌两国元首共同签署并发表《中华人民共和国和乌兹别克斯坦共和国联合声明》。10月15日和11月19日，习近平主席与俄罗斯总统普京分别在印度果阿金砖国家领导人第八次会晤、秘鲁利马亚太经合组织第

24次领导人非正式会议期间举行双边会晤。11月2～3日，国务院总理李克强对吉尔吉斯斯坦进行正式访问并出席在吉尔吉斯斯坦首都比什凯克举行的上海合作组织成员国政府首脑（总理）理事会第15次会议。11月3～4日，李克强总理对哈萨克斯坦进行正式访问，同哈总理萨金塔耶夫举行中哈总理第三次定期会晤。11月6～8日，李克强总理对俄罗斯进行正式访问，与俄罗斯总理梅德韦杰夫举行中俄总理第21次定期会晤。

2016年，多位欧亚国家元首来华访问。6月25日，俄罗斯总统普京对中国进行国事访问。中俄元首签署并发表《中华人民共和国和俄罗斯联邦联合声明》《中华人民共和国主席和俄罗斯联邦总统关于加强全球战略稳定的联合声明》《中华人民共和国主席和俄罗斯联邦总统关于协作推进信息网络空间发展的联合声明》。9月1～5日，哈萨克斯坦总统纳扎尔巴耶夫以嘉宾国元首身份出席二十国集团领导人第11次峰会并对中国进行工作访问。9月3～5日，俄罗斯总统普京来华出席二十国集团领导人第11次峰会并与习近平主席举行双边会晤。9月28～30日，白俄罗斯总统卢卡申科对中国进行国事访问。中白两国元首共同签署并发表《中华人民共和国和白俄罗斯共和国关于建立相互信任、合作共赢的全面战略伙伴关系的联合声明》。中国与欧亚地区国家政府间及立法机构合作交往密切。

中国同欧亚国家地区务实合作全面推进，合作成果丰富。“一带一路”建设与欧亚经济联盟对接合作取得新进展，中方与欧亚经济委员会启动中国与欧亚经济联盟经贸合作协议谈判。中国与哈萨克斯坦签署丝绸之路经济带建设和哈“光明之路”新经济政策对接合作规划。中国和白俄罗斯两国政府签署共同推进“一带一路”建设措施清单。互联互通建设取得新成果。“安格连—帕普”、“亚湾—瓦赫达特”铁路隧道分别通车和提前竣工。中国 俄罗斯同江铁路桥、黑河公路桥开工建设，中国 阿塞拜疆、中国 塔吉克斯坦首都开通直航。中国同欧亚地区国家能源合作不断深化。中俄、中哈原油管道，中国—中亚天然气管道运行良好。中俄积极推进东线天然气管道建设相关工作。中国同欧亚地区国家地方合作方兴未艾。中国东北地区与俄罗斯远东及贝加尔地区政府间合作委员会、中国长江中上游地区与俄罗斯伏尔加河沿岸联邦区地方合作理事会成立，中国与欧亚地区多国地方合作更加紧密。比什凯克热电厂改造、北南公路二期等中国在欧亚地区国家实施的合作项目进展顺利。航空航天、核领域大项目合作积极推进。

5. 中国与欧洲地区国家关系

2016年，中国与欧洲地区国家关系总体保持良好发展态势，各领域务实合作不断深入。

中欧高层交往密切，政治互信进一步深化。2016

年，中国与欧洲国家副总理以上级别领导人互访100余起。国家主席习近平对捷克、塞尔维亚和波兰进行国事访问。出席第四届核安全峰会期间与丹麦首相拉尔斯·勒克·拉斯穆森举行会晤，同芬兰总统绍利·尼尼斯托寒暄。出席亚太经合组织第24次领导人非正式会议过境意大利撒丁岛时会见意总理马泰奥·伦齐，过境西班牙大加那利岛时会见西副首相索拉亚·萨恩斯·德圣玛利亚。国务院总理李克强正式访问拉脱维亚并出席第五次中国—中东欧国家领导人会晤。出席第11届亚欧首脑会议期间，与德国总理安格拉·默克尔、荷兰首相马克·吕特、拉脱维亚总统莱蒙德斯·韦约尼斯和保加利亚总统罗森·普列夫内利耶夫举行会晤，同欧洲理事会主席唐纳德·图斯克、罗马尼亚总理达奇安·乔洛什寒暄。赴纽约出席第71届联合国大会系列高级别会议期间，会见法国总统奥朗德，过境葡萄牙特塞拉岛时会见葡萄牙外长奥古斯托·席尔瓦。此外，全国人大常委会委员长张德江，中共中央政治局常委、中央书记处书记刘云山，国务院副总理张高丽，国务院副总理马凯，国务院副总理刘延东，国家主席习近平特使、中央政法委书记孟建柱，国务委员兼国务院秘书长杨晶，国务委员杨洁篪等分别赴欧盟、德国、法国、希腊、匈牙利、丹麦、波兰、阿尔巴尼亚、立陶宛、爱沙尼亚、捷克等欧洲国家和组织访问、举行双边机制性对话或参加国际会议。

多位欧洲地区政要访华。欧盟、英国、法国、德国、意大利和西班牙领导人来华出席二十国集团领导人第11次峰会。李克强总理与欧洲理事会主席图斯克、欧盟委员会主席让–克洛德·容克在北京共同主持第18次中国欧盟领导人会晤。德国总理默克尔、德国总统约阿希姆·高克、德国副总理西格玛·加布里尔、英国约克公爵安德鲁王子、比利时首相夏尔·米歇尔、希腊总理阿莱克西斯·齐普拉斯、葡萄牙总理安东尼奥·科斯塔、立陶宛总理阿尔吉尔达斯·布特克维丘斯、捷克总理博胡斯拉夫·索博特卡、拉脱维亚副总理兼经济部长阿尔维尔斯·阿舍拉登斯、保加利亚副总理兼内务部长鲁米阿娜·巴奇瓦罗娃、罗马尼亚副总理兼经贸和商业环境部长科斯汀·博尔克、塞尔维亚第一副总理兼外长伊维察·达契奇等欧洲国家领导人来华访问或参会。

中欧议会交流活跃。中共中央政治局常委、全国人大常委会委员长张德江对芬兰进行历史性首次正式友好访问。全国人大常委会副委员长吉炳轩访问拉脱维亚和阿尔巴尼亚。全国人大常委会副委员长向巴平措访问欧洲议会。全国政协副主席韩启德、万钢、陈元、王家瑞和陈晓光分别访问丹麦、奥地利、葡萄牙、意大利、匈牙利、波兰、克罗地亚、保加利亚、罗马尼亚、捷克和斯洛文尼亚。比利时联邦众议长西格弗里特·布拉克、

荷兰议会一院议长安吉·布鲁克斯–克诺尔、波黑议会民族院轮值主席奥格年·塔迪奇、保加利亚议长采茨卡·察切娃、阿尔巴尼亚议长伊利尔·梅塔等分别率团访华。中国与欧洲多国间立法机构定期交流机制顺利进行。

2016年是中国与奥地利、冰岛、圣马力诺、塞浦路斯建交45周年，与拉脱维亚、立陶宛、爱沙尼亚建交25周年，与黑山建交10周年。双方领导人互致贺电或贺函，并举办丰富多彩的建交庆祝活动。

中欧各级政治对话与磋商成果丰硕。第六轮中欧高级别战略对话、第16次中法战略对话、第八次中英战略对话、第二轮中德外交与安全战略对话成功举行。外交部长王毅访问意大利，并同英国、德国、波兰、匈牙利等国外长进行双边会晤或通话。中国外交部与丹麦、波黑、黑山、捷克、保加利亚、奥地利、斯洛文尼亚、德国、意大利、西班牙、波兰、立陶宛、克罗地亚、罗马尼亚、爱沙尼亚、阿尔巴尼亚举行各级别对口磋商。《中欧合作2020战略规划》首次联合评估会成功举行，双方对规划全面实施予以积极评价。挪威外交大臣博尔格·布兰德访华，两国政府发表《中华人民共和国政府与挪威王国政府关于双边关系正常化的声明》，中挪关系实现正常化。

中欧务实合作不断深化。第六次中欧经贸高层对话、中法高级别经济财金对话第四次会议、第八次中英经济财金对话成功举行。中国分别与德国、法国、西班牙、冰岛、保加利亚、塞浦路斯等国举行经贸联委会或经贸混委会会议。中欧共同投资基金、互联互通、数字化、法律事务对话和便利人员往来“五大合作平台”建设取得进展。第五次中国—中东欧国家领导人会晤期间，17国共同发表《中国—中东欧国家合作里加纲要》和关于开展亚德里亚海—波罗的海—黑海三海港区基础设施、装备合作的《里加声明》，中国和塞尔维亚、匈牙利分别签署《匈塞铁路（塞尔维亚段）商务合同》《匈塞铁路项目（塞尔维亚段）融资备忘录》《匈塞铁路项目（匈段）建设合同》《匈塞铁路项目（匈段）融资备忘录》。匈牙利发行10亿元人民币主权债券，是中东欧国家发行的首支人民币债券。中方在伦敦成功发行中国之外首支人民币主权债券。英国欣克利角核电站项目一揽子协议签署并获批准。“中国制造2025”和德国“工业4.0”对接稳步落实。中国远洋海运集团成功中标希腊比雷埃夫斯港务局私有化项目，并全面接管港务局经营管理。中欧班列各条线路运营良好。

中欧人文交流亮点纷呈。中国—欧盟国家教育部长会议和第四届中国—中东欧教育政策对话、中法高级别人文交流机制第三次会议、中英高级别人文交流机制第四次会议成功举行。欧洲国家青年领军者专题研修班顺利召开。“欢乐春节”活动继续风靡欧洲。斯德哥尔摩、雅典、贝尔格莱德等地中国文化中心成立，保加利亚、罗马尼亚中国文化中心稳步推进。首届中法文化论坛在北京举行。国家旅游局在柏林举办“熊猫走世界·美丽中国”全球旅游推介活动启动仪式。“中国古代瓷器珍品展”和“威尼斯画派展”分别在威尼斯宫国家博物馆和中国国家博物馆成功举办。中国驻布达佩斯旅游办事处正式开业。

2016年欧洲国家来华旅游人数达328万人次。中欧人员往来和移民领域对话有关协议谈判路线图第一阶段已顺利完成，双方正式实施互免持外交护照人员短期停留签证。北京至华沙、上海至阿姆斯特丹直航开通，罗马至北京航线恢复。瑞士驻成都总领馆开馆，中葡就葡萄牙在广州开设总领事馆正式换文。

中欧在重大国际和地区问题上保持密切沟通与协调。双方在二十国集团、联合国、亚投行等多边框架下合作良好，就全球治理、气候变化、国际发展、反恐、网络安全、难民等重大国际和地区问题保持沟通协调。

6. 中国与北美大洋洲地区国家关系

2016年，中华人民共和国与美利坚合众国关系总体保持稳定并取得新进展。两国高层和各级别交往密切。3月31日，国家主席习近平在华盛顿出席第四届核安全峰会期间同美国总统奥巴马举行会晤，就中美关系及共同关心的国际和地区问题深入交换意见。9月3日，二十国集团领导人第11次峰会期间，习近平主席与奥巴马总统举行会晤，双方就中美关系以及共同关心的重大国际地区问题坦诚、深入交换意见。11月19日，习近平主席在出席秘鲁亚太经济合作组织领导人非正式会议期间同奥巴马总统举行会晤。2月5日，习近平主席应约同奥巴马总统通电话。11月14日，习近平主席同特朗普当选总统通电话。9月18～21日，国务院总理李克强在纽约出席第71届联合国大会系列高级别会议期间会见奥巴马总统，同美国经济、金融、智库、媒体等各界人士座谈，出席纽约经济俱乐部举行的欢迎宴会并致辞。两国机制性对话磋商密集。6月6～7日，第八轮中美战略与经济对话和第七轮人文交流高层磋商在北京成功举行。对话和磋商取得丰硕成果，其中战略对话120项，经济对话63项，人文交流高层磋商158项。11月21～23日，第27届中美商贸联委会在华盛顿举行，双方共取得54项成果。6月和12月，第二次、第三次中美打击网络犯罪及相关事项高级别联合对话分别在北京和华盛顿举行。两国在经贸、两军、网络、执法、人文、地方等领域的务实合作取得新进展，就叙利亚、阿富汗、南苏丹等国际地区热点以及气候变化、发展、维和、难民等全球性问题保持密切沟通对话。

2016年，中国与加拿大战略伙伴关系继续保持良好发展势头。两国高层及各级别交往频繁。李克强总理9月21～24日对加拿大进行正式访问。加总理特鲁多8月30日～9月6日对中国进行正式访问并出席二十国集团领导人第11次峰会。两国总理不到一个月内互访，就进一步发展中加战略伙伴关系达成重要共识。双方建立并启动两国总理年度对话机制、中加高级别国家安全与法治对话机制，同意尽早启动中加经济财金战略对话。外交部长王毅访加并举行首轮中加外长年度会晤。中共中央政治局委员、广东省委书记胡春华，全国人大常委会副委员长陈昌智、吉炳轩、陈竺，全国人大常委会香港、澳门基本法委员会主任李飞，全国政协副主席、国家民族事务委员会主任王正伟，全国政协常委、民族和宗教委员会主任朱维群，全国政协人口资源环境委员会副主任、国家林业局国际竹藤中心主任江泽慧等访加。外交部副部长郑泽光赴加举行工作磋商。加拿大前总理让·克雷蒂安、保罗·马丁、财政部长威廉·莫诺、国际贸易部长克里斯蒂娅·弗里兰、农业部长劳伦斯·麦考利等访华。双方成功举行中加议会交流机制第19次和第20次会议、第26次中加经贸联委会、第6次科技联委会等机制性对话。双方宣布到2025年实现双边贸易额、人员往来在2015年基础上翻一番，宣布2018年为中加旅游年，同意启动中加自贸协定探索性讨论，签署《中国政府和加拿大政府关于开展第三方市场合作的联合声明》《中国政府和加拿大政府关于分享和返还被追缴资产的协定》《中国民航局与加拿大交通部双边航空技术安排》《中国教育部和加拿大外交、贸易和发展部关于教育合作的谅解备忘录》等多项合作协议。同意支持两国有关机构尽早启动能源二轨对话。北京—卡尔加里、厦门—温哥华直航正式开通。地方交流日益频繁。新斯科舍省省长斯蒂芬·麦克尼、萨斯喀彻温省省长布拉德·沃尔等分别访华。双方在二十国集团、亚太经合组织等多边框架内以及联合国改革、气候变化、反恐等重大国际地区问题上保持密切沟通与协调。

2016年，中国与澳大利亚关系保持稳定发展。4月，澳总理特恩布尔就任后首次访华，习近平主席会见，李克强总理同特举行两国总理年度会晤。9月，特恩布尔来华出席二十国集团领导人第11次峰会，习近平主席会见。同月，李克强总理在老挝出席东亚合作领导人系列会议期间会见特恩布尔。中国继续保持澳大利亚第一大贸易伙伴、第一大进口来源地、第一大出口市场地位。中澳自贸协定全面实施。两国在教育、文化、旅游、科研、防务、执法等各领域交流合作取得积极进展，在多边事务中保持良好沟通协调。

2016年，中国与新西兰关系保持积极发展势头。4月，新西兰总理约翰·基对中国进行正式访问。9月，李克强总理在纽约出席第71届联大系列高级别会议期间会见约翰·基总理。10月，新西兰议长卡特正式访华。中国继续保持新西兰第一大贸易伙伴、第一大海外留学生来源国和第二大海外游客市场地位。双方宣布启动中国—新西兰自由贸易协定升级谈判。中新在人文、司法执法、防务、多边等领域合作成果丰硕。

2016年，中国同建交太平洋岛国相互尊重、共同发展的战略伙伴关系建设取得积极进展。双方高层和各级别交往频繁。全国人大常委会副委员长张宝文访问巴布亚新几内亚、萨摩亚。巴布亚新几内亚总理彼得·奥尼尔对中国进行正式访问。瓦努阿图总理夏洛特·萨尔维来华出席“中国共产党与世界对话会”。汤加议长图伊瓦卡诺来华出席“2016国际和平日纪念活动”。瓦努阿图副总理乔·纳图曼来华出席首届世界旅游发展大会。密克罗尼西亚联邦副总统尤斯沃·乔治、瓦努阿图副总理乔·纳图曼出席在广东举行的中国（广东）21世纪海上丝绸之路博览会。汤加副首相肖西·索瓦莱尼出席在浙江乌镇举行的第三届世界互联网大会。

双方在经贸、人文等领域务实合作不断拓展。中斐双边自贸协定联合可行性研究继续推进，中巴新签订开展自贸协定联合可行性研究的谅解备忘录。中国政府援建的巴布亚新几内亚国际会议中心、瓦努阿图国家会议中心、斐济北岛公路、密克罗尼西亚联邦科斯雷州大桥等项目顺利完工或交付。中国政府就斐济、密克罗尼西亚联邦遭受严重风灾和旱灾向两国提供紧急援助。中国为岛国官员、技术人员举办各类研修班、培训班，安排岛国学生来华留学。广东等省市组织多个文艺、医疗团组赴岛国访演、巡诊。中国同巴布亚新几内亚共同庆祝建交40周年。中国游客赴太平洋岛国旅游人数持续快速上升。中国人民对外友好协会会长李小林访问汤加，太平洋—中国友好协会在汤加首都努库阿洛法成立。

双方在国际和地区事务中保持良好沟通和协调。中国—太平洋岛国论坛对话会特使杜起文出席在密克罗尼西亚联邦波纳佩州举行的第28届太平洋岛国论坛会后对话会。

7. 中国与拉丁美洲和加勒比地区国家关系

2016年，中国与拉丁美洲和加勒比地区国家全面推进各领域合作，实现中拉关系新发展。

中拉高层交往频繁。国家主席习近平成功访问厄瓜多尔、秘鲁和智利，对中拉关系发展作出规划指引。习近平主席在第四届核安全峰会、二十国集团领导人第11次峰会、金砖国家领导人第八次会晤等多边场合会晤阿根廷、巴西、墨西哥和哥伦比亚总统，同来华访问的秘鲁和乌拉圭总统会谈，并

亲自前往古巴驻华使馆吊唁古巴革命领导人菲德尔·卡斯特罗逝世。国务院总理李克强成功访问古巴，国务院副总理刘延东作为习近平主席特别代表出席里约奥运会开幕式并访问墨西哥，国务委员杨洁篪访问墨西哥，外交部长王毅访问厄瓜多尔、秘鲁、玻利维亚、哥伦比亚。中国同厄瓜多尔、智利建立全面战略伙伴关系，同乌拉圭建立战略伙伴关系。在习近平主席结束访问拉美之际，中国政府发布第二份《中国对拉丁美洲和加勒比政策文件》，全面阐释新时期中国对拉政策，得到拉方积极回应。

务实合作提质升级。受国际经济大环境和大宗商品价格下跌影响，2016年中拉贸易额略有下降，但大宗商品贸易总量稳中有升，农产品成为中拉贸易新增长点。中国同智利、秘鲁分别签署战略对接协议，启动自贸升级谈判和升级谈判联合研究，同乌拉圭就商签自贸协定达成共识。中国积极开展对拉产能合作，参与拉美电力、物流和信息“三大通道”建设，一批大型合作项目稳步推进。2016年，中国对拉非金融类直接投资增长较快，对拉投资领域向制造业、农业、基础设施、电力、通讯技术、新能源和电子商务等行业拓展。

国际协作更加紧密。中拉在彼此核心利益和重大关切问题上继续相互理解和支持，在联合国、二十国集团、金砖国家、亚太经合组织等机制框架下继续加强协调和配合。拉美成员国积极支持中方举办二十国集团领导人第11次峰会。委内瑞拉等拉美和加勒比国家在南海问题上公开支持中方立场。智利、秘鲁、墨西哥积极支持亚太自贸区建设，智利、秘鲁表示愿加入区域全面经济伙伴关系协定。

中拉整体合作稳步推进。中国同拉共体“四驾马车”举行协调员会议，加强论坛框架内合作，成功举办中拉基础设施合作、青年政治家、智库、地方政府合作、企业家高峰会等分论坛。中方对拉政府奖学金、人员培训、政党交流等倡议有序推进，“未来之桥”“科技伙伴计划”和“青年科学家交流计划”顺利实施。中方同南美联盟、南方共同市场、太平洋联盟等次地区组织保持对话。美洲国家组织秘书长访华。

中拉立法机构、地方、媒体和智库等交往密切。中方积极参与厄瓜多尔抗震救灾和灾后重建，同委内瑞拉、苏里南等拉美国家在抗击“寨卡”疫情中加强合作。“中拉文化交流年”系列活动顺利举行，在两地举办形式多样、内容丰富的活动，深受民众喜爱。首届中拉媒体领袖峰会成功举行，100多家媒体负责人就如何促进中拉相互了解达成广泛共识。中国在拉美孔子学院和孔子课堂分别增至39所和11个。

（三）专题评述

1. 习近平主席首次访问中东

2016年1月19～23日，国家主席习近平对沙特、埃及、伊朗进行国事访问，并访问阿拉伯国家联盟（简称“阿盟”）总部。习近平主席同沙特、埃及、伊朗三国领导人及阿盟、海湾阿拉伯国家合作委员会、伊斯兰合作组织等三个区域组织负责人会谈会见，广泛接触各界人士，就推动中国同三国及地区关系发展、中东热点问题以及共同关心的国际问题深入交换看法，达成重要共识，取得重要成果。

访问期间，中方同三国分别发表《中华人民共和国和沙特阿拉伯王国关于建立全面战略伙伴关系的联合声明》《中华人民共和国和阿拉伯埃及共和国关于加强两国全面战略伙伴关系的五年实施纲要》和《中华人民共和国和伊朗伊斯兰共和国关于建立全面战略伙伴关系的联合声明》，同三国签署了《中华人民共和国政府和沙特阿拉伯王国政府关于共同推进丝绸之路经济带和21世纪海上丝绸之路以及开展产能合作的谅解备忘录》《中华人民共和国政府和阿拉伯埃及共和国政府关于共同推进丝绸之路经济带和21世纪海上丝绸之路建设的谅解备忘录》和《中华人民共和国政府和伊朗伊斯兰共和国政府关于共同推进丝绸之路经济带和21世纪海上丝绸之路建设的谅解备忘录》。双方还签署其他合作文件共52项，其中沙特14项，埃及21项，伊朗17项，涵盖经贸、能源、交通、金融、通信、航空航天、气候变化等诸多领域。

习近平主席在阿盟发表了题为《共同开创中阿关系的美好未来》的重要演讲，对中国中东政策进行了全面归纳、总结和定位。习近平主席强调，中阿双方要抓住未来5年的关键时期共建“一带一路”，确立和平、创新、引领、治理、交融的行动理念，做中东和平的建设者、中东发展的推动者、中东工业化的助推者、中东稳定的支持者、中东民心交融的合作伙伴。

习近平主席还同埃及总统塞西共同出席了中埃建交60周年纪念活动暨2016中埃文化年开幕式，并在开罗接见联合国前秘书长加利等10名获得“中国阿拉伯友好杰出贡献奖”的友好人士。

习近平主席此访是2016年中国首场重大外交行动，也是习近平主席首次访问中东地区国家，充分体现了中国对发展同三国及整个中东地区关系

的高度重视。访问提升了双边关系水平，对接了发展战略，宣示了中国的中东政策，促进了地区稳定和文明交流。三国高度重视习近平主席的访问，都希望进一步深化同中国的各领域合作，欢迎中国在地区事务中发挥更大作用。

2. 习近平主席出席第四届核安全峰会

2016年3月31日至4月1日，国家主席习近平应邀出席在美国华盛顿举行的第四届核安全峰会。峰会由美国总统奥巴马主持，主题为“加强国际核安全体系”，52个国家的领导人或代表及联合国、欧盟、国际原子能机构、国际刑警组织等国际组织的负责人与会。

习近平主席在出席上届峰会时提出中国“核安全观”的基础上，围绕构建公平、合作、共赢的国际核安全体系，提出四项主张：一是强化政治投入，把握标本兼治方向；二是强化国家责任，构筑严密持久防线；三是强化国际合作，推动协调并进势头；四是强化核安全文化，营造共建共享氛围。习近平主席还就推进核安全国际合作提出五项倡议：构建核安全能力建设网络，推广减少高浓铀合作模式，实施加强放射源安全行动计划，启动应对核恐怖危机技术支持倡议，推广国家核电安全监管体系。上述主张和倡议展现了中国积极致力于加强国际核安全的负责任大国形象，也是中国参与和引导全球安全治理的重要举措。

中国代表团向峰会提交《中国在核安全领域的进展报告》，介绍中国落实历届核安全峰会成果的积极努力和取得的重要进展。

会议通过峰会公报和支持联合国、国际原子能机构等5个国际组织和多边机制的核安全“行动计划”。

3. 习近平主席出席上海合作组织成员国元首理事会第16次会议

2016年6月23～24日，国家主席习近平出席在乌兹别克斯坦首都塔什干举行的上海合作组织成员国元首理事会第16次会议。上海合作组织成员国、观察员国元首或代表，主席国客人土库曼斯坦总统，以及有关国际和地区组织负责人出席。

本次会议正值上海合作组织成立15周年。会议总结上海合作组织15年来发展成果和经验，围绕上海合作组织下一步发展以及重大地区和国际问题深入交换意见，达成广泛共识。成员国元首签署《上海合作组织成立十五周年塔什干宣言》，发表《上海合作组织成员国元首理事会会议新闻公报》，批准《〈上海合作组织至2025年发展战略〉2016—2020年落实行动计划》等文件，见证签署《关于印度共和国加入上海合作组织义务的备忘录》和《关于巴基斯坦伊斯兰共和国加入上海合作组织义务的备忘录》。会议期间，成员国授权代表签署《上海合作组织成员国旅游合作发展纲要》。

习近平主席在会议上发表《弘扬上海精神，巩固团结互信，全面深化上海合作组织合作》的重要讲话，指出上海合作组织成立15年来，在成员国共同努力下，取得了令人瞩目的发展成就。在当前世界经济复苏进程艰难曲折，国际和地区热点问题频发，传统和非传统安全威胁相互交织，地区形势面临更多综合性挑战背景下，各方要站在上海合作组织发展新的历史起点上，紧跟时代步伐，动态调整各领域合作方略，确保本组织永葆生机活力。习近平主席提出五点建议：一是弘扬“上海精神”，坚持本组织发展之本；二是坚持安全为先，巩固本组织发展之基；三是扩大务实合作，拓展本组织发展之路；四是夯实人文基础，建设本组织发展之桥；五是坚持开放包容，壮大本组织合作队伍。

会议期间，习近平主席还与俄罗斯、哈萨克斯坦、吉尔吉斯斯坦、塔吉克斯坦、土库曼斯坦、印度、蒙古、巴基斯坦、阿富汗、白俄罗斯等国与会领导人举行双边会见，出席中俄蒙三国元首第三次会晤，推动了中国同有关国家关系发展。

4. 习近平主席在二十国集团领导人第11次峰会期间同美国总统奥巴马“西湖长谈”

2016年9月3日，国家主席习近平在杭州会见前来出席二十国集团领导人第11次峰会的美国总统奥巴马。两国元首就中美关系和共同关心的重大国际地区问题坦诚、深入、友好交换了意见，达成一系列重要共识。

习近平主席指出，44年前，中美两国领导人在西湖国宾馆达成《上海公报》，开启了两国关系正常化的历史进程。2013年我们在安纳伯格庄园会晤以来，在双方共同努力下，中美新型大国关系建设取得许多实实在在的成果。中美双边贸易额、双向投资、人员往来都创下历史新高。双方在应对气候变化、推进双边投资协定谈判、建立两军互信机制、打击网络犯罪、应对非洲埃博拉疫情、推动伊朗核问题达成全面协议等方面取得重要进展。这些成果充分展示了中美关系的战略意义和全球影响，充分说明中美共同利益远大于分歧，中美合作可以办成许多有利于两国和世界的大事。

习近平主席强调，中美要牢牢把握两国关系发展正确方向，坚持不冲突不对抗、相互尊重、合作共赢的原则，增进互信，深化合作，以建设性

方式管控分歧，推动中美关系持续健康稳定发展。

习近平主席指出，中方赞赏美方配合和支持中方主办二十国集团领导人第11次峰会。办好这次峰会既是国际社会的共同期待，也是中美作为世界前两大经济体的应尽责任。中方愿同美方及其他各方一道努力，确保峰会取得丰硕成果，为世界经济注入动力、提振信心。

习近平主席强调，中国经济发展长期向好的基本面没有变。中方将坚持稳中求进的宏观经济政策总基调，扎实推进供给侧结构性改革。中国坚持改革开放的方向不动摇，将进一步放宽外资准入，欢迎各国企业来华投资兴业，并继续为其提供良好营商环境。希望中美双方共同努力，争取早日达成一个互利双赢的双边投资协定。

习近平主席指出，应对气候变化合作已成为中美关系中一大亮点。中美率先批准《巴黎协定》并共同向联合国秘书长交存批准文书，率先完成二十国集团框架下化石燃料补贴同行审议报告，再次为国际社会共同应对这一全球性挑战作出重要贡献。双方要继续拓宽在节能减排、清洁能源、智能电网、绿色港口、低碳城市等领域务实合作。

习近平主席指出，中美双方要继续积极拓展两军、反腐败和执法、网络安全、人文、地方、联合国维和等领域务实合作。

两国元首就一些双方存在分歧的问题交换意见，同意以建设性方式加以处理和管控。习近平主席阐述了中方在台湾、涉藏、人权等问题上的原则立场。习近平主席指出，中国坚决维护国家主权和领土完整，坚决遏制任何形式的“台独”分裂行径，努力维护两岸关系和平发展，争取国家和平统一的前景。希望美方恪守一个中国政策和中美三个联合公报原则，以实际行动维护两岸关系和平发展和中美合作大局。希望美方信守在涉藏问题上对中方的承诺，不支持“藏独”势力的反华分裂活动。中国高度重视保护和促进人权，依法保障公民的宗教信仰自由。中国人权事业取得的成就有目共睹。中方愿与其他国家在平等和相互尊重基础上就人权问题开展对话交流，但反对任何国家利用人权问题干涉中国内政。

关于南海问题，习近平主席指出，中国将继续坚定维护自身在南海的领土主权和海洋权益，同时坚持通过与直接当事方协商谈判和平解决争议，同东盟国家一道维护南海和平稳定。希望美方为维护南海地区和平稳定发挥建设性作用。

在朝鲜半岛核问题上，习近平主席强调，中方始终坚持半岛无核化、坚持维护半岛和平稳定、坚持通过对话协商解决问题。各方应避免采取加剧半岛局势紧张的行动，共同为推动形势转圜作出积极努力。中方反对美国在韩国部署“萨德”反导系统，要求美方切实尊重中方战略安全利益。

奥巴马总统表示，很高兴来到在美中关系史上有重要意义的杭州同习近平主席再次会晤，继续就美中关系的广泛性和深层潜力交换意见。美方欢迎中国对全球发展、维和事业所作贡献。美中今天率先批准和接受《巴黎协定》，再次展示了我们两国合作的影响力。美方对两国能源、科学、教育等方面交流取得稳步进展感到高兴，愿同中方开展打击跨国犯罪等执法合作，探讨在经贸和投资方面同中方建立更强有力的关系，并在推进区域和全球安全等更广泛领域加强同中方合作。

奥巴马总统表示，在台湾问题上，美方奉行一个中国政策没有改变，反对任何寻求台湾“独立”的做法。美方承认西藏是中国的一部分。美中关系应该确保两国能够在利益一致的领域开展富有成果的合作，同时在有分歧的领域管控好有关问题，避免影响两国关系。我愿同习近平主席一道，为美中关系今后发展奠定好的基础。

双方还就其他重大国际地区问题深入交换意见。双方认为，中美在亚太地区事务中拥有广泛共同利益。双方应该加强沟通和合作，妥善管控分歧。双方同意加强在有关地区热点问题和全球性挑战上的协调与合作，同国际社会一道，推动有关问题的妥善解决，为促进世界和平、稳定、繁荣发挥积极作用。

两国元首在会晤前同联合国秘书长潘基文共同出席气候变化《巴黎协定》批准文书交存仪式。双方还分别发布了元首会晤成果清单（共35项）和中美气候变化合作成果文件。

5. 习近平主席出席金砖国家领导人第八次会晤

2016年10月15～16日，国家主席习近平出席在印度果阿举行的金砖国家领导人第八次会晤。会晤由印度总理莫迪主持，巴西总统特梅尔、俄罗斯总统普京、南非总统祖马应邀与会。会晤期间，习近平主席和各国领导人举行了小范围会议、大范围会议，出席了金砖国家同“环孟加拉湾多领域经济技术合作倡议”成员国领导人对话会，并共同会见了金砖国家工商理事会成员。五国领导人就国际政治经济形势、金砖国家合作，以及共同关心的重大国际和地区问题进行深入交流，达成了广泛共识。会晤通过了《果阿宣言》及其行动计划，取得积极成果。

在小范围会议上，习近平主席就金砖国家合作发展提出四点意见：一是坚持改革创新，开拓增长空间；二是深化务实合作，形成发展合力；三是密切伙伴关系，坚定团结信心；四是倡导共同安全，维护和平稳定。习近平主席还宣布中方将于2017年9月在福建省厦门市举办金砖国家领导人

第九次会晤。

在大范围会议上，习近平主席围绕“打造有效、包容、共同的解决方案”主题发表重要讲话。习近平主席指出，过去10年是金砖国家共谋发展、不断前行的10年，拓展合作、互利共赢的10年，敢于担当、有所作为的10年。当前金砖国家发展面临着复杂、严峻的外部环境，五国必须坚定信心，共同面对。习近平主席倡导各成员国共同建设开放世界，共同勾画发展愿景，共同应对全球挑战，共同维护公平正义，共同深化伙伴关系，得到各国领导人一致赞许。

在金砖国家同“环孟加拉湾多领域经济技术合作倡议”成员国领导人对话会上，习近平主席表示，金砖国家和“环孟倡议”成员国同属发展中国家，中国与“环孟倡议”成员国的友好情谊源远流长，历久弥坚。习近平主席就加强金砖国家同“环孟倡议”成员国合作提出三点建议：一是实现优势互补，推动地区经济融合；二是促进互联互通，努力实现共同发展；三是加强沟通交往，厚植伙伴关系基础。习近平主席强调，中方将始终把同发展中国家合作放在突出位置，不断为南南合作注入新动力，秉承亲诚惠容的周边外交理念，不断为亚洲互利合作开辟新愿景。

会晤期间，五国领导人共同见证签署《关于建立金砖国家农业研究平台的谅解备忘录》《金砖国家外交学院合作谅解备忘录》和《金砖国家海关合作委员会章程》。习近平主席还分别同印度、俄罗斯、南非国家领导人举行双边会见。

6. 习近平主席出席亚太经合组织第24次领导人非正式会议

2016年11月19～20日，国家主席习近平出席在秘鲁利马举行的亚太经合组织（简称“APEC”）第24次领导人非正式会议。会议期间，习近平主席在APEC领导人非正式会议两阶段会议上发表《面向未来开拓进取，促进亚太发展繁荣》等重要讲话，在工商领导人峰会上发表题为《深化伙伴关系，增强发展动力》的主旨演讲，并出席领导人同APEC工商咨询理事会代表对话会。

在有关讲话中，习近平主席阐述中国对当前全球和亚太发展重大问题的看法和主张，介绍中国发展的新成就、新理念和新举措，为亚太区域合作和世界经济发展增添正能量、作出新贡献。主要成果包括：

发出了支持经济全球化的时代强音。在“逆全球化”思潮蔓延，保护主义抬头背景下，亚太在经济全球化问题上何去何从引发关注，中国声音和作用备受看重。习近平主席明确指出经济全球化是大势所趋，封闭和排他性安排不是正确选择，强调要促进贸易和投资自由化便利化，反对一切形式的保护主义，用行动向世界宣示，亚太对经济全球化决心不变、信心不减。同时，亚太要引领经济全球化进程向更加包容普惠的方向发展。国际舆论认为，习近平主席的讲话站立历史发展的潮头，旗帜鲜明、掷地有声，展现了中国维护世界贸易发展和全球化进程的决心，成为本次会议真正“主角”，发挥了重要的“定盘星”作用。

巩固了亚太自贸区（FTAAP）建设的前进势头。亚太自贸区是区域经济一体化的主要目标，关乎亚太长远发展繁荣。2014年APEC北京会议作出开启亚太自贸区进程的历史性决定，并批准了《北京路线图》。习近平主席在利马会议上呼吁各方以一张蓝图干到底的精神，把共识转化为切实有力的行动，早日建成亚太自贸区。这契合各方对区域经济一体化的热切期待，带动了务实行动，增强了亚太自贸区建设不断向前推进的动力。在中方引领推动下，本次会议批准亚太自贸区集体战略研究报告，并通过《亚太自贸区利马宣言》，确立了自贸区建设的目标和原则，整合了可能的实现路径，制定了各领域行动计划，设立了进展报告机制，使自贸区建设取得重要阶段性进展。

提出了亚太发展与合作的中国方案。世界经济在深度调整中曲折复苏，亚太感受到传导压力，也面临区域经济合作碎片化等突出问题。习近平主席审时度势，呼吁亚太采取有力协调行动，发挥引擎作用，推动发展创新、活力、联动、包容的世界经济。提出亚太要促进经济一体化，建设开放型经济；要促进互联互通，实现联动发展；要促进改革创新，增强内生动力；要促进合作共赢，深化伙伴关系。习近平主席结合落实《联合国2030年可持续发展议程》，倡议APEC各成员采取行动，共同促进包容、绿色和联动发展。这些主张以发展为主轴，以区域经济一体化、互联互通、改革创新为支撑，以伙伴关系为保障，形成了APEC中长期合作架构，擘画了亚太实现共同发展、繁荣和进步目标的路线图。

展现了中国发展的光明前景。习近平主席向外方讲解创新、协调、绿色、开放、共享五大发展理念，指出中国将着力推进供给侧结构性改革，着力促进创新发展，着力推进高水平双向开放，着力实现共享发展、绿色发展，确保中国经济平稳健康发展。针对国际上关于中国经济的关切，习近平主席用事实和数据说明中国经济“新常态”下的韧性、潜力和前景，介绍全面深化改革取得的显著成效，特别是“十三五”规划的成功开局，有效提振了各方对中国经济的信心。

诠释了开放包容理念和中国发展机遇论。习近平主席深刻阐释中国发展同世界发展互为机遇的道理，指出中国发展将为世界各国提供更广阔的

市场、更充足的资本、更丰富的产品、更宝贵的合作契机，欢迎各国搭乘中国发展“顺风车”。习近平主席用“地瓜生长特点”形象说明中国扎根亚太、建设亚太、造福亚太。习近平主席结合“一带一路”倡议阐明互联互通建设对实现共赢和共享发展的意义，提出要推动建立覆盖整个亚太的全方位、复合型互联互通网络，调动包括拉美成员在内各方参与互联互通合作的更大热情。

习近平主席提出的一系列重要主张既是对APEC北京会议成果的有力接续，也同二十国集团领导人第11次峰会共识一脉相承，再次为亚太和世界贡献了中国智慧，彰显了大国担当，在会场内外引起热烈反响，在国际上起到稳定人心、提振信心、凝聚共识的重要作用。会议领导人宣言充分吸纳了习近平主席讲话精神，再次印证中国主张的号召力，体现了中国在亚太区域合作中的影响力。

会议期间，习近平主席还分别会见美国总统奥巴马、俄罗斯总统普京、越南国家主席陈大光、菲律宾总统杜特尔特、哥伦比亚总统桑托斯等，并同其他与会领导人广泛接触，就进一步深化双边关系和亚太合作等交换意见。

7. 中国主办二十国集团领导人第11次峰会

2016年9月4～5日，中国主办的二十国集团领导人第11次峰会在浙江杭州成功召开。国家主席习近平全程主持峰会，二十国集团成员、8个嘉宾国领导人和7个国际组织负责人出席。

峰会围绕“构建创新、活力、联动、包容的世界经济”主题，就创新增长方式、更高效的全球经济金融治理、强劲的国际贸易和投资、包容和联动式发展等重点议题进行了深入讨论。峰会发表《二十国集团杭州峰会公报》，核准《创新增长蓝图》等28份核心成果文件，形成“放眼长远，综合施策，扩大开放，包容发展”的“杭州共识”，指明了二十国集团从危机应对向长效治理机制转型的新方向。

习近平主席在峰会开幕式上发表题为《构建创新、活力、联动、包容的世界经济》的致辞，指出国际社会对二十国集团充满期待，对这次峰会寄予厚望，希望杭州峰会为世界经济开出一剂标本兼治、综合施策的药方，让世界经济走上强劲、可持续、平衡、包容增长之路。二十国集团应该加强宏观经济政策协调，合力促进全球经济增长、维护金融稳定；应该创新发展方式，挖掘增长动能；应该完善全球经济治理，夯实机制保障；应该建设开放型世界经济，继续推动贸易和投资自由化便利化；应该落实2030

年可持续发展议程，促进包容性发展。习近平主席号召二十国集团与时俱进，发挥引领作用；知行合一，采取务实行动；共建共享，打造合作平台；同舟共济，发扬伙伴精神。各方普遍赞誉杭州峰会主题和成果有雄心、有视野、有创新，具有开创性、方向性、标志性意义，盛赞习近平主席是出色的东道主和所有领导人伟大的朋友，增进了与各国的友谊，推动二十国集团为共建美好世界开展集体行动。

习近平主席还出席二十国集团工商峰会开幕式并发表题为《中国发展新起点，全球增长新蓝图》的主旨演讲，回顾了中国改革开放的伟大征程，立足中国今天所处新的历史起点，展望中国未来发展方向，提出了“坚定不移全面深化改革、坚定不移实施创新驱动发展战略、坚定不移推动绿色发展、坚定不移推进公平共享、坚定不移扩大对外开放”五个“坚定不移”的重要主张。针对当前世界经济中的突出问题，习近平主席提出了共同构建创新、开放、联动和包容型世界经济的主张。习近平主席还第一次全面阐述了中方的全球经济治理观，强调全球经济治理应该以平等为基础，以开放为导向，以合作为动力，以共享为目标，共同构建公正高效的全球金融治理格局、开放透明的全球贸易投资治理格局、绿色低碳的全球能源治理格局、包容联动的全球发展治理格局。

峰会期间，习近平主席还出席了金砖国家领导人非正式会晤、中美元首共同向联合国秘书长交存气候变化《巴黎协定》批准文书仪式、欢迎晚宴、“最忆是杭州”文艺演出，并举行33场双边会谈会见。

二十国集团领导人第11次峰会是2016年中国最重要的主场外交，是新中国成立以来中国主办的层级最高、影响最深远的多边峰会，也是成果最丰硕的二十国集团领导人峰会。峰会铸就了中国特色大国外交的永恒经典，谱写了全球经济治理体系变革的重要篇章。

8. 李克强总理主持澜沧江—湄公河合作首次领导人会议并出席博鳌亚洲论坛2016年年会

1. 李克强总理主持澜沧江—湄公河合作首次领导人会议

2016年3月23日，国务院总理李克强在海南三亚与泰国总理巴育共同主持澜沧江—湄公河合作（简称“澜湄合作”）首次领导人会议，柬埔寨首相洪森、老挝总理通邢、缅甸副总统赛茂康和越南副总理范平明出席。

六国领导人共同宣布澜湄合作机制正式启动，并围绕“同饮一江水，命运紧相连”的主题，就澜湄合作的宗旨、意义、发展历程和未来发展方向等进行了富有成果的讨论。会

议审议并通过《澜湄合作首次领导人会议三亚宣言》和《澜湄国家产能合作联合声明》，通过早期收获项目联合清单，包含涉及互联互通、水资源、卫生、减贫等领域的45个项目，还散发了“早期收获项目备选清单”和《澜湄国家减贫合作非文件》。

李克强总理发表重要讲话，指出中国与湄公河国家山水相连，传统友谊世代相传，是天然的合作伙伴和紧密的友好邻邦。澜湄合作要坚持四个导向，即共促和平稳定、坚持发展为先、依托项目推进、促进开放包容。李克强总理并就澜湄合作未来发展方向提出四点建议：一是共建团结互助、平等协商、互利互惠、合作共赢的澜湄国家命运共同体，逐步形成“领导人引领、全方位覆盖、各部门参与”的合作格局。二是加强互联互通和产能合作。探讨建立澜湄边境地区经济区和产业园区、投资区和交通网，加强基础设施建设、工程机械等领域合作。中方愿设立100亿人民币优惠贷款和100亿美元信贷额度（包括50亿美元优惠出口买方信贷和50亿美元产能合作专项贷款），用于支持澜湄地区基础设施建设和产能合作项目。三是聚焦可持续发展议题。中方愿与湄公河国家共同设立澜湄水资源合作中心和环境合作中心。中方将在湄公河国家优先使用2亿美元南南合作援助基金，帮助五国落实联合国《2030年可持续发展议程》目标。中方将设立澜湄合作专项基金，今后5年提供3亿美元支持六国提出的中小型合作项目。四是构筑人文交流桥梁。中方未来3年将提供1.8万人年政府奖学金和5000名来华培训名额。此外，中方还建议设立澜湄流域综合执法安全合作中心。

湄公河国家高度评价澜湄合作机制的重要意义和快速发展，感谢中方为推动澜湄合作机制发挥的突出作用，认为此次会议是澜湄流域六国领导人的首次聚会，具有重要里程碑意义，展现了六国加强合作的强烈意愿和坚定承诺，将进一步促进六国睦邻友好、平等互信，促进地区可持续发展，开启次区域发展合作的新篇章。

会议期间，李克强总理与柬埔寨、老挝、缅甸、泰国、越南五国领导人举行双边会见。

2. 李克强总理出席博鳌亚洲论坛2016年年会

3月22～25日，博鳌亚洲论坛2016年年会在海南博鳌举行，主题为“亚洲新未来：新活力与新愿景”。李克强总理和柬埔寨首相洪森、老挝总理通邢、立陶宛总理布特克维丘斯、尼泊尔总理奥利、泰国总理巴育、印度尼西亚副总统卡拉、缅甸副总统赛茂康、哈萨克斯坦第一副总理萨金塔耶夫、韩国副总理柳一镐、俄罗斯副总理德沃尔科维奇、越南副总理范平明等中外领导人应邀与会。李克强总理在年会开幕式上发表题为《共绘充满活力的亚洲新愿景》的主旨演讲，提出亚洲各国共同克服困难、开辟光明前景的五点主张，即共同维护和平稳定，共同推动经济增长，共同深化融合发展，共同促进开放包容和共同激发创新活力，为亚洲各国深化互利合作、促进地区和平繁荣指明了方向，得到与会各国政要和代表的热烈反响和积极评价。

9. 李克强总理出席东亚合作领导人系列会议

2016年9月7～8日，国务院总理李克强出席在老挝万象举行的东亚合作领导人系列会议，包括第19次中国—东盟（10+1）领导人会议暨中国—东盟建立对话关系25周年纪念峰会、第19次东盟与中日韩（10+3）领导人会议和第11届东亚峰会。

在中国—东盟领导人会议上，李克强总理全面回顾中国—东盟建立对话关系25年来双方合作取得的显著进展。李克强总理指出，过去的25年，是中国—东盟政治互信不断加强的25年，是中国—东盟务实合作硕果累累的25年。中方始终视东盟为维护地区和平稳定、促进区域一体化和世界多极化发展的重要力量，将继续把东盟作为周边外交优先方向，继续坚定支持东盟共同体建设，支持东盟在区域合作中的中心地位，支持东盟在国际地区事务中发挥更大作用。

李克强总理并就下阶段双方合作提出五点建议：一是谱写中国—东盟关系新篇章。双方应牢牢把握双方关系发展大方向，进一步加强发展目标和路径对接，以“2+7合作框架”和中国—东盟战略伙伴关系第三份《行动计划》为指导，深化务实合作，继续建设更为紧密的中国—东盟命运共同体。二是构建政治安全合作新平台。中方愿尽早同东盟国家商签“睦邻友好合作条约”，为双方长期友好提供法律制度保障。双方应尽早实现中国—东盟防长非正式会晤机制化，促进双方防务和军事交流。三是培育经贸合作新动能。双方应加紧工作，推动中国—东盟自贸区升级相关议定书成果尽快落地，切实提高贸易投资自由化便利化水平。中方愿同东盟国家共同推进“一带一路”建设，对接发展规划，有力有序有效推动互联互通合作。四是打造人文交流合作新支柱。中国愿与东盟国家共同努力，将人文交流合作打造为继政治安全、经贸合作之后的双方关系的第三大支柱。应以教育和旅游合作为优先方向，中方欢迎将2017年确定为“中国—东盟旅游合作年”，确立双方人员往来达到3000万人次的目标。五是共同开创区域合作新局面。要积极落实澜沧江—湄公河合作首次领导人会议有关倡议和项目。澜湄合作专项基金将正式启动。

东盟国家领导人高度评价双方关系取得的巨大成就，表示中国—东盟

关系是东盟同众多对话伙伴关系中最具活力、最富成果的一组关系。双方应以建立对话关系25周年为契机，加强战略沟通，深化务实合作，不断推动东盟—中国关系迈上新台阶，为促进地区和平稳定和发展繁荣作出新的贡献。

会议通过《第19次中国—东盟领导人会议暨中国—东盟建立对话关系25周年纪念峰会联合声明》《中国—东盟产能合作联合声明》《中国与东盟国家应对海上紧急事态外交高官热线平台指导方针》《中国与东盟国家关于在南海适用〈海上意外相遇规则〉的联合声明》四份成果文件。

在第19次东盟与中日韩（10+3）领导人会议上，李克强总理表示，10+3合作走过19个春秋，取得了重要成就。2015年以来，10+3各领域务实合作又取得新进展。2017年将迎来10+3合作20周年，各方应以此为新起点，巩固10+3在区域经济一体化进程中的主渠道作用，谱写东亚合作新篇章。李克强总理提出六点建议：加强金融安全合作，深化贸易投资合作，推动农业和减贫合作，促进互联互通建设，创新产能合作模式，增进社会人文交流。

与会各国领导人积极评价10+3合作取得的进展，表示各方应共同规划东亚经济共同体蓝图，加快10+3合作进程，提高贸易投资水平，推动互联互通、财政金融、农业、减贫、防灾减灾、中小企业、电子商务、老龄化等领域合作，实现共同和可持续发展。密切教育、文化、旅游合作，拉紧友好纽带。多年来本地区局势保持了稳定，各方应进一步协调立场，有效应对传统与非传统安全威胁，打击恐怖主义和极端主义，维护地区和世界的和平安宁。

会议审议通过中方与老挝共同提出发表的《关于促进可持续发展合作声明》和其他国家提出发表的《积极老龄化声明》。

在第11届东亚峰会上，李克强总理表示，各方应遵循合作经验，把握正确方向，坚持东亚峰会作为“领导人引领的战略论坛”定位，支持东盟中心地位，奉行协商一致、照顾各方舒适度等“东盟方式”，积极务实推动对话合作。在经济发展方面，各方应大力支持地区互联互通，加快推进自贸区建设，加强社会民生领域合作。在政治安全方面，中国倡导共同、综合、合作、可持续的新安全观，支持各方加强非传统安全合作，探讨区域安全架构建设，妥善处理热点敏感问题。

与会领导人充分肯定东亚峰会对推进地区和平与发展所发挥的重要作用和取得的合作成果，认为东亚峰会应增强各方政治互信，构建适合东亚特点的安全构架，有效应对当前复杂挑战，维护东亚稳定局面。同时，应强化经济伙伴关系，扩大各领域务实合作，加快推进经济一体化进程。

会议通过中方与老挝共同提出发表的《东亚峰会促进东亚基础设施发展合作万象宣言》以及其他国家提出发表的《东亚峰会加强应对危机移民及人口贩卖宣言》《东亚峰会不扩散声明》三份成果文件。

10. 李克强总理出席第71届联合国大会系列高级别会议

2016年9月18～21日，国务院总理李克强赴纽约出席第71届联合国大会（简称“联大”）系列高级别会议。其间，李克强总理出席第71届联合国大会一般性辩论，主持2030年可持续发展议程主题座谈会，并出席联大解决难移民大规模流动问题高级别会议以及难民问题领导人峰会。这是李克强总理首次出席联大一般性辩论，具有重要意义。

李克强总理在出席第71届联大一般性辩论时发表题为《携手建设和平稳定可持续发展的世界》的重要讲话，呼吁建设一个人人免于匮乏、获得发展、享有尊严的美好世界，并就如何推动可持续发展、变革和改造世界提出重要主张。李克强总理表示，可持续发展首先是发展，基础也在于发展。唯有发展，才能保障人民的基本权利，消除全球性挑战的根源，推动人类文明进步。发展必须是可持续的。只有促进公平共享和绿色发展，发展才能立得稳、走得远。可持续发展必须联动包容。国际社会要相互合作、同舟共济，共同应对全球性挑战。

李克强总理在发言中强调，必须维护《联合国宪章》的宗旨和原则，支持联合国及其安理会在国际事务中发挥主导作用，不断改革完善全球治理机制；必须坚持政治解决热点问题的大方向。国际社会必须携手促进世界经济稳定复苏。主要经济体应以负责任态度制定和协调宏观政策，尽量减少负面外溢效应。各方应坚定维护以WTO为代表的自由贸易体制，促进贸易自由化、投资便利化。国际社会应该把新增资源首先用于帮助发展中国家，发达国家要切实兑现官方发展援助，发展中国家应该立足自主发展，探索符合自身国情的发展道路。

李克强总理在主持2030年可持续发展议程主题座谈会时强调，强化全球发展伙伴关系，携手推动可持续发展，不仅是国际社会的道义责任，也将极大提升全球整体发展水平。要坚持南北合作的主渠道地位，发达国家应落实援助承诺，支持发展中国家探索自身国情的发展道路。发展中国家之间应深入推进南南合作，努力实现联合自强。

李克强总理在出席联大解决难移民大规模流动问题高级别会议和难民问题领导人峰会时，阐述中国解决难民危机主张。这是联合国成立以来首次召开的应对难移民问题的高级别会议。李克强总理在发言中强调，中国

一贯高度重视并积极参与解决难民和移民问题，作为发展中大国，中国愿意承担与自身能力相适应的责任。中国积极倡导政治解决地区热点问题，就推动停火止暴、实现政治和解提出中国主张。中国将采取一系列人道主义举措并积极探讨同有关国际机构和发展中国家开展难民和移民问题的三方合作。

会议期间，李克强总理还会见了联合国秘书长潘基文及与会部分国家领导人。

11. 李克强总理出席上海合作组织成员国政府首脑（总理）理事会第15次会议

2016年11月2～3日，国务院总理李克强出席在吉尔吉斯斯坦首都比什凯克举行的上海合作组织成员国政府首脑（总理）理事会第15次会议。上海合作组织成员国、观察员国政府领导人或代表以及有关国际和地区组织负责人出席。

与会各方围绕国际和地区经济形势以及深化上海合作组织经贸和人文合作交换了意见，达成广泛共识。成员国政府领导人签署并发表《上海合作组织成员国政府首脑（总理）理事会第十五次会议联合公报》，批准《2017—2021年上海合作组织进一步推动项目合作的措施清单》《〈上海合作组织成员国政府间科技合作协定〉落实措施计划（2016—2020）》《上海合作组织科技伙伴计划》等重要文件。

李克强总理在会议上发表重要讲话，就深化上海合作组织各领域合作提出六点建议：一是营造安全稳定环境，二是打造融合发展格局，三是提升产能合作水平，四是挖掘创新合作机遇，五是完善区域融资机制，六是夯实人文交流基础。与会各方高度评价中方关于建设“ 带 路”的倡议，表示愿与中方加强发展战略对接，扩大和深化多双边合作。

会议期间，李克强总理与塔吉克斯坦总理拉苏尔佐达举行双边会见，就进一步发展两国关系达成重要共识。

12. 李克强总理出席第五次中国—中东欧国家领导人会晤

2016年11月5日，国务院总理李克强在拉脱维亚里加出席第五次中国—中东欧国家领导人会晤。阿尔巴尼亚、波黑、保加利亚、克罗地亚、捷克、爱沙尼亚、匈牙利、拉脱维亚、立陶宛、马其顿、黑山、波兰、罗马尼亚、塞尔维亚、斯洛伐克、斯洛文尼亚等中东欧16国领导人与会。会晤后，中国与中东欧16国共同发表《中国—中东欧国家合作里加纲要》

和关于开展三海港区基础设施、装备合作的《里加声明》。

李克强总理在会晤上发表讲话，就“16+1合作”未来发展提出四点建议：一是深化基础设施和互联互通合作。中方鼓励国内信誉好、实力强的企业以工程承包、政府与社会资本合作等多种形式，参与中东欧国家高速公路网、港口网、电网、互联网等建设。二是发挥好金融合作的支撑作用。16+1金融控股公司正式成立，欢迎中东欧各国积极参与。中方支持扩大本币结算合作，支持多种方式为“16+1合作”项目提供金融支持。三是开拓绿色经济合作新空间。愿积极探讨农产品加工及绿色农业合作、生态环保、清洁能源合作。四是进一步密切人文领域交流合作。

会晤期间，李克强总理出席第六届中国—中东欧国家经贸论坛开幕式并致辞，与部分中东欧国家领导人分别举行双边会见。会晤后，李克强总理与中东欧国家领导人集体会见中东欧16国老中青三代汉学家代表并集体合影，共同见证了中国与中东欧国家涵盖多领域合作协议的签署，并与拉脱维亚总理库钦斯基斯共同为中国—中东欧金融控股公司揭牌。之后，李克强总理与本届中国—中东欧国家领导人会晤主办国拉脱维亚总理库钦斯基斯和下届会晤主办国匈牙利总理欧尔班共同会见记者。

13. 中国应对菲律宾南海仲裁案及中菲关系实现全面转圜

2013年1月22日，菲律宾共和国阿基诺三世政府违背中菲之间达成并多次确认的通过谈判协商解决南海有关争议的共识，违反其在《南海各方行为宣言》中作出的庄严承诺，在明知领土争议问题不属于《联合国海洋法公约》(下称《公约》)调整范围，海洋划界争议已被中国2006年有关声明排除的情况下，蓄意将有关争议包装成单纯的《公约》解释或适用问题，滥用《公约》争端解决机制，单方面提起南海仲裁案，违反包括《公约》在内的国际法。此举不是为了解决中菲间的有关争议，而是企图借此否定中国在南海的领土主权和海洋权益。

2014年12月7日，中国政府发表《中华人民共和国政府关于菲律宾共和国所提南海仲裁案管辖权问题的立场文件》，指出菲律宾政府提起仲裁违背中菲协议、违背《公约》、违背国际仲裁一般实践，仲裁庭对有关事项没有管辖权，重申中国不接受、不参与该仲裁的严正立场，并从法律角度全面阐述中国关于仲裁庭没有管辖权的立场和理据。

2015年10月29日，菲律宾南海仲裁案仲裁庭就管辖权和可受理性问题作出所谓裁决。10月30日，外交部发表《中华人民共和国外交部关于应菲律宾共和国请求建立的南海仲裁案仲裁庭关于管辖权和可受理性问题裁决

的声明》，表示仲裁庭所作裁决无效，重申中国不接受、不参与仲裁案的立场具有充分的国际法依据，并敦促菲律宾遵守承诺、尊重中国依据国际法享有的权利、回到通过谈判和协商解决南海有关争议的正确道路上来。

2016年7月12日，菲律宾南海仲裁案仲裁庭作出所谓最终裁决，企图否定中国在南海断续线内的历史性权利，否定中国南沙群岛有关岛礁的领土地位，否定中国南沙群岛作为整体主张专属经济区和大陆架的资格，否定中国黄岩岛和南沙群岛全部岛礁个体主张专属经济区和大陆架的资格，并企图否定中国在南海维权执法活动的合法性，进一步侵蚀中国对南沙群岛和黄岩岛的主权。

外交部当日发布《中华人民共和国外交部关于应菲律宾共和国请求建立的南海仲裁案仲裁庭所作裁决的声明》，严正指出该裁决是无效的，没有拘束力，中国不接受、不承认，中国在南海的领土主权和海洋权益在任何情况下不受仲裁裁决的影响，中国反对且不接受任何基于该仲裁裁决的主张和行动。

同日，外交部受权发布《中华人民共和国政府关于在南海的领土主权和海洋权益的声明》，重申中国在南海的领土主权和海洋权益，表示中国愿继续与直接有关当事国在尊重历史事实的基础上，根据国际法，通过谈判协商和平解决南海有关争议。

7月13日，国务院新闻办公室发表《中国坚持通过谈判解决中国与菲律宾在南海的有关争议》，系统回顾中菲有关南海争端的历史经纬，全面阐述中国处理南海问题的政策主张。

菲律宾南海仲裁案所谓最终裁决出台前后，中方持续从法理层面对仲裁案进行批驳。2016年5月12日，外交部条法司负责人召开中外媒体吹风会，从国际法角度阐明中国关于仲裁案的立场和理据。

6月10日，中国国际法学会发表《菲律宾所提南海仲裁案仲裁庭的裁决没有法律效力》，从法律角度全面、深入揭批仲裁庭管辖权裁决在认定事实和适用法律方面的六大谬误，包括仲裁庭错误认定菲律宾所提诉求构成中菲两国有关《联合国海洋法公约》解释或适用的争端；仲裁庭管辖本质上属于领土主权问题的事项，超出了《公约》授权；仲裁庭罔顾中菲之间存在海域划界的事实，曲解《公约》第298条规定，越权管辖与海域划界有关的事项；仲裁庭否定中菲两国存在通过谈判解决相关争端的协议，曲解《公约》第281条规定，错误行使管辖权；仲裁庭错误裁定菲律宾就所提仲裁事项的争端解决方式履行了“交换意见”的义务；仲裁庭有违客观公正，背离了《公约》争端解决机制的目的和宗旨，破坏了《公约》的完整性和权威性。文章深刻阐明了仲裁庭行使管辖权的非法性和所作裁决的无效性。

6月26日，在俄罗斯联邦总统普京访华期间，中俄两国外长签署发表《中华人民共和国和俄罗斯联邦关于促进国际法的声明》，其中表达了中俄在和平解决争端方面的共同关切。双方认为，各种争端解决方式应有助于实现依据可适用的国际法和平解决争端的目标，并强调应“本着合作精神，在国家同意的基础上，善意使用争端解决机制和方式”，“不得滥用这些争端解决方式和机制而损害其宗旨”。双方强调，《联合国海洋法公约》“应统一适用”，“不能破坏《公约》所建立的法律制度的完整性”。

7月15～16日，中国国际法学会和香港国际仲裁中心在香港联合举行“海洋争端解决国际法研讨会”。全国政协副主席董建华出席会议并发言。包括国际法院法官、国际海洋法法庭法官、联合国国际法委员会委员和国际法研究院院士等在内的200多名专家学者参加了研讨。会议从法理层面对仲裁裁决进行了深刻批驳。

针对南海仲裁案这一披着法律外衣的政治挑衅，中国政府从外交、法理、舆论等方面进行了坚决有力斗争，坚定维护领土主权和海洋权益，维护中国国际形象，维护地区和平稳定。中国正当的立场和举动得到了世界上近120个国家和240多个不同国家政党的理解和支持。同时，中国的法律立场和理据也赢得了国际法学界越来越多的理解和认同。包括国际法院、国际海洋法法庭多位法官或前法官在内的众多国际法权威人士均认为仲裁庭枉法裁判，有关裁决存在严重漏洞和瑕疵。所谓最终裁决出台后，联合国、国际法院、国际海洋法法庭等机构相继发表声明，与仲裁庭划清界限。

菲律宾前政府在南海问题上对华推行对抗政策，单方面发起南海仲裁案，中菲关系近年陷入低谷，各领域交流合作陷于停滞。2016年5月，菲律宾达沃市市长罗德里戈·杜特尔特赢得总统大选胜利，当选第16任菲律宾总统。杜特尔特总统选举获胜后向中方释放了开展对话、妥处分歧、改善关系的积极信号。国家主席习近平就杜特尔特总统胜选和就职两次致电祝贺。双方积极互动，共同推动中菲关系改善。2016年10月18～21日，杜特尔特总统对中国进行国事访问，双方就睦邻友好合作、妥善处理分歧、携手共同发展达成重要共识，中菲关系实现全面转圜，两国发表《中华人民共和国和菲律宾共和国联合声明》，并签署13份合作文件。2016年11月，习近平主席同杜特尔特总统在亚太经合组织第24次领导人非正式会议期间再次会面，就深化中菲睦邻友好、推进全面合作进一步达成重要共识，巩固了两国关系向好发展势头。

在中菲双方共同努力下，两国关系走出低谷、翻开新的篇章，经贸、基础设施、农渔业、旅游、执法、防务等领域务实合作全面展开，人文交流日益密切。《中菲联合声明》重申将通过友好磋商和谈判以和平方式解决

领土和管辖权争议，南海问题重回双边对话协商解决的正确轨道。两国海警举办海上合作联合委员会首次筹备会，同意建立中菲南海问题双边磋商机制。中方基于中菲友好情谊，就菲律宾渔民赴黄岩岛附近海域的相关区域捕鱼问题作出妥善安排，并推动两国开展渔业合作。

14. 积极参与气候变化国际合作，推动《巴黎协定》尽早生效

2015年12月12日，《联合国气候变化框架公约》第21次缔约方大会在法国巴黎达成具有历史意义的《巴黎协定》，确定了以“国家自主贡献”为主体的“自下而上”、相对宽松灵活的未来国际气候治理机制。2016年，围绕《巴黎协定》的签署、批准和生效，中国积极运筹气候外交，彰显在全球气候治理进程中的大国作用。

2016年3月31日，国家主席习近平与美国总统奥巴马发表《中美元首气候变化联合声明》，宣布两国将于4月22日签署《巴黎协定》，并各自采取国内步骤以便2016年尽早参加《巴黎协定》。2016年4月，中国作为主席国推动二十国集团第二次协调人会议发表历史上首个气候变化问题主席声明，呼吁二十国集团成员于4月22日或其后尽早签署《巴黎协定》，并根据各自国内程序加入协定，使其尽早生效，为《巴黎协定》的签署注入积极政治推动力。

4月22日，国务院副总理张高丽作为习近平主席特使在纽约出席联合国秘书长潘基文举行的《巴黎协定》高级别签署仪式，代表中国签署《巴黎协定》，并宣布中国将在2016年9月二十国集团领导人第11次峰会前批准协定。在中国、美国等各方积极推动下，175个国家于4月22日签署《巴黎协定》，创下多边条约开放签署首日签署国家最多纪录。

签署仪式后，《巴黎协定》何时生效成为国际社会关注热点。根据规定，《巴黎协定》的生效需满足两个条件：一是至少55个公约缔约方参加《巴黎协定》，二是参加《巴黎协定》的公约缔约方排放至少占全球温室气体总排放量55%。中美等大国的参加将对协定生效发挥关键作用。9月3日，二十国集团领导人第11次峰会召开前夕，习近平主席与奥巴马总统在杭州向联合国秘书长潘基文分别交存《巴黎协定》批准书和接受书。中美两国的参加使《巴黎协定》缔约方总数增至26个，排放总量占全球比例从1%提升至39%，为《巴黎协定》的生效注入强大动力。此外，中国还与美国发表《中美气候变化合作成果》，推动二十国集团领导人第11次峰会公报就气候变化问题积极发声，彰显中国在气候变化全球治理中的积极作用。

在中美等国的带动下，《巴黎协定》批约进程不断提速。10月5日，欧

盟及其七个成员国向联合国交存《巴黎协定》批准书，标志着协定生效条件得到满足。11月4日，《巴黎协定》正式生效，生效时间之快大大超出国际社会预期。习近平主席于当日致信联合国秘书长潘基文，对《巴黎协定》生效表示祝贺，并承诺采取有效行动落实《巴黎协定》。

中国用自身行动积极推动《巴黎协定》的签署和生效，为气候多边外交增添亮点，也用不懈努力向世界表明，中国是全球气候治理进程的积极参与者、建设者和推动者。

15. 纪念中国恢复在联合国合法席位45周年

2016年是中国恢复在联合国合法席位45周年。10月25日，由外交部主办的纪念中国恢复在联合国合法席位45周年招待会成功召开，国务委员杨洁篪出席并致辞。招待会由外交部长王毅主持，国务院有关部委负责同志、各国驻华使节、联合国各驻华机构代表等400多人出席。

杨洁篪国务委员在致辞中表示，45年前的今天，联合国大会通过第2758号决议，决定恢复中华人民共和国在联合国的合法席位。这一具有划时代意义的重大事件，标志着联合国的普遍性、代表性和权威性显著增强，维护和平与发展的力量不断壮大和中国对外交往进入新阶段。45年来，中国始终是世界和平的建设者，全球发展的贡献者，国际秩序的维护者和联合国事业的支持者。中国坚持走和平发展、共同发展、合作发展和多边主义道路，愿同联合国及各国共同促进人类和平与发展。中国期待联合国在维护世界和平、促进共同发展、改善全球治理等方面继续发挥核心与建设性作用。

中国联合国协会、中国人民外交学会和联合国驻华系统共同举办纪念中国恢复联合国合法席位45周年国际研讨会，外交部副部长李保东、联合国副秘书长费尔特曼、中国人民外交学会会长吴海龙、中国联合国协会会长卢树民等出席。80多位与会人士围绕“纪念中国恢复联合国席位，回顾中国对联合国的贡献”和“同心打造人类命运共同体，展望中国在国际事务和多边合作中发挥更大作用”两个议题进行深入讨论。

16. 中方深切悼念古巴革命领袖菲德尔·卡斯特罗

当地时间2016年11月25日晚，古巴革命领袖菲德尔·卡斯特罗在哈瓦那逝世，享年90岁。

11月26日，中共中央总书记、国家主席习近平向古巴共产党中央第一书记、国务委员会主席兼部长会议主席劳尔·卡斯特罗致唁电，代表中国党、政

府、人民并以个人名义，对菲德尔·卡斯特罗同志逝世表示最沉痛的哀悼，向其家属致以最诚挚的慰问。国务院总理李克强也向劳尔·卡斯特罗主席致唁电。

11月29日，中共中央总书记、国家主席、中央军委主席习近平前往古巴驻华使馆吊唁菲德尔·卡斯特罗逝世。习近平主席指出，菲德尔·卡斯特罗同志是古巴共产党和古巴社会主义事业的缔造者，是古巴人民的伟大领袖。他是我们这个时代的伟人，他为世界社会主义发展建立了不朽历史功勋、他对各国正义事业的支持将被永远铭记。我今天前来吊唁，就是要向古巴同志表明，在这个特殊时刻，中国党、政府、人民同古巴党、政府、人民紧紧站在一起。相信在劳尔·卡斯特罗主席坚强领导下，古巴党、政府、人民必将继承菲德尔·卡斯特罗同志的遗志，化悲痛为力量，在古巴国家建设和社会主义发展事业中不断取得新成就。

习近平主席强调，菲德尔·卡斯特罗同志生前致力于中古友好，是中古关系的奠基者、推动者。他的逝世是古巴和拉美人民的重大损失，不仅使古巴和拉美人民失去了一位优秀儿子，也使中国人民失去了一位亲密同志和真诚朋友，我深深怀念他，中国人民深深怀念他。古巴是第一个同新中国建交的拉美国家，中古关系特殊友好。我们愿同古巴同志更加紧密地携起手来，坚定互信，同舟共济，继续推进中古两党两国友好关系持续稳定向前发展，不负菲德尔·卡斯特罗同志的遗愿。

古巴驻华大使米格尔·安赫尔·拉米雷斯代表古巴党、政府和劳尔·卡斯特罗主席对习近平主席前来吊唁表示衷心感谢，表示这再次充分体现了中国党、政府、人民对古巴党、政府、人民的友好感情，体现了古中两国关系的高水平。拉米雷斯表示，菲德尔·卡斯特罗生前一直高度重视对华关系，密切关注中国社会主义建设成就。古巴党和政府将继承菲德尔·卡斯特罗同志遗志，不断推动古中关系向前发展。

11月28～30日，中共中央总书记、国家主席习近平特使、中共中央政治局委员、国家副主席李源潮赴古巴出席菲德尔·卡斯特罗逝世悼念活动。李源潮副主席前往何塞·马蒂纪念馆代习近平主席向菲德尔·卡斯特罗敬献花圈，向菲德尔·卡斯特罗的家属转达习近平主席的深切慰问，在古巴党和政府举行的悼念活动上致辞。

17. 杨洁篪国务委员同印度国家安全顾问多瓦尔举行中印边界问题特别代表第19次会晤

2016年4月20日，中印边界问题特别代表第19次会晤在北京举行。中方特别代表、国务委员杨洁篪和印方特别代表、国家安全顾问多瓦尔就边界问题深入交换意见，并就双边关系和共同关心的重大国际地区问题进行战略沟通。

双方积极评价特代会晤机制在深化中印战略互信、推进边界谈判、促进中印关系健康稳定发展中发挥的重要作用，同意在继承已有谈判成果的基础上，寻找公平合理和双方都能接受的边界问题解决框架，维护边境地区的和平与安宁。

18. 中国主办亚信第五次外长会议

2016年4月27～28日，亚洲相互协作与信任措施会议（简称“亚信”）第五次外长会议在北京举行。国家主席习近平出席开幕式并发表题为《凝聚共识，促进对话，共创亚洲和平与繁荣美好未来》的重要讲话。外交部长王毅主持会议并作题为《深化互信与协作，共促地区安全和发展》的主旨发言。亚信成员国、观察员国外长或代表以及有关国际组织代表出席会议。

习近平主席在开幕式讲话中，着眼推动各方践行共同、综合、合作、可持续的亚洲安全观，倡导构建具有亚洲特色的安全治理模式，就维护地区安全、促进共同发展提出引领性主张。王毅外长在主旨发言中，全面总结中方担任亚信主席国以来所做工作，提出加强团结互信、开展务实合作、推进能力建设、扩大对外交往的亚信发展方向。

会议以“对话促进安全”为主题，与会各方围绕当前亚洲安全与发展形势、打击恐怖主义、落实亚信信任措施、推动文明对话等问题深入交换意见，强调继续谋求共同、综合、合作、可持续的安全，主张通过开展文明对话加强相互理解与合作。各方充分肯定中方自2014年5月担任亚信主席国以来所做工作，高度评价中方为推动亚信发展发挥的积极作用。会议发表《亚洲相互协作与信任措施会议第五次外长会议关于通过对话促进亚洲和平、安全、稳定和可持续发展的宣言》。

会议期间，王毅外长还与吉尔吉斯斯坦、白俄罗斯、巴基斯坦、泰国、巴勒斯坦、韩国、土耳其、乌克兰等国外长举行双边会见，就双边关系和共同关心的问题交换意见。

此次外长会议后，中国正式连任2016年至2018年亚信主席国。

19. 王毅外长出席东亚合作系列外长会

2016年7月24～26日，外交部长王毅出席在老挝万象举行的东亚合作系列外长会，包括中国—东盟（10+1）外长会、东盟与中日韩（10+3）外长会、东亚峰会外长会、东亚地区论坛外长会。

在10+1外长会上，王毅外长表示，中方将继续把东盟作为周边外交优先方向，支持东盟共同体建设，支持东盟在区域合作中的中心地位。中方愿与东盟以纪念双方建立对话关系25周年为契机，推动双方关系进一步丰富和深化，迈向更为紧密的中国—东盟命运共同体。王毅外长就下阶段中国—东盟合作重点提出六点建议：一是办好中国—东盟建立对话关系25周年纪念峰会；二是继续推进务实合作；三是以教育和旅游为优先方向，打造人文交流合作新支柱；四是深化政治安全合作；五是培育澜沧江—湄公河合作新平台；六是共同维护地区和平稳定。

王毅外长表示，《南海各方行为宣言》（下称《宣言》）是我们共同构建的地区规则，是各方维护南海和平稳定的行为指南。各方应回到双边谈判协商的轨道，全面有效落实《宣言》，推进“南海行为准则”磋商。

东盟各国外长赞赏中方支持东盟共同体建设，支持东盟在区域合作中的中心地位，希望双方进一步深化政治互信，加强互利合作，妥善处理分歧，共同应对挑战，将中国—东盟关系提升到更高水平。

会议通过《中国和东盟国家外交部长关于全面有效落实〈南海各方行为宣言〉的联合声明》。

在10+3外长会上，王毅外长表示，10+3合作已成为东亚区域合作最成熟的机制之一，作为东亚合作主渠道，为东亚经济一体化提供了坚实支撑，为各国增进了解、深化合作、应对挑战发挥了重要作用。在当前国际形势下，保持东亚合作发展势头具有重要意义。各方要着重处理好几组关系：一是处理好10+3同其他区域合作机制的关系。各机制可以突出特色，协调发展，形成合力，为区域一体化作出积极贡献。二是处理好“10”与“3”的关系。10+3合作应始终坚持东盟主导，支持东盟共同体建设。三是处理好传统优势领域和新领域的关系。要积极拓展新合作领域，促进各领域务实合作全面均衡发展。下一步，各方应着重加强金融安全合作，深化贸易投资合作，推动农业减贫合作，促进互联互通建设，开展国际产能合作，增进社会人文交流。

东盟各国外长积极评价10+3合作取得的成果，肯定10+3机制对促进东亚一体化进程的重要性，希望中日韩继续加大投入，分享经验，帮助东盟缩小发展差距，实现共同繁荣。希望进一步深化经济、文化、教育等领域合作，更有效应对恐怖主义等非传统安全威胁。日本和韩国外长均表示支持东盟共同体建设，支持东盟在区域合作中的主导地位。

在东亚峰会外长会上，王毅外长指出，为确保东亚峰会行稳致远，要把握好四个原则：第一，坚持论坛既定发展方向。坚持峰会“领导人引领的战略论坛”定位，坚持东盟中心地位和“东盟方式”，不断推进重点领域合作。第二，聚焦发展与合作。要牢牢抓住发展主题，落实好联合国《2030年可持续发展议程》，加快自贸区建设，推进共同发展。第三，合作应对非传统安全挑战。要高度警惕恐怖主义等非传统安全威胁，形成合力，遏制极端恐怖主义蔓延势头。第四，完善区域安全框架。要深入探讨如何创新安全理念，完善安全架构，整合现有安全架构设想，构建反映地区现实、符合各方需求的新型地区安全架构。

王毅外长阐述中方对菲律宾南海仲裁案的看法，强调这一单方面仲裁从程序和法律适用、事实认定以及证据采集等很多方面都充满谬误，在仲裁提起、仲裁庭成立和仲裁结果上都不合法。王毅外长批驳了美国、日本、澳大利亚在系列外长会期间发表的涉及南海问题三方声明，指出该声明与本地区国家维护南海稳定的努力、与本地区人民希望南海局势降温的愿望以及与域外国家应发挥的建设性作用不相符合。

在东盟地区论坛外长会上，王毅外长表示，中国是地区安全合作的重要维护者和贡献者，一直高度重视论坛作用，积极参与论坛框架下的对话合作，以实际行动支持论坛发展。中方认为论坛应将建立信任措施贯穿于论坛进程始终，在共识基础上循序渐进探索符合地区实际的预防性外交模式。各方应加强对话合作，增进地区国家间理解与互信。亚太地区形势总体稳定，同时也面临诸多非传统安全威胁。各国应集中精力，合作应对。中方积极倡导共同、综合、合作、可持续的亚洲安全观和以合作共赢为核心的新型国际关系，愿以这些新安全理念为指引，与各方加强论坛框架下的安全对话合作。

20. 王毅外长出席澜沧江—湄公河合作第二次外长会

2016年12月23日，外交部长王毅出席在柬埔寨暹粒举行的澜沧江—湄公河合作（简称“澜湄合作”）第二次外长会，并与柬埔寨国务兼外交国际合作部大臣布拉索昆共同主持会议。老挝、泰国、越南外长和缅甸外交国务部长出席。

会议重点回顾首次领导人会议成果落实进展，规划下阶段合作，并就加强机制建设、深化务实合作、规划未来合作等达成广泛共识，标志着澜湄合作进入全面实施的新阶段。会议审议通过《澜湄

合作第二次外长会联合新闻公报》《首次领导人会议主要成果落实进展表》《优先领域联合工作组筹建原则》三份成果文件。各方一致同意加快筹建优先领域联合工作组，尽早设立澜湄合作国家秘书处或协调机构，全面实施首批早期收获项目，推动形成第二批合作倡议，制定澜湄合作五年行动计划，并用好中方设立的澜湄合作专项基金和有关贷款。

王毅外长指出，澜湄合作有助于发挥六国优势，激发各国内在发展潜力，为中国—东盟合作提供新的动力，加快东盟共同体建设和地区一体化进程，有助于共建“一带一路”尽快见到成效，为落实2030年可持续发展议程作出本地区的贡献。2016年3月澜湄合作首次领导人会议以来，澜湄合作机制建设不断加强，各项倡议有序落实。当前澜湄合作正处于关键培育期，六国应共同呵护，培育平等相待、真诚互助、亲如一家的澜湄合作文化，本着共商、共建、共享原则，打造“澜湄合作走廊”，朝着建设澜湄国家命运共同体的目标迈进。王毅外长并结合政治安全、经济和可持续发展、社会人文三大支柱提出一系列新的合作倡议。

湄公河国家高度评价澜湄合作不到一年时间取得的显著进展，表示愿共同推动澜湄合作进入全面实施新阶段，希望澜湄合作与“一带一路”倡议对接，与其他次区域合作机制相互补充，在维护地区和平稳定、促进地区发展繁荣方面发挥重要作用。

会前，六国外长共同观看展现澜湄合作进展的视频短片，并为首次领导人纪念相册揭幕。会后，中国和柬埔寨两国外长共同会见记者，介绍会议成果和共识并回答中外记者提问。

21. 俄罗斯总统普京访华和中俄共同庆祝《中俄睦邻友好合作条约》签署15周年

1. 俄罗斯总统普京访华

应国家主席习近平邀请，俄罗斯总统弗拉基米尔·弗拉基米罗维奇·普京于6月25日对中国进行国事访问。访问期间，习近平主席和普京总统分别举行小、大范围会谈，出席签字仪式，共同会见记者，共同出席2016中俄主流媒体联合采访启动仪式、《中俄睦邻友好合作条约》签署15周年纪念活动及正式欢迎宴会。国务院总理李克强、全国人大常委会委员长张德江分别会见普京总统。普京总统访华取得丰硕成果，在中俄关系发展进程中具有里程碑意义。

双方在此访期间隆重庆祝《中俄睦邻友好合作条约》签署15周年和中俄战略协作伙伴关系建立20周年，规划部署中俄关系发展方向和重点合作领域。两国元首重申，发展相互关系是两国对外政策的主要优先方向。双方将继续秉持条约的原则、精神和宗旨，秉持不结盟、不对抗、不针对第三方的中俄新型国家关系性质，大力弘扬世代友好理念，在涉及彼此核心利益的问题上相互坚定支持，全面发展经贸、能源、人文、地方、国际等各领域交流合作，把两国高水平的政治关系优势转化为更多合作成果。

两国元首分别签署并发表《中俄联合声明》《中俄元首关于加强全球战略稳定的联合声明》《中俄元首关于协作推进信息网络空间发展的联合声明》三份联合声明。两国外交部发表关于促进国际法的联合声明。这些重要政治文件反映了中俄关系的高水平，体现了双方在加强全球战略稳定、推进信息网络空间发展、捍卫国际法权威等方面的共同立场和主张，展示了双方同国际社会一道维护地区及世界和平、稳定和发展的决心。

此访推动中俄务实合作取得积极进展。两国元首共同见证双方政府部门和企业签署30项合作协议，涵盖经贸、能源、航空航天等领域，特别是签署了联合研制远程宽体客机和重型直升机项目重要合作文件。双方商定，保持双边贸易稳定快速发展势头，逐步优化贸易结构，创新合作模式。商务部和欧亚经济委员会签署《关于正式启动中国与欧亚经济联盟经贸合作协议谈判的联合声明》，成为“一带一路”建设和欧亚经济联盟建设对接合作的重要早期收获。

此访推动双方进一步加强国际合作。两国元首就一系列重大国际和地区问题深入交换意见。双方商定在解决全球性问题方面加强协调，本着开放、团结、合作共赢的精神，根据《联合国宪章》宗旨和原则及其他国际法基本准则，推动国际政治和经济秩序朝着更加公正合理方向发展。双方决定继续加强在联合国及安理会、上海合作组织、金砖国家、二十国集团、亚太经合组织等多边框架内的协调配合，将同其他各方一道，加强宏观经济政策协调合作，推动完善全球经济金融和能源治理。

2. 中俄共同庆祝《中俄睦邻友好合作条约》签署15周年

中俄双方于2001年7月16日签署《中俄睦邻友好合作条约》，将两国世代友好、永不为敌的理念用法律形式确定下来，是指导两国关系长远发展的纲领性文件，为中俄关系健康发展奠定坚实法律基础，也树立了大国、邻国和睦共处、合作共赢的典范。此后，在条约的原则、精神和理念指引下，中俄关系不断深入向前发展。双方建立起平等信任、相互支持、共同繁荣、世代友好的全面战略协作伙伴关系，各领域合作取得长足进展。

2016年是《中俄睦邻友好合作条约》签署15周年。双方商定，以共同庆祝条约签署15周年为主线，通过弘扬世代友好理念，进一步巩固政治互信，深化两国人民的友好情谊。

普京总统6月25日访华期间，庆祝《中俄睦邻友好合作条约》签署15周年成为访问重要主题和亮点。习近平主席和普京总统在会谈及共同签署并发表的联合声明中，充分肯定条约作为当代中俄关系法律基础的重要意义，总结条约签署15年来中俄关系和各领域合作发展成果；基于条约确立的世代友好理念和目标规划两国关系下一步发展；强调条约及其实践具有重要国际效应，促进了公正合理的世界多极秩序和国际关系民主化。两国元首在人民大会堂共同出席条约签署15周年纪念大会并致辞，观看“中俄友谊之夜”文艺演出。两国老中青三代同台演出，气氛热烈友好。在双方其他级别高层交往中，庆祝条约签署15周年都成为重要议题之一。7月18日，在条约签署15周年纪念日之际，外交部长王毅和俄罗斯外长拉夫罗夫在《人民日报》和《俄罗斯报》分别发表纪念条约签署15周年的署名文章，再次深刻阐述条约的重要意义和成功实践，进一步扩大了条约影响。

两国社会各界纷纷举办庆祝条约签署15周年活动。6月7日，中俄友好、和平与发展委员会和中国国际问题研究院共同举办纪念条约签署15周年学术研讨会，委员会中方主席戴秉国同志出席并致辞。俄中友好协会也在莫斯科举办庆祝活动。7月，《〈中俄睦邻友好合作条约〉签署15周年纪念画册》出版，收录反映条约签署15周年来双边关系重大事件和时间节点的图片，生动展现两国关系发展脉络和人民友好情谊。

共同庆祝《中俄睦邻友好合作条约》签署15周年成为2016年中俄关系鲜明的主线和亮点，一系列庆祝活动在两国社会各界产生积极广泛影响，世代友好理念更加深入两国民心，在国际上也产生积极效应，条约的国际影响力不断提升。随着中俄关系的深入发展，《中俄睦邻友好合作条约》的示范效应和强大生命力还将进一步显现。

22. 中非合作论坛约翰内斯堡峰会成果落实协调人会议举行

2016年7月29日，中非合作论坛约翰内斯堡峰会成果落实协调人会议在北京举行。国家主席习近平向会议发来贺信。国务委员杨洁篪出席开幕式并宣读习近平主席贺信。

习近平主席在贺信中对会议召开表示热烈祝贺，指出中非合作论坛约翰内斯堡峰会开启了中非合作共赢、共同发展的新时代，在中非关系发展进程中具有里程碑意义。这次会议既是中非双方推动落实中非领导人共识和论坛峰会成果所采取的一次重要行动，也是助力中非合作发展的一项重大举措。中国高度重视发展中非关系，将继续秉持真、实、亲、诚对非政策理念和正确义利观，以扎扎实实的行动落实峰会成果，不断丰富和发展中非全面战略合作伙伴关系。

杨洁篪国务委员在致辞中表示，2016年是落实论坛峰会成果的开局之年，成果落实已取得重大进展。相信本次会议将为推动中非双方落实峰会成果注入强劲动力，让中非和世界人民看到中非合作发展的广阔前景。2016年也是中非开启外交关系60周年。新形势下，中非发展战略高度契合，合作互有需要和优势。中方愿与非方携手努力，做风雨同舟的好兄弟、共同发展的好伙伴、同心同德的好朋友、和平稳定的守护者、共同利益的维护者，着力推进中非关系全面发展。

外交部长王毅、商务部长高虎城和论坛共同主席国南非国际关系与合作部长迈特·恩科阿纳–马沙巴内在全体会上分别报告了峰会成果落实工作进展情况和下一步工作考虑与建议。会议审议并通过《中非合作论坛约翰内斯堡峰会成果落实协调人会议联合声明》。

会议期间还举行了中非经贸合作交流会、中非合作协议签约仪式、中方金融机构负责人同非方协调人对话会等配套活动，与会非方代表并赴苏州实地考察工业园区建设及招商引资经验。中非双方签署60多项合作协议，涉及金额180多亿美元，其中中国企业对非直接投资和商业贷款金额160多亿美元，占比88%以上。

中非合作论坛52个非方成员100多位部级官员、论坛中方后续行动委员会30多个成员单位代表和非洲驻华使节共计300多人出席了协调人会议。

23. 妥善应对南苏丹局势动荡

2016年7月8～11日，南苏丹政府军与反对派武装在首都朱巴发生激烈冲突，造成大量人员伤亡，南苏丹安全局势骤然恶化。联合国南苏丹特派团营地遭受炮击，中国维和士兵两人牺牲，五人受伤。当时在南苏丹的中国公民逾千人，主要分布在朱巴及油田作业区，既有大型国有企业员工，也有大量个体人员。党中央、国务院高度重视中国维和士兵伤员救治、遇难人员善后及在南同胞安全。国务委员杨洁篪作出重要批示，外交部立即启动应急机制，第一时间召开部内协调会，部署中国维和士兵伤员救治及遇难人员善后，以及在南中国公民及驻南使馆部分工作人员撤离等相关工作。外交部副部长张明紧急约见南苏丹驻华大使迈克尔·米利·侯赛因，就中国在南维和人员遇袭伤亡向南方提出严正交涉，敦促南政府提供一切必要安全和后勤协助，全力配合中方各项善后工作；尽快查明真相，严惩肇事者；采取一切必要措施，保护在南中国公民安全；协助中方从南撤员。外交部及相关驻外使领馆紧急启动中国在南公民撤离工作，截至8月7日，共撤离1005人。外交部及相关驻外使馆

利用各种渠道做南冲突双方工作，敦促双方尽快停火止暴，认真落实和平协议，通过对话谈判解决分歧，任何情况下不得危及中方在南机构人员生命财产安全。中国政府非洲事务特别代表钟建华大使紧急访问南主要邻国，同各方就南局势深入交换意见，协调立场和行动。7月31日，中国同苏丹在喀土穆共同主办联合监督与评估委员会伙伴小组第三次高级别会议，就下阶段如何推进南苏丹和平进程达成广泛国际共识，并在会议声明中发出一致信号，要求南冲突双方立即停火止暴，全面落实和平协议。

联合国安理会发表主席新闻谈话，对中国及卢旺达维和人员伤亡表示哀悼和慰问，强调联合国应加强联合国维和营地及人员安全等内容。时任联合国秘书长潘基文发表声明，谴责袭击联合国维和人员导致中国维和士兵伤亡，对牺牲人员致以哀悼，对受伤人员及家属表示慰问。

24. 稳步推进“一带一路”重大倡议，积极开展国际产能合作

2016年，共建“一带一路”取得新突破。中国提出愿同沿线国家携手打造“绿色、健康、智力、和平”四大指向的丝绸之路，明确了“一带一路”建设的大方向，描绘了共建“丝绸之路”的新愿景，得到国际社会普遍响应。已有100多个国家和国际组织表达了积极支持和参与的态度，中国已同40多个国家和国际组织签署共建“一带一路”合作协议。《建设中蒙俄经济走廊规划纲要》正式签署，实现了“一带一路”在多边经济走廊方面的突破。“一带一路”与欧亚经济联盟对接合作稳步推进。亚太经合组织首次在领导人宣言中写入共商、共建、共享等“一带一路”核心理念。

中国加快推进与沿线国家的互联互通和产能合作。雅万高铁开工建设，中老、中泰铁路开工在即，泛亚铁路网建设提上日程。中国企业中标皎漂深水港及工业区项目，为规划中缅经济走廊提供了必要条件。瓜达尔港正式开航，使中巴经济走廊的脉动更加清晰。科伦坡港口城项目全面复工。中亚最长的安格连—帕普铁路隧道建成通车，为打通中国、中亚和西亚走廊作出了贡献。中国企业中标希腊比雷埃夫斯港港务局项目，呼唤中欧陆海快线建设加快推进。匈塞铁路签署商务协议，中欧班列常态化运输机制已然形成。

中国同20多个国家签署了开展国际产能和产业合作的相关协议。中国同哈萨克斯坦成立产能合作基金，中哈产能合作模式继续发挥引领作用。以中国装备和标准制造的亚吉铁路正式通车，为中非产能合作树立了成功典范。中非合作论坛约翰内斯堡峰会成果落实协调人会议成功举办，签署各类合作协议63个，涉及金额183亿美元。中非产能合作基金启动运行，

首批资金100亿美元。中国与英国就欣克利角核电项目签署一揽子协议，促进中国核电技术和企业“走出去”。外交部和湖北省人民政府、国家发展和改革委员会在武汉共同主办“中国中部国际产能合作论坛暨企业对接洽谈会”，引起国内外高度关注，推动一批重大项目达成合作意向，取得积极效果，为国际产能合作搭建了新的平台。

中国积极推动“一带一路”建设的机制创新。亚洲基础设施投资银行开业运营，丝绸之路基金加快具体项目投资。中国、沙特成立高级别委员会并举行首次会议，就能源、产业园区合作达成重要成果。中国—海合会以及中以（以色列）自贸区谈判也持续取得积极进展。

25. 加强打击腐败等犯罪活动国际合作，推进追逃追赃取得丰硕成果

2016年，在中央统一部署下，外交部作为中央反腐败协调小组国际追逃追赃工作办公室成员单位，全方位、多层次开展反腐败国际追逃追赃工作，取得积极成果，主要有以下几个方面：

（1）将反腐败国际追逃追赃工作列入外交工作重要议程。国家主席习近平等中国领导人亲自与外国领导人商谈加强反腐败追逃追赃合作问题。

（2）全力配合开展“天网”行动，推动重点个案实现突破和取得进展，成果显著。2016年，中国政府共追回外逃人员1032人，追回赃款24.08亿元。追回外逃人员中，134人曾任党和国家工作人员，19人是国际刑警组织中国国家中心局“百人红通令”通缉人员。一系列重大要案取得了可喜成果，包括杨秀珠、闫永明和黄海勇在内的一批重大犯罪嫌疑人被引渡、遣返或劝返回国。

（3）加快推进司法协助类条约缔结、批准工作，不断夯实与有关重点国家的双边司法、执法合作机制，构筑追逃追赃法律网络。2016年以来，中国先后就13项司法协助类条约进行谈判，包括与奥地利、毛里求斯、厄瓜多尔、刚果（布）、肯尼亚举行刑事司法协助条约谈判，与日本、塞内加尔、比利时、厄瓜多尔、塞浦路斯、毛里求斯、刚果（布）、肯尼亚举行了引渡条约谈判；完成13项条约签署工作，包括中国和伊朗民商事司法协助条约、中国和伊朗刑事司法协助条约、中国和斯里兰卡引渡条约、中国和厄瓜多尔引渡条约、中国和巴巴多斯刑事司法协助及引渡条约、中国和格林纳达刑事司法协助及引渡条约、中国和摩洛哥刑事司法协助及引渡条约、中国和刚果（布）刑事司法协助及引渡条约。截至2016年11月底，中国已对外缔结48项引渡条约、59项刑事司法协助条约，加入《联合国反腐败公约》《联合国打击跨国有组织犯罪公约》等20多项包含引渡、司法协助内容

的多边公约。

2016年1月和12月，中国与瑞士首轮和第二轮反腐败司法执法合作对话分别在北京和伯尔尼举行，双方就预防腐败、犯罪资产返还和缔结刑事司法协助条约等议题深入交换意见，探讨加强合作的方向和途径。

9月，中国和美国举行没收判决承认与执行问题磋商，双方交流各自国内法律和实践在承认与执行没收判决方面的新发展，进一步落实两国元首达成的重要共识。

同月，中国与加拿大正式签署《中华人民共和国和加拿大关于分享和返还被追缴资产的协定》。这是中国就追缴转移到境外的犯罪资产对外缔结的第一项专门协定，是中国深化司法领域国际合作的重要举措。

11月，中美执法合作联合联络小组第14次全会在北京召开。会议肯定双方在反腐败追逃追赃等领域取得的成果，一致决定继续发展好联合联络小组，使之成为落实两国元首共识和其他高级别对话机制成果的有效平台。

3月，中国与澳大利亚举行外交部条法司长磋商。6月，中国与新西兰举行司法执法合作圆桌会议，探讨进一步加强双边执法合作问题。

（4）充分利用《联合国反腐败公约》等多边平台，阐述中国在反腐败问题上的立场和取得的成就，积极推动国际合作。

外交部会同监察部，继续推进中国接受《联合国反腐败公约》履约审议工作，顺利完成履约审议报告执行摘要定稿工作，并在联合国网站上公布。同时，外交部牵头参加公约框架下各工作组会议。会议期间，中国代表团积极宣传在反腐败方面的坚定决心、有力举措和显著成效，并与各国代表团就加强资产返还等方面的国际合作进行交流。

5月，国际反腐败峰会首次会议在英国伦敦召开，包括英国首相卡梅伦在内的40余位国家元首、政府首脑及部长参加了会议。中国代表深度参与峰会各议题讨论，主动发声表达中方立场，积极引导成果文件谈判，推动将引渡这一中国关于反腐败国际追逃的重要关注写入峰会《公报》。

26. 创新公共外交，讲好中国故事

2016年，外交部继续开拓创新，开展形式多样的公共外交活动，积极宣介党中央治国理政新实践、新成就，深入阐释中国特色大国外交政策理念、中国的国际治理观和国际秩序观，架设中外沟通桥梁，增进理解、友谊与互信。

国际涉华舆论更加全面深入，国际社会普遍积极评价中国发展活力与改革前景，热议二十国集团领导人第11次峰会成功举办，肯定中国特色、中国倡议、中国贡献。周边和发展中国家持续关注中国道路，认同中国“互

利共赢”理念，重视“一带一路”倡议带来的发展机遇。国内舆论高度关注外交工作，支持全方位推进对外工作，肯定外交为民理念举措。

外交部和驻外外交机构积极开展公共外交，不断创新工作思路和方法。外交部围绕中国主办二十国集团领导人第11次峰会、中国领导人出访和出席国际会议等重大外交活动开展丰富多彩的公共外交活动。举办以“中美第八轮战略与经济对话和第七轮人文交流高层磋商”“中国—亚欧博览会”为主题的外交部“蓝厅论坛”，举办中国省区市全球推介活动，促进国内发展与国际对接。开拓公共外交国际合作领域，中国公共外交协会创办中日韩公共外交论坛，举办中韩公共外交论坛、中美公共外交论坛、中非公共外交论坛、中欧论坛政策与实践圆桌会议，实施湄公河光明行计划。驻外外交机构积极开展各种形式的公共外交活动，面向国际社会宣介中国发展成就，介绍党中央治国理政新实践，阐述中国外交政策和主张，宣介“一带一路”倡议，争取国际舆论对中国发展和中国外交的理解和支持。

外交部致力打造全媒体融合宣介格局。继续推进外交部和驻外外交机构网络公共外交，通过网站、微博、微信等途径，向国内外公众发出“中国声音”。同时，创新与电视、广播合作形式，及时播报权威外交信息、外交服务领事提醒、外交知识等，践行“外交为民”宗旨。

27. 加强领事工作顶层设计，服务外交大局和国家发展

2016年，中国领事工作注重加强顶层设计和战略规划，统筹发展和安全两件大事，强化管理和服务两大任务，创新驱动，提质增效，服务外交大局和国家发展。

1. 切实保障海外中国公民与机构的安全和合法权益

近年来，随着中国国力和国际影响力不断上升，以及“一带一路”建设不断推进，越来越多的中国公民走出国门。与此同时，世界形势复杂多变，部分国家和地区动荡不安，恐怖主义等安全威胁日益严峻，重大自然灾害、意外事故和公共卫生事件频繁发生。境外涉及中国公民和企业的安全事件持续呈现全球多点同时爆发态势，频率高、类型多、分布广、处置难特点突出，领事保护与协助任务日趋繁重。

2016年，外交部坚持预防与处置并重，不断创新机制与手段，强化建章立制，持续打造好海外民生工程。一是抓完善机制。充实完善“大领事”工作格局，积极构建“五位一体”境外安全保护工作联动机制。在驻外使领馆开创并试点设立领保联络员、领保雇员和安全联防机制等新举措，构

建全方位工作网络。二是抓应急处置。一年来，外交部联合驻外使领馆处置领事保护与协助案件逾10万起，其中重大案件百余起，有效维护海外中国公民与机构的安全和合法权益，受到社会各界好评。三是抓预防性保护。走进地方、企业、校园，将海外安全预防知识“送货上门”，完善海外安全提醒发布和短信动态调整机制，有效提高民众自我防范意识和理性维权观念。确保“外交部领事保护与服务应急呼叫中心”12308热线运行畅通，为海外公民紧急求助打造一条全天候、零时差、无障碍的绿色通道。

2. 统筹好发展与安全两件大事

一方面，努力构筑安全“防火墙”，切实把好“国门关”。科学选择签证便利化安排商谈对象国和免签人群范围，加强来华签证审核，为二十国集团领导人第11次峰会等重要主场外交活动保驾护航。全面推进生物识别签证一期项目建设。严格审核把关，积极协助开展境外追逃追赃。完善外国在华领馆管理及涉外案件处置机制，妥善处置多起涉外案件。另一方面，以“便利”促发展。以推进中外人员往来便利化为引擎，倾注发展“助推剂”。2016年共与美国、俄罗斯、欧盟、韩国等20多个国家和地区举行领事磋商。与越南、塞内加尔、葡萄牙等8国就设（扩）领达成协议，指导驻阿德莱德、累西腓总领馆开馆。商签便利人员往来协议成果丰硕。截至2016年12月31日，中国与128国缔结各类互免签证协定，与中国全面免签国家增至9个。充分发挥海外领侨工作部际协调会议机制统筹协调作用，继续引导侨胞参与“一带一路”等国家战略，做国内转型升级与创新发展的积极“参与者”。

3. 强化管理与服务两大任务

领事工作是“外交为民”的窗口。外交部贯彻依法行政，不断加强管理，提升服务水平。一是简化办证流程，加强信息公开。各驻外使领馆认真梳理本馆业务流程及有关证件办理规定，整理并公布办理相关证件的业务须知和所需材料，便利申请人查阅，主动接受社会监督。积极利用信息技术，开展海外护照在线预约，让海外同胞办理护照更从容、灵活。二是不断提升工作法制化水平。2016年3月1日,《领事认证办法》正式施行，领事认证工作更加透明、高效，中外文书流转更为顺畅。三是精心打造新媒体平台，提供领事信息上门服务。为适应“互联网+政务”和新媒体发展趋势，外交部领事司于2014年开通“领事直通车”微信公众号，2016年发布消息600余条，在形式和内容上不断创新。2016年7月1日，在“今日头条”APP开通“领事直通车”政务头条号，进一步拓宽领事信息覆盖面。外交部力求通过这些平台为人民群众提供权威的领事信息，及时的安全提醒，以及具有启示意义的领事故事。

28. 继续巩固国际社会坚持一个中国原则的大格局

2016年，台湾政局发生重大变化，对两岸关系和台海局势产生重大影响。台湾新执政当局不承认"九二共识"，不认同两岸同属一中，单方面破坏了两岸关系和平发展的政治基础，破坏了两岸双方的政治互信，使得过去八年两岸关系和平发展的良好局面和成果受到严重冲击。两岸联系沟通和协商谈判机制停摆，各领域交流合作受到影响，两岸同胞特别是台湾同胞的利益因此受损。台湾当局一方面在岛内通过柔性和渐进的方式推动"去中国化"等"台独"活动，企图从政治、经济、社会、文化等各方面弱化和切断台湾同大陆的联系；一方面在国际上搞所谓"踏实外交"，极力拓展"国际空间"，推进与美、日、欧及东南亚部分国家的"实质关系"，继续寻求与美加强军事安全联系，谋求参加仅限主权国家参加的国际组织和会议。

面对复杂形势，中国政府向国际社会强调坚持一个中国原则、反对"台独"的坚定立场，明确反对台湾当局任何在国际上制造"两个中国""一中一台"的图谋。按照一个中国原则来处理台湾的对外交往问题，反对与中国建交的国家同台湾进行任何形式的官方往来和接触，坚决反对并严正要求美停止售台武器。坚决反对台加入仅限主权国家参加的国际组织。2016年3月和12月，中国分别与冈比亚、圣多美和普林西比实现复交，充分体现坚持一个中国原则是国际社会的大势所趋、人心所向。

中国政府高度重视台湾同胞在海外的安全和合法权益，采取切实措施，全力做好对台胞的领事保护与服务工作。2016年10月，经过4年多艰苦斡旋，中国政府成功营救被索马里海盗劫持的阿曼籍台湾"NAHAM3"号渔船，包括台湾同胞沈瑞章在内的26名船员获救。

2017年，中国政府将继续坚持一个中国原则，维护台海地区和平稳定，推动两岸民间各领域的交流合作，促进两岸经济社会融合发展，继续努力争取国家和平统一的前景。同时，中国政府坚决维护国家主权和领土完整、反对和遏制任何形式的"台独"分裂行径的坚强意志不会动摇，绝不允许"台独"分裂势力以任何名义、任何方式把台湾从中国分裂出去。中国政府将争取国际社会和有关国家继续恪守一个中国政策，理解和支持中国政府和中国人民维护台海和平稳定、维护两岸关系和平发展、实现国家完全统一的正义事业。

29. 做好外事管理工作，全力服务国内建设

2016年是外交部外事管理工作的“创新服务”之年。外交部全力落实党对外事工作的集中统一领导，不断创新外事服务国内开放发展的方法和途径，积极探索和推进中国特色外事工作新思路、中国特色服务发展之道。

一是启动外交部省区市全球推介活动，打造外交外事服务国内开放发展新品牌。自2016年3月起，外交部先后为宁夏、广西、陕西、四川、贵州成功举办5场省区市全球推介活动，共有驻华外交官956人次出席，其中使节437人次，在驻华使团、地方、媒体及公众中产生热烈反响，形成品牌效应。活动针对地方发展需求、省区独特优势等，坚持“一省一策”设计特色方案，并及时征集意见、改进完善，不断提高活动水平和实际效果。精心设计后续活动，构建以蓝厅推介活动为主体、后续活动为支撑，全方位服务地方开放发展的新模式。推介活动已成为外交部服务地方发展的新举措，地方提升开放水平的新平台，外国驻华使馆了解各省的新窗口，讲好“中国故事”的新方式。

二是出台新文件，为创新驱动发展战略提供外事管理政策支持。参与制定《关于加强和改进教学科研人员因公临时出国管理工作的指导意见》，对教学科研人员出国开展学术交流合作提供政策支持，直接惠及全国2852所高校、3677家科研院所、202.6万教学科研人员。文件出台后，多管齐下，全方位进行宣介，指导做好贯彻落实。

三是以规范管理为抓手，全力服务党风廉政建设大局。深入贯彻落实中央八项规定精神，认真履行在因公临时出国方面的管理职能，整合优化审核报批工作，实现统一标准、统一流程、统一数据、统一督查。开展出访报告与出访请示核对工作，使因公出国团组在外活动更加务实高效。会同中央有关部门赴地方联合检查，对党的十八大以来中央关于因公临时出国管理的文件执行情况进行“回头看”。通过因公临时出国违规违纪电子举报信箱接受群众实名举报，加强事中事后监管，坚决制止变相公款出国旅游等不正之风。2016年，全国各地区各部门因公临时出国团组任务更实、结构更优。

四是做实做精信息服务，为地方开放发展提供支持。利用外交部一线资源优势，及时向地方和中央企业提供国际形势、外交政策、科技创新、产业动态、“一带一路”、国际产能合作等方面重要信息。加强需求对接，主动征求各地对信息通报工作的意见建议和信息需求，提高信息服务的针对性。完善工作机制，进一步加强信息通报工作的统筹规划，推动形成信息通报的合力。优化评价激励机制，更加主动地聚焦国内开放发展现实需求。

五是指导服务地方、部门、企业外事工作，促进外交外事资源有机整合、相互借力。利用外交部地方外事工作指导协调小组及其联络员会议机制，将全年外交部支持地方的重大涉外事项及统筹地方外事资源服务总体外交任务逐一列表，进一步明确需求、加强对接，并做好动态管理和督促落实。召开国务院部门外事管理工作会议，赴有关部委开展外事政策和业务交流，主动为其答疑解惑。为中央企业举办国际形势吹风会，就“一带一路”建设、国际产能合作、企业海外风险防控、二十国集团领导人第11次峰会等进行有针对性的解读。送服务、政策和信息上门，实地走访大量企业，予以政策指导并调研企业诉求。将民营企业纳入服务视野，邀请民营企业参与2016年中央企业外事工作会议。

六是以培训为切入点，使党管外事、外交为民的指导思想在地方各级党政干部中入脑入心。2016年外交部外事管理类授课40余场，培训对象逾5000人次。培训形式更丰富，除地方外事巡回培训班等传统项目外，外事管理培训第一次走进了地方省委党校等。办学模式更灵活，培训对象更广泛，充分利用中国外交培训学院等平台，与地方合作，合力开展外事培训和宣讲。

30. 大力开展安全外交，维护国家主权和安全

坚决挫败达赖集团反华分裂图谋。2016年，达赖集团策划安排十四世达赖窜访多国，并借所谓“西藏流亡政府”换届选举、达赖“庆生”等名目，在一些国家进行滋事造势，继续鼓吹“中间道路”，炒作达赖转世等问题，企图混淆国际视听，干扰破坏藏区稳定发展。

中国政府积极开展涉藏外交工作，深入介绍西藏经济社会发展成就，深刻揭批达赖集团政治主张的分裂主义实质，推动国际社会进一步认清达赖集团反华分裂本质，增进有关国家、国际和地区组织对中国涉藏政策的理解和支持。同时，对个别国家借涉藏问题干涉中国内政进行严正交涉。

中国政府积极支持、鼓励西藏和四省藏区扩大对外开放与友好交流合作，支持西藏自治区办好第三届“西藏国际旅游文化博览会”，打造对外合作新平台，并妥善做好藏区社会稳定工作，挫败了达赖集团和境外反华势力对藏区进行渗透破坏的图谋。

大力推进涉疆外交工作，服务新疆稳定发展。2016年，中国政府成功举办第五届中国—亚欧博览会，并以博览会为主题举办外交部第17届“蓝厅论坛”，积极介绍新疆经济社会发展成就，助力丝绸之路经济带核心区建

设。支持新疆加强同周边国家交流合作及基础设施互联互通，提升对外开放水平。结合穆斯林斋月和《新疆的宗教自由状况》白皮书发表，向国际社会介绍中国民族宗教政策，增信释疑。坚决挫败境外“东突”等反华分裂势力的政治图谋，揭露“世维会”及其骨干分子分裂暴恐本质。针对有关国家和国际组织利用涉疆问题干涉中国内政的行为进行严正交涉，维护新疆社会稳定和长治久安。

中国政府的立场得到国际社会广泛理解与支持，各国普遍表示尊重中国主权和领土完整，支持中方维护国家统一、依法打击民族分裂和暴力恐怖活动的正义之举。国际舆论对新疆经济社会发展情况和中国政府民族宗教政策报道更加客观深入。

积极开展国际反恐合作。当前，全球反恐形势继续深刻复杂演变，恐怖主义全球化、本土化、网络化的态势更加明显。中东恐怖势力“剿而不灭”，积极向外围地区转移人员并频繁发动报复性恐怖袭击。南亚和北非仍为恐怖活动“重灾区”。东南亚、中亚输入性恐怖威胁和本土恐怖风险交织叠加。欧洲面临的安全威胁持续上升。受国际反恐形势不断恶化影响，中国海外利益面临的直接和连带风险持续上升。同时，恐怖组织“东伊运”同其他国际恐怖势力加大合流，变本加厉地煽动、策划、实施针对中国境内外的暴恐活动，中国境内非法出境赴叙（利亚）伊（拉克）作战的暴恐分子跨境流动和回流现象严重。中国反恐斗争面临多重挑战。

恐怖主义是全人类公敌。中国政府坚决反对一切形式的恐怖主义，一直以建设性方式参与国际反恐合作，推动国际社会摒弃双重标准，以联合国为主导，最大限度形成打恐合力；推动地区热点问题妥善解决，遏制恐怖主义蔓延、猖獗之势；推动各方综合运用政治、经济、文化、宗教等手段，从源头肃清恐怖主义滋生温床。

中国一直本着相互尊重、平等合作、互利互惠的原则同各国联手共同打击恐怖势力，维护国际地区和平稳定。2016年，中国同美国、土耳其、俄罗斯、日本、韩国、加拿大、孟加拉国、澳大利亚、阿尔及利亚等十多个国家举行反恐交流磋商，就国际和地区反恐形势、各自反恐政策举措、双边反恐合作等问题交换看法。以打击“东伊运”为代表的“东突”恐怖势力为重点，积极同美欧、中亚、南亚、东南亚、中东等地区国家合作，为维护国家和地区安全稳定作出积极贡献。同时，中国积极推动多边反恐合作，深入参与联合国、“全球反恐论坛”、上海合作组织、亚太经合组织、东盟地区论坛及金砖国家等机制下的反恐合作。2016年，中国举办“全球反恐论坛”框架下第二次打击网络恐怖主义研讨会，包括成员在内的44个国家和国际组织，中国政府有关部门和学术机构以及知名互联网企业代表近180人与会。各方就网络恐怖主义危害交换意见，深入探讨打击网络恐怖主义举措。中国派代表出席在印度新德里召开的金砖国家反恐工作组首次会议，推动金砖成员就拓展金砖反恐合作达成更多共识。2017年，中国将承办金砖国家反恐工作组第二次会议。

通过上述工作，中国扩大了同有关国家在反恐问题上的利益汇合点，深化了同有关国家的反恐务实合作。英国将“东伊运”列入其“被禁止的恐怖组织名单”。美国以中美元首杭州会晤清单形式对“东伊运”组织定性问题予以再确认。国际社会在打击“东突”恐怖势力问题上达成更多共识，有效挤压了“东突”恐怖势力的生存和活动空间。中国同各方一道为促进国际反恐合作，维护地区和全球的和平与稳定作出了积极贡献。

第三章

中国与各建交国家的关系

阿富汗
(Afghanistan)

2016年，中华人民共和国与阿富汗伊斯兰共和国关系取得积极发展。

两国高层会晤和各层次交往密切。6月，国家主席习近平在出席上海合作组织元首理事会第16次会议期间，同阿富汗总统加尼举行双边会见。1月，阿富汗外长萨拉胡丁·拉巴尼访华，外交部长王毅同其举行会谈，国家副主席李源潮会见。5月，阿富汗首席执行官阿卜杜拉·阿卜杜拉正式访华，习近平主席、国务院总理李克强及李源潮副主席分别会谈、会见。9月，阿富汗第二副首席执行官哈吉·穆罕默德·穆哈齐克来华出席首届丝绸之路（敦煌）国际文化博览会（简称“文博会”），国务院副总理刘延东同其举行双边会见。11月，阿富汗第二副总统萨尔瓦尔·丹尼什来华出席第16届中国西部国际博览会，国务委员王勇同其举行双边会见。11月，外交部部长助理孔铉佑赴阿举行首轮中阿外交磋商。

双方经贸、人文等各领域务实合作稳步推进。阿卜杜拉首席执行官访华期间，两国签署《关于共同推进“一带一路”建设的谅解备忘录》《中华人民共和国政府和阿富汗伊斯兰共和国政府经济技术合作协定》《中华人民共和国政府援建阿富汗喀布尔大学综合教学楼和礼堂项目的换文》《中华人民共和国政府与阿富汗伊斯兰共和国政府开展公务员低造价住房项目可行性研究工作换文》《阿富汗向中国出口藏红花植物卫生要求协定书》等合作文件。甘肃省同阿巴米扬省签署了建立友好省际关系的意向书。两国互联互通建设取得新进展，成功恢复自喀布尔—乌鲁木齐的直航，并开通自江苏海门经哈萨克斯坦、乌兹别克斯坦至阿富汗海拉屯的货运专列。

双方在多边框架下保持良好的沟通与合作。第五轮中美联合培训阿富汗外交官项目、第二轮中美联合培训阿富汗农业人员和医护人员项目成功举办。中国和德国签署在阿富汗开展三方合作的文件，同英国就阿富汗问题发表声明。为落实各方共识，推动阿富汗和平和解进程，阿富汗、巴基斯坦、中国和美国成立了四方协调组机制，成功举行五次会议，取得积极成果。中国积极参与阿富汗问题布鲁塞尔会议及阿富汗问题伊斯坦布尔进程第六次外长会，体现对阿富汗推进和平重建与和解进程的坚定支持。

阿尔巴尼亚
(Albania)

2016年，中华人民共和国与阿尔巴尼亚共和国友好合作关系持续稳定发展。

两国高层交往频繁。11月，国务院总理李克强在拉脱维亚里加会见出席第五次中国—中东欧国家领导人会晤的阿尔巴尼亚总理埃迪·拉马。5月，全国人大常委会副委员长、中国国际交流协会副会长吉炳轩访问阿尔巴尼亚，分别会见阿总统布亚尔·尼沙尼、议长伊利尔·梅塔。6月，国务委员杨晶访问阿尔巴尼亚，会见阿总理拉马，并同阿副总理尼科·佩莱希举行会谈，并见证签署中阿政府《经济技术合作协定》。9月，中共中央书记处书记、中央纪委副书记赵洪祝访问阿尔巴尼亚，分别会见阿总理拉马、议长梅塔、阿社会党总书记格拉莫兹·鲁奇，并同阿全国反腐败协调员、地方事务国务部长布莱迪·楚奇举行会谈。3月，外交部部长助理刘海星访问阿尔巴尼亚，同阿外交部副部长塞利姆·贝洛尔塔亚举行两国外交部政治磋商，并会见阿总理拉马、外交部长迪特米尔·布沙蒂。

10月，阿议长梅塔访华，全国人大常委会委员长张德江、全国政协主席俞正声分别同其会见。8月，阿尔巴尼亚外交部长迪特米尔·布沙蒂访华，外交部长王毅同其举行会谈，并共同签署《中华人民共和国外交部与阿尔巴尼亚共和国外交部关于简化签证手续的谅解备忘录》和《中华人民共和国政府与阿尔巴尼亚共和国部长会议关于相互提供使馆馆舍和土地的协议》，国务委员杨洁篪、中共中央对外联络部部长宋涛分别同其会见。

两国经贸、文化、地方等领域合作不断扩大。4月，中国光大控股有限公司与富泰资产管理有限公司成立的合营公司同地拉那国际机场特许经营方签订协议，收购阿尔巴尼亚地拉那国际机场全部股份。9月，中国洲际油气股份有限公司获得加拿大班克斯石油公司在阿在产石油区块和勘探区块全部股权并完成交割。4月，阿斯库台大区、地拉那大区、都拉斯市、培拉特市代表团来华开展对口友好交往活动。6月，文化部副部长丁伟访阿，会见阿文化部长米雷拉·库姆巴罗，并同阿方签署《中国文化部和阿尔巴尼亚文化部2016—2020年文化合作计划》。同月，河南省文化艺术团赴阿访问演出。

阿尔及利亚
(Algeria)

2016年，中华人民共和国和阿尔及利亚民主人民共和国全面战略伙伴关系稳定健康发展。

两国高层保持密切往来。9月，阿尔及利亚总统阿卜杜勒阿齐兹·布特弗利卡致信国家主席习近平，就中国驻吉尔吉斯斯坦大使馆遭受恐怖袭击表示慰问。12月，布特弗利卡总统致信习近平主席，就江西丰城发电厂施工平台坍塌特别重大事故表示慰问。12月，全国人大常委会委员长张德江会见来华访问的阿尔及利亚国民议会议长穆罕默德·哈利法。5月，国务委员王勇访问阿尔及利亚，会见总理阿卜杜勒马利克·萨拉勒、工业和矿业部长阿卜杜萨勒姆·布舍瓦莱卜、交通部长布杰马·塔莱、财政部长阿卜杜拉赫曼·本哈利法、贸易部长巴赫提·贝拉依布。同月，外交部长王毅在卡塔尔首都多哈出席中阿合作论坛第七届部长级会议期间会见阿尔及利亚外交部马格里布、非盟和阿盟事务部长阿卜杜勒卡德尔·梅萨赫勒。7月，王毅外长再次会见来华出席中非合作论坛约翰内斯堡峰会成果落实协调人会议的梅萨赫勒部长。1月和7月，王毅外长特别代表、前中东问题特使吴思科访问阿尔及利亚，会见阿国务部长兼外交和国际合作部长拉姆丹·拉马拉等阿外交部负责人。

两国经贸合作继续取得新进展。中国继续保持阿尔及利亚第一大进口商品来源国地位。两国产能合作取得积极进展。10月，商务部副部长钱克明访问阿尔及利亚，同阿方签署《关于加强产能合作的框架协议》。两国就阿尔及尔中心港等重点合作项目举行密切磋商。7月，国家国防科技工业局副局长张克俭访问阿尔及利亚，同阿方就两国军工军贸合作交换意见。9月，国家发展和改革委员会副主任、国家能源局局长努尔·白克力赴阿尔及利亚出席国际能源论坛第15届部长级会议。

两国政党交流进一步密切。2月，中共中央对外联络部副部长刘洪才访问阿尔及利亚。5月，阿尔及利亚民族解放阵线党干部考察团访华。

安道尔
(Andorra)

2016年，中华人民共和国与安道尔公国双边关系平稳发展。

两国政治互信稳固。2月，中国驻西班牙大使兼驻安道尔大使吕凡访安并举行到任招待会，会见安政府首相安东尼·马蒂·佩蒂特、议长维森茨·马特乌·萨莫拉、外交大臣希尔维特·萨沃亚·苏涅。11月，吕凡大使出席安双大公之一霍安·恩里克·比韦斯·西西利亚斯主教举行的驻安外国使节招待会。

两国经贸合作成绩显著。2月，中安企业家对接洽谈会上，中方11家企业与安方26家企业进行接触对接，在电信、保险、贸易等领域达成多个合作意向。8月，华为公司与安道尔电信正式签署FTTH光纤到户项目协议，投资金额达500万欧元，成为中安建交以来最大投资合作项目。

两国教育合作取得新进展。6月，安道尔大学以巴塞罗那孔子学院为依托正式成立全球首个跨国孔子课堂。

两国在国际和地区事务中保持良好协调与配合，安在一系列国际组织竞选中给予中方候选人支持。

安哥拉
(Angola)

2016年，中华人民共和国和安哥拉共和国战略伙伴关系全面深入发展。

两国政治互信不断巩固。国家主席习近平同安哥拉总统若泽·爱德华多·多斯桑托斯多次互致信函，就中安融资合作等议题交换意见。9月，全国政协前副主席、中非友协会长阿不来提·阿不都热西提访安。8月，广西壮族自治区党委书记彭清华作为中国共产党代表出席安哥拉人民解放运动第七届全国代表大会。安石油部长若泽·德瓦斯康塞洛斯、老战士部长坎迪多·范杜嫩分别于3月和5月访华。安经济部长阿布拉昂·古尔热尔出席10月在澳门举行的中国—葡语国家经贸合作论坛第五届部长级会议。

中安经贸合作走向深入。中安新一轮融资合作顺利推进，双方确定了一批基础设施和民生项目并已启动落实工作。11月，中国—安哥拉投资论坛在安哥拉罗安达举行。中国援安农业技术示范中心、国际关系学院项目取得积极进展。

双方卫生、教育等领域交流合作不断深入。两国签署关于中国向安派遣第四批医疗队的议定书。为支持安方抗击黄热病疫情，中方向安方提供紧急现汇援助，并派遣医疗卫生专家赴安。9月，安内图大学孔子学院正式开课。

安提瓜和巴布达
(Antigua and Barbuda)

2016年，中华人民共和国与安提瓜和巴布达友好合作关系持续深入发展。

两国政治互信进一步加深。3月，中国和加勒比建交国外交部间第六次磋商在巴巴多斯首都布里奇顿举行，安巴外交、国际贸易和移民部常秘科林·特雷弗–默多克出席。安巴方积极参与第二届中国—拉美和加勒比基础设施合作论坛、第三届中国—拉美和加勒比智库论坛和第三届加勒比与南太平洋国家高级防务论坛。

两国务实合作取得新进展。中国政府援建的安巴机场航站楼和五岛学校项目正式交付安巴方，社区中心项目取得积极进展，圣约翰港改扩建项目顺利推进。中方向安巴方提供太阳能发电设备和救灾物资等。双方合作开展缝纫培训、环保袋设计大赛等活动。

两国人文领域交流与合作顺利开展。中国歌剧舞剧院、上海民族乐团赴安巴访演，安巴艺术家来华参与“中拉文化交流年”活动。中方继续向安巴方提供政府奖学金和人力资源培训名额。安巴中学生来华参加国际青年互动夏令营。

5月，中国新任驻安巴大使王宪民向安巴总督罗德尼·威廉斯递交国书。

阿根廷
(Argentina)

2016年，中华人民共和国与阿根廷共和国全面战略伙伴关系保持良好发展势头。

两国高层交往密切。4月和9月，国家主席习近平同阿根廷总统毛里西奥·马克里在华盛顿核安全峰会和二十国集团领导人第11次峰会期间分别举行会晤。4月，中共中央政治局委员、重庆市委书记孙政才率中共代表团访阿，分别会见马克里总统、临时参议长费德里科·皮内多、众议长埃米里奥·蒙索等，同共和国方案党主席翁贝托·斯齐亚沃尼举行工作会谈。5月，阿外交和宗教事务部长苏珊娜·马尔科拉访华，国务委员杨洁篪、外交部长王毅分别同其举行会见、会谈。

两国各领域交流活跃。阿内政、公共工程和住房部长罗赫利奥·弗里赫里奥、财政金融部长阿方索·布拉特·加伊、生产部长弗朗西斯科·卡夫雷拉、交通部长吉列尔莫·迭特里奇、能源和矿业部长胡安·何塞·阿兰古伦、农牧渔业部长里卡多·布亚伊莱、科技部长里诺·巴拉尼奥、旅游部长古斯塔沃·桑托斯、中央银行行长费德里科·斯图森内格、共和国方案党主席斯齐亚沃尼等先后访华。两国议会政治对话委员会首次会议、经贸混委会第20次会议成功举行。

双边军事交流活跃。中共中央军事委员会政治工作部副主任杜恒岩上将、中国人民解放军中部战区副司令员张义瑚中将、国家国防科技工业局局长许达哲等访问阿根廷，阿军联合副参谋长米格尔·安赫尔·马斯科洛

访华。

两国经贸合作进展顺利。受国际经济形势低迷、国际大宗商品价格下跌等因素影响，双边贸易额有所下降，但中国继续保持阿根廷第二大贸易伙伴地位，阿根廷是中国在拉美第四大贸易伙伴。双方在农业、能源、基础设施、金融等领域合作不断深化，基什内尔-塞佩尼克水电站、贝尔格拉诺货运铁路、中方企业参与阿核电站建设等重大合作项目继续推进，双方签署科尔多瓦天然气管道、胡胡伊省光伏发电等新项目合同。两国在联合国、二十国集团、世贸组织等国际组织和多边机制中就联合国安理会改革、全球经济治理、气候变化、多边海洋等重大全球性议题保持良好协调配合。阿方积极支持中方成功举办二十国集团领导人第11次峰会。

两国科技、人文、地方等领域交流合作丰富。中方在阿建设深空探测站项目稳步推进。钢琴家郎朗、青岛交响乐团、中国国家画院、国家艺术基金等文化团组访阿。阿方积极参与"中拉文化交流年"。福建、辽宁、内蒙古、广东、山东、湖北等省区代表团访阿。阿根廷胡胡伊、科尔多瓦、布宜诺斯艾利斯等省代表团访华。

亚美尼亚
(Armenia)

2016年，中华人民共和国与亚美尼亚共和国友好合作关系保持积极发展势头。

双方保持密切高层交往，政治互信持续深化。5月，国家主席习近平特使、中共中央政治局委员、中央政法委书记孟建柱访亚，分别同亚总统谢尔日·萨尔基相、国家安全总局局长格奥尔基·库托扬举行会见、会谈。6月，中共中央政治局常委、国务院副总理张高丽访亚，分别同萨尔基相总统、总理奥维克·阿布拉米扬举行会见、会谈。9月，亚副议长艾尔米涅·纳戈达良来华出席第五届中国—亚欧博览会并作为主宾参加首届丝绸之路妇女论坛，全国人大常委会副委员长、全国妇联主席沈跃跃同其会见。11月，亚公众院主席瓦兹根·马努基扬访华，全国政协主席俞正声，中共中央书记处书记、全国政协副主席、中国经济社会理事会主席杜青林分别同其会见。同月，亚共和党副主席穆什克·拉拉扬、亚教育和科学部部长阿尔缅·阿绍江率团访华。中亚两国在涉及对方核心利益的问题上相互支持，在联合国等多边场合保持良好沟通和协调。

中亚务实合作稳步开展。中亚政府间经贸合作委员会第九次会议成功举行。中国连续八年稳居亚第二大贸易伙伴国。双边贸易结构进一步改善，中国通讯器材、数码设备、计算机等高附加值产品在亚市场份额逐步增大，自亚进口大幅增加，两国贸易结构更趋平衡。中国对亚援助项目效果显著。中亚地方和执法安全合作进展顺利。

中亚人文交流蓬勃开展。中方在亚成功举办“中国文化日”，中国残疾人艺术团赴亚访演。汉语被列入亚中学教学大纲。中方连续三年在亚举办汉语桥大学生组比赛，2016年首次举办中学生组比赛。两国作曲家协会组团互访并互办音乐会。

澳大利亚
(Australia)

2016年，中华人民共和国与澳大利亚联邦关系保持稳定发展，两国各领域交流合作持续推进。7月澳联邦大选后，中澳关系平稳过渡并取得新发展。

两国高层交往频繁。4月，澳大利亚总理马尔科姆·特恩布尔就任后首次访华，国家主席习近平会见，国务院总理李克强同特恩布尔总理举行两国总理年度会晤，国务院副总理汪洋同特恩布尔总理共同会见第五届中澳工商界首席执行官圆桌会与会代表。9月，特恩布尔总理来华出席二十国集团领导人第11次峰会，习近平主席会见。同月，李克强总理在老挝出席东亚合作领导人系列会议期间会见特恩布尔总理。

其他重要双边交往有：5月，中共中央政治局委员、中央书记处书记、中共中央宣传部部长刘奇葆访澳。9月，全国政协副主席、中国国际交流协会副会长齐续春访澳。2月，澳外长朱莉·毕晓普访华，国务委员杨洁篪会见，外交部长王毅同毕举行第三轮中澳外交与战略对话。4月，澳旅游与国际教育部长理查德·科尔贝克、贸易与投资部长史蒂文·乔博分别访华。9月，澳高等法院首席大法官罗伯特·弗伦奇访华。11月，中国—澳大利亚高级别对话第三次会议在北京举行，国务委员郭声琨会见与会澳方代表团。同月，澳司法部长迈克尔·基南访华。

两国经济关系日益紧密。中国已经连续七年是澳大利亚第一大贸易伙伴、第一大进口来源地、第一大出口市场。澳是中国第八大贸易伙伴。中澳自贸协定顺利实施，双方进行两轮降税，有力促进了各领域务实合作。

两国投资合作稳步发展。中国企业成功参与墨尔本港、澳太平洋水电公司、基德曼农场、范迪门公司塔州牧场等项目。

中澳两国发展战略对接开局良好，两国领导人就中方“一带一路”倡议同澳方“北部大开发”计划、中方创新驱动发展战略同澳方“国家创新与科学议程”的对接合作达成重要共识。双方积极推进能源资源、基础设施、农牧业等领域合作，澳在上海设立海外创新基地，中方在澳新南威尔士大学建立首个海外火炬创新园区。

两国人文交流不断加强。中国目前在澳建有14家孔子学院、6所独立孔子课堂。2016年澳各级孔子学院（课堂）开设汉语课程近3000个班次，培训学员6万人。2016年，澳政府继续在华实施“新科伦坡计划”，约900名澳学生通过66个项目来华学习。中澳互为重要旅游客源国和旅游目的地，中国是澳第一大旅游收入来源国。据澳方统计，2015/2016财年中国赴澳游客106万人次。中澳双方同意2017年举行“中澳旅游年”活动。

两国防务领域交往密切。5月，澳国防军副司令雷蒙德·格雷格斯海军中将访华。10月，澳国防军司令马克·宾斯金空军中将、国防部秘书长丹尼斯·理查森来华与中央军委联合参谋部参谋长房峰辉上将共同主持第19次中澳防务战略磋商。“合作精神—2016”中、澳、新（西兰）、美（国）四边人道主义救援减灾室内联合推演，“科瓦里—2016”中澳美三边陆军联训，“熊猫袋鼠—2016”中澳双边联训等多边、双边联演联训成功举行。

奥地利
(Austria)

2016年是中华人民共和国与奥地利共和国建交45周年，两国关系继续稳步向前发展。

两国保持高层交往。3月22日，全国人大常委会副委员长吉炳轩与奥地利联邦议会副议长英格丽特·温克勒共同出席在北京举办的庆祝两国建交45周年招待会。5月27～30日，全国政协副主席陈晓光率团访奥。5月28日，外交部长王毅与奥欧洲、融入和外交部长塞巴斯蒂安·库尔茨就中奥建交45周年互致贺电。9月26～28日，外交部部长助理刘海星赴奥同奥外交部秘书长米夏埃尔·林哈德举行中奥外交部政治磋商。

双方各领域务实合作稳步推进。5月25日，审计署审计长刘家义获颁奥地利国家功勋大金质绶带勋章，并受到奥联邦总统海因茨·菲舍尔接见。7

月5日，奥地利奥林匹克委员会主席卡尔·施多斯访华。9月26日，第11届中奥科技联委会在奥举行。11月6～12日，奥农业、林业、环境和水利部部长安德烈·鲁普雷希特访华。11月23日，奥副总理赖因霍尔德·米特勒纳与中国驻奥地利大使李晓驷共同出席维也纳美泉宫动物园新生熊猫龙凤胎幼仔命名仪式。11月27日至12月4日，第二届中奥青年领导者论坛成功举行。奥作为观察员参加了第五次中国—中东欧国家领导人会晤。

截至2016年年底，两国已建立18对友好省州（市）关系。

10月25日，中国新任驻奥地利大使李晓驷向奥国民议会议长多丽丝·布雷斯（代行国家元首职责）递交国书。

阿塞拜疆
(Azerbaijan)

2016年，中华人民共和国与阿塞拜疆共和国友好合作关系健康稳步发展。

双方高层交往密切，政治互信加深。5月，国家主席习近平特使、中共中央政治局委员、中央政法委书记孟建柱访阿，分别同总统伊利哈姆·阿利耶夫、总统办公厅主任兼国家安全会议秘书安瓦尔·梅赫季耶夫举行会见、会谈。6月，中共中央政治局常委、国务院副总理张高丽访阿，分别同阿利耶夫总统、拉西扎德总理举行会见、会谈。中阿两国在涉及对方核心利益的问题上相互支持，在联合国等国际组织中保持良好沟通和协调。

中阿务实合作稳步开展。双边贸易额增长明显，中国已成为阿第五大贸易伙伴国和第三大进口来源国。中阿政府间经贸合作委员会第六次会议在巴库召开。中国对阿援助项目进展顺利。

中阿人文领域合作成果丰硕。浙江湖州师范学院在巴库语言大学开设中国在阿第二所孔子学院。中国国家男女国际象棋队参加了在巴库举办的第43届国际象棋奥林匹克赛。故宫博物院、中国社会科学院、国际问题研究院代表团分别访阿。国家能源局、国际问题研究院学者赴阿参加短期培训。

巴哈马
(The Bahamas)

2016年，中华人民共和国与巴哈马国友好合作关系持续稳定发展。

两国政治互信不断加强。全国政协副主席、中国人民银行行长周小川赴巴出席泛美开发银行年会并会见巴总理佩里·克里斯蒂。国家质量监督检验检疫总局、中国法学会代表团访巴。3月，巴外交和移民部总司长莎伦·布伦南–海洛克出席在巴巴多斯首都布里奇顿出席中国和加勒比建交国外交部间第六次磋商。巴方代表来华出席加勒比与南太平洋国家高级防务论坛。中巴在国际事务中保持密切沟通与配合。

两国经贸合作有序推进。双方在基础设施建设、农业、通讯等领域合作续有进展。中方援巴国家体育场技术服务合作项目正式交接，由中国企业投资在巴首都拿骚建设的酒店娱乐综合体项目一期工程完工，利用中方优惠贷款建设的北阿巴科岛港口项目进展顺利。

两国人文交流日益丰富。中方继续向巴提供政府留学奖学金和卫生、公共管理、教育等领域人力资源培训。巴中友协主席安东尼·凯普伦来华参加第七届美大地区国家友好论坛。巴哈马大学孔子学院举办“体验中国文化”夏令营。

10月，巴遭受飓风“马修”袭击，中方向巴方提供5万美元紧急人道主义援助。

5月25日，中国新任驻巴大使黄亲国向巴总督玛格丽特·平德林递交国书。

巴　林
(Bahrain)

2016年，中华人民共和国和巴林王国关系平稳发展。

两国政治互信不断巩固，双方在涉及彼此核心利益问题上相互支持，在国际和地区事务中保持良好协调配合。

中巴务实合作稳步推进。第五期中巴农牧渔技术合作项目及人员培训工作进入跟踪实施阶段。由中国企业运营管理的中巴最大商业合作项目巴林“龙城”成为巴及周边国家民众购物、休闲、旅游重要目的地。

两国人文交流日益密切。8月，中国驻巴林大使戚振宏与巴文化与文物局局长梅·宾特·穆罕默德·阿勒哈利法共同签署《中华人民共和国文化部和巴林王国文化与文物局关于在巴林设立中国文化中心的谅解备忘录》。中国艺术团组赴巴演出，受到当地民众热烈欢迎。截至2016年年底，巴林孔子学院已为近千人讲授汉语课，深受巴林政府各部委和在校师生欢迎，在当地掀起“汉语热”，成为巴林民众感知中国文化的重要窗口。

孟加拉国
(Bangladesh)

2016年，中华人民共和国和孟加拉人民共和国关系实现新突破。

两国各层级交往密切，政治关系实现突破。10月，国家主席习近平对孟加拉国进行历史性访问。这是中国国家主席时隔30年再次访孟。访问期间，两国领导人宣布将中孟关系从更加紧密的全面合作伙伴关系提升为战略合作伙伴关系。5月，国务委员兼国防部长常万全上将访孟。4月，孟外交国务部长沙里亚尔·阿拉姆来华出席亚洲相互协作与信任措施会议第五次外长会议，外交部长王毅同其会见。同月，外交部部长助理孔铉佑赴孟加拉国与孟外交部常秘沙希德·哈克举行中孟第十轮外交磋商。5月，孟工业部长阿米尔·阿穆来华出席昆明第四届中国—南亚博览会。11月，孟宗教事务部部长玛提尔·拉赫曼访华。

中孟务实合作深入推进。习近平主席访孟期间，双方签署关于“一带一路”和产能合作的多项协议，确定基础设施、产能、能源电力、交通运输、信息通信、农业等多个重点合作领域，就加强发展战略对接达成广泛共识。两国领导人见证签署经济技术合作、防灾减灾、桥梁建设、投资、自由贸易联合可行性研究等合作协议和11项商业合作协议。

两国人文交流全面拓展。两国领导人一致同意将2017年确定为中孟友好交流年，全面推进文化、教育等领域交流合作。近百名孟青年议员和政府官员等来华培训。170余名孟优秀学生获得中国政府奖学金并来华留学。

两国军事交往保持良好势头。中国军训、军援等多个代表团或专家组成功访孟。孟空军参谋长阿布·艾斯拉尔、海军参谋长穆罕默德·尼扎姆丁等高级将领率团访华。孟多名军官来华参加培训。中国海军第21批护航

编队成功访孟。

巴巴多斯
(Barbados)

2016年，中华人民共和国与巴巴多斯友好合作关系持续健康发展。

两国政治互信不断深化。11月，国家主席习近平、国务院总理李克强、外交部长王毅分别向巴总督埃利奥特·贝尔格雷夫、总理弗罗因德尔·斯图亚特、外交外贸部长玛克辛·麦克林致电祝贺巴独立50周年。3月，外交部副部长王超访巴并同巴外交外贸部长麦克林在首都布里奇顿共同主持中国和加勒比建交国外交部间第六次磋商。巴财政和经济事务部长克里斯多弗·辛克勒、公共检控署长查尔斯·李考克等访华。巴方派员来华参加防务、警务、金融和减灾领域培训。中巴签署刑事司法协助条约和引渡条约。

两国务实合作顺利开展。巴方首个利用中方优惠出口买方信贷建设的山姆罗德酒店项目落地。中方援巴体育馆维修项目顺利推进。中方向巴方提供教学物资援助。中国首支援巴医疗队抵巴开展义诊。

两国人文交流日趋活跃。中国歌剧舞剧院代表团等文艺团组赴巴访演。巴方派团参加贵阳国际音乐节和加勒比音乐节、电影节、美食节等活动。加勒比地区首个汉语水平考试点落户西印度大学巴巴多斯凯夫希尔分校孔子学院。中巴联合在巴举办“欢乐春节”暨“鱼龙节”系列庆祝活动。

白俄罗斯
(Belarus)

2016年，中华人民共和国与白俄罗斯共和国关系健康稳定发展。

双方高层交往频繁，政治互信增强。6月，国家主席习近平在乌兹别克斯坦塔什干出席上海合作组织元首理事会第16次会议期间同白总统亚历山大·卢卡申科举行会见。9月，卢卡申科总统对中国进行国事访问，习近平主席同其举行会谈，两国元首共同签署并发表《中华人民共和国和白俄罗斯共和国关于建立相互信任、合作共赢的全面战略伙伴关系的联合声明》。国务院总理李克强、全国人大常委会委员长张德江、全国政协主席俞正声分别会见。11月，李克强总理在拉脱维亚里加出席第五次中国—中东欧国家领导人会晤期间同白总理安德烈·科比亚科夫举行会见。5月，白国民会议代表院副主席维克托·古明斯基赴香港出席“一带一路”高峰论坛，张德江委员长同其举行会见。10月，张德江委员长分别致电白国民会议共和国院主席米哈伊尔·米亚斯尼科维奇和国民会议代表院主席弗拉基米尔·安德烈琴科，祝贺其连任。8月，中共中央政治局委员、中央政法委书记、中白政府间合作委员会中方主席孟建柱赴明斯克同白总统办公厅副主任、委员会白方主席尼古拉·斯诺普科夫主持召开委员会第二次会议。期间，孟建柱分别同白总统卢卡申科、安全会议国务秘书斯坦尼斯拉夫·扎西、总统办公厅副主任斯诺普科夫举行会见、会谈。10月，白总统办公厅副主任瓦列里·米茨克维奇访华，孟建柱同其举行会见。9月，总统办公厅副主任斯诺普科夫来华出席第五届中国—亚欧博览会，全国人大常委会副委员长艾力更·依明巴海同其举行会见。4月，白外交部长弗拉基米尔·马克伊来华出席亚洲相互协作与信任措施会议第五次外长会议，外交部长王毅同其举行会见。中白在涉及对方核心利益的问题上相互支持，在国际组织中保持密切协作。

中白务实合作深入推进。两国间最大的投资合作项目——中白工业园项目取得实质性进展。双方地方合作取得丰硕成果。

中白人文交流日益活跃。100名白俄罗斯大学生来华交流访问。白俄罗斯中国文化中心在明斯克揭牌。

中白两军交流持续发展。10月，白国防部第一副部长兼武装力量总参谋长奥列格·别洛科涅夫来华出席第七届香山论坛。中央军委副主席许其亮上将同其会见。

比利时
(Belgium)

2016年是中华人民共和国同比利时王国建交45周年，两国全方位友好合作伙伴关系呈现强劲发展势头。

两国高层往来频繁。5月，国家主席习近平特使、中央政法委书记孟建柱访问比利时，分别会见比首相夏尔·米歇尔、副首相兼内政大臣扬·让蓬、司法大臣科恩·金斯。10月，国务院副总理马凯在布鲁塞尔出席第六次中欧经贸高层对话期间，会见比副首相兼就业、经济与外贸大臣克里

斯·皮特斯。5月，全国人大常委会副委员长向巴平措访比，分别会见比联邦众议长西格弗里特·布拉克、联邦参议长克里斯蒂娜·德弗莱涅、联邦议会两院比中友好小组主席克里斯蒂娜·维耶娜。6月，国务委员杨洁篪在布鲁塞尔出席中欧高级别战略对话期间，会见比副首相兼外交大臣迪迪埃·雷德尔斯。10月30日至11月1日，比利时首相米歇尔对中国进行正式访问，习近平主席、全国人大常委会委员长张德江分别同其会见，国务院总理李克强同其会谈并共同见证签署七项政府和企业间合作协议。12月，比联邦众议长布拉克访华，张德江委员长同其会谈，全国政协主席俞正声同其会见。

双边务实合作顺利推进。双方在现代农业、微电子、生物医药、航空航天、金融保险等领域合作不断取得新成果。新鲁汶中比高科技孵化园区项目正式启动。中芯国际与比微电子研究所合作研发项目进展顺利。人民币跨境支付系统（CIPS）运营机构与SWIFT签署合作备忘录，在信息共享、人员培训、合作开发等领域开展全面合作。中国对比投资规模进一步扩大。中广核集团成功收购比最大在运陆上风电场。

两国人文交流丰富多彩。双方成功举办一系列纪念建交45周年庆祝活动。6月初，旅比中国大熊猫“星徽”和“好好”生育幼崽“天宝”。两国高校务实合作项目增多，双向留学更趋活跃，近百名比利时学生来华参加夏令营。双方启动商签互认学历学位协议，开展汉语教学的机构基本覆盖比全境。

两国地方合作日益深入。截至2016年年底，两国已建立27对友好省市关系。

贝　宁
(Benin)

2016年，中华人民共和国同贝宁共和国友好合作关系全面推进。

两国政治互信不断加深。3月，国家主席习近平就帕特里斯·塔隆当选贝宁新任总统致贺电。9月，贝宁总统塔隆来华出席第二届对非投资论坛，其间，国务院副总理马凯、广东省委书记胡春华、外交部副部长张明分别同其会见。4月，外交部长王毅致电祝贺奥雷利安·阿贝农西就任贝宁外交合作部长。7月，中非合作论坛约翰内斯堡峰会成果落实协调人会议在北京召开，贝宁外长阿贝农西和经济财政部长罗穆亚尔德·瓦达尼出席，王毅外长会见了阿贝农西外长。9月，王毅外长就贝宁大西洋省严重火灾事故向阿贝农西外长致慰问电。10月，贝宁外长阿贝农西与财政部长瓦达尼、基础设施与交通部长埃尔韦·埃奥梅来华，与商务部副部长钱克明共同主持中贝第四届经贸混委会。

两国经贸合作卓有成效。4月，中方提供无偿援助、无息贷款和优惠贷款援建的阿卡萨托—博希孔公路修复工程第一、三标段完工交接。同月，中方提供优惠贷款实施的4G通信及宽带网项目开工。5月，中国政府提供优惠性质贷款实施的阿贾哈拉水电站签署贷款协议。

两国人文交流丰富多彩。10月，中国第21批援贝医疗队共27名队员抵贝。贝宁中国文化中心全年共举办40余场展览、讲座、演出等文化活动，选拔40余名贝体育和文化工作者、汉语爱好者来华参加各类培训和“汉语桥”比赛。第七届贝宁“欢乐春节”系列文化活动顺利举行，中国电影周、美食之夜、“百年巧匠”木绘艺术展，以及剪纸、摄影等多项短期培训受到贝政府与民众一致好评，成为有影响力的品牌文化活动。

玻利维亚
(Bolivia)

2016年，中华人民共和国与多民族玻利维亚国关系发展顺利。

两国高层保持交往。3月，全国政协副主席马培华访玻，其间出席玻总统胡安·埃沃·莫拉莱斯举行的早餐会，并同玻参议长何塞·阿尔韦托·冈萨雷斯举行会见。10月，外交部长王毅对玻进行正式访问，会见莫拉莱斯总统，并同玻外交部长戴维·乔克万卡举行会谈。这是中国外长时隔26年再次访玻。5月，玻发展规划部部长雷内·贡萨洛·奥雷利亚纳来华出席中拉基础设施合作论坛，并在北京会见外交部副部长王超。11月，玻最高法院院长帕斯托尔·塞贡多·马马尼应邀来华出席第三届世界互联网大会并顺访北京、上海等地。12月，玻国防部长雷米·路易斯·费雷拉应邀访华，同国务委员兼国防部长常万全上将举行会谈。

两国各领域务实合作日益深化。2016年，中国保持玻第四大贸易伙伴和最大进口来源国地位。两国在能矿、基础设施建设等领域重点合作项目顺利推进。中方企业先后中标穆通钢厂、罗斯塔斯水电站等项目，鲁雷纳瓦克至里维拉尔塔公路项目顺利开工。

双方人文交流活跃。中国驻玻使馆同玻文化部联合举办2016年“欢乐

春节”活动。玻武术协会多次在玻举办全国武术锦标赛，并派员来华交流参赛。广东现代舞蹈艺术团赴玻演出。

玻在台湾、涉藏问题上继续坚定奉行一个中国原则。两国就联合国改革、气候变化等重大国际问题保持密切沟通配合。

波斯尼亚和黑塞哥维那
(Bosnia and Herzegovina)

2016年，中华人民共和国与波斯尼亚和黑塞哥维那友好合作关系稳步发展。

两国高层保持接触。11月，国务院总理李克强在拉脱维亚里加出席第五次中国—中东欧国家领导人会晤期间会见波黑部长会议主席戴尼斯·兹维兹迪奇，并共同见证签署《中华人民共和国政府与波斯尼亚和黑塞哥维那部长会议关于互免持外交、公务和公务普通护照人员签证的协定》。5月，波黑议会民族院轮值主席奥格年·塔迪奇访华，全国人大常委会委员长张德江、全国政协主席俞正声分别会见。

两国外交部保持对话与磋商。1月，外交部部长助理刘海星赴波黑举行两国外交部政治磋商，同波黑部长会议主席戴尼斯·兹维兹迪奇、波黑部长会议副主席兼外经贸部长米尔科·沙罗维奇、外交部副部长约西普·布尔基奇分别举行会见、会谈。

两国党际交往密切。12月，中共中央对外联络部部长助理李军访波，在巴尼亚卢卡和萨拉热窝举办十八届六中全会精神宣介会，分别会见独立社会民主人士联盟、民主行动党、塞族民主党等波黑政党领导人。4月，波黑联邦副总统、波黑民主行动党主席团成员梅莉卡·马赫姆特贝戈维奇访华。11月，波黑塞族共和国总统、波黑独立社会民主人士联盟主席米洛拉德·多迪克来华出席第16届中国西部国际博览会，在北京会见中共中央对外联络部部长宋涛。12月，波黑独立社民人士联盟副主席马尔科·维达科维奇访华。

两国经贸合作进一步深化，能源、基础设施建设等领域合作大项目取得阶段性成果。4月，中国国际贸易促进委员会组织企业代表团出席第19届莫斯塔尔经贸博览会。9月，斯坦纳里火电站正式竣工。

两国军事、安全等领域交流进一步拓展。8月，中共中央军事委员会国际军事合作办公室主任关友飞访波。6月，波黑安全部长德拉甘·梅克蒂奇访华。

波黑积极参与中国—中东欧国家合作框架下各项活动。5月，波黑举办聚焦“16+1合作”的第七届萨拉热窝经贸论坛，中国政府代表、国家发展和改革委员会副主任兼国家统计局局长宁吉喆出席。同月，波黑国家法院院长克雷索·梅德季达来华出席中国—中东欧国家最高法院院长苏州会议。6月，波黑部长会议副主席兼外经贸部长米尔科·沙罗维奇来华出席第二次中国—中东欧国家经贸促进部长级宁波会议，波黑塞族共和国卫生和社会福利部部长德拉甘·博格达尼奇来华出席第二届中国—中东欧国家卫生部长苏州论坛。

博茨瓦纳
(Botswana)

2016年，中华人民共和国与博茨瓦纳共和国友好合作关系平稳顺利发展。

两国各层级交往密切。9月，国家主席习近平向博茨瓦纳总统伊恩·卡马致函祝贺博独立50周年。5月，全国人大常委会副委员长向巴平措访博，同博国民议会议长格拉迪斯·科科韦举行会谈，会见博酋长院主席普索·哈博罗内。9月，向巴平措副委员长出席博驻华使馆在北京举办的博独立50周年招待会。4月，全国政协港澳台侨委员会主任杨崇汇访博。11月，中华海外联谊会副会长苏波访博。博多位内阁部长来华参会或访问。

两国经贸合作及中国援博项目稳步推进。1月，中国援博野生动物保护物资完成交接。中国向博国防军提供了办公物资援助。莫帕尼小学、卡尊古拉小学、哈博罗内青年体育中心二期等中方援建项目稳步推进。中国援博独立50周年庆典团体操表演技术合作项目取得良好效果。

两国在其他领域的交流合作有序开展。云南省迪庆藏族自治州民族歌舞团在博成功举办庆祝博独立50周年专场文艺演出。中国社会科学院西亚北非研究所代表团访博，与博茨瓦纳大学在中非学术机构“20+20”框架下开展交流。

11月29日，中国新任驻博茨瓦纳大使赵彦博向博总统卡马递交国书。

巴　西
(Brazil)

2016年，中华人民共和国与巴西联邦共和国全面战略伙伴关系保持平稳发展。

两国高层交往不断。8月，国家主席习近平特别代表、国务院副总理刘延东出席里约热内卢第31届夏季奥林匹克运动会开幕式。中共中央政治局委员、北京市委书记、北京2022年冬奥会组委会主席郭金龙访问巴西。3月，全国政协副主席、中国人民争取和平与裁军协会副会长马飚访问巴西。9月，巴西总统米歇尔·特梅尔来华出席二十国集团领导人第11次峰会，习近平主席同其举行双边会见。

两国各领域交往密切。全国人大教科文卫委员会主任委员柳斌杰，最高人民法院常务副院长沈德咏，全国政协教科文卫体委员会副主任胡振民，中国残联主席、中国残奥委会主席张海迪，国务院侨务办公室副主任郭军，新疆维吾尔自治区政协主席努尔兰等访问巴西。巴西工业、外贸和服务部长马尔科斯·佩雷拉来华出席中国和葡语国家论坛第五届部长级会议并与商务部部长高虎城会晤，巴西农业、渔业和供给部长布莱罗·马吉来华参加二十国集团农业部长会议，巴西科技、创新和通信部长吉尔伯托·卡萨布来华出席二十国集团科技创新部长会议。米纳斯州州长皮门特尔、巴伊亚州州长科斯塔、塞阿腊州州长卡米洛·德桑塔纳、巴拉那州州长贝托·里沙等访华。

两国在联合国、二十国集团、金砖国家等国际组织和多边机制中合作密切，并就全球经济治理、气候变化等重大国际问题保持良好沟通与协调。

两国各领域务实合作成果丰硕。受国际市场大宗商品价格下跌等因素影响，双边贸易额有所下降，但中国仍保持巴西第一大贸易伙伴和出口对象国地位，巴西是中国在拉美地区最大贸易伙伴和最大投资目的地国。两国产业投资和产能合作取得新进展，双方在投资规模、领域和层次方面均有提升，中国国家电网巴西控股公司收购巴西CPFL能源公司，三峡集团收购美国杜克能源公司在巴资产。

两国科技、人文等领域交流合作继续深化。中巴地球资源卫星04A星研发工作稳步推进。“2016奥运美术大会”“欢乐春节”“汉语桥”“第二届圣保罗中国电影节”等文化交流活动顺利举行。巴方派艺术团体来华参加“中拉文化年”有关活动。巴西帕拉州州立大学孔子学院揭牌。

两国军事交往密切。中国人民解放军国防大学校长张仕波上将访问巴西。中国和巴西国防部交流与合作联合委员会第五次会议在北京召开。

文　莱
(Brunei Darussalam)

2016年是中华人民共和国与文莱达鲁萨兰国建交25周年，两国关系发展顺利。

两国保持高层交往势头。9月30日，国家主席习近平与文莱苏丹哈吉·哈桑纳尔·博尔基亚就两国建交25周年互致贺电。4月，外交部长王毅正式访问文莱。5月，文外交与贸易部无任所大使玛斯娜公主访华，国家副主席李源潮、国务委员杨洁篪分别会见。9月，文首相府部长兼外交与贸易部第二部长林玉成和首相府能源与工业部长亚斯敏来华出席第13届中国—东盟博览会并正式访华。

各领域交流与合作进一步加强。4月，双方举行第四次经贸磋商。8月，文莱—广西经济走廊联合工作委员会首次会议在南宁召开。

保加利亚
(Bulgaria)

2016年，中华人民共和国与保加利亚共和国全面友好合作伙伴关系深入发展。

两国高层保持交往。7月，国务院总理李克强在出席第11届亚欧首脑会议期间会见保加利亚总统罗森·普列夫内利耶夫。11月，李克强总理在拉脱维亚里加出席第五次中国—中东欧国家领导人会晤期间同保总理博伊科·鲍里索夫举行双边会见。6月，全国政协副主席、中国人民争取和平与裁军协会会长韩启德访问保加利亚。

1月，保副总理兼内务部长鲁米阿娜·巴奇瓦罗娃访华，国务委员兼公安部长郭声琨同其举行会谈，双方签署《中华人民共和国政府和保加利亚共和国政府关于预防和打击犯罪的合作协议》。5月，保青年体育部长克拉

森·克拉莱夫访华。6月，保议长采茨卡·察切娃访华，全国人大常委会委员长张德江、全国政协主席俞正声分别会谈、会见。9月，保文化部长维日迪·拉什多夫访华，双方签署《中华人民共和国文化部和保加利亚共和国文化部2017—2020年文化合作计划》。

两国外交部保持良好沟通与合作。10月，外交部部长助理刘海星访问保加利亚，分别会见保外交部副部长瓦伦汀·波里亚佐夫、保总统外事顾问丹尼察·热列娃。

两国党际合作不断深化。6月，保公民党副主席茨维坦·茨维塔诺夫访华。同月，中共友好代表团对保进行回访。

两国经贸和投资合作保持良好势头。中国在保加利亚实际投资超过6亿欧元，已成为保第九大贸易伙伴和第二大出口目的地。9月，两国政府间经济合作联合委员会第16次会议在保举行。9月，国家质量监督检验检疫总局代表团访保，双方签署《中华人民共和国国家质量监督检验检疫总局和保加利亚共和国农业和食品部关于保加利亚共和国输华乳产品动物卫生和公共卫生条件议定书》。

两国文化、教育、科技、地方等领域交流活跃。两国互设文化中心均已完成选址工作。孔子学院、孔子课堂在保运行良好，汉语教学从高校向中小学推广。11月，两国政府间科技合作委员会第15届例会在南京举行。北京、上海、天津、安徽等20多个地方代表团访保。上海市同索非亚市正式结为友城。

保加利亚积极参与中国—中东欧国家合作框架下各项活动。第五次中国—中东欧国家领导人里加会晤期间，双方签署《中华人民共和国发展和改革委员会与保加利亚共和国交通信息技术和通讯部关于开展港口和临港产业园区合作的谅解备忘录》。6月，保经济部秘书长弗拉基米尔·图兹哈罗夫来华出席第二次中国—中东欧国家经贸促进部长级宁波会议。9月，首届中国—中东欧国家首都市长论坛在索非亚举办，北京市代表团出席论坛活动。

7月4日，中国新任驻保加利亚大使张海舟向保总统普列夫内利耶夫递交国书。

布隆迪
(Burundi)

2016年，中华人民共和国与布隆迪共和国的友好合作关系继续稳步发展。

两国政治互信不断深化。布隆迪在南海等问题上给予中方坚定支持。11月，布总统皮埃尔·恩库伦齐扎就江西丰城电厂发生坍塌事故致函国家主席习近平表示慰问。5月，中直机关工委副书记段余应率中共友好代表团访布并会见恩库伦齐扎总统。7月，布财政部长多米蒂安·恩蒂霍库瓦约来华出席中非合作论坛约翰内斯堡峰会成果落实协调人会议。

两国经贸、卫生领域合作不断拓展。中国援布隆迪总统府及中方提供优惠贷款的布琼布拉城域网项目建设进展顺利，中国援布农业示范中心、胡济巴济水电站等项目筹备工作稳步推进。12月，中国援布“光明行”活动顺利实施。

佛得角
(Cabo Verde)

2016年是中华人民共和国同佛得角共和国建交40周年，两国友好合作关系发展势头良好，各领域合作取得积极成果。

两国继续保持高层交往。6月，国家主席习近平就佛得角独立41周年向佛得角总统若热·丰塞卡致贺电。10月，习近平主席向胜选连任的丰塞卡总统致贺电。4月，国务院总理李克强向佛得角新任总理若泽·席尔瓦致贺电。10月，席尔瓦总理来华出席中国—葡语国家经贸合作论坛第五届部长级会议，李克强总理同其会见。7月，佛得角经济与就业部长若泽·贡萨尔维斯出席了在北京举行的中非合作论坛约翰内斯堡峰会成果落实协调人会议。

两国经贸合作成果丰硕。1月，中国驻佛得角大使杜小丛与佛得角外交部长若热·托伦蒂诺共同签署《中华人民共和国政府和佛得角共和国政府经济技术合作协定》。年内，中国政府援建的佛得角大学新校区项目立项换

文，太阳能示范后续合作项目、农产品初加工中心正式移交，议会堂维修项目、佛得角普拉亚中心医院洗衣房奠基。澳门励骏集团投资的旅游综合项目启动。

柬埔寨
(Cambodia)

2016年，中华人民共和国与柬埔寨王国全面战略合作伙伴关系发展顺利。

两国高层交往频繁。10月，国家主席习近平对柬埔寨王国进行国事访问，会见国王诺罗敦·西哈莫尼，与首相洪森举行会谈，看望太后诺罗敦·莫尼列。7月，国务院总理李克强在蒙古国出席第11届亚欧首脑会议期间会见洪森首相。9月，李克强总理在老挝出席东亚合作领导人系列会议期间再次会见洪森首相。

6月，西哈莫尼国王对中国进行国事访问。习近平主席、李克强总理、全国人大常委会委员长张德江与其会见。7月，西哈莫尼国王和莫尼列太后来华查体休养。8月，西哈莫尼国王访问陕西。7月，柬埔寨参议院主席赛冲访华。张德江委员长、全国政协主席俞正声与其会见。7月，柬埔寨国会主席韩桑林访华。张德江委员长、国家副主席李源潮与其会见。3月，洪森首相来华出席澜沧江—湄公河合作首次领导人会议及博鳌亚洲论坛2016年年会，李克强总理与其会见。9月，洪森首相来华出席第13届中国—东盟博览会。国务院副总理张高丽与其会见。此外，柬埔寨副首相兼内政部大臣韶肯、副首相兼内阁办公厅大臣索安、副首相兼国防部大臣、上将迪班、副首相贺南洪、副首相尹财利等五位副首相先后多次访华或来华出席重要活动。

两国各领域合作不断深化。中国共产党和柬埔寨人民党、奉辛比克党保持良好交往。两军交往密切，中方援柬陆军学院、王家军总医院等项目顺利执行。两国执法部门在打击电信诈骗、跨国犯罪等方面保持密切配合。金边“中国文化之家”升级为“中国文化中心”。中方继续向柬留学生提供政府奖学金名额。

9月20日，中国新任驻柬埔寨大使熊波向西哈莫尼国王递交国书。

喀麦隆
(Cameroon)

2016年是中华人民共和国同喀麦隆共和国建交45周年，两国各领域友好合作关系继续发展。

两国保持政治交往势头。10月，国家主席习近平就喀麦隆火车脱轨事故向喀总统保罗·比亚致慰问电。3月，外交部长王毅就中喀建交45周年向喀对外关系部长姆贝拉·姆贝拉·勒热纳致贺电。11月，喀国民议会副议长达图奥·迪奥多尔率喀中友好小组代表团来华访问。7月，喀经济、计划和领土整治部长莫塔泽·路易·保罗来华出席中非合作论坛约翰内斯堡峰会成果落实协调人会议。

经贸合作取得积极进展。中国为喀麦隆第一大贸易伙伴。中国援建的职业技术学校和中方提供优惠贷款的巴富萨姆体育场顺利竣工。使用中方优惠性质贷款建设的雅温得—杜阿拉高速公路一期、1500套社会住房等项目继续推进。

人文和医疗卫生领域交流合作亮点纷呈。汉语被正式纳入喀公立中学教育体系，在喀注册学习汉语人数超过1万人，学员数量位居非洲前列。6月，中国援喀“光明行”活动顺利实施。11月，喀国民议会喀中友好小组和雅温得第二大学孔子学院共同举办中国文化周活动。7月，中国驻喀麦隆大使魏文华与喀外长姆贝拉共同签署《中华人民共和国政府和喀麦隆共和国政府互免持外交、公务护照人员签证协定》。

加拿大
(Canada)

2016年，中华人民共和国与加拿大战略伙伴关系继续保持良好发展势头。

两国高层交往密切。国务院总理李克强于9月21～24日正式访加。加拿大总理特鲁多于8月30日至9月6日对中国进行正式访问并出席二十国集团领导人第11次峰会。两国总理不到一个月内成功实现互访，就进一步发

展中加战略伙伴关系达成重要共识。双方建立并启动两国总理年度对话机制、中加高级别国家安全与法治对话机制，同意尽早启动中加经济财金战略对话。

两国各级别交往频繁。外交部长王毅访加并举行首轮中加外长年度会晤。中共中央政治局委员、广东省委书记胡春华，全国人大常委会副委员长陈昌智，全国人大常委会副委员长、中国国际交流协会会长吉炳轩，全国人大常委会副委员长、中国欧美同学会副会长陈竺，全国人大常委会香港、澳门基本法委员会主任李飞，全国政协副主席、国家民族事务委员会主任王正伟，全国政协常委、民族和宗教委员会主任朱维群，全国政协人口资源环境委员会副主任、国家林业局国际竹藤中心主任江泽慧等访加。外交部副部长郑泽光赴加举行工作磋商。加拿大前总理让·克雷蒂安、保罗·马丁、财政部长威廉·莫诺、国际贸易部长克里斯蒂娅·弗里兰、农业部长劳伦斯·麦考利、环境和气候变化部长凯瑟琳·麦克纳等访华。

双方各领域务实合作取得积极进展。中国继续保持加拿大第二大贸易国地位。两国总理互访期间，双方同意深化在能源、清洁技术、农业、基础设施、交通、金融服务以及创新、科技等领域贸易投资关系。加方宣布申请加入亚洲基础设施投资银行。双方宣布到2025年实现双边贸易额、人员往来在2015年基础上翻一番，宣布2018年为中加旅游年，同意启动中加自贸协定探索性讨论，签署《中国政府和加拿大政府关于开展第三方市场合作的联合声明》《中国政府和加拿大政府关于分享和返还被追缴资产的协定》《中国商务部和加拿大外交、贸易和发展部及加拿大统计局关于成立贸易统计工作组的谅解备忘录》《中国民航局与加拿大交通部双边航空技术安排》《中国教育部和加拿大外交、贸易和发展部关于教育合作的谅解备忘录》等多项合作协议。同意积极支持两国有关机构尽早启动能源二轨对话。北京—卡尔加里、厦门—温哥华直航正式开通。2015～2016年中加文化交流年活动圆满闭幕。深圳市作为蒙特利尔灯光节中国主宾国参与多项主题活动，深圳交响乐团、河北杂技团、上海芭蕾舞团赴加演出。作为“2016相约北京”主宾国，加方在华举行“加之春音乐会”、加巴兹铜管弦乐团、渥太华巴赫合唱团、温哥华青年芭蕾舞团等系列文艺演出。双方成功举行中加议会交流机制第19次和第20次会议、第26次中加经贸联委会、第6次科技联委会、第18次地质矿产磋商、第4次反恐磋商等机制性对话。双方在二十国集团、亚太经合组织等多边框架内以及联合国改革、气候变化、反恐等重大国际地区问题上保持密切沟通与协调。

两国地方交流日益频繁。海南省、宁夏回族自治区、山东省、陕西省、甘肃省代表团先后访加。加拿大新斯科舍省省长斯蒂芬·麦克尼、萨斯喀彻温省省长布拉德·沃尔、魁北克省议长雅克·夏农等访华。

中　非

(Central African Republic)

2016年，中华人民共和国与中非共和国的友好合作关系呈现良好发展势头。

两国政治交往密切。3月，国家主席习近平向中非新当选总统福斯坦·阿尔尚热·图瓦德拉致就职贺电。同月，国家林业局局长张建龙作为习近平主席特使赴中非出席新总统就职仪式并会见图瓦德拉总统。双方一致同意，共同推动落实中非合作论坛约翰内斯堡峰会成果，促进双边关系不断迈上新台阶。11月，中国政府非洲事务特别代表许镜湖赴布鲁塞尔出席中非筹资会议，其间会见图瓦德拉总统。7月，中非经济、计划与合作部长菲利克斯·莫鲁瓦来华出席中非合作论坛约翰内斯堡峰会成果落实协调人会议。

两国经贸合作快速复苏。7月，中国援助中非的太阳能示范项目举行交接仪式。11月，中国援中非的萨贝格断桥重建项目正式动工。

乍　得

(Chad)

2016年，中华人民共和国与乍得共和国友好合作关系持续深入发展。

两国高层交往频繁。8月，国家主席习近平致信代比总统祝贺其连任，习近平主席特使、司法部部长吴爱英出席代比总统就职仪式。9月，非洲联盟轮值主席、乍得总统代比来华出席二十国集团领导人第11次峰会，习近平主席会见。5月，国务委员杨洁篪访问乍得，会见乍得总统伊德里斯·代比·伊特诺，与乍得总理帕希米·帕达克·阿尔贝举行会谈。7月，乍得外交和非洲一体化部长穆萨·法基·穆罕默德来华出席中非合作论坛约翰内斯堡峰会成果落实协调人会议，杨洁篪国务委员会见。

两国经贸合作取得积极进展。6月，乍得农业部长戈姆迪格·巴伊迪·洛梅来华出席中国中部国际产能合作论坛。9月，中国援建的打井项目

顺利完工移交乍方。

两国人文领域交流稳步推进。1月，国家新闻出版广电总局与乍得ETV电视台签署文化合作协议。8月，乍得新闻媒体代表团访华。11月，中国第11批和第12批援助乍得医疗队顺利完成交接工作。

4月19日，中国新任驻乍得大使吴杰向代比总统递交国书。

智　利
(Chile)

2016年中华人民共和国与智利共和国建立全面战略伙伴关系。

两国高层交往密切。11月，国家主席习近平成功对智利进行国事访问，同智总统米歇尔·巴切莱特·赫里亚举行会谈，双方发表《中华人民共和国和智利共和国关于建立全面战略伙伴关系的联合声明》，签署经贸、农业、质检、文化、教育等领域12项合作文件。访智期间，习近平主席出席在联合国拉丁美洲和加勒比经济委员会总部举行的首届中拉媒体领袖峰会并致辞。两国元首在第四届核安全峰会、亚太经合组织第24次领导人非正式会议等多边场合寒暄。

双方各领域交往活跃。文化部部长雒树刚、国家国防科技工业局局长许达哲访问智利。全国人大中智友好小组组长、全国人大外事委员会副主任委员赵少华访智并举行中智议会政治对话委员会第十次会议，外交部副部长王超访智并举行中智外交部间第14次政治磋商，全国人大常委会委员、副秘书长窦树华赴智出席第七届世界电子议会大会。智前总统、政府亚太事务特使爱德华多·弗雷·鲁伊斯–塔格莱访华并出席在广州、北京举行的第二届“智利周”活动。其间，中智企业家委员会第八次会议在北京举行。智参议院外委会主席弗朗西斯科·查万、农业部部长卡洛斯·富尔切和交通电信部副部长佩德罗·维查拉夫分别访华。

两国各领域务实合作继续深化。双边贸易总体稳定。中国保持智利第一大贸易伙伴、第一大出口目的地国、第一大进口来源国地位，智是中国在拉美第三大贸易伙伴、进口铜的最大供应国。双方完成中智自贸协定升级谈判联合评估并宣布启动正式谈判。双方在矿业、农业、基础设施、清洁能源、信息通信等领域合作不断扩大。金融合作成为新亮点，中国建设银行智利分行作为拉美首家人民币清算行正式开业。

两国在联合国、亚太经合组织等国际组织和多边机制内保持良好协作，共同推动中拉论坛建设和中拉整体合作，就2018年中拉论坛第二届部长级会议保持密切沟通。

两国人文领域合作成果丰硕。“中拉文化交流年”活动在智顺利举行。交响乐、钢琴、皮影剧等多个高水平艺术团访智，故宫博物院在智举办文物展。双方稳步推进在圣地亚哥设立中国文化中心、联合建设和运行天文观测基地等项目，在南极、卫星、防震减灾等科技领域合作不断深化。

两国军事交往进一步加强。中央军委、北海舰队、空军、武警等多个代表团访智。智武警司令塞尔吉奥·比亚洛沃斯上将、海军司令恩里克·拉拉纳上将访华，海军训练舰埃斯梅拉达号第八次访华。

两国地方交往密切。上海市、陕西省代表团访智。智比奥比奥大区主席罗德里格·迪亚斯、大河区主席埃贡·蒙特西诺斯等先后访华。湖北省武汉市同智利康塞普西翁市、广东省广州市和智利圣地亚哥市分别建立友好城市关系。

哥伦比亚
(Colombia)

2016年，中华人民共和国与哥伦比亚共和国友好合作关系取得积极进展。

双方高层交往密切。11月，国家主席习近平在出席亚太经合组织第24次领导人非正式会议期间，同哥伦比亚总统胡安·曼努埃尔·桑托斯举行双边会见，就进一步发展双边关系达成重要共识。10月，外交部长王毅访哥，分别同桑托斯总统和哥外长玛丽亚·安赫拉·奥尔古因会见会谈。6月，哥农业和农村发展部部长奥雷利奥·伊拉戈里·瓦伦西亚和国家基础设施局局长路易斯·费尔南多·安特拉德分别访华。

两国各领域务实合作深入发展。中资企业在哥拓展经营活动日益增多，业务规模不断扩大。哥政府宣布将于2017年第一季度就两国自由贸易协定可行性研究进行正式商谈。双方有关部门和企业就哥有关冲突后重建项目保持接触和商谈。受国际大宗商品价格走低影响，两国贸易额出现下滑。中国仍是哥第二大贸易伙伴。

双方保持政党交往。4月，中共中央政治局委员、重庆市委书记孙政才率中共代表团访哥。5月，由哥民族团结社会党和激进变革党组成的执政联盟两党干部考察团访华。12月，中宣部部务会议成员、国务院新闻办公室

副主任郭为民率中共友好代表团访哥。

两国人文等领域交流合作蓬勃开展。在中拉文化交流年框架下，哥著名艺术家费尔南多·博特罗作品展在华举行，中国对外文化集团公司组团赴哥参加第二届南美洲文化产业博览会，中央民族乐团、吉林市歌舞团、江苏省文艺团、唐山皮影团等多个文艺团组赴哥访演，赢得哥民众广泛赞誉。

科摩罗
(Comoros)

2016年，中华人民共和国与科摩罗联盟友好合作关系继续顺利发展。

两国保持高层交往。5月，国家主席习近平就阿扎利·阿苏马尼当选科摩罗联盟总统向其致电祝贺。9月，阿扎利总统就中国成功发射世界首颗量子通信卫星向习近平主席致函祝贺。7月，科外交与国际合作部长穆罕默德·巴卡尔·杜萨尔来华出席中非合作论坛约翰内斯堡峰会成果落实协调人会议，外交部长王毅同其会见。11月，科副总统兼交通、邮政与通信部长阿卜杜拉·赛义德·萨鲁马来华出席在乌镇举行的第三届世界互联网大会。

两国经贸、卫生等领域合作取得积极进展。国家体育场项目正式开工，海底光缆项目顺利完工。双方广播电视、莫罗尼国际机场技术合作有序开展。“光明行”项目在科顺利完成。一百余名科方人员来华参加各类培训。

刚果共和国
(Congo)

2016年，中华人民共和国同刚果共和国［简称“刚果（布）”］建立全面战略合作伙伴关系，各领域合作成果丰硕。

两国高层交往频繁，政治互信不断深化。7月，刚果（布）总统德尼·萨苏–恩格索对中国进行国事访问，国家主席习近平同其举行会谈，国务院总理李克强、全国人大常委会委员长张德江分别会见。期间，习近平主席与萨苏总统一致决定将中刚关系提升为全面战略合作伙伴关系，并见证两国外交、产能、农业、金融、地方等领域双边合作文件的签署。11月，萨苏总统就江西丰城电厂发生坍塌事故致函习近平主席表示慰问。4月，习近平主席特使、住房和城乡建设部长陈政高出席萨苏总统就职典礼。7月，刚果（布）领土整治和大型工程部长让–雅克·布亚来华出席中非合作论坛约翰内斯堡峰会成果落实协调人会议。

两国经贸、产能、金融、航空等领域合作进展顺利。中国连续多年成为刚果（布）第一大贸易伙伴和第一大工程承包方。刚被列为中非产能合作先行先试示范国。中刚果（布）非洲银行、飞机维修中心等项目稳步推进。

库克群岛
(Cook Islands)

2016年，中华人民共和国与库克群岛友好合作关系稳步发展。

6月，广东省政协副主席林木声率广东省艺术团访问库克群岛并举行专场文艺演出。8月，中国驻新西兰兼库克群岛大使王鲁彤会见库克群岛总理亨利·普那，就落实两国领导人会晤成果深入交流。9月，库克群岛副总理泰阿里基·希瑟访问广东省，广东省领导会见。10月，库克群岛海洋资源部代表团访问广东省。中国、新西兰、库克群岛在拉罗汤加岛三方合作供水项目一期工程中方承建部分全部完工。中国援建阿皮尼考学校项目顺利推进。

哥斯达黎加
(Costa Rica)

2016年，中华人民共和国同哥斯达黎加共和国友好合作关系继续全面深入发展。

两国保持高层交往。3月，全国政协副主席马培华访哥。12月，全国人大常委会副委员长张平访哥。7月，哥斯达黎加外交和宗教部长曼努埃尔·冈萨雷斯·桑斯访华，中哥双方签署《2016年至2020年中华人民共和国政府与哥斯达黎加共和国政府合作共同行动框架》。6月，哥外贸部长亚

历山大·莫拉·德尔加多来华出席第十届夏季达沃斯论坛，并于10月访华。6月，哥公共工程和交通部长卡洛斯·比利亚尔塔·比列加斯来华出席第二届中拉基础设施合作论坛。

中哥经贸、文化等领域合作持续发展，合作领域拓宽。《中哥投资保护协定》正式生效。中方向哥方交付两架运-12飞机。中方承建的哥国家警察学院项目进展顺利，国家体育场二期维护项目顺利启动。哥方给予中国持公务普通护照人员免签待遇。“文化中国　锦绣四川”系列文艺活动在哥举行。

科特迪瓦
(Côte d'Ivoire)

2016年，中华人民共和国同科特迪瓦共和国友好合作关系继续向前发展。

两国高层交往频繁。3月，国家主席习近平就科特迪瓦大巴萨姆恐怖袭击事件向科特迪瓦总统阿拉萨内·德拉马内·瓦塔拉致慰问电。8月和11月，瓦塔拉总统分别就湖北当阳发电厂爆炸事故和江西丰城发电厂坍塌事故向习近平主席致慰问电。4月，全国政协主席俞正声访问科特迪瓦，会见瓦塔拉总统，与国民议会议长纪尧姆·索罗举行会谈。索罗议长并代表瓦塔拉总统向俞正声主席授予“科特迪瓦国家司令官荣誉勋位”。1月，全国政协副主席王家瑞访问科特迪瓦。7月，科特迪瓦总统府部长兼秘书长级代表蒂埃甲·塔诺来华出席中非合作论坛约翰内斯堡峰会成果落实协调人会议。

两国经贸互利合作稳步推进。年内，中方提供融资的苏布雷水电站、阿比让供水二期和阿比让自治港扩建等项目进展顺利，阿比让平安城市视频监控平台项目如期开工，科特迪瓦电网发展和改造项目有序推进。12月，中国援建的奥林匹克体育场正式开工。

两国文化、新闻和旅游等人文领域交流成果丰硕。5月，河北省艺术团赴科特迪瓦举办“中国杂技节”。6月，科文化与法语国家事务部长莫里斯·班达曼访华，双方共同签署《中科文化合作协定2016—2019年执行计划》。科数字经济与邮政部长布鲁诺·科内和新闻部长阿富西亚塔·班巴·拉明来华出席“第三届中非媒体合作论坛”。中科签署谅解备忘录，科特迪瓦正式成为中国公民组团出境旅游目的地国。

克罗地亚
(Croatia)

2016年，中华人民共和国与克罗地亚共和国全面合作伙伴关系发展顺利。

两国保持高层交往。7月，克罗地亚总统科琳达·格拉巴尔–基塔罗维奇就中国南方部分地区发生洪涝灾害向国家主席习近平致慰问信。11月，国务院总理李克强在拉脱维亚里加会见出席第五次中国—中东欧国家领导人会晤的克总理安德烈·普连科维奇。6月，全国政协副主席陈元访克，与克议长热利科·雷伊奈尔举行会谈，并分别会见总理蒂霍米尔·奥雷什科维奇、副议长安特·萨纳戴尔。8月，外交部部长助理刘海星赴克举行两国外交部政治磋商，同克总统基塔罗维奇、外交部部长助理戈尔丹·巴科塔分别会见会谈。

两国经贸、金融、文化、国防、旅游等领域合作蓬勃开展。2月，国家发展和改革委员会副主任宁吉喆访克。3月，国际贸易促进委员会会长姜增伟访克。4月，公安部政治部主任夏崇源、中国工商银行董事长姜建清先后访克。同月，文化部副部长董伟访克并与克方签署《中华人民共和国政府和克罗地亚共和国政府2016—2020年文化合作执行计划》。5月，国家中医药管理局副局长王志勇访克。6月，国家旅游局局长李金早、中共中央军事委员会政治部主任助理崔昌军中将分别访克。9月，社会科学院院长王伟光访克。11月，在里加第五次中国—中东欧国家领导人会晤期间，国家发展和改革委员会同克经济、中小企业和手工业部签署关于开展港口和临海产业园区合作的谅解备忘录。

两国地方交往活跃。年内，四川省、浙江省、海南省、内蒙古自治区、北京市代表团相继访克。5月，中国—克罗地亚企业家峰会暨中国（浙江）—克罗地亚产业对接洽谈会在克举办。

克罗地亚积极支持并参与中国—中东欧国家合作。5月，克最高法院院长布兰科·赫尔瓦廷来华出席在苏州举行的中国—中东欧国家最高法院院长会议，克文化部部长助理伊瓦·赫拉斯特·索乔女士来华出席中国—中东欧国家艺术合作论坛。6月，克旅游部部长助理奥莉韦拉·斯海伊巴尔女士、克海事、交通与基础设施部部长助理阿伦·戈斯波契奇来华出席在宁波举行的第二次中国—中东欧国家经贸促进部长级会议和投资贸易博览

会，克经济、企业和手工业部副部长莱奥·普雷莱茨出席在海南省举行的第七次中国—中东欧国家合作国家协调员会议，克拉皮纳–扎戈列省省长热利科·科拉尔、梅吉姆列省省长马蒂亚·波萨韦茨出席在唐山市举行的第三次中国—中东欧国家地方领导人会议。8月，克举办主题为亚得里亚海—波罗的海—黑海三海联通合作的"杜布罗夫尼克"论坛，外交部部长助理、中国—中东欧国家合作秘书处秘书长刘海星应邀出席。

古 巴
(Cuba)

2016年，中华人民共和国和古巴共和国友好合作关系稳步发展。

11月，中共中央总书记、国家主席习近平就古巴革命领袖菲德尔·卡斯特罗逝世向古共中央第一书记、国务委员会主席兼部长会议主席劳尔·卡斯特罗致唁电，前往古巴驻华使馆吊唁，并派中共中央政治局委员、国家副主席李源潮作为特使赴古巴出席菲德尔·卡斯特罗逝世悼念活动。国务院总理李克强向劳尔·卡斯特罗主席致唁电。

双方保持密切交往。9月，李克强总理对古巴进行正式访问。李克强总理同古巴国务委员会主席兼部长会议主席劳尔·卡斯特罗举行会谈，探望古巴革命领袖菲德尔·卡斯特罗，在机场会见前来迎接的古巴国务委员会第一副主席兼部长会议第一副主席米格尔迪亚斯–卡内尔，在迪亚斯–卡内尔第一副主席的陪同下向何塞·马蒂纪念碑敬献花圈，在古巴共产党中央第二书记何塞·拉蒙·马查多和迪亚斯–卡内尔第一副主席陪同下观看"手拉手·中拉文化交流年"哈瓦那之夜专场文艺演出。

此外，中央政治局委员、重庆市委书记孙政才访古，会见劳尔·卡斯特罗主席。古共中央政治局委员、国务委员会副主席萨尔瓦多·巴尔德斯·梅萨，古共中央政治局委员、公共卫生部部长罗伯托·莫拉莱斯·奥赫达，古共中央书记处书记阿韦拉多·阿尔瓦雷斯·希尔等访华。

两国在国际事务中相互支持。中国在第71届联大连续第25次投票支持古巴提出的《必须终止美利坚合众国对古巴的经济、商业和金融封锁》议案。双方在多边组织竞选和人权、气候变化等问题上保持密切沟通和协作。

两国务实合作稳步推进。2015年双边贸易额22.2亿美元，同比增长58.77%。中国是古巴第二大贸易伙伴，古巴是中国在加勒比地区第一大贸易伙伴。李克强总理访问古巴期间，双方签署经济技术、产能、新能源、工业、环保、质检等领域的20余项合作文件。8月，中古政府间经贸混委会第28次会议在哈瓦那召开。两国投资贸易促进机构通过哈瓦那国际博览会等重要平台不断促进双方企业的相互了解。

两国人文领域交流合作蓬勃发展。3月，古巴李斯特·阿方索舞蹈团来华出席“中拉文化交流年”开幕式。中方在古巴举办“欢乐春节”“中国文化节”等文化活动。两国继续互派留学生。

塞浦路斯
(Cyprus)

2016年是中华人民共和国与塞浦路斯共和国建交45周年，双边关系保持健康稳定发展，政治互信日益增强，各领域交流与合作不断推进。

两国高层交往频繁，党际交流活跃。9月和10月，国家主席习近平分别向塞浦路斯总统尼科斯·阿纳斯塔西亚迪斯致生日贺函和国庆贺电。11月，塞劳动人民进步党中央委员迪奥法尼斯·赫里斯托祖鲁率干部考察团访华。12月，国务院法制办公室副主任、党组成员袁曙宏率十八届六中全会精神对外宣传团访塞。

双方以建交45周年为契机举办一系列庆祝活动。外交部长王毅与塞外长约昂尼斯·卡索里蒂斯就中塞建交45周年互致贺电。阿纳斯塔西亚迪斯总统出席中国驻塞使馆举办的中塞建交45周年纪念日招待会并致辞。外交部部长助理刘海星出席塞驻华使馆举办的中塞建交45周年纪念日招待会，并与塞驻华大使阿伊斯·罗伊祖共同为建交纪念封首发揭幕。

两国各领域交流与合作取得新进展。9月，商务部国际贸易谈判副代表张向晨主持并召开中塞经贸科技合作联委会第七次会议。10月，塞浦路斯商工会、塞浦路斯中国商会和塞浦路斯大学孔子学院共同举办帕福斯中国文化节。11月，塞交通、通信与工程部长马里奥斯·迪米特里亚迪斯访问上海。中国航空工业集团公司下属公司幸福航空控股公司出资3400万欧元收购塞深蓝航空公司股份。

捷　克
(Czech)

2016年，中华人民共和国与捷克共和国关系实现飞跃发展，两国建立战略伙伴关系，各领域交流与合作进一步拓展。

两国高层交往频繁，政治互信不断加强。3月，国家主席习近平对捷克进行国事访问。11月，国务院总理李克强在拉脱维亚里加出席第五次中国—中东欧国家领导人会晤期间同捷总理博胡斯拉夫·索博特卡举行双边会见，并共同见证签署《中华人民共和国政府与捷克共和国政府在“一带一路”倡议框架下的双边合作规划》。6月，索博特卡总理来华出席在唐山举行的第三次中国—中东欧国家地方领导人会议，并出席在苏州举行的第二届中国—中东欧国家卫生部长论坛，李克强总理、刘延东副总理、马凯副总理分别同其会见。4月，最高人民检察院检察长曹建明访捷，同捷总检察长帕维尔·泽曼、宪法法院院长帕维尔·里赫茨基分别举行工作会谈。9月，全国政协副主席王家瑞访捷，同捷议会参议院主席米兰·什捷赫、议会众议院副主席扬·巴尔托谢克、副主席沃伊捷赫·菲利普分别会见。7月，全国人大外事委员会主任委员傅莹率团访捷，同捷议会众议院主席扬·哈马切克、副主席菲利普、参议院副主席兹德涅克·什克罗马赫分别会见。3月，外交部部长助理刘海星赴捷克举行两国外交部政治磋商。

两国各领域合作成果丰硕。中国是捷克在欧盟外最大贸易伙伴，捷是中国在中东欧地区第二大贸易伙伴。3月，习近平主席对捷进行国事访问期间，双方签署15项商业合作协议，总金额达58.7亿美元。6月，东方航空开通上海—布拉格直航。8月，四川航空开通成都—布拉格直航。10月，中方以“伙伴国”身份参加捷克布尔诺国际机械博览会。12月，中捷政府间科技合作委员会第42届例会在捷克布拉格举行。

捷克积极参与中国—中东欧国家合作。6月，捷工业和贸易部第一副部长伊日·哈弗里切克出席在宁波举行的第二次中国—中东欧国家经贸促进部长级会议。11月，“16+1合作”框架下的“中国投资论坛”在捷克布拉格举行。

两国人文交流不断深化。2月，“欢乐春节”庙会活动在布拉格举行。10月，两国教育部签署《中捷高等教育学历学位互认协议》。年内，中捷合拍的动画片《熊猫与小鼹鼠》开播。两国完成合拍电视剧《最后一张签证》。

截至2016年年底，双方共有结好省（州）、市9对。

10月，达赖赴捷窜访，捷个别政要同其会面。中方对此表示坚决反对。捷总统米洛什·泽曼、参议院主席什捷赫、众议院主席哈马切克、总理索博特卡联合发表声明，强调捷克尊重中国的主权和领土完整，承认西藏是中国的一部分，捷某些政治人物的个人行为不代表捷官方政策的改变。

国家主席习近平对捷克进行国事访问

2016年3月28～30日，国家主席习近平对捷克进行国事访问。此访系两国建交67年以来中国国家元首对捷首次访问。习近平主席同泽曼总统举行小范围会见和正式会谈，出席泽曼总统举行的私人晚宴和正式欢迎晚宴，共同会见记者并共同出席中捷经贸合作圆桌会。习近平主席还分别会见捷参议院主席什捷赫、众议院主席哈马切克、总理索博特卡。

访问取得丰硕成果。习近平主席同泽曼总统共同签署《中华人民共和国和捷克共和国关于建立战略伙伴关系的联合声明》。两国元首共同见证两国政府间合作协议的签署，分别是《中华人民共和国政府与捷克共和国政府关于共同编制中捷合作规划纲要的谅解备忘录》《中华人民共和国国家发展和改革委员会与捷克共和国工贸部关于加强“网上丝绸之路”建设合作促进信息互联互通的谅解备忘录》《中华人民共和国科学技术部与捷克共和国教育、青年和体育部关于共同支持联合研发的谅解备忘录》《中华人民共和国商务部与捷克共和国工业和贸易部关于工业园区合作的谅解备忘录》《中华人民共和国商务部与捷克共和国地方发展部关于加强旅游基础设施投资合作的备忘录》《中华人民共和国卫生计生委与捷克共和国卫生部关于支持成立中国—中东欧国家卫生合作促进联合会的谅解备忘录》《中华人民共和国北京市和捷克共和国布拉格市建立友好城市关系协议书》《中国民用航空局与捷克共和国交通部有关设计批准、出口适航审定、设计批准后活动和技术支援的协议》《中国银行业监督管理委员会与捷克国家银行〈跨境危机管理合作协议〉》《中国国际贸易促进委员会与捷克共和国工业与贸易部关于中华人民共和国以伙伴国身份参加2016年布尔诺国际机械博览会的谅解备忘录》《〈习近平谈治国理政〉捷克文版（暨中国主题图书）合作出版框架协议》。

丹　麦
(Denmark)

2016年，中华人民共和国与丹麦王国全面战略伙伴关系保持良好发展势头。

两国高层交往密切。3月，国家主席习近平出席第四届核安全峰会期间会见丹麦首相拉尔斯·勒克·拉斯穆森。7月，丹麦首相拉斯穆森就中国洪涝灾害向国务院总理李克强致慰问信。9月，中共中央书记处书记、中央纪委副书记赵洪祝访问丹麦，会见丹麦外交大臣克里斯蒂安·延森、司法大臣瑟伦·平德和议会监察专员约根·斯汀·索伦森。4月，全国政协副主席、科技部长万钢访问丹麦并会见丹麦高教与科学大臣乌拉·特尔奈斯。同月，国务委员杨洁篪访问丹麦，分别同丹麦女王玛格丽特二世、首相拉斯穆森和外交大臣延森会见、会谈。11月，外交部长王毅向新任丹麦外交大臣安诺斯·萨穆埃尔森致就职贺电。1月，丹麦外交部常务秘书乌里克·维斯特加德·克努森来华同外交部部长助理刘海星举行政治磋商。

两国各领域交流持续深化。中国是丹麦在亚洲最大贸易伙伴、在欧盟外第二大出口市场和第二大投资对象国。4月，双方召开中丹科技联委会第19次会议。12月，首届中国丹麦地方政府合作论坛在北京举行，国务委员杨洁篪、丹麦性别平等和北欧合作大臣卡伦·埃勒曼·克洛赫出席开幕式并致辞。丹麦商业和经济增长大臣特罗尔斯·伦德·波尔森，儿童、教育和性别平等大臣埃伦·特拉内·诺尔比，能源和气候事务大臣拉尔斯·克里斯蒂安·利勒霍尔特分别访华。公安部副部长李伟、国家能源局副局长郑栅洁和数十个中国地方团组访问丹麦。

两国人文交流亮点纷呈。6月，丹麦皇家芭蕾舞团来华演出，国务委员杨洁篪出席开幕式并会见随团来访的丹麦公主贝内迪克特。8月，国家旅游局局长李金早访问丹麦，双方就举办2017“中丹旅游年”交换意见。1月，新一轮中丹领事会晤在北京举行。

截至2016年12月底，两国共有15对省、市结好。

吉布提
(Djibouti)

2016年，中华人民共和国与吉布提共和国友好合作关系持续深入发展。

两国高层交往密切。4月，国家主席习近平致电祝贺吉布提总统伊斯梅尔·奥马尔·盖莱连任。5月，习近平主席特使、全国人大常委会副委员长严隽琪赴吉出席盖莱总统就职仪式，分别会见盖莱总统和吉国民议会议长穆罕默德·阿里·胡迈德。11月，国家副主席李源潮访吉，会见盖莱总统，并与吉总理阿卜杜勒–卡德尔·卡米勒·穆罕默德举行会谈。同月，中央军委副主席范长龙上将访吉，会见盖莱总统并与卡米勒总理举行会谈。7月，吉外交与国际合作部长马哈茂德·阿里·优素福来华出席中非合作论坛约翰内斯堡峰会成果落实协调人会议并会见外交部长王毅。12月，吉总参谋长扎卡里亚·谢赫·易卜拉欣少将访华，中央军委副主席范长龙上将，中央军委委员、军委联合参谋部参谋长房峰辉上将分别同其会见、会谈。

两国各领域合作稳步推进。中国政府援助的基础教育学校、图书档案馆等项目进展顺利。中国企业参与的亚的斯亚贝巴—吉布提铁路于10月竣工通车，多哈雷多功能港口、吉埃引水工程、古拜特盐码头建设进展顺利。中国海军第22、23、24批护航编队先后停靠吉布提港补给休整。

多米尼克
(Dominica)

2016年，中华人民共和国与多米尼克国友好合作关系继续稳定发展。

两国政治互信不断深化。多总理罗斯福·斯凯里特、外交和加共体事务部长芙朗辛·巴伦分别就中国遭受自然灾害致电表示慰问。3月，多外交和加共体事务部常秘卡伦·普雷沃斯特出席在巴巴多斯举行的中国和加勒比建交国外交部间第六次磋商。多派员来华参加防务、警务等各领域研修班和培训。国家卫生和计划生育委员会代表团访多。中多在国际事务中保持密切沟通与配合。

两国各领域合作续有进展。中多签署经济技术合作协定。中国援多新

镇小学项目正式启用，约克峡谷桥和玛格丽特公主医院维修扩建项目动工，西部公路灾后修复项目签署实施协议，两国农业、体育场技术和医疗服务合作等项目有序推进。中方继续向多方提供政府奖学金，并向多方捐赠教学物资和寨卡灭蚊烟雾机。中国歌剧舞剧院艺术团赴多访演并同当地艺术家同台演出。

11月16日，中国新任驻多大使卢坤向多总统查尔斯·萨瓦林递交国书。

朝　鲜
(DPRK)

2016年，中华人民共和国与朝鲜民主主义人民共和国的传统友好合作关系总体发展。

两国保持政治交往。5月，中国共产党中央委员会致电朝鲜劳动党第七次代表大会，祝贺大会召开。6月，中共中央总书记、国家主席习近平在北京会见朝鲜劳动党中央政治局委员、中央副委员长、国际部部长李洙墉率领的朝鲜劳动党代表团。7月，外交部长王毅在老挝首都万象东亚合作系列外长会期间会见朝鲜外务相李勇浩。

两国各领域交流与务实合作继续推进。中国是朝鲜最大贸易伙伴，边境路桥等双边互利合作项目稳步推进。9月，朝鲜东北部地区发生严重水灾，造成大量人员伤亡和财产损失，中国政府应朝方要求向朝鲜无偿提供2000万元人民币紧急人道主义援助，用于帮助朝鲜开展紧急救灾和灾后恢复重建。10月，外交部副部长刘振民率团访朝，与朝鲜外务省副相朴明国共同主持中朝边界联合委员会第三次会议。

刚果民主共和国
(D.R. Congo)

2016年，中华人民共和国同刚果民主共和国[简称“刚果（金）”]的友好合作关系继续平稳发展。

两国保持友好交往。7月，刚果（金）外交与国际合作部长雷蒙·奇班达·恩通加穆朗戈来华出席中非合作论坛约翰内斯堡峰会成果落实协调人会议。

两国经贸合作成果显著。中国为刚果（金）第一大贸易伙伴。中国援建的政府办公楼及中方提供优惠性质贷款的宗果二期水电站等项目有序推进，援卢本巴希综合医院项目正式启动。中刚一揽子互惠合作进展顺利，矿山项目一期正式投产，布桑加水电站开工建设。

两国人文交流日益频繁，文化、卫生等领域合作不断深化。刚果（金）合唱团VOX DISPOSA来华参加第13届北京国际合唱节并获得多个奖项。刚果（金）青年代表团来华参加“亚非青年联欢节暨中非青年大联欢”。此外，中方向刚方提供了一批气象和医疗设备、药品及抗击黄热病现汇援助。

厄瓜多尔
(Ecuador)

2016年，中华人民共和国与厄瓜多尔共和国关系快速深入发展。

双方高层交往频繁。11月17～18日，国家主席习近平对厄瓜多尔进行国事访问，这是中厄建交36年来中国国家主席首次访厄。访问期间，习近平主席同厄瓜多尔总统拉斐尔·科雷亚举行会谈，并会见厄瓜多尔国民代表大会主席加夫列拉·里瓦德内拉，双方就两国关系和共同关心的国际和地区问题深入交换意见，达成广泛共识。两国元首宣布建立中厄全面战略伙伴关系，见证签署产能合作、投资、工业园区、经济技术、司法、新闻等领域多项合作文件，并共同出席中方援建的厄瓜多尔公共安全应急指挥中心联合实验室揭牌仪式、乔内医院奠基、科卡科多–辛克雷水电站竣工发电视频连线活动。

4月16日，厄瓜多尔发生强烈地震灾害，习近平主席和外交部长王毅分别向科雷亚总统和外长纪尧姆·隆致电慰问，中国政府和中国红十字会总会向厄方提供紧急人道主义援助，在厄中资机构和华侨华人积极参与救援工作，数支中国民间救援队自发赴厄参与援救，中国企业承建的科卡科多–辛克雷水电站、公共安全服务系统（ECU911）等重点项目为厄开展抗震救灾发挥重要作用。

两国各领域、各层级交往不断。3月，全国政协副主席、中国人民争取和平与裁军协会副会长马飚访问厄瓜多尔，分别会见厄副总统豪尔赫·格拉斯、国民代表大会主席里瓦德内拉、第一副主席罗萨那·阿尔瓦拉多和隆外长，并分别同厄国民代表大会第二副主席马塞拉·阿吉尼亚加，国民

代表大会主权、一体化、国际关系和整体安全委员会主席卡列举行会谈。7月，中国人民解放军中部战区司令张义瑚中将访厄。9月，中共中央对外联络部副部长刘洪才访厄，厄国民代表大会第一副主席阿尔瓦拉多来华出席"国际和平日"纪念活动。10月，王毅外长访厄，会见科雷亚总统，同隆外长举行会谈并共同会见记者，就中厄关系、各领域务实合作、国际和地区等问题交换意见。10月，中国政府特别代表、住房建设部部长陈政高出席在厄举办的联合国第三次住房和城市可持续发展大会。

两国务实合作不断深化。融资、能矿、基础设施建设等领域合作不断推进。科卡科多-辛克雷、索普拉多拉等重点水电站项目实现并网发电，中国在拉美规模最大的光缆生产厂烽火光缆厂项目正式投产。

两国在多边领域保持密切协作。双方在安理会改革、全球治理、南南合作、气候变化等重大国际问题上保持密切协调配合。厄作为拉丁美洲和加勒比国家共同体"四驾马车"成员，积极推动中拉论坛和中拉一体化建设。

两国文化、教育、智库交流丰富多彩。中国"欢乐春节"和"志合山海"当代艺术陶瓷展等在厄成功举办，中央民族乐团参加首届洛哈国际艺术节。中厄互免持普通护照人员签证协定正式生效。

埃　及
(Egypt)

2016年，中华人民共和国同阿拉伯埃及共和国迎来建交60周年，两国全面战略伙伴关系持续深化。

两国政治交往密切。1月，应埃及总统阿卜杜勒法塔赫·塞西邀请，国家主席习近平对埃及进行国事访问，同塞西总统会谈，分别会见总理谢里夫·伊斯梅尔和议长阿里·阿卜杜勒阿勒。3月，全国人大常委会委员长张德江在赞比亚出席各国议会联盟大会期间会见阿里议长。3月，国务院副总理刘延东访问埃及，分别会见塞西总统和伊斯梅尔总理。11月，全国人大常委会副委员长吉炳轩访问埃及，分别会见塞西总统和阿里议长。12月，全国政协副主席王家瑞访问埃及，分别会见塞西总统和阿里议长，集体会见埃及主要政党领导人。5月，习近平主席、国务院总理李克强、外交部长王毅分别同塞西总统、伊斯梅尔总理和外交部长萨米哈·舒克里互致贺电，庆祝两国建交60周年。9月，塞西总统作为嘉宾国元首来华出席二十国集团领导人第11次峰会，习近平主席同其会见。

两国经贸合作发展良好。习近平主席访问埃及期间，两国元首见证签署多个务实合作项目，其中埃及国家电网升级改造项目第一阶段已经完工。7月，中埃产能合作第一次部长级会议在北京召开，双方确定了下阶段18个重点合作项目。12月，中国人民银行与埃及中央银行签署双边本币互换协议，规模为180亿元人民币/470亿埃及镑，互换协议有效期三年。

两国在军事、文化、教育、科技等领域交流与合作持续发展。4月，中央军委联合参谋部副参谋长孙建国上将访问埃及，双方召开中埃防务合作委员会第三次会议。5月，中央军委委员、海军司令员吴胜利上将访问埃及。2016年是中埃文化年。1月，两国元首在卢克索共同出席中埃建交60周年暨中埃文化年开幕式。中埃文化年全年执行项目共计100个，涵盖艺术团组互访交流、青年体育、文物档案、思想对话等多个方面。教育领域，中埃签署《中埃高等教育合作谅解备忘录》和《关于合作设立中埃交流专项奖学金项目谅解备忘录》。科技领域，双方签署《关于科学技术合作的谅解备忘录》《关于科技园合作的谅解备忘录》和《关于建立科技合作联合资助计划的谅解备忘录》。

赤道几内亚
(Equatorial Guinea)

2016年，中华人民共和国与赤道几内亚共和国友好合作关系持续健康发展。

两国政治交往密切，互信不断增强。1月，全国政协副主席王家瑞访问赤道几内亚，同赤几总统特奥多罗·奥比昂·恩圭马·姆巴索戈、赤几民主党总书记赫罗尼莫·奥萨·奥萨·埃科罗分别举行会见、会谈。同月，外交部长王毅特别代表刘贵今大使访问赤几，同赤几总统奥比昂和外交与合作部长阿加皮托·姆巴·莫库伊分别会见。12月，中共中央对外联络部副部长徐绿平率中共友好代表团访问赤几，同赤几第一副总理克莱门特·恩贡加·恩圭马·翁圭内、民主党总书记奥萨分别举行会见和会谈。

6月，赤几众议长奥登西奥·穆哈巴·梅苏率议员考察团来华参加研讨班，全国人大常委会副委员长向巴平措会见。7月，赤几财政与预算部长米格尔·恩贡加·奥比昂·埃扬率团出席中非合作论坛约翰内斯堡峰会成果落实协调人会议。10月，赤几民主党总书记奥萨率民主党干部考察团访华，

中共中央对外联络部副部长徐绿平会见。

两国各领域合作进展顺利。3月，援赤几示范农场项目完成交接。9月，使用中国进出口银行优惠出口买方信贷实施的巴塔城市电网改扩建项目完工。12月，援赤几职业技术学校举行奠基仪式，奥比昂总统出席；援赤几毕科莫水电站改造项目举行开工典礼。

两国人文交流活动丰富多彩。1月，赤几国立大学孔子学院举行揭牌仪式。11月，赤几政府捐赠490万元人民币在云南金平县建设的“中国—赤道几内亚友谊小学”举行落成典礼。

厄立特里亚
(Eritrea)

2016年，中华人民共和国与厄立特里亚国友好合作关系保持稳定发展。

两国政治交往平稳开展。5月和9月，国家主席习近平和厄立特里亚总统伊萨亚斯·阿费沃基互致国庆贺电。4月，中共中央对外联络部交流小组访厄。7月，厄人民民主与正义阵线党中央经济部长哈格斯·格布雷希维特率团来华出席中厄贸易和经济技术合作联合委员会第一次会议和中非合作论坛约翰内斯堡峰会成果落实协调人会议。

两国经贸、人文领域合作富有成效。中方援助的科技学院科学学院、光伏电站、太阳能路灯（二期）等项目进展顺利。涉农工厂项目完工，扎拉金矿正式投产，马萨瓦电厂扩建项目顺利推进。5月，河北艺术团赴厄参加厄独立25周年庆典演出。7月，厄青年代表团来华参加亚非青年联欢节和中非青年大联欢。9月，厄17名学生来华参加夏令营。

爱沙尼亚
(Estonia)

2016年是中华人民共和国与爱沙尼亚共和国建交25周年。两国关系保持健康稳定发展。

两国高层及各级别保持接触。9月，国家主席习近平、国务院总理李克强分别同爱沙尼亚总统托马斯·亨德里克·伊尔韦斯、总理塔维·罗伊瓦斯就两国建交25周年互致贺电。10月，习近平主席向爱新任总统柯斯迪·卡留莱德致就职贺电。11月，李克强总理在出席第五次中国—中东欧国家领导人会晤期间会见爱总理罗伊瓦斯。11月底，李克强总理向爱新任总理于里·拉塔斯致就职贺电。5月，国务委员杨晶访爱，与爱总理罗伊瓦斯会见。4月，国家质量监督检验检疫总局副局长梅克保访爱。10月，外交部部长助理刘海星赴爱举行政治磋商。

两国经贸合作继续发展。4月、5月，国家质量监督检验检疫总局与爱农业部先后签署《关于中国从爱沙尼亚输入大西洋鲱鱼和黍鲱检验检疫要求议定书》和《关于爱沙尼亚输华乳品动物卫生和公共卫生条件议定书》。

两国人文交流不断深化。以建交25周年为契机，中国在爱积极开展“欢乐春节”等文化交流活动，邀请塔林市交响乐团等多个艺术团体来华访演。4月，爱沙尼亚文化部长因德里克·萨尔访华并出席在北京举办的“爱沙尼亚文化周”。

埃塞俄比亚
(Ethiopia)

2016年，中华人民共和国与埃塞俄比亚联邦民主共和国全面合作伙伴关系持续快速发展。

两国政治互信日益深化。1月，中国政府特使、外交部副部长张明访问埃塞俄比亚，会见埃总理海尔马里亚姆·德萨莱尼和外交国务部长塔耶·阿特斯克塞拉西。10月，国家主席习近平特使、国家发展和改革委员会主任徐绍史赴埃出席亚的斯亚贝巴—吉布提铁路通车仪式，并会见海尔马里亚姆总理。11月，中共中央政治局委员、国家副主席李源潮访埃，分别会见总统穆拉图·特肖梅和海尔马里亚姆总理，同副总理德梅克·梅孔嫩举行会谈并共同主持中埃执政党党建与治国理政经验研讨会。同月，中共中央军事委员会副主席范长龙上将访埃，会见穆拉图总统，同国防部长西拉杰·费吉萨和国防军总参谋长萨莫拉·尤尼斯举行会谈。7月，埃外交国务部长塔耶来华出席中非合作论坛约翰内斯堡峰会成果落实协调人会议。

两国产能合作快速推进。中方融资、建设并运营的亚的斯亚贝巴—吉布提铁路建成通车，阿瓦萨工业园竣工开园，欧加登油气开发等项目顺利推进，双方确定能源、基础设施、制造业、工业园区等领域重点合作项目30个，涉及金额超过100亿美元。双方还签署了亚的斯亚贝巴城市电网升级

改造、华坚国际轻工业园等项目投融资协议。

两国文化交流合作顺利开展。2月，湖南艺术团赴埃塞俄比亚举行“欢乐春节”文艺演出。5月，两国在北京签署《中华人民共和国政府和埃塞俄比亚联邦民主共和国政府关于在埃塞俄比亚设立中国文化中心的执行议定书》。

斐　济
(Fiji)

2016年，中华人民共和国与斐济共和国战略伙伴关系保持良好发展。

两国各级别交往密切。斐济外交部长，工业、贸易和旅游部长，青年和体育部长，警察总监，军队副司令等政要来华访问，第三批斐济高级公务员研修班在华举行。农业部副部长张桃林、全国政协外事委员会副主任委员蔡武等访斐。

双方经贸、人文等各领域务实合作取得新成果。中国对斐贸易、投资均快速增长，中斐双边自贸协定联合可行性研究继续推进。中方援建的索摩索摩小水电站、北岛公路升级、农村公路升级等项目顺利完工交付。菌草技术示范中心、北岛农业开发、苏瓦市区桥梁等经济技术合作项目顺利推进。斐济军队副司令穆罕默德·阿齐兹准将访华，中国海军“郑和号”训练舰访斐。

两国地方和民间交往日益活跃。广东“谊园”、苏瓦市政厅礼堂维修等广东省同斐济合作项目正式启动。中国成为斐增长最快的游客来源国。斐济中国文化中心运营良好。

芬　兰
(Finland)

2016年，中华人民共和国与芬兰共和国面向未来的新型合作伙伴关系平稳健康发展。

两国高层及各级别交往密切。4月，国家主席习近平同芬兰总统绍利·尼尼斯托在第四届核安全峰会期间友好寒暄。9月，全国人大常委会委员长张德江对芬兰进行历史性首次正式友好访问，同芬兰总统尼尼斯托、总理尤哈·西比莱、议长玛丽亚·洛赫拉分别会见、会谈，出席中芬企业论坛并致辞。5月，中共中央军事委员会委员、中央军委后勤保障部部长赵克石上将访芬。2月，国家体育总局局长刘鹏率中国奥委会代表团出席第二届冬季青年奥林匹克运动会并顺访芬兰。6月，芬兰前总统、联合国防治荒漠化公约旱地亲善大使塔里娅·哈洛宁访华，会见国务院副总理汪洋、中国气候变化事务特别代表解振华，出席世界防治荒漠化纪念活动暨“一带一路”共同行动高级别对话开幕式并致辞。6月，芬兰前总理、中间党议会党团主席马蒂·万哈宁访华，中共中央对外联络部副部长郭业洲同其会见。4月，芬议会第一副议长毛里·佩卡里宁过境北京。9月，芬防长尤西·尼尼斯特访华，国务委员兼国防部长常万全上将同其会见。10月，芬家庭与社会服务部部长尤哈·雷胡拉访华，民政部长黄树贤同其会见。

两国经贸关系持续深化，中国对芬投资亮点纷呈。9月，国家开发银行监事长刘梅生和中国长江三峡集团公司党组书记、董事长卢纯分别访芬并出席中芬企业论坛。6月，中国出口信用保险公司董事长王毅访芬。2016年中国对芬投资存量首次突破1亿美元，中国企业投资芬高新技术产业呈加速态势。4月，中国硅产业集团收购芬硅晶圆企业Okmetic全部股票和期权。6月，腾讯集团收购芬游戏公司Supercell大部分股权。同月，中国移动与芬诺基亚公司签署13.6亿欧元的框架合作协议。9月，芬兰初创企业融资洽谈会在上海成功举办“SLUSH中国2016”国际创新创业大会。

两国人文交流持续升温。2016年是“欢乐春节”活动落户芬兰10周年，活动参与人数再创新高。5月，芬首次在华成功举办“你好，赫尔辛基”文化活动。4月，中芬世界文化遗产图片展在芬巡回举办。8月，中国人民解放军军乐团出席芬哈米娜国际军乐节。2016年以来，中国游客抵芬数量继续大幅上升，芬在华增设13个签证中心，芬兰航空公司开设第6条直飞中国航线：赫尔辛基—广州航线。

两国地方交流密切。湖南省、江西省、湖北省、陕西省、江苏省、四川省、黑龙江省、上海市、重庆市代表团相继访芬。芬拉普兰地区代表团访华。5月，芬许温凯市与江苏省昆山市缔结友好城市。截至2016年12月底，两国已缔结友好城市23对。

11月8日，中国新任驻芬兰大使陈立向尼尼斯托总统递交国书。

法　国
(France)

2016年，中华人民共和国与法兰西共和国全面战略伙伴关系保持健康平稳发展，两国各领域合作不断取得新成果。

两国高层交往频繁密切。9月3～4日，国家主席习近平在二十国集团领导人第11次峰会期间会见法国总统弗朗索瓦·奥朗德，双方就中法关系、峰会成果、中国经济形势等深入交换意见。5月12日，国务院总理李克强同法国总理曼努埃尔·瓦尔斯通话，双方就进一步深化中法关系、推进多领域务实合作交换意见。9月20日，李克强总理在纽约出席第71届联合国大会系列高级别会议期间会见奥朗德总统，双方就中法关系和两国务实合作交换意见。9月24～27日，全国人大常委会委员长张德江对法国进行正式友好访问，同奥朗德总统、瓦尔斯总理会见，并同国民议会议长克洛德·巴尔托洛内、参议长热拉尔·拉尔歇会谈。4月22日，国务院副总理张高丽在纽约出席《巴黎协定》高级别签署仪式期间会见奥朗德总统。3月25～27日，法国宪法委员会主席洛朗·法比尤斯访华，国家副主席李源潮会见。5月16～17日，法国外交和国际发展部长让-马克·艾罗正式访华，李克强总理、国务院副总理刘延东、国务委员杨洁篪分别会见，外交部长王毅同其举行会谈。10月29日至11月1日，艾罗外长再次正式访华，习近平主席、刘延东副总理分别会见，王毅外长同其举行会谈。

两国高级别对话机制运行顺利。6月29日至7月2日，刘延东副总理赴法同法国外长艾罗共同主持中法高级别人文交流机制第三次会议，签署《联合声明》并见证签署十余份合作文件。11月11～14日，国务院副总理马凯赴法同法国经济财政部长米歇尔·萨班共同主持中法高级别经济财金对话第四次会议。会议发表《第四次中法高级别经济财金对话联合情况说明》，达成60项成果。4月13～14日，国务委员杨洁篪赴法同法国总统外事顾问雅克·奥迪贝尔共同举行中法战略对话新一轮磋商。

两国务实合作继续深化。中法英三方正式签署欣克利角核电项目一揽子合作最终协议。空中客车宽体机A330完成和交付中心开工仪式举行。两国签署了《关于设立中法第三方市场合作指导委员会的谅解备忘录》和《中法第三方市场合作基金框架协议》。两国经济互补性突出，双边经贸投资更趋平衡。4月，中国首条直达法国的中欧班列（武汉—里昂）正式开通。10月，中法经贸混委会第24次会议在巴黎举行。中法人民币业务合作继续稳步推进，两国在二十国集团框架下的宏观政策协调、国际金融架构、金融部门改革和绿色金融等重要议题上合作良好，成果显著。

两国人文交流亮点纷呈。5月26～28日，首届中法文化论坛在北京举行，习近平主席和奥朗德总统分别向论坛致贺信，刘延东副总理出席开幕式。9月25日，中法大学扩建工程落成仪式在法国里昂举行，张德江委员长出席。9月15～20日，第四届中法青年领导者论坛在华举行，论坛创始人、法国前总理让–皮埃尔·拉法兰率团出席，李源潮副主席同其会见。11月29日至12月3日，法国前外长于贝尔·韦德里纳率法国专家学者媒体代表团访华并出席中法关系研讨会，国务委员杨洁篪同其会见。两国经贸和人员往来便利化进一步提升，双方签署中法社会保障协定。

两国地方合作方兴未艾。9月26～27日，第11届中法市长圆桌会议在法国召开，张德江委员长出席闭幕式并讲话。10月28～30日，第五届中法地方政府合作高层论坛在成都举行，全国人大常委会副委员长吉炳轩和法国外长艾罗出席开幕式并致辞。截至2016年年底，中法两国共有友好城市和省区93对。

两国国际合作保持高水平。双方继续在重大国际和地区热点问题上保持密切沟通协调，在全球治理、应对气候变化、打击国际恐怖主义等领域加强合作。在二十国集团领导人第11次峰会筹备过程中，双方进行了卓有成效的合作，推动峰会取得丰硕成果。双方共同推动二十国集团首次就气候变化问题专门发表声明，为《巴黎协定》正式生效作出积极贡献。

两国议会、政党、军事交流活跃。9月27日，中法议会（国民议会）定期交流机制第七次会议在巴黎举行，张德江委员长与法国国民议会议长巴尔托洛内共同出席开幕式并发表讲话。7月6日，中法议会（参议院）定期交流机制第六次会议在北京举行。7月18日，中共中央对外联络部部长宋涛在北京会见法国前总理多米尼克·德维尔潘。5月18日，中共中央对外联络部副部长陈凤翔会见来华出席第五届中欧政党高层论坛的法国共和国人党全国委员会主席吕克·夏岱尔。9月8～10日，中共中央对外联络部部长助理窦恩勇率中共友好代表团访法并出席法国共产党《人道报》节。6月4日，中共中央军事委员会联合参谋部副参谋长孙建国上将在新加坡出席第15届亚洲安全会议暨香格里拉对话会期间，会见法国国防与安全总秘书长路易·戈蒂耶。5月7日，法国海军"葡月"号护卫舰对青岛进行友好访问，并与中国海军潍坊舰在附近海域进行联合演练。

加　蓬
(Gabon)

2016年，中华人民共和国与加蓬共和国关系取得重要进展，双方决定把两国关系提升为全面合作伙伴关系。

两国高层交往密切，政治互信增强。12月，加蓬总统阿里·邦戈·翁丁巴对中国进行国事访问，国家主席习近平同邦戈总统举行会谈，国务院总理李克强、全国人大常委会委员长张德江分别会见。两国元首在会谈中全面规划了双边各领域互利友好合作，决定把中加关系提升为全面合作伙伴关系，并见证了双方经济技术、文化、基础设施建设等领域合作文件的签署。4月，全国政协主席俞正声对加蓬进行正式友好访问，分别会见加蓬总统邦戈、总理丹尼尔·奥纳·翁多、国民议会议长理查德·奥古斯特·奥努维耶，并同参议院议长吕西·米勒布·奥比苏举行会谈。1月，加蓬民主党总书记福斯汀·布库比访华，中共中央政治局委员、中共中央组织部部长赵乐际会见。7月，加蓬国务部长兼外交、法语国家事务和地区一体化部长埃马纽埃尔·伊索泽·恩贡戴来华出席中非合作论坛约翰内斯堡峰会成果落实协调人会议，外交部长王毅会见。

两国经贸等领域务实合作进展顺利。1月，商务部副部长钱克明访加，与加蓬可持续发展、经济、促进投资和展望部长雷吉斯·伊蒙戈·塔塔加尼共同主持两国经贸混委会第四次会议。7月，中国援建的太阳能照明项目顺利完工并移交加方。

11月15日，中国新任驻加蓬大使胡长春向邦戈总统递交国书。

冈比亚
(Gambia)

2016年，中华人民共和国同冈比亚伊斯兰共和国恢复大使级外交关系，两国各领域友好合作快速起步。

3月16～19日，冈比亚外交部长内纳·麦克道尔–盖伊正式访华，外交部长王毅同其在北京签署《中华人民共和国和冈比亚伊斯兰共和国关于恢复外交关系的联合公报》，两国正式恢复大使级外交关系。访问期间，国家副主席李源潮会见盖伊。

复交后，两国政治关系不断深化，各领域交流合作陆续展开。4月，冈比亚政府发表声明，支持中国在南海问题上的正当立场。7月，盖伊外长来华参加中非合作论坛约翰内斯堡峰会成果落实协调人会议，杨洁篪国务委员会见盖伊。

7月，广西南宁市代表团赴冈比亚访问参演。8月，首批获得中国政府奖学金的冈比亚学生来华留学。

9月1日，中国驻冈比亚大使张吉明向临时履行总统职责的冈比亚副总统伊莎图・恩杰–赛义迪递交国书。

格鲁吉亚
(Georgia)

2016年，中华人民共和国与格鲁吉亚友好合作关系快速发展。

双方高层交往密切，政治互信深化。6月，国务院副总理张高丽访格，分别与格总统乔治・马尔格韦拉什维利、总理乔治・克维里卡什维利举行会见、会谈。7月，格第一副总理兼经济和可持续发展部长德米特里・库姆希什维利访问上海、江西。中格在涉及对方核心利益的问题上相互支持，在国际组织中保持密切沟通与协调。

中格务实合作成果显著。10月，商务部部长高虎城访格，分别同格总理克维里卡什维利、第一副总理兼经济与可持续发展部长库姆西什维利举行会见、会谈，并同格方签署关于实质性结束中格自贸谈判的备忘录。截至2016年10月，中国是格第三大贸易伙伴、第二大葡萄酒出口市场和主要投资来源国。两国地方交往密切，大连、乌鲁木齐、奎屯分别同格阿扎尔共和国、巴统市和泰拉维市建立友好城市。

中格人文交流日益密切。中方增加格方赴华政府奖学金留学生名额。双方艺术团体互访频繁。

德 国
(Germany)

2016年，中华人民共和国与德意志联邦共和国关系保持良好深入发展势头。两国政治互信不断提升，各领域务实合作日益深化，在国际和地区事务上的协调进一步加强。

两国高层互访频繁。7月16日，国务院总理李克强赴蒙古出席第11届亚欧首脑会议期间与德国总理安格拉·默克尔举行会晤。11月23～27日，国务院副总理刘延东赴德国出席第七届中欧论坛汉堡峰会及两国人文交流活动，分别会见默克尔总理、外交部长弗兰克–瓦尔特·施泰因迈尔和欧盟委员会副主席于尔基·卡泰宁。11月2～4日，中共中央政治局委员、中央政法委书记孟建柱作为国家主席习近平特使赴德国出席首次中德伊斯兰极端主义专业对话，分别会见司法和消费者保护部部长海克·马斯、内政部长托马斯·德迈齐埃和总理府部长彼得·阿尔特迈尔。

3月21～24日，德国总统约阿希姆·高克对中国进行国事访问，习近平主席，李克强总理，中共中央政治局常委、中央书记处书记刘云山分别同高克会谈、会见。6月13～14日，默克尔总理访华，习近平主席、李克强总理、全国人大常委会委员长张德江分别同默克尔会谈、会见，两国总理共同主持第四轮中德政府磋商并共同出席第八届中德经济技术合作论坛和中德经济顾问委员会座谈会。9月4日，默克尔总理来华出席二十国集团领导人第11次峰会，习近平主席同默克尔总理举行双边会晤。11月1～3日，德国副总理西格玛·加布里尔访华并出席第16届中国西部国际博览会开幕式及德国主宾国活动，李克强总理、国务委员王勇分别与其会见。

两国立法机构和政党交往活跃。4月5日，德国联邦议院外事委员会主席诺贝特·罗特根率团访华，全国人大外事委员会主任委员傅莹会见。10月30日至11月1日，德国联邦议院德中议员小组主席达格玛·施密特率团访华，出席中德议会（联邦议院）交流机制第四次会议，全国人大外事委员会主任委员傅莹会见。7月8～9日，中国共产党和德国社民党第四次可持续发展对话在包头举行，中共中央对外联络部部长宋涛在北京会见来华与会的德国社民党副主席托斯滕·舍费尔–君贝尔。10月15日，中共中央对外联络部副部长郭业洲在重庆会见来华出席“2016中国共产党与世界对话会”的德国社民党副主席君贝尔。

两国外交部保持紧密沟通。4月8～10日，施泰因迈尔外长访华，李克强总理、国务委员杨洁篪分别会见，外交部长王毅同其共同主持第二轮中德外交与安全战略对话。6月13～14日，第四轮中德政府磋商期间，王毅外长在北京同施泰因迈尔外长举行对口磋商。8月30日，王毅外长同施泰因迈尔外长通电话。9月21日，王毅外长陪同李克强总理出席第71届联合国大会系列高级别会议期间与施泰因迈尔外长举行双边会晤。两国外交部年内举行了多次政治磋商以及条法司长、亚洲事务、非洲事务磋商和第14届人权对话。第三批德国青年外交官来华交流研修。

两国经贸合作水平续有提升。中德继续互为在各自地区最大贸易伙伴，双边贸易额占中国与欧盟贸易总额近三成。“中国制造2025”和德国“工业4.0”对接稳步落实。11月1日，中德经济合作联委会第16次会议在北京举行。11月15日，中国人民外交学会和德国环球之桥协会举办“一带一路”倡议座谈会。11月29～30日，中德智能制造合作首次副部长级会议在柏林召开。11月23日，中国科技部发表《科技创新共塑未来：德国战略》。

两国人文交流日趋活跃。中德青少年交流年成功举行，习近平主席、高克总统出席在北京举行的开幕式，刘延东副总理、施泰因迈尔外长出席在汉堡举行的闭幕式。6月30日至7月2日，中德对话论坛2016年会议在广东佛山举行。9月1～2日，国家旅游局在柏林举办“熊猫走世界·美丽中国”全球旅游推介活动启动仪式。10月22～30日，中国共产主义青年团中央委员会与德国墨卡托基金会在北京和深圳合作举办第五届“中德未来之桥”青年领导者交流营活动。10月11～16日，中国人民外交学会和德国环球之桥协会共同主办的第五届中德青年领导者会议在海口成功举行。8月30日，默克尔总理出席斯特拉尔松德市孔子学院开院仪式并致辞。中国在德迄今已开设18家孔子学院和3家孔子课堂。

两国在环境保护、军事、司法、执法合作、统计、工会等各领域交往与合作深入开展。4月19～22日，德国联邦环境、自然保护、建设与核安全部部长芭芭拉·亨德里克斯来华出席第五届中德环境论坛。6月17日，中国海军湘潭舰代表中国海军参加德国“基尔周”活动。7月18日至19日，中德法治国家对话第16届法律研讨会在德国萨尔州举行，国务院法制办公室主任宋大涵、德国司法和消费者保护部部长海克·马斯出席。10月13日，国务委员兼公安部长郭声琨在北京会见来华出席第六次中德公安、内政部门副部级年度会晤的德国联邦内政部国务秘书艾米莉·哈贝尔。11月18～19日，国家统计局局长宁吉喆率团访问德国联邦统计局并签署中德统计合作协议。11月21～26日，第三届中德工会研讨会在北京举行，中共中央政治局委员、中华全国总工会主席李建国与德国工会联合会主席瑞

纳·霍夫曼共同出席。11月27～12月6日，国防大学校长张仕波上将率团赴德国参加第十届中德高级军官安全政策研讨班。

截至2016年年底，中德两国共结有友好省州和城市87对。

加　纳
(Ghana)

2016年，中华人民共和国同加纳共和国友好合作关系深入发展，经贸等领域合作成果丰硕。

两国保持高层交往的良好势头。12月，国家主席习近平、副主席李源潮分别致电祝贺纳纳·阿库福–阿多、马哈茂杜·巴武米亚当选加纳新任总统和副总统。4月，全国政协主席俞正声访问加纳，会见加总统约翰·德拉马尼·马哈马，并与加议长爱德华·多伊·阿伽霍举行会谈。7月，加纳财政部长塞斯·特克珀来华出席中非合作论坛约翰内斯堡峰会成果落实协调人会议。加纳教育部长娜娜·简·奥波库–阿杰曼、贸易和工业部长埃库武·斯皮奥–加布拉、食品与农业部长菲菲·奎蒂等多位加纳高级官员应邀来华参访。

两国经贸合作取得积极成果。4月，中方援建的加纳海岸角体育场项目顺利移交，深圳能源安所固（加纳）电厂二期投产。11月，中方提供优惠贷款实施的海岸角市场改造项目竣工。中国援助加纳1000口供水井、凯蓬供水改扩建、阿图阿博天然气处理厂等项目进展顺利。

两国人文和地方等领域交流活跃。5月，中国国家青年男子足球队访问加纳，同加纳国家青年男子足球队进行足球友谊赛。6月，中国在加纳第二所孔子学院在海岸角大学挂牌。两国地方交往频繁，温州、深圳市分别与加纳库马西市、阿克拉市缔结友城关系。

希　腊
(Greece)

2016年，中华人民共和国与希腊共和国全面战略伙伴关系保持良好发展势头，两国政治互信不断增强，各领域友好合作日益深化。

双方高层和各层级交往频繁。1月，国务院总理李克强与希腊总理阿莱克西斯·齐普拉斯通电话。10月，中共中央政治局常委、中央书记处书记刘云山对希腊进行正式友好访问，分别会见希腊总统普罗科比斯·帕夫洛普洛斯、总理齐普拉斯、议长尼科斯·武齐斯。6月，中共中央政治局委员、北京市委书记郭金龙率中共代表团访问希腊。7月，齐普拉斯总理对中国进行正式访问，分别同国家主席习近平、李克强总理和全国人大常委会委员长张德江举行会谈、会见。双方共同发表《中华人民共和国和希腊共和国关于加强全面战略伙伴关系的联合声明》。

两国外交部保持良好交往与合作。1月，希腊外长尼科斯·科齐阿斯就深圳滑坡事故向外交部长王毅致慰问电。6月，外交部国际经济事务秘书长乔治·齐普拉斯作为希腊总理特使访问中国，外交部部长助理刘海星同其会见。

两国务实合作成果丰硕。1月，中国远洋海运集团成功中标希腊比雷埃夫斯港务局私有化项目，并于8月全面接管港务局经营管理。9月，中国机械设备工程股份有限公司与希腊电力公司签署战略合作文件，就共同建设褐煤发电站达成意向。11月，国家电网公司成功中标希腊独立输电运营公司24%股权出售招标项目。

两国海洋领域合作取得新进展。7月，李克强总理与访华的齐普拉斯总理共同出席第二届中希海洋合作论坛开幕式。6月，2016希腊波塞冬海事展开幕，中国展区超过1000平方米，成为最大国家展区。

双边人文、地方交流亮点频现。10月，刘云山同志出席在雅典国家考古博物馆举办的中欧文明对话会，并出席雅典中国文化中心揭牌仪式。第二届亚欧科技创新合作促进可持续发展研讨会在雅典举办。11月，中希城市论坛在雅典举办。

格林纳达
(Grenada)

2016年，中华人民共和国与格林纳达友好合作关系健康稳定发展。

两国各层级交往密切。7月，外交部长王毅致电格副总理兼外交部长埃尔文·尼姆罗德，祝贺其就任外长。3月，外交部副部长王超访格。3月，格外交部常秘阿尔瓦·布朗赴巴巴多斯首都布里奇顿出席中国和加勒比建交国外交部间第六次磋商。

两国务实合作成果丰硕。中国政府援建的国家田径场项目正式启用并移交格方，低收入住房二期项目办理换文，农业专家组综合楼项目启——中国援格寨卡防控研讨班在格开班。

两国文教、司法等领域交流更趋紧密。中国歌剧舞剧院艺术团赴格访演。格玛丽秀社区大学教工团、中文学生夏令营、国家博物馆馆长等多个文化教育团组访华。中格签署《中华人民共和国和格林纳达关于刑事司法协助的条约》和《中华人民共和国和格林纳达引渡条约》。

几内亚
(Guinea)

2016年，中华人民共和国同几内亚共和国确立全面战略合作伙伴关系，两国各领域合作取得新进展。

两国政治关系进一步密切。10月26日至11月5日，几内亚总统阿尔法·孔戴对中国进行国事访问并出席第16届中国西部国际博览会开幕式。访问期间，国家主席习近平同孔戴总统进行了深入友好的会谈，国务院总理李克强、全国人大常委会委员长张德江分别同其举行会见。两国元首共同决定将中几关系提升为全面战略合作伙伴关系，就进一步深化两国互利合作达成重要共识，并见证签署了《中华人民共和国政府和几内亚共和国政府关于互免外交、公务护照签证的协定》等多项合作协议。11月，孔戴总统就江西丰城发电厂坍塌事故向习近平主席致慰问函。6月，几内亚政府发表公报，支持中国在南海问题上的正当立场。7月，几内亚经济、社会理事会主席哈贾·拉比亚图·塞拉·迪亚洛访华，全国政协主席俞正声、副主席杜青林分别同其举行会见。同月，几内亚总统府投资委员会主席、国务部长卡索里·福法纳来华出席中非合作论坛约翰内斯堡峰会成果落实协调人会议。

两国经贸、文化、卫生等领域合作取得新进展。中方承建的电信改扩容项目进展顺利。8月，中国援建的广电中心改扩建项目顺利竣工。1月，第25批援几医疗队抵达几内亚，双方决定开展医院对口支援合作，支持当地医疗卫生体系建设。11月，中几签署《中华人民共和国政府和几内亚共和国政府文化合作协定》。

几内亚比绍
(Guinea-Bissau)

2016年，中华人民共和国与几内亚比绍共和国关系继续保持良好发展势头。

两国政治互信进一步加深。10月，几内亚比绍总理巴西罗·贾来华出席中国—葡语国家经贸合作论坛（澳门）第五届部长级会议，国务院总理李克强同其会见。3月，几内亚比绍外长阿尔图尔·达席尔瓦率领政党联合干部考察团访华。7月，几内亚比绍公共工程、建设与城市化部长班雅伊出席在北京举行的中非合作论坛约翰内斯堡峰会成果落实协调人会议。

两国经贸合作稳步推进。中国援助几内亚比绍司法大楼、太阳能路灯、农用物资等项目顺利交接。农业技术合作协定和援几内亚比绍医疗队议定书成功续签。4月，首届中国与葡语国家企业经贸合作洽谈会在几内亚比绍召开。

圭亚那
(Guyana)

2016年，中华人民共和国与圭亚那合作共和国友好关系保持稳定发展。

两国各层级保持交往。3月，圭亚那外交部加勒比共同体司司长沙琳·菲尼克斯赴巴巴多斯首都布里奇顿出席中国和加勒比建交国外交部间第六次磋商，圭国务部长约瑟夫·哈蒙访华。10月，圭商业部长汉斯·加斯金来华出席第十届中拉企业家高峰会。

两国务实合作取得新进展。中国公司承建的圭亚那国际机场扩建项目稳步推进，第二期援圭笔记本项目顺利实施。第12期中国援圭医疗队抵圭。

两国人文交流富有成果。福州市外事侨务办公室代表团、大连外国语大学艺术团访圭并出席圭独立50周年庆祝活动。圭亚那之声乐团访华，参加中拉文化交流年框架下的加勒比音乐节。

匈牙利
(Hungary)

2016年，中华人民共和国与匈牙利友好合作伙伴关系持续深入发展，各领域交流与合作成果丰硕。

两国政治互信不断增强，高层交往密切。11月，国务院总理李克强在里加出席第五次中国—中东欧国家领导人会晤期间会见匈牙利总理欧尔班·维克多。10月，中共中央政治局常委、中央书记处书记刘云山访问匈牙利并出席中国—中东欧政党对话会，会见匈总统阿戴尔·亚诺什，青年民主主义者联盟主席、总理欧尔班和国会主席格维尔·拉斯洛。6月，全国政协副主席陈元访问匈牙利，会见匈国会常务副主席、匈中友好议员小组主席玛特劳伊·玛尔道。7月，外交部长王毅陪同李克强总理出席在乌兰巴托举行的第11届亚欧首脑会议期间会见匈外交与对外经济部长西雅尔多·彼得。5月，匈国会常务副主席、匈中友好议员小组主席玛特劳伊访华，全国人大常委会委员长张德江、全国政协副主席陈元分别会见。11月，匈外交与对外经济部长西雅尔多来华举行两国外长年度磋商并召开双边"一带一路"工作组首次会议，国务委员杨洁篪、王毅外长分别会见、会谈。

两国议会、基础设施、金融、人文、农业等领域交流合作取得积极进展。8月，全国政协副主席、中国扶贫基金会名誉理事长刘晓峰率团访匈。11月，匈国会外事委员会主席内梅特·若尔特访华。11月，第五次中国—中东欧国家领导人会晤期间，中匈铁路公司和匈国家铁路公司签署《匈塞铁路项目（匈段）建设合同》，进出口银行和匈国家经济部签署《匈塞铁路项目（匈段）融资备忘录》。4月，匈牙利发行10亿元人民币主权债券，期限为3年，是中东欧国家发行的首支人民币债券。9月，两国央行续签双边本币互换协议，互换规模保持100亿元人民币/4160亿匈牙利福林，有效期3年。10月，中匈签署《中华人民共和国教育部与匈牙利人力资源部2016—2018年教育合作执行协议》和《中华人民共和国教育部与匈牙利人力资源部关于匈中双语学校的合作备忘录》。3月，中国驻布达佩斯旅游办事处正式开业，这是国家旅游局在中东欧地区设立的首个旅游办事处。中国歌剧《图兰朵》、舞剧《青衣》、"丝绸之路时装展"、首届"中国—中东欧国家文学论坛"在匈成功举办。"匈牙利狂想曲——'钢琴之王'的浪漫主义"展览在华举办。10月，匈牙利作为第18届中国上海国际艺术节主宾国在上海举办“匈牙利文化周”。9月，质检总局同匈农业部签署《关于进出口食品安全合作的谅解备忘录》《关于匈牙利输华乳品动物卫生和公共卫生条件议定书》《关于中国从匈牙利输入马的检验和卫生要求议定书》等合作文件。

截至2016年年底，双方共有结好省（州）、市36对。

冰　岛
(Iceland)

2016年是中华人民共和国与冰岛共和国建交45周年，两国关系继续深入发展，各领域合作不断取得新进展。

两国围绕建交45周年举办系列庆祝活动。12月，国家主席习近平同冰岛总统古德尼·约翰内松、国务院总理李克强同冰总理西于聚尔·约翰松、外交部长王毅同冰外交部长利娅·阿尔弗雷兹多蒂尔分别就中冰建交45周年互致贺电。同月，中国人民对外友好协会与冰岛驻华使馆共同举办庆祝中冰建交45周年招待会，全国政协副主席周小川、冰岛前总统奥拉维尔·格里姆松出席。双方联合发行中冰建交45周年纪念封，并共同出版《中华人民共和国和冰岛共和国重要双边协定及文件汇编（1971—2016）》。中国驻冰岛使馆举办纪念建交45周年招待会，冰外长阿尔弗雷兹多蒂尔、教育、科学与文化部长伊鲁吉·贡纳尔松、渔业与农业部长贡纳尔·斯韦英松等政要出席。

两国高层交往保持良好势头。8月，习近平主席向约翰内松总统致就职贺电。4月，李克强总理、王毅外长分别向约翰松总理、阿尔弗雷斯多蒂尔外长致就职贺电。12月，全国人大常委会委员长张德江向冰议长斯泰茵格里姆·西格富松致就职贺电。6月，中共中央委员、青海省委书记骆惠宁率中国共产党代表团访冰，分别会见冰总统格里姆松和外交部常务秘书斯蒂芬·约翰内松。同月，国家质量监督检验检疫总局局长支树平访冰，会见冰渔业和农业部长斯韦英松。

两国在经贸、极地、地热、教育、地方、旅游等领域的交流持续发展。6月，双方签署了《冰岛鲱鱼输华检验检疫要求议定书》《冰岛鳕鱼等产品输华检验检疫要求议定书》和《冰岛马输华检验检疫要求议定书》。11月，中冰经贸联委会第11次会议在北京举行。10月，中国（长沙）—冰岛经贸文化交流会在冰举行。12月，中冰两国央行再次续签双边本币互换协议。10月，外交部气候变化谈判特别代表高风率团出席第四届“北极圈论坛”大

会。中冰联合极光观测台主体建筑竣工。9月，中国石化集团董事长王玉普访冰，其间会见了冰总统约翰内松，并与冰极地绿源公司和冰能源局签署《中冰地热技术研发中心合作协议》。7月，国家留学基金管理委员会秘书长刘京辉访冰。7月和10月，陕西省人大常委会副主任李晓东和江西省省委常委、赣州市委书记李炳军率团分别访冰。2016年，中国赴冰旅客数量增长迅猛。1～11月，中国赴冰旅客达5.7万人次，同比增长33.8%。

截至2016年12月底，两国已缔结友好城市3对。

印　度
(India)

2016年，中华人民共和国与印度共和国面向和平与繁荣的战略合作伙伴关系保持平稳发展势头，两国各领域交流与合作不断推进，并在国际和地区问题上保持良好沟通和协调。

两国高层互动频繁，政治互信进一步增强。6月，国家主席习近平在出席上海合作组织元首理事会第16次会议期间同印度总理纳伦德拉·莫迪会见。10月，习近平主席赴印出席金砖国家领导人第八次会晤并同莫迪总理会见。11月，中共中央政治局委员、中央政法委书记孟建柱访问印度。9月，国务委员杨洁篪赴印度出席金砖国家安全事务高级代表第六次会议。11月。杨洁篪国务委员赴印举行中印边界问题特别代表非正式会晤。4月，外交部长王毅赴俄罗斯出席中俄印外长第14次会晤并会见印外长苏诗玛·斯瓦拉吉。8月，王毅外长正式访问印度。5月，印度总统普拉纳布·慕克吉对中国进行国事访问。9月，印度总理莫迪来华出席二十国集团领导人第11次峰会，习近平主席同其会见。4月，印度国家安全顾问阿吉特·多瓦尔访华，杨洁篪国务委员同其共同举行中印边界问题特别代表第19次会晤。

两国各领域务实合作扎实推进。中国是印度第一大贸易伙伴，印度是中国在南亚最大贸易伙伴和重要的海外工程承包市场。中国对印直接投资主要领域有电信、机械制造、冶金和家用电器等。印度对华实际投资主要领域有金融、软件、高等教育、制药、贸易、钢铁、化工、清洁能源等。双方还在智慧城市、加强职业技能培训合作、矿业合作、航天、地震、海洋等广泛领域合作达成共识。

两国防务安全合作进一步加强。4月，印度国防部长马诺哈尔·帕里卡尔访华。9月，国务院副秘书长、中央政法委秘书长汪永清同印联合情报委员会主席拉维在华举行中印高级别长效反恐机制首次会议。11月，中共中央军事委员会联合参谋部副参谋长孙建国上将赴印与印国防秘书莫汉·库玛尔共同主持第八届中印防务与安全磋商；印度陆军参谋长比克拉姆·辛格访华；中印第六次陆军反恐联合训练在印度浦那举行；公安部常务副部长傅政华同印内政秘书拉吉夫·梅里什举行首次中印高级别安全和反恐会晤。

两国人文交流取得积极成果。1月，"中国旅游年"开幕式在印举办，习近平主席致贺词。贵州省与安德拉邦、济南市与那格浦尔市、新疆昌吉回族自治州与古吉拉特邦巴罗达市结成友好省邦/城市。中印百人青年团成功互访。

两国在国际事务中保持沟通和协调。两国在联合国、金砖国家、二十国集团和中俄印等机制中加强协调与配合，在气候变化、世贸组织多哈回合谈判、能源和粮食安全、国际金融机构改革和全球治理等领域携手合作，维护中印两国和发展中国家的共同利益。

印度尼西亚
(Indonesia)

2016年，中华人民共和国和印度尼西亚共和国双边关系继续稳步发展。

两国高层继续保持密切交往，合作机制齐头并进。1月，国家主席习近平向印度尼西亚总统佐科·维多多致贺信，祝贺雅加达—万隆高铁项目动工。9月，佐科总统来华出席二十国集团领导人第11次峰会，习近平主席同其会见。2月，习近平主席特使、国务委员王勇赴印尼出席雅加达—万隆高铁项目动工仪式。3月，国务院总理李克强会见来华出席博鳌亚洲论坛2016年年会的印尼副总统尤素夫·卡拉。5月，国务委员杨洁篪赴印尼与印尼经济统筹部长达尔敏·纳苏蒂安共同主持中印尼高层经济对话第二次会议。4月，中共中央对外联络部部长宋涛访问印尼。4月，印尼政治法律安全统筹部长卢胡特·宾萨尔·潘加伊丹访华，杨洁篪国务委员同其在北京共同主持中印尼副总理级对话机制第五次会议。8月，印尼人类发展与文化统筹部长布安·马哈拉尼来华出席第九届中国—东盟教育周暨第二届中国—东盟教育部长圆桌会议开幕式，国务院副总理刘延东同其在贵阳共同主持中印尼人文交流机制第二次会议。

两国继续深入对接习近平主席提出的"一带一路"倡议和佐科总统提

出的“全球海洋支点”构想，经贸合作进一步提质升级。中国继续保持印尼第一大贸易伙伴地位，并跃升为印尼第三大投资来源国。双方合作建设的雅加达—万隆高铁项目稳步推进。中方投资的矿业、农业等领域园区项目进展顺利。中国大型互联网企业纷纷赴印尼开拓市场。两国在电站、港口、码头、造船、公路等基础设施建设领域合作持续推进。

两国在防务、执法、反恐、科技等领域交流合作不断加强。1月，中方参加印尼“西太平洋海军论坛”及“科莫多”海上多边联合演习。中国海军舰艇编队访问印尼。

两国积极开展人文合作。8月，中印尼人文交流机制第二次会议期间，双方签署教育、科技、文化、林业等领域八个合作文件。11月，中国国家芭蕾舞团赴印尼访演。2016年1～11月，中国赴印尼游客数量130万人次，中国跃升为印尼最大游客来源国。

伊　朗
(Iran)

2016年，中华人民共和国与伊朗伊斯兰共和国各领域友好合作关系稳步发展。

两国政治交往密切。1月，国家主席习近平对伊朗进行国事访问，分别会见伊朗最高领袖赛义德·阿里·哈梅内伊、议长阿里·拉里贾尼，并同总统哈桑·鲁哈尼举行会谈。双方宣布建立全面战略伙伴关系，并签署共建“一带一路”、能源、产能、金融、投资、通信、文化、司法、科技、新闻、海关、气候变化、人力资源等领域共17项合作文件。10月，国家副主席李源潮在亚洲合作对话第二次领导人会议期间会见伊朗总统鲁哈尼。11月，国务委员兼国防部长常万全上将访问伊朗，分别会见伊朗总统鲁哈尼、武装力量总参谋长穆罕默德·侯赛因·巴盖里，并同国防部长侯赛因·德赫甘举行会谈。12月，伊朗外长穆罕默德·贾瓦德·扎里夫访华，国务院副总理张高丽同其会见，外交部长王毅同其举行两国外长年度会晤机制首次会议。伊朗财经部长阿里·塔布尼亚、道路与城市建设部部长阿巴斯·阿訇迪、伊军队空军司令沙赫萨菲访华或来华出席国际会议。

两国经贸合作顺利开展。8月，中伊经贸联委会第16次会议在北京举行。

两国文化领域交流日益密切。1月，国务院新闻办公室主任蒋建国访伊。3月，中国驻伊朗使馆举办第四届“欢乐春节”大型文化活动。5月，伊朗副总统兼文化遗产、手工业和旅游组织主席马苏德·索尔坦尼法尔来华参加首届世界旅游发展大会。6月，伊朗国家图书与档案组织主席赛义德·雷扎·萨利赫访华。8月，“感知中国—中国西部文化行·新疆篇”综合文化交流活动在德黑兰举行。9月，伊朗文化和伊斯兰指导部部长阿里·贾纳提来华出席首届丝绸之路（敦煌）国际文化博览会。

两国各部门和地方交往稳步开展。全国人大、中共中央宣传部、中共中央对外联络部、外交部、农业部、文化部、国家旅游局等派团访问伊朗或赴伊出席国际会议。广东、辽宁、湖北、浙江等省代表团相继访问伊朗并开展省际友好交流。

伊拉克
(Iraq)

2016年，中华人民共和国与伊拉克共和国战略伙伴关系平稳发展。

两国保持各层次政治交往。5月，外交部副部长张明在卡塔尔多哈出席中阿合作论坛第七届部长级会议期间会见伊拉克副外长欧麦尔·艾哈迈德·凯里姆·巴尔赞吉。8月，中国政府叙利亚问题特使谢晓岩访伊。3月，伊库尔德地区对外关系部负责人法拉赫·穆斯塔法·巴克尔应中国人民外交学会邀请访华。

两国能源、经贸等领域合作稳步推进。中国是伊最大贸易伙伴和最大原油买方，伊是中国第四大原油供应国。4月，中伊经贸联委会第13次会议在北京召开。

中国政府对伊拉克人道主义援助顺利落实。7月，中国驻伊拉克大使陈伟庆同伊移民和难民部长贾西姆·穆罕默德共同主持中国援助伊人道主义物资交接仪式并签署交接证书。6月，中国驻埃尔比勒总领事谭邦林向伊库尔德地区政府移交人道主义物品。

两国人文领域合作持续发展。1月，“魅力湘西”艺术团赴伊库尔德地区举行两场“欢乐春节”专场演出。8月，伊库尔德地区高校精英代表团访华。10月，伊库尔德地区主流媒体人士代表团来华访问。

4月6日，中国新任驻伊拉克大使陈伟庆向伊拉克总统福阿德·马苏姆递交国书。

爱尔兰
(Ireland)

2016年，中华人民共和国与爱尔兰政治互信进一步巩固，互惠战略伙伴关系续有进展。

两国保持高层及各级别交往。2016年11月，全国人大常委会副委员长吉炳轩访问爱尔兰，期间拜会爱总理恩达·肯尼，与爱众议长肖恩·欧法雷尔举行会谈，为中爱关系发展注入新动力。全国社会保障基金会理事长谢旭人，全国人大常委会委员、全国人大常委会法制委员会主任李适时，中国民航局局长冯正霖等先后于5月和9月访爱。爱农业、食品和海事部部长麦克尔·柯里德，教育技能部部长理查德·布鲁顿，就业、企业和创新部部长玛丽·奥康纳等先后于9、10、11月访华。

两国经贸关系不断深化，相互投资发展迅速。中爱贸易额持续增长，爱尔兰农产品、食品对华出口增速迅猛，中国成为爱第二大乳制品和猪肉出口目的地。6月，中爱经贸科技混委会第13次会议在北京召开。7月，爱获批500亿人民币合格境外机构投资者配额。9月，爱申请加入亚洲基础设施投资银行。

两国人文等领域合作富有成果。8月，中国政府文化代表团访爱，两国续签《文化交流合作备忘录》。9月，都柏林大学孔子学院举行成立十周年庆典。10月，中国藏文化交流团访爱。爱担任中国国际教育展主宾国。中爱科技基金运转顺利。

7月5日，中国驻爱尔兰特命全权大使岳晓勇向爱尔兰总统迈克尔·希金斯递交国书。

以色列
(Israel)

2016年，中华人民共和国同以色列国友好合作关系保持平稳快速发展。

两国高层继续保持频繁交往势头。9月，全国人大常委会委员长张德江访问以色列，会见以总统鲁温·瑞夫林、总理本雅明·内塔尼亚胡，与议长尤利·埃德尔斯坦举行会谈，会见议会反对派领袖、工党主席伊萨克·赫尔佐格。3月，国务院副总理刘延东访问以色列并出席中以创新合作联委会第二次会议，会见以总统瑞夫林、总理内塔尼亚胡和前领导人西蒙·佩雷斯。9月，国家主席习近平特使、全国政协副主席兼科技部部长万钢赴以出席以色列前领导人佩雷斯葬礼。4月，以议长尤利·埃德尔斯坦来华访问，国务院总理李克强同其会见，张德江委员长同其会谈。

两国经贸、科技、创新等领域交流与合作取得较大进展。中国是以色列在亚洲第一大、全球第三大贸易伙伴。9月底，中以举行首轮自贸区谈判。11月，中以政府间经济技术合作机制第二次会议在以举行。阿什杜德南港口、卡利巴车站和特拉维夫轻轨等建设施工持续进行。

两国文化、教育交往活跃，人员往来便利化持续推进。“欢乐春节”“端午赛龙舟”等品牌活动在以成功举行。中以艺术家交流达千余人次，举办各类文化活动逾百场。中国驻以使馆与佩雷斯和平中心共同举办前总统佩雷斯作词的新歌《中国旋律》发布仪式。双方签署《关于中国在以色列设立文化中心谅解备忘录》。双方公派留学生110多人，中方赴以留学人员规模超过千人。中以政府《关于互免持外交、公务护照人员签证的协定》和《关于为持普通中国护照和以色列国民护照人员颁发多次签证安排的协定》先后正式生效。海南航空开通北京—特拉维夫直航，中国赴以游客大幅增长，两国民间交往更加活跃。

意大利
(Italy)

2016年，中华人民共和国和意大利共和国全面战略伙伴关系健康平稳发展，双方政治互信不断增强，各领域务实合作日益深化。

两国高层交往频繁，各层级互动密切。8月，国家主席习近平、国务院总理李克强分别就意大利中部发生强烈地震向意总统塞尔焦·马塔雷拉、总理马泰奥·伦齐致慰问电。9月，习近平主席同来华出席二十国集团领导人第11次峰会的意大利总理伦齐举行会晤。11月，习近平主席赴厄瓜多尔、秘鲁、智利进行国事访问并出席在秘鲁举行的亚太经合组织第24次领导人非正式会议途中在意大利撒丁岛作技术经停，伦齐总理夫妇专程上岛同习近平主席会面。12月，国务院总理李克强向意大利新任总理保罗·真蒂洛尼致就职贺电，外交部长王毅分别向真蒂洛尼总理和意新任外交与国际合

作部部长安杰利诺·阿尔法诺致电祝贺。5月，王毅外长访问意大利并同意时任外长保罗·真蒂洛尼共同主持召开中意政府委员会第七次联席会议。全国政协副主席陈晓光、国家工商总局副局长刘俊臣等访意，意大利经济发展部副部长安东内洛·贾科梅利访华。

双边经济与投资合作成果丰硕。苏宁集团斥资2.7亿欧元收购国际米兰足球俱乐部近70%的股权。刚泰集团斥资2亿欧元收购意大利珠宝企业布契拉提85%的股权。中国银联公司与意大利ICCREA银行就银联卡业务合作签署协议。交通银行在罗马开设分行。意大利航空公司恢复罗马—北京航线。

科技创新合作亮点频现。10月，第七届“中意创新合作周”在那不勒斯、博洛尼亚、贝尔加莫等地举行，吸引了两国2100多名代表参加，达成100多个合作意向。全国政协副主席、科技部长万钢访意并出席了创新合作周有关活动。中意科技合作混委会启动28个合作项目，涵盖生命、环境、材料、航空航天、物理、可持续城镇化等多个领域。中国国家航天局、中国科学院、中国航天科技集团公司与意政府、研发机构和企业就开展合作研发与共建联合研究室签署系列合作协议。

两国军事、警务合作成果突出。中共中央军事委员会委员、中央军委装备发展部部长张又侠上将访意。意空军参谋长帕斯夸莱·普雷齐奥萨中将、陆军参谋长达尼洛·埃里科中将访华。中意警务联合巡逻在罗马、米兰成功举行，这是我国与欧洲国家首次开展警务联巡活动。

两国人文交流与合作活跃。意大利文化遗产活动和旅游部部长达里奥·弗朗切斯基尼访华。文化部副部长杨志今赴意出席威尼斯双年展。“中国古代瓷器珍品展”和“威尼斯画派展”分别在威尼斯宫国家博物馆和中国国家博物馆成功举办。中共中央宣传部副部长崔玉英出席在米兰举办的“感知中国——中国西部文化行”活动。国家新闻出版广电总局局长蔡赴朝访意期间与意方签署广播影视合作谅解备忘录。意大利作为主宾国参加第四届中国（上海）国际技术进口交易会，意教育、大学、科研部长斯特凡尼娅·贾尼尼作为意大利政府代表与会。中国深圳交响乐团、北京现代舞团赴意演出受到广泛好评。中国赴意留学生达到2万人，意来华留学生总数达5000多人。西西里岛首府巴勒莫市增设孔子学院。截至2016年年底，意大利已设立12所孔子学院和37个孔子课堂。

两国地方交往继续深入开展。中共中央政治局委员、北京市委书记郭金龙，中共中央委员、黑龙江省省长陆昊分别访问意大利。意大利马尔凯大区主席卢卡·切瑞梭利访华。截至2016年年底，中意已缔结友城（省、区）84对。

牙买加
(Jamaica)

2016年，中华人民共和国与牙买加共同发展的友好伙伴关系持续健康发展。

两国保持各层级往来。3月，中国和加勒比建交国外交部间第六次磋商在巴巴多斯首都布里奇顿举行，牙买加外交和外贸部常秘保罗·罗伯塔姆出席。4月，外交部副部长王超访问牙买加并举行中牙外交部间第二次政治磋商。5月，全国人大外事委员会主任委员傅莹访牙。国防部、北京市等代表团访牙。11月，牙前总理布鲁斯·戈尔丁来华出席第三届中国—拉美和加勒比智库论坛。牙交通和矿业部长迈克尔·亨利、能源和科技部长安德鲁·惠特利、旅游部长埃德蒙·巴特利特及教育、青年和新闻部长罗尔·里德访华。

两国各领域务实合作成果丰硕。中国港湾公司投资建设的牙南北高速公路项目全线通车，酒泉钢铁（集团）有限责任公司收购牙阿尔帕特氧化铝厂并举行复产开工仪式。西印度大学孔子学院教学楼、牙外交和外贸部办公楼、幼儿园项目顺利推进。

两国人文交流日趋活跃。“北京情思”艺术团、中国歌剧舞剧院赴牙访演，牙艺术家来华参与“中拉文化交流年”活动。西印度大学莫纳校区与苏州高博软件职业技术学院合作开办的中国软件工程学院开始招生。中方向牙方提供政府奖学金、大使奖学金，牙方向中方提供政府奖学金用于培训体育教练和学生。

日　本
(Japan)

2016年，中日关系总体改善，同时也受到日本在历史、涉台、涉海等问题上消极动向的干扰。

高层交往方面，9月5日，国家主席习近平会见来华出席二十国集团领导人第11次峰会的日本首相安倍晋三。11月20日，习近平主席在出席亚太

经合组织第24次领导人非正式会议期间同安倍晋三首相简短交谈。7月15日，国务院总理李克强在出席第11届亚欧首脑会议期间会见安倍晋三首相。8月25日，国务委员杨洁篪同日本国家安全保障局长谷内正太郎举行第三轮中日高级别政治对话。

政治外交和防务交流合作方面，2月22日，全国人大与日本国会参议院定期交流机制第六次会议在北京举行。4月底，日本外相岸田文雄访华。11月28～29日，外交部部长助理孔铉佑同日方举行第14次中日安全对话和第26次中日外交当局定期磋商。11月25日，中日防务部门海空联络机制第六轮专家组磋商在东京举行。中日双方还分别于9月和12月举行两轮海洋事务高级别磋商。

务实交流合作方面。双边经贸投资合作保持基本稳定。日本是中国主要贸易伙伴，中国是日本最大贸易对象国。2016年，日本对华投资实际到位金额为31.1亿美元，在我国利用外资国别中排名第四。双边人员往来持续增长，2016年达882.4万人次。两国共缔结友好城市250对。9月25～28日，中日友好协会会长唐家璇赴日出席第12届“北京—东京论坛”并访问日本。11月1～2日，第二轮中日企业家和前高官对话在北京举行。11月26日，第十届中日节能环保综合论坛在北京举行。

约　旦
(Jordan)

2016年，中华人民共和国与约旦哈希姆王国战略伙伴关系稳步发展。

两国保持友好政治交往。5月，国务委员王勇访问约旦，约旦国王阿卜杜拉二世、首相阿卜杜拉·恩苏尔会见，双方就两国关系总体发展特别是在经贸、投资等领域的合作深入交换意见。10月，约旦公安总局局长阿提夫·萨拉马访华并会见国务委员兼公安部长郭声琨，双方就反恐等问题及相关合作进行深入探讨。

中约经贸合作持续发展。6月，约旦计划与国际合作大臣艾马德·法胡里率团出席在北京举行的亚洲基础设施投资银行首次年会。

中约人文交流活跃。中国新闻代表团、北京市文学艺术界联合会代表团、湖南省文化代表团等访问约旦。9月，第四届“中阿大学校长论坛”在约旦成功举行。9月，约旦文化大臣阿迪尔·图维西访华并出席丝绸之路(敦煌)国际文化博览会。两国文化部签署关于在约旦建立中国文化中心的谅解备忘录。

3月6日，中国新任驻约旦大使潘伟芳向阿卜杜拉二世国王递交国书。

哈萨克斯坦
(Kazakhstan)

2016年，中华人民共和国和哈萨克斯坦共和国全面战略伙伴关系继续深入发展。

两国高层交往频繁。3月底，国家主席习近平在出席华盛顿核安全峰会期间同哈总统努尔苏丹·纳扎尔巴耶夫寒暄。6月，习近平主席出席上海合作组织塔什干峰会期间同纳扎尔巴耶夫总统举行双边会见。11月初，国务院总理李克强对哈进行正式访问，同纳扎尔巴耶夫总统举行会见，同哈总理萨金塔耶夫举行中哈总理第三次定期会晤。5月，中共中央政治局委员、新疆自治区党委书记张春贤访哈，同哈总理卡里姆·马西莫夫、萨金塔耶夫副总理分别举行会见、会谈。9月，纳扎尔巴耶夫总统对中国进行工作访问并出席二十国集团领导人第11次峰会。其间，习近平主席同纳举行会谈。3月下旬，哈萨克斯坦第一副总理巴赫特让·萨金塔耶夫来华出席博鳌亚洲论坛2016年年会。7月，国务院副总理张高丽在北京同萨金塔耶夫副总理举行中哈合作委员会双方主席会晤。11月底，张高丽副总理在北京同哈第一副总理阿斯卡尔·马明举行中哈合作委员会双方主席会晤。12月，哈议会上院议长卡瑟姆若马尔特·托卡耶夫访华，李克强总理、全国人大常委会委员长张德江分别同其举行会见、会谈。

两国经贸合作成果显著。“一带一路”建设和产能合作推进顺利，能源、互联互通、农业等领域合作不断深化。双方签署《丝绸之路经济带建设和“光明之路”新经济政策对接合作规划》。双方产能合作顺利推进，部分合作项目已开工建设。

两国人文合作成果丰硕。中国公民赴哈团体旅游正式启动。中方在哈成功举办“欢乐春节”等文化交流活动。多个文化、新闻代表团来华访问，“中国热”“汉语热”在哈持续升温。

两国国际协作密切。哈萨克斯坦在涉台湾、西藏、打击“东突”等问题上一贯坚定支持中国立场，在联合国、上海合作组织等框架内同中国合作良好。

肯尼亚
(Kenya)

2016年，中华人民共和国与肯尼亚共和国关系深入发展。

两国高层交往密切。3月，全国人大常委会委员长张德江对肯尼亚进行正式友好访问，同肯总统乌胡鲁·肯雅塔会见，同肯国民议会议长贾斯廷·穆图里、参议长埃奎伊·埃苏罗分别举行会谈，并同穆图里议长签署《中华人民共和国全国人民代表大会与肯尼亚共和国议会建立交流机制的谅解备忘录》。7月，肯副总统威廉·鲁托来华出席生态文明贵阳国际论坛2016年年会并访问北京，全国政协主席俞正声、国家副主席李源潮分别同其会见。

两国部门间、地方间交往频繁。8月，外交部长王毅访问肯尼亚，会见肯雅塔总统，同肯外交部长阿明娜·穆罕默德举行会谈。6月，阿明娜外长访华，外交部长王毅同其会谈，并共同主持中肯双边指导委员会首次会议。7月，肯外交部副部长莫妮卡·朱玛来华出席中非合作论坛约翰内斯堡峰会成果落实协调人会议，外交部副部长张明同其会见。中宣部、商务部、环保部、监察部及广东、山东、福建、湖北、湖南、四川、内蒙古、江西等多个中方省部级代表团访肯，肯财政部、交通、基础设施、住房和城市发展部、工业贸易合作部、信息通讯技术部、卫生部及恩布郡、马萨比特郡等派团访华。

两国经贸合作成果丰硕。中肯合作旗舰项目蒙内铁路已完成全线铺轨，将于2017年竣工通车。蒙内铁路延长线内马铁路一期内罗毕至纳瓦沙段举行开工典礼，蒙巴萨自贸区、加里萨50兆瓦太阳能电站等项目顺利推进。内罗毕CFC标准银行启动人民币现钞与肯先令直接兑换业务。

两国政党交流和司法合作深入发展。8月，中共中央委员、广西壮族自治区党委书记彭清华率中国共产党代表团访肯；9月，中共中央对外联络部代表团应邀赴肯出席朱比利党成立大会；10～11月，朱比利党高级代表团访华并参加“2016年中国共产党与世界对话会”，朱比利党多批党政干部赴华考察培训。司法交流方面，7月，肯总检察长基图·穆盖访华；12月，两国完成《中华人民共和国和肯尼亚共和国刑事司法协助条约》和《中华人民共和国和肯尼亚共和国引渡条约》谈判并草签条约文本。

两国人文交流取得新进展。中非联合研究中心主体建筑建成移交，埃格顿大学中肯作物分子生物学联合实验室投入运行。“文化中国·四海同春”等艺术团组访肯。

科威特
(Kuwait)

2016年是中华人民共和国和科威特国建交45周年。两国友好合作关系继续发展。

两国政治互信进一步增强。双方领导人就两国建交45周年互致函电。科方在台湾、南海等涉及中方核心利益问题上给予中方坚定支持。

两国发展战略对接取得积极进展。双方在工程技术服务、基础设施建设、电力、通信等领域合作稳步推进。

两国人文交流活跃。中方省级歌舞剧院、民族舞艺术团两次赴科演出。科威特社会精英代表团访华，科杰出青年、优秀大学生代表、文艺团组、艺术家、文博专家等9次来华参加双多边交流活动。

吉尔吉斯斯坦
(Kyrgyzstan)

2016年，中华人民共和国与吉尔吉斯共和国战略伙伴关系快速健康发展。

两国高层交往频繁。6月23日，国家主席习近平在出席上海合作组织塔什干峰会期间会见吉尔吉斯斯坦总统阿尔马兹别克·阿塔姆巴耶夫。11月2日，国务院总理李克强对吉进行正式访问，同阿塔姆巴耶夫总统、总理索隆拜·热恩别科夫分别举行会见、会谈。两国总理签署《中华人民共和国政府和吉尔吉斯共和国政府联合公报》。6月底，热恩别科夫总理来华出席第十届天津夏季达沃斯论坛，李克强总理同其举行会谈。10月中旬，吉第一副总理穆哈梅特卡雷·阿布尔加济耶夫来华出席第四届中国—中亚合作论坛，全国政协副主席马培华同其举行会见。6月上旬，吉副总理古利米拉·库代别尔季耶娃来华出席太湖世界文化论坛第四届年会，全国政协副主席杜青林同其举行会见。

两国务实合作进展迅速。中国是吉第一大贸易伙伴，第一大进口来源国。两国交通、能源、矿产资源开发、电信、农业领域合作稳步推进。中方参与建设吉尔吉斯斯坦比什凯克市政路网改造、灌溉系统改造、吉尔吉斯斯坦北南公路建设、比什凯克热电站改造等民生工程稳步推进。

两国人文交往和地方合作十分活跃。吉尔吉斯斯坦文化日活动在华成功举办。武汉市同比什凯克建立友城关系。两国高校、科研学术机构相互交流频繁。

老　挝
(Laos)

2016年是中华人民共和国与老挝人民民主共和国建交55周年，两国全面战略合作伙伴关系深入发展。

两国领导人保持密切往来。5月，中共中央总书记、国家主席习近平同来华进行正式友好访问的老挝人民革命党中央总书记、国家主席本扬·沃拉吉举行会谈。国务院总理李克强、全国人大常委会委员长张德江、中共中央政治局常委、中央书记处书记刘云山分别同其会见。9月，本扬主席来华出席二十国集团领导人第11次峰会，习近平主席同其会见。3月，老挝政府总理通邢·塔马冯来华出席澜沧江—湄公河合作首次领导人会议及博鳌亚洲论坛2016年年会，李克强总理同其会见。7月，李克强总理在蒙古出席第11届亚欧首脑会议期间会见老挝政府总理通伦·西苏里。9月，李克强总理赴老挝出席东亚合作领导人系列会议并对老挝进行正式访问。11月，通伦总理正式访华，习近平主席、张德江委员长会见，李克强总理同其会谈。6月，老挝政府副总理宋赛·西潘敦来华出席中国—南亚博览会。9月，宋赛副总理来华出席中国—东盟博览会。8月，老挝外交部长沙伦赛·贡马西对中国进行正式访问，国务委员杨洁篪同其会见。

两国各领域合作不断取得重要进展。12月，中老铁路举行全线开工仪式。中老合作的老挝卫星、经济合作区等大项目进展顺利。中国继续是老挝第一大投资国和第二大贸易伙伴。两国人文领域交流合作不断拓展，双方共同举办建交55周年庆祝活动，中国继续向老挝留学生提供政府奖学金，老挝中国文化中心运作顺利。中国云南等省区同老挝北部各省继续保持密切交流与合作。

拉脱维亚
(Latvia)

2016年是中华人民共和国与拉脱维亚共和国建交25周年。两国关系保持健康稳定发展。

两国高层保持密切接触。7月，国务院总理李克强在乌兰巴托出席第11届亚欧首脑会议期间会见拉脱维亚总统莱蒙德斯·韦约尼斯。11月，李克强总理访拉并出席第五次中国—中东欧国家领导人会晤期间，与拉总统韦约尼斯、议长伊娜拉·穆尔涅采、总理马里斯·库钦斯基斯分别会见、会谈。双方签署《中华人民共和国政府和拉脱维亚共和国政府关于共同推进"一带一路"建设的谅解备忘录》。9月，国务院副总理汪洋会见来华出席第19届中国国际投资贸易洽谈会的拉副总理兼经济部长阿尔维尔斯·阿舍拉登斯。5月，全国人大常委会副委员长吉炳轩访拉，会见拉议长穆尔涅采。

两国外交部保持密切联系。2月，外交部部长助理、中国—中东欧国家合作秘书处秘书长刘海星与来华的拉外交部国务秘书助理爱德华兹·史迪普瑞斯举行政治磋商。6月，刘海星部长助理在海南会见来华出席第七次中国—中东欧国家合作国家协调员会议的拉外交部国务秘书安德烈斯·贝德高维奇斯。10月，刘海星部长助理赴拉出席第八次中国—中东欧国家合作国家协调员会议期间，分别会见拉总理库钦斯基斯和拉外交部国务秘书贝德高维奇斯。

两国经贸领域合作取得新突破。11月，在第五次中国—中东欧国家领导人会晤期间，双方签署《中华人民共和国商务部和拉脱维亚共和国外交部关于相互出具国际进口证明的协定》《中华人民共和国商务部和拉脱维亚共和国经济部关于中小企业合作谅解备忘录》和《中华人民共和国国家发展和改革委员会与拉脱维亚共和国经济部智库合作谅解备忘录》。

两国文化、交通、司法、旅游等领域合作稳步推进。1月，中拉签署《中华人民共和国政府和拉脱维亚共和国政府关于在拉脱维亚设立中国文化中心的谅解备忘录》。5月，交通部副部长戴东昌赴里加出席首届中国—中东欧国家交通部长会议。同月，拉最高法院院长伊瓦尔斯·比奇克维奇斯来华出席中国—中东欧国家最高法院院长会议。7月，拉交通部长乌尔迪斯·奥古利斯访华。9月，中国民航局局长冯正霖访拉，与拉方签署《中国民航局与拉脱维亚运输部关于航权安排的谅解备忘录》。10月，中国文化部

在里加举办“丝路瑰宝”文物展。11月，中拉签署《中华人民共和国交通部与拉脱维亚共和国交通部“一带一路”倡议下交通物流领域合作谅解备忘录》和《中华人民共和国国家旅游局与拉脱维亚共和国投资发展署关于深化旅游合作的谅解备忘录》。同月，首列试运营的义乌—里加中欧班列顺利抵拉。截至2016年年底，两国结好城市3对。

黎巴嫩
(Lebanon)

2016年，中华人民共和国与黎巴嫩共和国友好合作关系稳步发展。

两国保持友好政治交往。11月，中共中央军事委员会副主席范长龙上将一行对黎巴嫩进行正式友好访问，分别会见黎总统米歇尔·奥恩、候任总理萨阿德·哈里里，与黎军司令让·卡瓦吉中将举行会谈，并视察联合国驻黎临时部队中国维和分队。5月，外交部长王毅在卡塔尔出席中国—阿拉伯国家合作论坛第七届部长级会议期间，会见黎外交与侨民事务部长纪伯伦·巴西勒，就双边关系及有关地区问题交换看法。黎巴嫩主要政党分别组团访华，参加研修班，增进对中国的全面了解。

两国在共同关心的国际和地区问题上保持着良好的沟通与合作。中方支持黎巴嫩捍卫国家主权和领土完整、维护政治和社会稳定、促进民族和解、发展国民经济的努力。黎方坚持一个中国原则，在台湾、涉藏、涉疆等问题上支持中国政府立场。

两国在有关领域互利合作顺利发展。中黎经贸、文教、新闻媒体、艺术团组互访频繁，丰富了两国各层次、各领域交流内容。孔子学院运转良好，成为黎巴嫩汉语教学和传播中国文化的重要平台。

莱索托
(Lesotho)

2016年，中华人民共和国与莱索托王国友好合作关系保持良好发展势头，各领域交流合作不断深化。

双方各层级交往密切，政治互信不断加深。10月，国家主席习近平向莱索托国王莱齐耶三世致函祝贺莱独立50周年。11月，外交部长王毅致电祝贺曼福诺·哈克特拉就任莱外交与国际关系大臣。8月，外交部副部长张明在肯尼亚出席第六届东京非洲发展国际会议期间，分别会见莱首相帕卡利塔·莫西西利、发展计划大臣莫科托·赫洛阿埃莱。7月，莱发展计划大臣赫洛阿埃莱来华出席中非合作论坛约翰内斯堡峰会成果落实协调人会议。10月，中国政府非洲事务特别代表许镜湖大使代表中方出席莱独立50周年庆典。5月，莱政府公开发表声明，支持中方在南海问题上的正当立场。11月，莱政府公开发布对华政策文件，重申在台湾、涉藏、南海等问题上均给予中方坚定支持。8月,《中华人民共和国政府和莱索托王国政府关于互免持外交、公务（官员）护照人员签证的协定》正式生效。

两国经贸合作稳步推进。莱国家会议中心修缮项目竣工并正式移交莱方。第四期菌草种植推广技术合作项目开始实施。7月，中方向莱方提供了紧急粮食援助，帮助莱应对旱灾造成的粮食紧缺问题。

5月26日，中国新任驻莱索托大使孙祥华向莱齐耶三世国王递交国书。

利比里亚
(Liberia)

2016年，中华人民共和国同利比里亚共和国全面合作伙伴关系不断深化。

两国政治交往密切。5月，利比里亚总统埃伦·约翰逊·瑟利夫就福建泰宁泥石流灾害致电国家主席习近平表示慰问。7月，利比里亚政府发表公报，支持中国在南海问题上的正当立场。5月，利比里亚总统国家安全事务顾问亨利·博依马·范布雷率团访华。7月，利比里亚不管部长西尔维斯特·格里斯比率团参加中非合作论坛约翰内斯堡峰会成果落实协调人会议。

两国经贸、人文等领域交流与合作取得显著成果。中国援利重要项目顺利推进。年内，利政府办公大楼、议会大厦辅楼、罗伯茨国际机场航站楼升级改造项目相继开工建设。1月，福建省商务经贸代表团访利。5月，利青奥代表团来华参加“2016南京国际青年体育文化活动周”。9月，利武术协会代表团来华参加第11届中国郑州国际少林武术节。

利比亚
(Libya)

2016年，中华人民共和国与利比亚国关系平稳发展。

两国政治关系总体稳定。5月，利比亚临时政府外交与国际合作部长穆罕默德·达依里出席在卡塔尔首都多哈举行的中阿合作论坛第七届部长级会议。

双方经贸及其他领域合作较少，中国继续向利比亚提供力所能及的人道主义援助。7月，利比亚民族团结政府计划部长塔希尔·哈吉米来华出席中非合作论坛约翰内斯堡峰会成果落实协调人会议，双方签署《中华人民共和国政府和利比亚国政府关于向利比亚提供人道主义援助的经济技术合作协定》。

列支敦士登
(Liechtenstein)

2016年，中华人民共和国与列支敦士登公国关系保持良好发展。

两国高层保持接触，经贸、教育、人文等领域务实合作得到进一步推进。国家主席习近平与列支敦士登摄政王储阿洛伊斯互致新年和国庆贺电。11月6～12日，列支敦士登王室成员康斯坦丁王子访华。

立陶宛
(Lithuania)

2016年是中华人民共和国与立陶宛共和国建交25周年。两国友好合作关系进一步拓展和深化。

两国高层保持密切交往。11月，国务院总理李克强出席第五次中国—中东欧国家领导人会晤期间与立陶宛总理阿尔吉尔达斯·布特克维丘斯简短会见。3月，立总理布特克维丘斯来华出席博鳌亚洲论坛2016年年会并访问香港、山东和北京。6月，国务委员杨晶访立，同立总理布特克维丘斯举行会谈。10月，立国务委员阿尔米纳斯·马丘利斯来华出席立驻华使馆举办的庆祝两国建交25周年招待会，国务委员杨洁篪同其会见。

两国外交部保持密切沟通与合作。9月，外交部部长助理刘海星与来华的立副外长纳瑞斯·格尔马纳斯举行政治磋商。

两国经贸、文化、交通、司法等领域合作取得新进展。4月，立文化部长萨鲁纳斯·比鲁蒂斯访华。5月，立最高法院院长日姆维达斯·诺尔库斯来华出席中国—中东欧国家最高法院院长会议。9月，立文化部副部长阿尔纳斯·内维劳斯卡斯来华出席首届丝绸之路（敦煌）国际文化博览会。同月，中国商务部在立举办中国纺织服装（欧洲）品牌展。11月，文化部副部长丁伟访立，与立方签署《中华人民共和国文化部与立陶宛共和国文化部文化合作执行计划》。同月，中立签署《中华人民共和国国家发展和改革委员会与立陶宛共和国交通和通信部关于开展港口和临港产业园区合作的谅解备忘录》。立经济部长埃瓦尔达斯·库斯塔斯来华参加2016中国国际旅游交易会。

截至2016年年底，两国结好城市3对。

卢森堡
(Luxembourg)

2016年，中华人民共和国和卢森堡大公国关系保持良好发展势头。

两国高层交往频繁。10月，国务院副总理马凯访问卢森堡，分别会见卢森堡大公亨利和首相格扎维埃·贝泰尔。4月，国务委员杨洁篪访问卢森堡，分别会见亨利大公、首相贝泰尔、议长迪·巴托洛梅奥，同外交和欧洲事务大臣让·阿瑟伯恩会谈。5月、11月，卢大公储纪尧姆率经贸代表团和财经代表团两次访华。7月，阿瑟伯恩外交大臣访华，杨洁篪国务委员同其会见，王毅外长同其会谈。

两国经贸合作发展势头良好，金融、航空货运等领域合作取得新成果。中国是卢森堡在亚洲第一大贸易伙伴、欧盟外第二大贸易伙伴，卢森堡是中国在欧盟内第三大直接投资目的地国。两国金融合作发展迅速，在卢设立欧洲总部的中资银行达六家。7月，中国银行在卢成功发行总额30亿美元的等值绿色债券。郑州—卢森堡货运航空双枢纽建设进展顺利，货运班次

和运量持续增加。

两国人文交流欣欣向荣。“文化中国·四海同春”艺术团春节期间赴卢访演。9月，位于卢森堡的中国乒乓球学院欧洲分院首次承办国际乒联五大洲优秀青少年运动员集训项目。11月，复旦大学和卢森堡大学就合作建设孔子学院签署协议，卢方正式在中学推广汉语课程。

马其顿
(Macedonia)

2016年，中华人民共和国和马其顿共和国友好合作关系保持良好发展势头。

两国高层保持接触。6月，马其顿总统格奥尔盖·伊万诺夫就江苏盐城突发龙卷风冰雹特别重大灾害向国家主席习近平致慰问电。8月，国务院总理李克强、外交部长王毅就马其顿首都斯科普里遭遇严重暴雨灾害分别向马总理埃米尔·迪米特里耶夫、副总理兼外长尼科拉·波波斯基致慰问电。11月，国务院总理李克强在拉脱维亚首都里加会见出席第五次中国—中东欧国家领导人会晤的埃米尔·迪米特里耶夫总理。

两国经贸关系发展顺利。中国企业承建的马其顿米拉蒂诺维奇—斯蒂普、基切沃—奥赫里德高速公路施工进展顺利。马其顿国家铁路公司从中国进口的动车组正式投入运营。

马其顿高度重视并积极参与中国—中东欧国家合作框架下的经贸、卫生、高法、地方等领域活动。11月，在里加第五次中国—中东欧国家领导人会晤期间，两国政府续签关于互免外交、公务和公务普通护照人员签证的协定。同月，马农林水利部长米哈伊尔·茨韦特科夫访华并出席上海自贸区马其顿国家馆揭幕仪式和在云南昆明举办的中国—中东欧国家农业部长会议。

11月18日，中国新任驻马其顿大使殷立贤向马其顿总统伊万诺夫递交国书。

马达加斯加
(Madagascar)

2016年，中华人民共和国与马达加斯加共和国友好合作关系顺利发展。

两国各层级交往较为密切。4月，国务院总理李克强向马达加斯加新任总理苏卢南德拉萨纳·奥利维耶·马哈法利致贺电。同月，全国政协外事委员会主任委员潘云鹤访马。6月，商务部副部长钱克明访马，同马外交部长贝亚特丽斯·阿塔拉共同主持召开中马经贸混委会第一次会议。同月，国家旅游局副局长吴文学访马。5月，马旅游部长罗兰·拉齐拉卡来华参加首届世界旅游发展大会。7月，马外交部长阿塔拉、公共工程部长埃里克·拉扎菲曼丁比及就业、技术教育和职业培训部长玛丽·莉迪娅·图图·拉哈里马拉拉来华出席中非合作论坛约翰内斯堡峰会成果落实协调人会议。11月，马国民议会副议长布里松·埃拉法·埃尔松率国民议会马中友好小组代表团访华。

两国经贸、人文领域合作稳步推进。双边贸易额保持快速增长。中非合作论坛框架内的首都郊区公路、外交部办公楼、首都机场快速路、哈努马法纳水电站等项目取得积极进展。中国援马国际会议中心、体育馆和综合医院技术合作项目、减灾物资项目和人力资源培训项目进展顺利。塔那那利佛大学孔子学院和塔马塔夫大学孔子学院汉语教学规模不断扩大。双方联合举办“欢乐春节”文艺演出，联合拍摄《中国医疗队在马达加斯加》纪录片。

马拉维
(Malawi)

2016年，中华人民共和国与马拉维共和国友好合作关系快速健康发展。

两国政治交往保持良好势头。1月，外交部长王毅访问马拉维，会见马总统阿瑟·彼得·穆塔里卡，并同马外交部长乔治·沙蓬达会谈。6月，安徽省人大常委会副主席宋卫平访马。7月，马财政部常务秘书罗纳德·孟加尼来华出席中非合作论坛约翰内斯堡峰会成果落实协调人会议。10月底至

11月初，马第一夫人格特鲁德·穆塔里卡应国家卫生和计划生育委员会邀请访华，国家主席习近平夫人彭丽媛同其会见。

两国经贸合作富有成效。安徽省在马举办首届中马投资论坛，双方达成多项合作意向。中国企业在马参与电力、通讯等重大基础设施项目。中国政府向马政府提供紧急粮食援助，向马方交付由中方援建的国家体育场。

两国人文、地方等领域合作方兴未艾。马拉维大学孔子学院揭牌。马拉维选手来华参加“汉语桥”世界中学生中文比赛并蝉联团体赛非洲组冠军。广东省梅州市代表团访马，马利隆圭、布兰太尔、松巴、姆祖祖等主要城市市长访华。

马来西亚
(Malaysia)

2016年，中华人民共和国与马来西亚关系继续保持良好发展势头。

两国高层往来密切。9月，国务院总理李克强在老挝出席东亚合作领导人系列会议期间会见马来西亚总理达图·斯里·穆罕默德·纳吉布。5月，中共中央政治局委员、中央政法委书记孟建柱访问马来西亚。同月，国务委员杨洁篪访问马来西亚。10月31日至11月5日，纳吉布总理正式访华，国家主席习近平、全国人大常委会委员长张德江分别会见，李克强总理同其会谈。双方发表《联合新闻声明》，并签署经贸、农业、教育、防务等领域14个合作协议。2月，马来西亚副总理兼内政部长达图·斯里·艾哈迈德·扎希德访华。

两国各领域合作不断深化。中国连续七年成为马来西亚最大贸易伙伴。双方签署《中马经贸合作五年规划的联合进展报告》，两国合作建设的“两国双园”等大项目合作进展顺利。10月，马来西亚正式授标中国企业联合体承建南部铁路项目。11月，马来西亚国家银行向中国建设银行马来西亚子行颁发经营执照。两国军队保持密切交往，中共中央军事委员会联合参谋部参谋长房峰辉上将访马，马来西亚海军司令艾哈迈德·卡玛鲁扎曼访华。双方签署《防务合作谅解备忘录》，在马六甲地区举行第二次实兵联合演习。双方续签《教育合作谅解备忘录》。厦门大学马来西亚分校运转顺利，截至2016年年底已招收两批学生。

马尔代夫
(Maldives)

2016年，中华人民共和国与马尔代夫共和国面向未来的全面友好合作伙伴关系进一步向前发展。

两国保持高层交往势头。3月，全国人大常委会委员长张德江在卢萨卡出席各国议会联盟第134届大会期间同马尔代夫人民议会议长阿卜杜拉·马斯赫·穆罕默德寒暄。4月，中国海军副司令员田中中将访马。8月，外交部长王毅过境马尔代夫，会见马外长穆罕默德·阿西姆。5月，马尔代夫人民议会议长马斯赫议长赴香港出席“一带一路”高峰论坛，张德江委员长会见。6月，马尔代夫作为主题国参加在昆明举办的第四届中国—南亚博览会，马斯赫议长率团出席。10月，马斯赫议长赴重庆出席2016中国共产党与世界对话会，中共中央政治局常委、中央书记处书记刘云山会见。12月，马斯赫议长对中国进行正式访问，张德江委员长同其会谈。同月，马尔代夫执政党进步党干部考察团访华。

两国务实合作稳步推进。中马友谊大桥建设进展顺利，马累国际机场改扩建项目正式开工。11月，拉穆环礁连接公路项目竣工，呼鲁马累住房二期项目接近完工。截至2016年9月，中马双方已顺利完成四轮自贸协定谈判。

两国人文和地方交流不断深化。中国连续第七年成为马最大旅游客源国，2016年中国赴马游客达32.4万人次。1月，中方派遣“光明行”医疗队为马尔代夫白内障患者免费实施107例治疗手术。4月，云南省政府代表团访马。7月，苏州市同马累缔结友好城市关系。8月，美丽天津艺术团赴马演出。

两国在国际和地区事务中保持良好沟通和配合，在气候变化等多边领域开展密切合作。

马 里
(Mali)

2016年，中华人民共和国同马里共和国传统友好合作关系继续保持良好的发展势头。

两国政治交往密切。6月，马里总统易卜拉欣·布巴卡尔·凯塔分别就中国在马维和人员遇袭伤亡事件和江苏盐城龙卷风冰雹特别重大灾害向国家主席习近平致函电慰问。11月，凯塔总统就江西丰城发电厂坍塌事故向习近平主席致电慰问。1月，马里前总理、变革党主席穆萨·马拉访华。7月，马里外交、非洲一体化和国际合作部长阿卜杜拉耶·迪奥普率团出席在北京举行的中非合作论坛约翰内斯堡峰会成果落实协调人会议，外交部长王毅同其举行会见。中央军委国际军事合作办公室主任关友飞率团访马。6月，马里数字经济、信息和新闻部长乔盖·科卡拉·马伊加访华。

中马经贸合作取得积极进展。巴马科大学城卡巴拉校区顺利竣工，政府光纤网、巴马科国际会议中心维修和马里职业技术培训中心项目进展顺利，古伊纳水电站项目正式开工。

两国人文领域交流不断深入。5月，第八届“汉语桥”中学生中文比赛马里赛区选拔赛在首都巴马科举行。第24批中国援马里医疗队赴卡地市进行巡诊活动。

马耳他
(Malta)

2016年，中华人民共和国与马耳他共和国关系继续保持良好发展势头，两国政治互信进一步加深，各领域务实合作取得新成果。

两国高层交往频繁。9月，国家主席习近平与马耳他总统科勒略·普雷卡互致国庆贺电，高度评价两国关系发展，一致认为要以2017年中马建交45周年为契机，进一步提升两国关系发展水平。4月，中共中央政治局常委、全国政协主席俞正声过境访问马耳他，同马议长安格鲁·法鲁贾举行了富有成果的会晤，有力促进了中马关系发展。

两国经贸合作成果丰富。3月，马政府与华为公司签署战略合作谅解备忘录，决定在“安全城市”项目、4.5G移动通信等领域开展合作。5月，商务部副部长高燕访马，双方成功举行第10次中马经贸混委会会议。5月，马旅游部长爱德华·扎密特·刘易斯来华出席首届世界旅游发展大会。10月，香港特区政府同马政府签署民航服务协议。

两国人文、教育、海洋、党际等各领域合作与交流不断拓展。1月，马耳他中国文化中心举办“2016瓦莱塔欢乐春节”等文化交流活动。马教育与就业部长伊伐瑞斯特·巴托洛访华，推动马耳他大学和厦门大学深化交流合作。5月，文化部副部长杨志今访马，双方签署了共同支持东亚文化之都与2018年欧洲文化之都（瓦莱塔）开展合作的谅解备忘录。6月，国家海洋局局长王宏访马，与马方续签关于进一步加强海洋领域合作的谅解备忘录。6月，马国民党青年干部考察团首次访华。

9月，中国驻马耳他特命全权大使姜江向马耳他总统科勒略·普雷卡递交国书。

毛里塔尼亚
(Mauritania)

2016年，中华人民共和国与毛里塔尼亚伊斯兰共和国友好合作关系持续稳定发展。

双方政治互信进一步增强。12月，全国人大常委会副委员长向巴平措访问毛里塔尼亚。2月，外交部长王毅向新任毛里塔尼亚外交与合作部长伊塞勒库·乌尔德·艾哈迈德·伊齐德·比赫致就职贺电。3月，毛里塔尼亚执政党争取共和联盟党主席西迪·穆罕默德·乌尔德·马哈姆率团访华，与中国共产党正式建立关系。5月，毛里塔尼亚外交部公开发表声明，支持中方在南海问题上立场。

中毛经贸务实合作稳步推进。5月，农业部副部长于康震率团访毛，两国召开新一届渔业合作混合委员会会议并签署纪要。6月，毛里塔尼亚努瓦迪布自由贸易区主席穆罕默德·乌尔德·达夫访华，参加在澳门举办的第七届基础设施投资与建设国际论坛。中国政府援建的基法医院、友谊港清淤和挡沙堤项目、总统府和国际会议中心二期维修项目竣工，农业技术示范中心和畜牧业技术示范中心相继进入技术合作期。

双方在文化、教育、卫生等人文领域的交流与合作更加密切。1月，内

蒙古呼伦贝尔艺术团在毛里塔尼亚举行“欢乐春节”演出活动。7月，毛方向中方第31批援毛医疗队员授勋，第32批中国援毛医疗队抵毛展开工作。10月，毛里塔尼亚文化部官员来华出席上海艺术节和乌镇戏剧节。11月，毛里塔尼亚议会关系与公民社会部部长哈瓦·坦迪亚来华参加第三届世界互联网大会。11月至12月，黑龙江眼科专家组在毛里塔尼亚开展第二次“光明行”活动，成功实施235例白内障手术。

毛里求斯
(Mauritius)

2016年，中华人民共和国与毛里求斯共和国友好合作关系持续深入发展。

两国各层级交往密切。2月，外交部长王毅访问毛里求斯，会见毛总统阿米娜·古里布–法基姆和毛总理阿内罗德·贾格纳特，并与毛外交、地区一体化和国际贸易部长艾蒂安·西纳坦布举行会谈。5月和6月，毛第一副总理兼旅游和对外交通部长查尔斯·加埃唐·泽维尔–卢克·杜瓦尔先后来华出席首届世界旅游发展大会和2016年夏季达沃斯论坛。11月，毛财政和经济发展部长、执政党社会主义战斗运动（简称“社战党”）领袖普拉温德·库马尔·贾格纳特访华。毛社战党高级干部考察团及卫生和生活质量部长阿尼尔·库马尔辛格·加扬，性别平等、儿童发展和家庭福利部长玛丽–奥萝尔·玛丽–乔伊丝·佩罗等先后访华，国家新闻出版广电总局副局长田进、国家旅游局副局长吴文学、中国民用航空局副局长董志毅等访毛。

两国经贸务实合作进一步拓展。6月，商务部国际贸易谈判副代表张向晨访毛。11月，中毛经贸联委会第十次会议在京召开，双方签署了《中华人民共和国政府和毛里求斯共和国政府关于免除毛里求斯政府部分债务的议定书》《中华人民共和国商务部和毛里求斯共和国外交、地区一体化和国际贸易部关于启动中国—毛里求斯自由贸易协定联合可行性研究谅解备忘录》等合作文件。中国银行毛里求斯子行成为首家在毛正式营业的中资银行。

双方其他领域交流与合作不断加强。广州—路易港直航开通。毛里求斯大学孔子学院正式揭牌。中国“大洋一号”“向阳红九号”科考船在毛停靠并同毛海事及科研机构开展交流。

墨西哥
(Mexico)

2016年，中华人民共和国与墨西哥合众国全面战略伙伴关系稳定发展。

两国政治互信持续深化。9月，国家主席习近平同墨西哥总统恩里克·培尼亚·涅托在二十国集团领导人第11次峰会期间举行会见。5月，中共中央政治局委员、广东省委书记胡春华访墨。8月，国务院副总理刘延东访墨。12月，国务委员杨洁篪访墨。9月，墨旅游部长恩里克·德拉马德里访华。10月，墨执政党革命制度党总书记卡罗琳娜·蒙洛伊访华。墨国防部长萨尔瓦多·西恩富戈斯和海军部长比达尔·索韦隆访华。双方在联合国及安理会改革、二十国集团、气候变化、亚太区域合作、中拉整体合作等重大国际和地区问题上保持良好沟通与配合。

两国经贸合作稳步推进。双方在工业园区、清洁能源、汽车配件等领域的投资合作进展顺利。晶科能源和远景能源分别中标墨新能源发电项目，中海油集团中标墨西哥湾深海油田区块。中墨投资基金完成首笔注资，中国工商银行墨西哥子行正式营业，中国银行墨西哥子行获准成立。

两国人文交流日益紧密。双方举办中拉文化交流年墨西哥专场演出，加勒比大学孔子课堂揭牌成立。两国民航直航合作取得新进展，在教育、旅游、青年等领域交流频繁。

密克罗尼西亚联邦
(The Federated States of Micronesia)

2016年，中华人民共和国与密克罗尼西亚联邦战略伙伴关系稳步发展。

两国高层和各级别交往密切，政治互信进一步深化。10月，密副总统尤斯沃·乔治赴广东出席2016广东21世纪海上丝绸之路国际博览会。密资源发展部长、波纳佩州州长及多名前政要来华参会或考察。9月，中国—太平洋岛国论坛对话会特使杜起文赴密出席第28届太平洋岛国论坛会后对话会。

两国各领域交流与合作稳步发展。商务部国际贸易副代表张向晨率团

赴密举行首届中密经贸联委会会议。中方援建的科斯雷州大桥顺利竣工。援密运–12（Y–12）飞机、丘克州政府办公楼等项目进展顺利。

双方人文、地方交流不断深化。第二批中国援密医疗队顺利完成任务。第九期援密农业专家组工作稳步推进。广东省派友好、医疗、体育、旅游和文艺代表团访问雅浦州和波纳佩州。中方多次派科考船赴密海域开展科考工作。

摩尔多瓦
(Moldova)

2016年，中华人民共和国与摩尔多瓦共和国友好合作关系持续向前发展。

双方保持友好交往。9月，摩副总理兼经济部长奥克塔维安·卡尔梅克来华出席第六届中国（贵州）国际酒类博览会。中摩在涉及对方核心利益的问题上相互支持，在联合国等多边场合保持密切沟通与协作。

中摩务实合作迎来新契机。12月，中摩政府间经贸合作委员会第八次会议成功举行。摩方积极响应中方丝绸之路经济带建设倡议，双方企业积极寻求在基础设施和光纤网络建设等领域开展合作。中方援助项目顺利实施，获得良好社会效益。

中摩人文交流蓬勃发展。摩主流媒体记者多次发表介绍中国的文章，江苏女子民乐团参加摩迎春花国际艺术节。两国教育交流持续推进，孔子学院在摩影响日益扩大，当地学习汉语学生人数不断增加。

摩纳哥
(Monaco)

2016年，中华人民共和国与摩纳哥公国友好合作关系平稳健康发展。

两国传统友谊和务实合作进一步深化，在国际事务中相互支持，树立了大小国家相互尊重、平等相处的典范。

文化领域交流合作进展顺利。6月，第三届“摩纳哥周”活动在成都举办。10月，蒙特卡洛芭蕾舞团来华演出。人员往来便利化水平进一步提升。11月1日，摩纳哥被纳入中国现行适用72小时和144小时过境免签国家名单。

蒙　古
(Mongolia)

2016年，中华人民共和国与蒙古国全面战略伙伴关系总体继续深化发展。受达赖窜访影响，两国关系出现波折。

两国高层交往频繁。6月，国家主席习近平出席上海合作组织成员国元首理事会第16次会议期间，同蒙古总统额勒贝格道尔吉和俄罗斯总统普京举行中蒙俄三国元首会晤，并同额勒贝格道尔吉总统举行双边会晤。7月，国务院总理李克强对蒙古进行正式访问并出席第11届亚欧首脑会议。访问期间，李克强总理同蒙古总理额尔登巴特举行大小范围会谈，会见额勒贝格道尔吉总统、国家大呼拉尔主席恩赫包勒德。10月，中共中央政治局常委、中央书记处书记刘云山访蒙，会见额勒贝格道尔吉总统、恩赫包勒德主席、额尔登巴特总理。同月，蒙古人民党主席、国家大呼拉尔主席恩赫包勒德来华出席“中国共产党与世界对话会”，习近平主席、全国人大常委会委员长张德江、刘云山同志分别会见。

两国经贸合作继续发展。中国连续多年保持蒙古第一大贸易伙伴国和投资来源国地位。2016年，受世界经济复苏乏力、国际大宗商品市场低迷等因素影响，两国贸易额有所下降。

两国公民往来有所增加。2016年，两国人员往来约174.6万人次，其中蒙公民来华约158.1万人次，中国公民赴蒙16.5万人次。

双方在国际与地区事务中相互支持。两国在联合国、上海合作组织、亚欧会议、亚洲相互协作与信任措施会议等多边框架内保持良好协调。

黑　山
(Montenegro)

2016年，中华人民共和国与黑山友好合作关系不断深化。

两国高层保持接触。7月6日，国家主席习近平、国务院总理李克强、

全国人大常委会委员长张德江分别同黑山总统菲利普·武亚诺维奇、总理米洛·久卡诺维奇、议长达尔科·帕约维奇互致贺电，庆祝两国建交10周年。11月，李克强总理在拉脱维亚里加同出席第五次中国—中东欧国家领导人会晤的黑山副总理武伊察·拉佐维奇简短寒暄。1月，外交部部长助理刘海星赴黑山与黑山外交和欧洲一体化部国务秘书伊戈尔·约沃维奇共同主持两国外交部政治磋商。

两国经贸合作日益扩大。中国铁建和中国土木工程集团中标黑山铁路修复改造项目，金额701万欧元。上海电力与马耳他能源公司共同承建黑山莫茹拉风电站项目。

两国文化、教育交往增多。4月，文化部副部长董伟访黑，双方签署《两国文化部2017—2020年文化合作执行计划》。黑山大学、下戈里察大学和地中海大学分别与长沙理工大学、西华大学和宁波大红鹰学院签署合作协议。

黑山重视并积极参与中国—中东欧国家合作。6月，中国—中东欧国家合作黑山国家协调员、黑副总理顾问戈兰·约韦蒂奇出席第七次中国—中东欧国家合作国家协调员会议。6月，黑山副总理佩塔尔·伊瓦诺维奇来华出席第三次中国—中东欧国家地方领导人会议，国务院副总理马凯同其会见。10月，黑山社会主义者民主党副主席、政府第一副总理杜什科·马尔科维奇出席在匈牙利举办的中国—中东欧政党对话会。

摩洛哥
(Morocco)

2016年，中华人民共和国和摩洛哥王国关系取得重要进展。双方确立战略伙伴关系。

两国关系提升至战略伙伴关系。5月，应国家主席习近平邀请，摩洛哥国王穆罕默德六世对中国进行国事访问。两国元首举行会谈，并共同签署《中华人民共和国和摩洛哥王国关于建立两国战略伙伴关系的联合声明》，双方正式建立战略伙伴关系。两国元首同时见证签署涉及经贸、工业、能源、金融、文化、旅游等领域16项双边合作文件。

两国政治交往不断。9月，国务院副总理刘延东在甘肃敦煌会见来华出席首届丝绸之路（敦煌）国际文化博览会的摩洛哥国王文化顾问安德烈·阿祖莱。同月，中央书记处书记、全国政协副主席杜青林率中共代表团访问摩洛哥。5月，摩洛哥外交与合作部大臣级代表穆巴尔卡·布艾达赴多哈出席中阿合作论坛第七届部长级会议。

两国务实合作不断取得新进展。双方在工程承包、金融、渔业、通信、人员培训等领域互利合作成果丰富，在新能源、铁路等领域合作逐步展开。

两国在政党、地方、文化、旅游等领域合作全面推进。1月，中国文化部代表团访问摩洛哥，同摩洛哥文化部签署在摩洛哥建立中国文化中心的谅解备忘录。2月，水利部部长陈雷访问摩洛哥，同摩洛哥农业与海洋渔业大臣共同签署两国灌溉领域合作谅解备忘录。3月，中共中央对外联络部副部长刘洪才率团访问摩洛哥。7月，中国蒲公英艺术团赴摩洛哥参加第十届国际儿童民俗音乐节。9月，教育部副部长杜玉波访问摩洛哥，同摩洛哥高等教育、科研与干部培训大臣共同出席建立丹吉尔阿萨德大学孔子学院协议签字仪式。同月，上海艺术团访问摩洛哥。10月，上海市眼科专家组赴摩洛哥开展“光明行”义诊，为当地白内障患者进行免费复明治疗。6月1日起，摩洛哥政府正式免除中国公民赴摩洛哥旅游签证手续。中国公民赴摩洛哥旅游人数大幅增长。

莫桑比克
(Mozambique)

2016年，中华人民共和国与莫桑比克共和国传统友谊和友好合作进一步发展，两国建立全面战略合作伙伴关系。

两国交流互访密切。5月，莫桑比克总统菲利佩·雅辛托·纽西来华进行国事访问并出席首届世界旅游发展大会开幕式。其间，国家主席习近平同其举行会谈，确定两国全面战略合作伙伴关系新定位，国务院总理李克强同其会见。10月，莫总理卡洛斯·阿戈什蒂纽·多罗萨里奥赴澳门出席中国—葡语国家经贸合作论坛第五届部长级会议，国务院总理李克强同其会见。3月，全国人大常委会委员长张德江在赞比亚卢萨卡出席各国议会联盟第134届大会期间，会见莫桑比克议长韦罗尼卡·马卡莫。外交部长王毅、商务部国际贸易谈判副代表张向晨等先后访莫。莫桑比克解放阵线党总书记埃利塞乌·马沙瓦、内政部长雅伊梅·蒙泰罗等分别来华访问或出席国际会议。

双方经贸合作扎实推进。纽西总统访华期间，两国签署推进产能合作、开展经贸合作区建设的协议。中资企业在莫投资活跃，中国成为莫最大投

资来源国之一。中国石油天然气集团公司与莫石油公司签署战略合作协议，安徽省外经建设集团公司在莫投资的五星级酒店投入运营。中国援莫基础设施建设、文化、教育、民生等领域项目均进展顺利。2016年年初，莫北旱南涝，中国政府向莫政府提供紧急粮食援助。

双方其他领域交流合作深入推进。2016年，两国互免持外交、公务护照人员签证协定生效。双方主管部门签署关于共同打击跨国犯罪的协议。中莫科研人员在印度洋顺利开展海上联合科考合作。汉语专业正式进入莫国立大学学历教育体系。

缅 甸
(Myanmar)

2016年，中华人民共和国与缅甸联邦共和国全面战略合作伙伴关系平稳发展。

两国高层保持密切接触。10月，国家主席习近平在印度出席金砖国家领导人同环孟加拉湾多领域经济技术合作倡议成员国领导人对话会期间会见缅甸国务资政昂山素季。7月，国务院总理李克强在蒙古出席第11届亚欧首脑会议期间会见缅甸总统廷觉。9月，国务委员兼公安部长郭声琨赴缅甸主持第五次中缅执法安全合作会议。4月，外交部长王毅访问缅甸，是缅新政府接待的首位外国外长。7月，王毅外长在老挝出席东亚合作系列外长会期间会见缅甸外交部长昂山素季。12月，王毅外长在柬埔寨出席澜沧江—湄公河合作第二次外长会期间会见缅甸外交国务部长觉丁。11月，外交部副部长刘振民、中央军委联合参谋部副参谋长徐粉林上将赴缅同缅甸外交国务部长觉丁、缅甸国防军第一特种作战局局长吞吞南中将共同主持中缅外交国防2+2高级别磋商首次会议。

8月，缅甸国务资政昂山素季对中国进行正式访问，习近平主席、李克强总理、全国人大常委会委员长张德江、国务委员杨洁篪、外交部长王毅分别同昂山素季国务资政举行会见、会谈，两国共同发表《中华人民共和国和缅甸联邦共和国联合新闻稿》。3月，缅甸副总统赛茂康来华出席澜沧江—湄公河合作首次领导人会议暨博鳌亚洲论坛2016年年会开幕式，李克强总理会见。9月，缅甸副总统敏瑞来华出席第13届中国—东盟博览会暨中国—东盟商务与投资峰会，国务院副总理张高丽会见。

两国各领域互利合作不断深化。基础设施、能源、农业等领域合作稳步推进。双方继续推进皎漂经济特区和中缅原油管道等项目合作，就妥善解决密松电站问题保持沟通。2月，两国电力合作委员会召开第三次会议。6月，两国农业合作委员会召开首次会议。

两国防务、安全等领域合作有序推进。9月，中共中央军事委员会副主席许其亮上将访问缅甸。9月底至10月初，中国海军第23批护航编队访问缅甸仰光港。10月底至11月初，缅甸国防军总司令敏昂莱大将访华。

两国民生领域合作不断拓展。中方为缅方抗洪救灾和灾后恢复重建提供帮助和支持，积极援助蒲甘地震受损佛塔修复。中方在缅甸启动“中缅友好学校”网络建设，设立“中缅友好奖/助学金”，建设“中缅友谊林”，开展“光明行”活动。

中方积极支持缅北和平进程，同缅方共同维护中缅边境地区的安宁稳定。

纳米比亚
(Namibia)

2016年，中华人民共和国与纳米比亚共和国友好合作关系继续稳步发展，各领域交流合作取得新成果。

两国政治交往保持良好势头。9月，中共中央书记处书记、全国政协副主席杜青林访纳。2月，外交部长王毅访纳。4月，全国政协港澳台侨委员会主任委员杨崇汇访纳。6月，全国人大法律委员会副主任委员张海阳访纳。9月，国土资源部副部长张德霖访纳。

8月，纳米比亚国民议会议长彼得·卡贾维维访华。6月，纳土地改革部部长乌托尼·努乔马来华出席第四届中国南亚博览会。7月，纳国际关系与合作部副部长莫林·欣达来华出席中非合作论坛约翰内斯堡峰会成果落实协调人会议。8月，纳安全与保卫部长查尔斯·纳莫洛和工程与运输部长阿尔菲厄斯·纳鲁塞布先后访华。

两国务实合作取得积极进展。中国广核集团联合中非发展基金有限公司投资的纳米比亚湖山铀矿项目正式投产。毛泽东中学、哈达普水产养殖项目、国家青年培训中心一期工程等中国援纳项目建成并投入使用。

两国党际、卫生、地方等领域交流密切。纳执政党西南非洲人民组织总书记南戈洛·姆奔巴9月率中央委员研修班访华，10月参加南部非洲六姊妹党总书记代表团再度访华。第十批和第十一批中国援纳医疗队完成交接。

江西省、河南省代表团访纳，纳霍马斯省省长访华。

尼泊尔
(Nepal)

2016年，中华人民共和国和尼泊尔友好合作关系继续向前发展。

两国高层交往密切，政治互信进一步提升。10月，国家主席习近平出席在印度果阿举行的金砖国家领导人同环孟加拉湾多领域技术经济合作倡议成员国领导人对话会期间同尼泊尔总理普拉昌达举行双边会晤。3月，尼泊尔总理卡·普·夏尔马·奥利正式访华并出席博鳌亚洲论坛2016年年会，习近平主席、国务院总理李克强、全国政协主席俞正声同奥利总理会见、会谈，双方签署《中华人民共和国政府和尼泊尔政府过境运输协定》和《中华人民共和国商务部和尼泊尔商业部关于启动中国—尼泊尔自由贸易协定联合可行性研究的谅解备忘录》等十个协议。6月，尼泊尔副总统普恩来华出席第四届中国—南亚博览会开幕式，汪洋副总理同其会见。8月，尼泊尔副总理兼财长马哈拉作为总理特使访华，李克强总理会见。9月，尼泊尔副总理兼财长马哈拉来华出席第三届西藏国际旅游文化博览会。尼泊尔议长昂萨莉来华出席丝绸之路（敦煌）国际文化博览会，刘延东副总理会见。

两国经贸领域务实合作不断加强。中国政府继续为尼泊尔经济社会发展和灾后重建提供力所能及的帮助。3月，双方签署《博卡拉机场优惠贷款框架协议和贷款协议》。公务员医院升级改造项目和已建成成套项目维修加固工程完成立项，其他灾后重建和援尼项目稳步推进。

两国人文领域交流密切。2月，尼泊尔中国文化中心举办为期20天的“欢乐春节”系列活动，并特别举办地震孤儿春节开放日活动。12月，第七届尼泊尔“中国节”暨第二届加德满都（中国—南亚）文化论坛在加德满都开幕，中共中央政治局委员、中央书记处书记、中宣部部长刘奇葆，尼泊尔副总理兼财政部长马哈拉出席开幕式。《习近平谈治国理政》尼泊尔文版首发式在尼总统府举行，尼泊尔总统班达里、刘奇葆部长出席首发式并致辞。中国国际广播电台“电视中国剧场”暨中国影视剧尼泊尔推介会在加德满都举行。

尼泊尔在涉藏等问题上给予中方坚定支持，承诺不允许任何势力利用尼领土从事反华活动。两国在国际和地区事务中保持密切沟通与配合。

荷　兰
(Netherlands)

2016年，中华人民共和国和荷兰王国关系保持良好发展势头，两国开放务实的全面合作伙伴关系进入快速发展阶段，各领域务实合作不断取得新成果。

双方高层交往密切。7月，国务院总理李克强出席第11届亚欧首脑会期间会见荷兰首相马克·吕特。4月，国务委员兼公安部长郭声琨访问荷兰，同荷安全与司法大臣阿德·范德斯图尔举行会谈。6月，全国政协副主席、全国工商联主席王钦敏访问荷兰，与荷外贸与发展合作大臣莉莉安·普劳曼举行会谈。11月，荷兰议会一院议长安吉·布鲁克斯–克诺尔访华，全国人大常委会委员长张德江同其举行会见，全国政协主席俞正声同其会谈。

各领域务实合作不断深化，成果丰硕。荷兰是中国在欧盟内第三大贸易伙伴和第三大直接投资来源国，中国是荷兰在欧盟外第二大贸易伙伴和第二大投资来源国。两国在"一带一路"框架下稳步推进互联互通建设，上海—阿姆斯特丹直航、成都—蒂尔堡快运班列成功开通。3月，第17次中荷农业高级工作组会议在荷兰召开。9月，中荷水管理委员会在北京召开，双方签署水资源领域合作谅解备忘录。10月，两国签署在老年护理和长期照料领域的部门间合作谅解备忘录。

两国人文交流蓬勃发展。9月，格罗宁根大学孔子学院在阿姆斯特丹成立新的中心。11月，海牙中国文化中心揭牌。双方合作举办"欢乐春节""花车巡游"等品牌活动。赴荷中国留学人员已成为荷第二大外国留学生群体。双方决定将职教联合工作小组升格为全方位教育合作工作小组，全面推动中荷教育领域务实合作。2016年前三季度，中国赴荷游客达25万，稳居亚洲国家之首。9月，两国签署《中华人民共和国和荷兰政府社会保障协定》。

两国地方交往持续深入。截至2016年年底，两国已建立8对省际、18对市际友好关系。

新西兰
(New Zealand)

2016年，中华人民共和国与新西兰关系继续保持良好发展势头。

两国高层交往频繁。4月，新西兰总理约翰·基正式访华。5月，中共中央政治局委员、中央书记处书记、中共中央宣传部部长刘奇葆访问新西兰。9月，国务院总理李克强在纽约出席第71届联合国大会系列高级别会议期间会见约翰·基总理。10月，新西兰议长卡特访华。12月，李克强总理、国务院副总理张高丽分别向新西兰新任总理英格利希、副总理贝内特致就职贺电。

其他重要双边交往有：4月，最高人民检察院检察长曹建明访新。同月，黑龙江省委书记王宪魁访新。5月，新西兰国家党主席彼得·古德费洛访华。6月，新西兰梅西大学、维塔工作室代表团访华。同月，司法部部长吴爱英访新。9月，全国政协副主席、中国国际交流协会副会长齐续春，国家预防腐败局副局长、中央纪委国际合作局局长刘建超分别访新。同月，新西兰食品安全事务部长乔·古德修访华。10月，中国人民对外友好协会会长李小林访新。同月，新西兰反对党工党领袖安德鲁·利特尔、新西兰外长默里·麦卡利分别访华。11月，全国政协外事委员会副主任蔡武访新。同月，新西兰民族事务部长萨姆·罗托–伊阿访华。

经贸合作持续稳步发展。中国继续保持新西兰第一大贸易伙伴地位。双方宣布启动中国—新西兰自由贸易协定升级谈判。中国企业参与新西兰奥克兰、克赖斯特彻奇等地基础设施建设取得进展。中新电子商务合作起步，金融合作日益扩大。

教育、旅游、文化、地方等领域的交流与合作不断扩大。中国是新西兰最大的留学生来源国，目前中国在新各类留学人员约5.7万人。9月，新西兰举办第二届中文周活动。截至2016年12月，两国已建立34对友好省市关系。

两军交流合作进一步深化。6月，新西兰国防部秘书长海琳·奎尔特访华。7月，新西兰国防军后勤司令戴维·普罗科托访华。10月，新西兰国防部长格里·布朗利访华。11月，新西兰空军司令托尼·戴维斯访华。同月，中国海军“盐城号”护卫舰参加新西兰海军建军75周年庆典及海上阅兵式，中国人民解放军艺术学院代表团访问新西兰。

尼日尔
(Niger)

2016年，中华人民共和国与尼日尔共和国友好合作关系稳定发展。

政治互信不断增强。3月，国家主席习近平致电祝贺穆罕默杜·伊素福连任尼日尔总统。4月，国务院总理李克强致电祝贺布里吉·拉菲尼连任尼日尔政府总理。同月，全国人大常委会委员长张德江致电祝贺乌塞尼·蒂尼当选尼日尔国民议会新任议长。5月，尼日尔外交、合作、非洲一体化和侨民部就南海问题发表新闻公报，支持中国在南海问题上的立场。7月，尼日尔外交、合作、非洲一体化和侨民部部长级代表埃尔巴科·阿达姆·泽纳布来华出席中非合作论坛约翰内斯堡峰会成果落实协调人会议。

两国各领域合作稳步推进。1月，使用中国政府优惠贷款实施的津德尔供水项目竣工。8月，中方援建的尼亚美综合医院竣工，尼日尔总统伊素福、总理拉菲尼、议长蒂尼等出席竣工仪式。12月，中方援建的4所小学竣工。使用中国政府优惠贷款实施的高压输变电项目和国家光缆骨干网项目进展顺利。

11月21日，中国新任驻尼日尔大使张立军向伊素福总统递交国书。

尼日利亚
(Nigeria)

2016年是中华人民共和国同尼日利亚联邦共和国建交45周年，两国战略伙伴关系不断深化。

两国高层保持密切交往。4月，尼日利亚总统穆罕马杜·布哈里对中国进行国事访问，国家主席习近平、国务院总理李克强、全国人大常委会委员长张德江分别会谈、会见。两国元首共同见证了基础设施、产能、投资、航空、科技、金融等领域合作文件的签署。其间，外交部长王毅同尼日利亚外交部长杰弗里·奥尼亚马举行会谈，并共同出席了庆祝中尼建交45周年招待会。1月，两国外交部长就中尼建交45周年互致贺电。5月，中国政府代表周欲晓大使出席在尼日利亚阿布贾举行的第二届地区安全峰会。9月，

中非友好协会会长阿不来提·阿不都热西提访问尼日利亚。10月，国务院侨务办公室主任裘援平访问尼日利亚。7月，尼日利亚预算和国家计划部长乌多·乌多马来华出席中非合作论坛约翰内斯堡峰会成果落实协调人会议。此外，尼日利亚科技部长奥邦纳亚·奥努、通信部长阿德巴约·希图、交通部长罗蒂米·阿马埃奇、财政部长凯米·阿德奥森等先后访华。

两国经贸合作取得新进展。尼日利亚是中国在非洲第一大工程承包市场、第三大出口市场、第四大贸易伙伴和主要投资目的地国。7月，商务部副部长钱克明访问尼日利亚，并主持召开了第六届中尼双边经贸联委会。4月，布哈里总统访华期间，双方共同举办了中尼产能和投资合作论坛。中国政府援建的农业示范中心和太阳能信号灯二期项目稳步推进。7月，非洲首条采用中国技术标准建设的现代化铁路——阿布贾—卡杜纳段正式投入运营。

两国人文交流活跃。以纪念中尼建交45周年为契机，青海省、江西省及其他省份文艺团体赴尼演出，中尼学术研讨、书法、绘画、电影、武术交流等活动受到当地各界热烈欢迎。8月，30名尼日利亚青年来华参加中非青年大联欢。11月，第二届中尼领事论坛暨在尼中资企业社会责任图片展在阿布贾举行。

10月18日，中国新任驻尼日利亚大使周平剑向布哈里总统递交国书。

纽　埃
(Niue)

2016年，中华人民共和国与纽埃友好合作关系稳步发展。

10月，纽埃—中国友好协会代表团对广东省进行友好访问。12月，纽埃驻新西兰高级专员奥洛芙·雅各布森访问广东，就双方进一步加强合作交换意见。中方援建纽埃环岛公路项目进展顺利。

挪　威
(Norway)

2016年，中华人民共和国同挪威王国关系实现正常化。

12月19日，挪威外交大臣博尔格·布兰德访华，国务院总理李克强、外交部长王毅分别同其会见、会谈，两国政府发表《中华人民共和国政府与挪威王国政府关于双边关系正常化的声明》。

4月14日，中国新任驻挪威大使王民向挪威国王哈拉尔五世递交国书。

阿　曼
(Oman)

2016年，中华人民共和国和阿曼苏丹国传统友好合作关系持续健康发展。

中阿政治互信增强，各层次交往不断。3月，全国人大常委会副委员长、中国阿拉伯友好协会会长艾力更·依明巴海访问阿曼，会见阿曼国家委员会副主席哈塔卜·希纳伊。5月，国务委员王勇访问阿曼，分别会见阿曼内阁事务副首相法赫德·本·马哈茂德·阿勒赛义德、交通和通讯大臣艾哈迈德·本·穆罕默德·福泰斯、外交部秘书长巴德尔·本·布赛义迪，并出席杜库姆经济特区中国产业园签约仪式。6月，阿曼协商会议主席哈立德·本·希拉勒·马瓦利访华，全国人大常委会委员长张德江、全国政协主席俞正声分别同其举行会见、会谈。10月，阿曼外交部秘书长巴德尔访华，双方举行两国外交部第十轮战略磋商。

两国在共建“一带一路”框架内务实合作富有成果。阿曼是中国在全球第五大原油供应国和阿拉伯国家中第四大贸易伙伴。中国是阿曼第一大贸易伙伴和原油最大出口目的地国。3月，商务部副部长钱克明访问阿曼，举行中阿经贸联委会第八次会议。

两国其他领域交流日趋活跃。9月，阿曼卡布斯苏丹大学开设中文选修课。12月，阿曼航空公司开通马斯喀特—广州直航。中国海军护航编队多次在阿实施综合补给和人员休整。

巴基斯坦
(Pakistan)

2016年是中华人民共和国与巴基斯坦伊斯兰共和国建交65周年，两国关系取得重要进展。

中巴高层往来频密。两国领导人于5月21日互致贺电。6月，国家主席习近平在塔什干出席上海合作组织元首理事会第16次会议期间会见巴基斯坦总统马姆努恩·侯赛因。9月，国务院总理李克强在纽约出席第71届联合国大会系列高级别会议期间会见巴基斯坦总理纳瓦兹·谢里夫。4月，中共中央政治局委员、新疆维吾尔自治区党委书记张春贤率团访问巴基斯坦。9月，巴基斯坦国民议会议长萨达尔·萨迪克应邀来新疆乌鲁木齐出席第五届中国—亚欧博览会。7月，巴基斯坦旁遮普省首席部长夏巴兹·谢里夫应邀访华。

中巴经济走廊建设取得积极进展。喀喇昆仑公路升级改造二期（塔科特—哈维连段）、卡拉奇至白沙瓦高速公路（木尔坦—苏库尔段）等交通基础设施重大项目动工。萨希瓦尔燃煤电站、卡西姆港燃煤电站等一批能源领域优先推进项目开工建设或接近融资关闭。瓜达尔港生产能力修复工程已完工，港口运营基本实现正常化，相关配套设施项目和社会公益项目顺利推进。瓜达尔港东湾快速路和新国际机场项目取得积极进展。10月，“中巴经济走廊联合贸易车队”活动成功举行。12月29日，中巴经济走廊联合合作委员会第六次会议在北京召开，双方就推动走廊建设达成一系列共识。

两国人文交流取得丰硕成果。2016年，巴基斯坦孔子学院/课堂共有中方院长4人、中方教师20人，共开设207个汉语教学班次，学员1.2万人，组织文化活动208场，参与人数达5.5万余人。2月，中国儿童艺术剧院舞台剧团赴巴举办“欢乐春节”活动。9月，巴新闻广播及国家遗产部部长佩尔瓦伊兹·拉希德应邀率代表团出席首届丝绸之路（敦煌）国际文化博览会。巴青年团组多次受邀来华参加南亚国家青年干部培训班、亚非青年联欢节。

巴勒斯坦
(Palestine)

中华人民共和国是最早支持巴勒斯坦解放组织和承认巴勒斯坦国的国家之一。2016年，两国传统友好关系得到进一步巩固和发展。

中巴政治关系顺利发展。1月，国家主席习近平在阿拉伯国家联盟总部发表演讲，演讲中专门阐述中方在巴勒斯坦问题上的原则立场。11月，习近平主席向联合国“声援巴勒斯坦人民国际日”纪念大会致贺电。12月，习近平总书记就马哈茂德·阿巴斯连任巴勒斯坦民族解放运动（法塔赫）主席致贺电。9月，全国人大常委会委员长张德江访巴，会见巴总理拉米·哈姆迪拉。3月，国务院副总理刘延东访巴，巴总统阿巴斯、总理哈姆迪拉会见。4月，巴勒斯坦外交部长利雅德·马立基来华出席亚洲相互协作与信任措施会议第五次部长级会议。5月，巴外长马立基赴卡塔尔多哈出席中阿合作论坛第七届部长级会议。12月，巴外交部部长助理马金·沙米亚访华。

中国继续向巴方提供力所能及的援助。双方签署向巴提供5000万人民币人道主义援助的经济技术合作协定。中方顺利完成太阳能电站项目签署可行性研究换文。中方援巴体育场人工草坪项目物资顺利抵港。中方全年对巴人员培训达446人次。

中巴在其他领域的交往稳步开展。国家发展和改革委员会副主任宁吉喆率中共十八届五中全会精神对外宣讲团访巴。中共中央对外联络部派团出席第七届巴勒斯坦民族解放运动（法塔赫）代表大会开幕式。首批巴勒斯坦中学生赴华参加夏令营。两国签订教育、科学、文化、高检等多个合作文件。

巴布亚新几内亚
(Papua New Guinea)

2016年是中华人民共和国与巴布亚新几内亚独立国建交40周年，两国战略伙伴关系稳步发展。

两国高层及各级别交往密切。7月6～10日，巴新总理彼得·奥尼尔

对中国进行正式访问并出席生态文明贵阳国际论坛2016年年会，国家主席习近平、国务院总理李克强、全国政协主席俞正声分别同奥尼尔总理会见、会谈，双方一致同意加强高层沟通，扩大各领域交流，增进政治互信，深化贸易、能源资源、基础设施建设、农业渔业等领域合作，推动两国战略伙伴关系得到更大发展。10月，习近平主席、李克强总理分别同巴新总督迈克尔·奥吉奥、奥尼尔总理就中巴新建交40周年互致贺电。9月，全国人大常委会副委员长张宝文率团对巴新进行访问。10月，中国人民对外友好协会举办庆祝中巴新建交40周年招待会，全国政协副主席王钦敏出席。2月，外交部副部长郑泽光对巴新进行工作访问。6月，巴新矿业部长拜伦·陈率巴新政府议会联合考察团访问中国。10月，巴新国防军司令吉尔伯特·托罗波准将访华并出席第七届香山论坛。

两国在经贸、能源资源、基础设施、民航运输等领域合作取得新进展。两国政府签订航空运输协定和开展产能合作的框架协议，双方同意开展中巴新自贸协定联合可行性研究。双方就巴新方利用中方优惠贷款实施西高地省公路升级改造项目、莱城港西侧物流仓储开发项目和巴新国家海底光缆项目达成一致。中方援建的巴新国际会议中心移交巴新方。利用中国优惠贷款建设的电子身份证、首都地区道路改造、国家宽带网项目进展顺利，科科贝市污水处理系统项目开工。

两国人文和地方交流与合作日益活跃。中国同巴新共同举办一系列庆祝建交40周年活动。中国向巴新提供抗疟疾药品和物资，中国、澳大利亚、巴新三方联合防控疟疾试点项目在莫尔斯比港启动。深圳市与巴新莫尔斯比港首都行政区签署友好交流城市谅解备忘录，深圳市艺术团赴巴新演出。

秘　鲁
(Peru)

2016年，中华人民共和国与秘鲁共和国全面战略伙伴关系深入发展。

双方高层交往密切。11月，国家主席习近平赴秘鲁出席亚太经合组织第24次领导人非正式会议并对秘鲁进行国事访问，同秘鲁总统佩德罗·巴勃罗·库琴斯基举行会谈，共同见证包括《中华人民共和国政府与秘鲁共和国政府2016年至2021年共同行动计划》在内的13项合作文件签署，并宣布涉及经济、金融、水电、矿业等5项合作文件作为访问成果。此外，习近平主席会见国会主席卢斯·萨尔加多并在国会发表演讲，全面阐述中国对拉政策以及进一步发展中拉关系的主张，同库琴斯基总统共同出席中国文物展暨2016年中拉文化交流年闭幕式并致辞。9月，习近平主席特使、环境保护部部长陈吉宁赴秘鲁出席总统权力交接仪式，分别同库琴斯基总统、前总统奥扬塔·乌马拉举行会见。10月，外交部长王毅对秘鲁进行正式访问，同秘鲁外交部长里卡多·卢纳举行会谈、同库琴斯基总统举行会见。9月12～16日，库琴斯基总统对中国进行国事访问，同习近平主席举行会谈。会谈后，两国领导人共同出席合作文件签字仪式，中秘双方共同发表《中秘关于深化全面战略伙伴关系的联合声明》。库琴斯基总统还同国务院总理李克强、全国人大常委会委员长张德江举行会见。

双方务实合作不断深化。两国成功召开第二次经济合作战略对话，在亚太经合组织等多边组织框架下保持良好合作和沟通。中国五矿资源有限公司拉斯邦巴斯铜矿于2016年一季度建成投产。中国是秘鲁第一大贸易伙伴、第一大出口市场、第一大进口来源国，秘鲁是中国在拉美第四大贸易伙伴。

两国在文化、教育、军事等领域的交流合作不断发展。2016年是中秘建交45周年，双方开展一系列丰富多彩的庆祝和纪念活动。中拉文化交流年在秘鲁圆满落幕，“天涯若比邻——华夏文明瑰宝展”在秘成功举办。

菲律宾
(The Philippines)

2016年1～5月，中华人民共和国和菲律宾共和国关系受南海问题特别是南海仲裁案影响，继续在低谷徘徊。5月，原菲律宾达沃市市长罗德里戈·杜特尔特赢得菲律宾总统大选胜利，当选菲第16任总统，向中方释放开展对话、妥处分歧、改善关系的积极信号。国家主席习近平就杜特尔特总统胜选和就职两次致电祝贺。双方积极互动，共同推动中菲关系改善。

10月18～21日，杜特尔特总统对中国进行国事访问，习近平主席同其举行会谈，中菲关系实现全面转圜。11月，习近平主席在秘鲁出席亚太经合组织领导人第24次非正式会议期间同杜特尔特总统再次会晤，就深化中菲睦邻友好、推进全面合作进一步达成共识，巩固了两国关系向好发展势头。

杜特尔特总统访华期间，中菲双方发表《中华人民共和国和菲律宾共和国联合声明》，并签署13个各领域合作文件，两国在禁毒、经贸投资、基

础设施、农渔业、旅游等领域务实合作全面展开。

波　兰
(Poland)

2016年，中华人民共和国与波兰共和国关系进入新的历史发展阶段，中波关系提升为全面战略伙伴关系，双边交往与各领域合作取得丰硕成果。

两国高层保持密切交往。6月，国家主席习近平对波兰进行国事访问，两国建立全面战略伙伴关系。11月，国务院总理李克强出席第五次中国—中东欧国家领导人会晤期间与波兰总理贝阿塔·谢德沃举行双边会见。8月，中共中央书记处书记、中央纪律检查委员会副书记赵洪祝访波。9月，全国政协副主席王家瑞访波。3月，波兰前总统布罗尼斯瓦夫·科莫罗夫斯基访华。

两国政府部门、立法机构和政党间交流与合作不断加强。国家发展和改革委员会主任徐绍史、商务部长高虎城、国家质量监督检验检疫总局局长支树平、国家税务总局局长王军、中国铁路总公司总经理盛光祖、商务部副部长高燕、交通运输部副部长何建中、工业和信息化部副部长许达哲、教育部副部长郝平、人力资源社会保障部副部长邱小平、国家知识产权局局长申长雨、国家食品药品监督管理总局副局长吴浈、中共中央宣传部副部长王晓晖、海关总署署长于广洲等先后访问波兰。波兰副总理兼科学和高等教育部部长雅罗斯瓦夫·戈文、最高监察院院长克里斯托夫·克维亚特科夫斯基、海洋经济与内河航运部部长约瑟夫·格鲁巴尔契克、环境部长扬·什史科、农业和乡村发展部部长克里斯托夫·尤盖尔等相继访华或来华出席会议。

两国外交部保持良好合作。4月，波兰外长维托尔德·瓦什奇科夫斯基访华。5月，外交部部长助理刘海星同波兰外交部副国务秘书卡塔日娜·卡茨佩尔契克在华沙主持中波第四轮副外长级战略对话。6月，外交部长王毅在巴黎同波兰外长瓦什奇科夫斯基举行双边会见。10月，外交部部长助理刘海星在华沙出席中国—中东欧国家合作国家协调员会议期间同波兰外交部副国务秘书、国家协调员罗伯特·格雷举行双边会见。

双边经贸合作快速发展。波兰是中国在中东欧地区最大贸易伙伴。3月，波参、众议院批准波兰加入亚洲基础设施投资银行。6月，两国政府签署共同编制中波合作规划纲要的谅解备忘录。8月，波兰政府在中国银行间债券市场发行首期3年期人民币主权债券30亿元。同月，中国光大国际集团以总价1.23亿欧元收购波兰领先固废处理公司Novago，成为中国在中东欧环保市场中最大的一个收购项目。

两国人文交流和地方交往日益活跃。6月，两国政府签署关于相互承认高等教育文凭和学位协议。两国文化部签署2016—2019年文化合作议定书。2016年9月，中国国际航空公司开通北京—华沙直航。第四届中波地方合作论坛在华沙举行。截至2016年年底，两国结好省市27对。

葡萄牙
(Portugal)

2016年，中华人民共和国与葡萄牙共和国全面战略伙伴关系稳步推进，各领域务实合作不断深化。

两国高层交往密切，政治互信稳固。3月，国家主席习近平向葡萄牙新任总统马塞洛·德索萨致就职贺电。9月，国务院总理李克强在结束赴纽约出席第71届联合国大会系列高级别会议并访问加拿大、古巴后过境葡萄牙特塞拉岛，葡外长奥古斯托·席尔瓦专程上岛接待。10月，葡总理安东尼奥·科斯塔对中国进行正式访问并出席中国—葡语国家经贸合作论坛第五届部长级会议有关活动，习近平主席、李克强总理和全国人大常委会委员长张德江分别同科举行会谈、会见，双方有关部门签署关于文化、金融、能源、通信、航空、第三方合作等领域的九项政府合作文件和商业协议。中共中央政治局委员、北京市委书记郭金龙，全国政协副主席陈晓光等访葡，葡最高法院院长安东尼奥·加斯帕尔、总检察长若安娜·维达尔等访华。

两国政府部门、立法机构、政党、地方和智库间交流与合作不断加强。澳门特别行政区行政长官崔世安，商务部副部长钟山，文化部副部长杨志今，国家海洋局局长王宏，国家工商行政管理总局副局长马正其，全国人大常委会委员、外事委员会副主任委员赵白鸽，全国人大外事委员会副主任委员王晓初，最高人民法院副院长江必新，上海市副市长白少康，中国科学院院长白春礼，中国社会科学院院长王伟光等先后访葡。葡前总理、联合国候任秘书长安东尼奥·古特雷斯、社民党总书记若泽·罗萨等相继访华。

两国外交部保持良好合作。7月，外交部长王毅在陪同李克强总理出席

第11届亚欧首脑会议期间，在乌兰巴托会见葡外长席尔瓦。1月，葡外交部国际化国务秘书若热·奥利维拉访华，外交部副部长王超同其会见。

两国经贸投资合作持续升温。中葡经贸混委会第九次会议在里斯本举行。双方就加强第三方合作签署谅解备忘录。三峡集团和葡萄牙电力公司就深化合作达成协议。华为公司和葡萄牙电信就深化战略合作伙伴关系等签署谅解备忘录。首都航空公司与葡萄牙旅游局就开展合作签署谅解备忘录。贝森公司斥资3800万欧元收购葡丰沙尔投资银行。两国金融机构间交流合作日益密切。

两国人文、科技等领域交流与合作成果丰硕。两国签署关于互设文化中心的协定和关于海洋领域合作的谅解备忘录。“欢乐春节”活动首次走向葡全境，受到当地人民欢迎和喜爱。科英布拉大学孔子学院挂牌成立，成为在葡第四所孔子学院。两国就葡萄牙在广州开设总领事馆正式换文。

卡塔尔
(Qatar)

2016年，中华人民共和国与卡塔尔国战略伙伴关系平稳发展。

两国保持各层次密切往来。3月，全国人大常委会副委员长、中国阿拉伯友好协会会长艾力更·依明巴海访问卡塔尔，会见卡塔尔埃米尔塔米姆·本·哈马德·阿勒萨尼、协商会议主席穆罕默德·本·穆巴拉克·胡莱菲。5月，外交部长王毅访问卡塔尔并出席中国—阿拉伯国家合作论坛第七届部长级会议，会见卡塔尔埃米尔塔米姆，与卡塔尔外交大臣穆罕默德·本·阿卜杜拉赫曼·阿勒萨尼举行会谈。3月，新华社社长蔡名照赴卡塔尔多哈出席第三届世界媒体峰会。6月，中共中央宣传部副部长傅自应访问卡塔尔。8月，中国政府叙利亚问题特使谢晓岩访问卡塔尔。4月，卡塔尔外交大臣助理苏尔坦·本·萨阿德·穆莱基来华出席亚洲相互协作与信任措施会议第五次外长会议。11月，卡塔尔国防事务国务大臣哈立德·本·穆罕默德·阿提亚访华并赴珠海出席第11届中国国际航空航天博览会开幕式。

两国经贸、能源、金融等领域务实合作稳步发展。卡是中国第二大液化天然气进口来源国。5月，中国证券监督管理委员会同卡塔尔金融中心管理局签署《证券期货监管合作谅解备忘录》。11月，中国和卡塔尔企业组成的联合体中标卡塔尔2022年世界杯主场馆路赛体育场项目。2016“中国制造”展在卡塔尔多哈开幕，卡副首相艾哈迈德·本·阿卜杜拉·本·扎耶德·马哈茂德、央行行长阿卜杜拉·本·苏欧德·阿勒萨尼出席开幕式。

两国人文交流不断扩大。双方合作举办2016“中卡文化年”。1月，文化部长雒树刚和卡塔尔文化、艺术和遗产大臣哈马德·本·阿卜杜勒阿齐兹·库瓦里作为两国政府代表出席在多哈举行的“中卡文化年”开幕式。中国丝绸展、中国当代艺术展、华夏瑰宝展、中国艺术节在卡举办，卡珍珠展、卡塔尔爱乐乐团巡演等文化交流活动在中国举办。

韩　国
(ROK)

2016年，中华人民共和国与大韩民国在政治、经济、人文等领域保持交流与合作。同时，由于美国和韩国决定在韩国部署末端高空区域反导系统（“萨德”系统），中韩各领域交流合作受到影响。

高层交往方面，2月4日，国家主席习近平同韩国总统朴槿惠通电话。3月31日，习近平主席在出席华盛顿核安全峰会期间会见朴槿惠总统。6月26～30日，韩国国务总理黄教安访华并出席夏季达沃斯论坛，习近平主席会见，国务院总理李克强与其会谈。9月5日，习近平主席同来华出席二十国集团领导人第11次峰会的朴槿惠总统举行双边会见。3月24日，韩国副总理柳一镐来华出席博鳌亚洲论坛2016年年会。

经贸合作方面，中国继续保持韩国最大贸易伙伴、最大出口市场和最大进口来源国地位。韩国是中国第三大贸易伙伴国和第二大外资来源国。中国是韩国第二大海外投资对象国。6月，人民币对韩元直接交易在中国正式启动。

其他领域交流合作方面，两国立法、文化、科技、教育、司法等对口部门之间建立了友好交往与合作关系，196对省市建立了友好关系。中国是韩国公民最大的出境旅游目的地国，韩国是中国公民第二大出境旅游目的地国。两国人员往来连续三年超过1000万人次。

罗马尼亚
(Romania)

2016年，中华人民共和国同罗马尼亚全面友好合作伙伴关系保持稳步发展。

两国高层保持接触。7月，国务院总理李克强在出席第11届亚欧首脑会议期间同罗马尼亚总理达奇安·乔洛什寒暄。11月，李克强总理在拉脱维亚里加出席第五次中国—中东欧国家领导人会晤期间同乔洛什总理举行双边会见。12月，全国人大常委会委员长张德江、全国政协主席俞正声分别向罗新任参议长克林·波佩斯库–特里恰努和众议长利维乌·德拉格内亚致就职贺电。6月，全国政协副主席、中国人民争取和平与裁军协会会长韩启德访问罗马尼亚。全国人大外事委员会主任委员傅莹、国务院国有资产监督管理委员会主任肖亚庆、南南合作促进会会长吕新华、文化部副部长丁伟等分别访罗。

4月，罗众议院外交政策委员会主席博尔贝伊·拉斯洛访华。6月，罗副总理兼经贸和商业环境部长科斯汀·博尔克来华出席第二次中国—中东欧国家经贸促进部长级会议。3月和5月，罗马尼亚前总理、黑海地区项目协会主席维克多·蓬塔两度访华，并出席第五届中欧政党高层论坛。

两国外交部保持良好沟通与合作。9月，外交部部长助理刘海星访问罗马尼亚，会见罗副总理兼经贸和商业环境部长博尔克，同罗外交部国务秘书达尼埃拉·格特曼举行两国外交部政治磋商。

两国经贸投资合作稳中有进，双边贸易额保持较快增长。中国已成为罗马尼亚在亚洲的第一大贸易伙伴。两国核能、火电等领域大项目取得积极进展。罗最高国防委员会将中国广核集团有限公司参与的罗切尔纳沃德核电站项目确定为国家优先投资项目。

中罗科技、文化、教育等领域合作活跃。9月，中罗政府间科技合作联委会第42次例会在北京召开。1月，“罗马尼亚珍宝展”在华巡展。中方在罗举办“丝绸之路新风貌”“中国故事2016”图片展，产生热烈反响。“汉语热”在罗持续升温，罗方将汉语正式列入中小学教学大纲，中方已在罗开设四所孔子学院和六家孔子课堂。

罗马尼亚积极参与中国—中东欧国家合作。6月，罗地区发展和公共行政部国务秘书希尔马·卡拉曼来华出席第三次中国—中东欧国家地方领导人会议。罗卫生部国务秘书科林娜·波普来华出席第二届中国—中东欧国家卫生部长论坛。11月，16+1能源项目对话与合作中心在罗马尼亚成立。

两国地方交往活跃，互访地方团组20余个，迄今已结成33对友城关系。

俄罗斯

(Russia)

2016年，中华人民共和国与俄罗斯联邦全面战略协作伙伴关系继续保持高水平运行。两国以庆祝《中俄睦邻友好合作条约》签署15周年和建立战略协作伙伴关系20周年为主线，积极开展“一带一路”建设与欧亚经济联盟建设对接合作和两国发展战略对接，继续加大相互支持，巩固政治、战略互信，推进务实、人文合作，密切国际、地区协作。

两国高层和各级别交往密切。2016年，两国元首五次会晤，战略引领规划双边关系和各领域合作。6月25日，俄罗斯总统弗拉基米尔·普京对中国进行国事访问。国家主席习近平同普京总统举行会谈，共同出席2016中俄主流媒体联合采访活动启动仪式和《中俄睦邻友好合作条约》签署15周年纪念大会。两国元首签署并发表《中华人民共和国和俄罗斯联邦联合声明》《中华人民共和国主席和俄罗斯联邦总统关于加强全球战略稳定的联合声明》和《中华人民共和国主席和俄罗斯联邦总统关于协作推进信息网络空间发展的联合声明》。9月4日，习近平主席会见来华出席二十国集团领导人第11次峰会的普京总统。6月23日、10月15日和11月19日，两国元首分别在上海合作组织塔什干峰会、金砖国家领导人果阿会晤和亚太经合组织领导人利马非正式会议期间举行双边会晤，就中俄关系和共同关心的国际和地区问题深入交换意见。6月23日，习近平主席同俄罗斯总统普京、蒙古国总统额勒贝格道尔吉在塔什干举行中俄蒙三国元首第三次会晤，共同见证签署《建设中蒙俄经济走廊规划纲要》和《中华人民共和国海关总署、蒙古国海关与税务总局和俄罗斯联邦海关署关于特定商品海关监管结果互认的协定》。

两国总理三次会晤，有力推动中俄各领域务实合作。11月6～8日，国务院总理李克强对俄罗斯进行正式访问，会见普京总统，并同俄罗斯政府总理德米特里·梅德韦杰夫举行中俄总理第21次定期会晤，签署并发表《中俄总理第二十一次定期会晤联合公报》，发表《中俄政府首脑关于深化

和平利用核能领域战略合作的联合声明》和《中俄政府关于中俄国界第一次联合检查成果的联合声明》，见证签署两国政府间及企业间19份合作文件。7月15日和9月8日，两国总理分别在乌兰巴托亚欧首脑会议和万象东亚合作领导人系列会议期间举行会晤。

两国立法机关继续保持密切往来。5月4～6日，俄国家杜马主席谢尔盖·纳雷什金访华并同全国人大常委会委员长张德江举行中俄议会合作委员会第二次会议。9月7～9日，俄联邦委员会主席瓦莲京娜·马特维延科对中国进行工作访问。习近平主席分别会见纳雷什金主席和马特维延科主席。张德江委员长分别同俄议会领导人举行会谈。4月18～19日，全国人大常委会副委员长陈竺赴俄出席首届欧亚国家议长会议，期间会见纳雷什金主席。

两国各机制性交往顺利开展。5月23～24日，中共中央政治局委员、中央政法委书记孟建柱赴俄格罗兹尼出席第七届安全事务高级代表国际会议，其间会见俄联邦安全会议秘书尼古拉·帕特鲁舍夫。5月30～31日，国务院副总理张高丽赴俄索契同俄副总理阿尔卡季·德沃尔科维奇举行中俄能源合作委员会第13次会议并共同出席第二届中俄中小企业实业论坛。7月2～6日，国务院副总理刘延东赴俄举行中俄人文合作委员会第17次会议期间，会见梅德韦杰夫总理，同俄副总理奥莉加·戈洛杰茨共同主持会议并见证签署两国教育、文化、卫生、体育等领域8份合作文件，共同出席中共六大会址常设展览馆建成仪式并分别宣读两国元首致辞。7月12～14日，国务院副总理汪洋赴俄叶卡捷琳堡出席第三届中俄博览会相关活动，并同俄副总理德米特里·罗戈津举行中俄总理定期会晤委员会双方主席会晤。7月18～20日，国务委员杨洁篪赴俄乌里扬诺夫斯克同俄总统驻伏尔加河沿岸联邦区全权代表米哈伊尔·巴比奇举行会晤并共同主持中国长江中上游地区和俄罗斯伏尔加河沿岸联邦区地方合作理事会首次会议，共同签署《中国长江中上游地区和俄罗斯伏尔加河沿岸联邦区地方合作理事会条例》和会议纪要，见证两地区多项地方政府间合作文件的签署。11月1～3日，汪洋副总理赴俄同罗戈津副总理举行中俄总理定期会晤委员会第20次会议。11月5～8日，刘延东副总理在俄会见戈洛杰茨副总理，并共同出席“2016俄罗斯中国电影节”开幕式。

3月24～25日，俄总统办公厅主任谢尔盖·伊万诺夫访华。习近平主席，中共中央政治局常委、中央纪委书记王岐山分别会见。中共中央政治局委员、中央书记处书记、中央宣传部部长刘奇葆会见伊万诺夫并共同出席第二届中俄媒体论坛全体会议。中共中央政治局委员、中央书记处书记、中央办公厅主任栗战书同伊万诺夫会谈。6月19～20日，罗戈津副总理来华同汪洋副总理在黄山举行中俄总理定期会晤委员会双方主席会晤。6月24日，俄第一副总理伊戈尔·舒瓦洛夫来华同张高丽副总理在北京举行中俄投资合作委员会第三次会议。9月12～14日，俄联邦安全会议秘书帕特鲁舍夫来华。其间，习近平主席会见，中共中央政治局委员、中央政法委书记孟建柱同其举行中俄执法安全合作机制第三次会议，杨洁篪国务委员同其举行中俄第12轮战略安全磋商。10月17～20日，俄副总理兼总统驻远东联邦区全权代表尤里·特鲁特涅夫访华，同汪洋副总理在北京举行中国东北地区和俄罗斯远东地区地方合作理事会第二次会议，共同出席首届国际产能合作论坛暨第八届中国对外投资合作洽谈会开幕式并分别致辞。

两国其他高级别接触频繁。11月23日，中共中央政治局常委、全国政协主席俞正声，中共中央政治局委员、中央军委副主席许其亮空军上将和国务委员兼国防部长常万全上将分别会见来华访问的俄国防部长谢尔盖·绍伊古。6月15～18日，全国政协副主席、中俄友好协会会长陈元赴俄出席第20届圣彼得堡国际经济论坛，并会见戈洛杰茨副总理。9月1～4日，全国人大常委会副委员长陈昌智赴俄出席第二届东方经济论坛，同俄第一副总理舒瓦洛夫共同出席“中国—俄罗斯”商务对话会，会见特鲁特涅夫副总理兼总统驻远东联邦区全权代表。4月13日，国务委员兼公安部长郭声琨在乌兹别克斯坦塔什干出席上海合作组织成员国安全会议秘书会议期间会见俄联邦安全会议秘书帕特鲁舍夫。

两国外交部长保持密切接触。3月11日，外交部长王毅访问俄罗斯，其间会见普京总统，与俄罗斯外长谢尔盖·拉夫罗夫举行会谈并签署《中华人民共和国外交部与俄罗斯联邦外交部2016年磋商计划》。4月18日，王毅外长和拉夫罗夫外长在莫斯科出席中俄印外长第14次会晤期间举行双边会见。4月29日，拉夫罗夫外长对中国进行正式访问。习近平主席会见，王毅外长与其举行会谈。6月，两国外长签署并发表《中俄关于促进国际法的联合声明》，首次就捍卫国际法权威、促进国际法治发表单独合作文件。两国外长还多次在多边场合会晤，相互通话和互致函电，就重大国际和地区问题深入交换意见，协调立场。

中俄在涉及国家主权、安全和领土完整等核心利益问题上继续相互坚定支持。中方支持俄方打击恐怖主义、维护国家主权和安全。俄方支持中方在涉及台湾、西藏、新疆等问题上的原则立场。

两国务实合作稳步推进。中俄稳步推进两国发展战略对接及“一带一路”建设与欧亚经济联盟对接合作，积极寻找新的合作增长点，将中小企业、科教、创新、农业、远东开发合作作为重点开拓领域，致力推动务实合作提质升级。战略性大项目合作取得重要进展，中俄东线天然气管线按

计划建设，中国向亚马尔液化气项目提供融资，双方发表核领域一揽子合作联合声明，签署推进联合研制远程宽体客机和重型直升机合作文件，同江铁路桥俄方一侧开工修建。

两国人文交流丰富多彩。双方精心设计并举办媒体交流年227项活动，两国民众相互认同感、亲近感进一步提升。中共六大会址常设展览馆开馆，成为中俄友谊重要象征。中俄友好、和平与发展委员会积极开展民间外交，5月29日至6月3日，委员会中方主席戴秉国赴俄出席“中国和俄罗斯——迈向高质量的双边关系”国际研讨会；委员会成功主办第二届中俄中小企业实业论坛。2016年，中国赴俄游客数量超百万人次，继续保持俄最大外国游客客源国地位。深圳北理莫斯科大学顺利奠基，两国各类留学人员交流规模达7万余人。中俄最有影响力文学作品互评活动成功举办。首届中俄“丝绸之路”国际汽车拉力赛等活动圆满成功。中国冰球队正式加入大陆冰球联盟。中国在俄首个中医诊疗中心在圣彼得堡开业。

中俄在一系列重大国际和地区问题上立场相同或相近，保持密切沟通和合作。双方致力于维护国际法和国际关系基本准则，反对霸权主义、单边主义、强权政治，倡导建立以合作共赢为核心的新型国际关系，推动国际秩序朝着更加公正合理方向发展。中俄在联合国及其安理会、亚太经合组织、二十国集团、上海合作组织、金砖国家、中俄印、中俄蒙等多边框架内保持密切协作。双方推动伊朗核问题、朝鲜半岛核问题、叙利亚、阿富汗等地区热点问题政治解决进程，在反恐、战略稳定、网络安全等非传统安全领域开展更加密切的合作，成为世界和平稳定的一块重要压舱石。

卢旺达
(Rwanda)

2016年，中华人民共和国同卢旺达共和国友好合作关系发展顺利。

双方政治交往密切。3月，全国人大常委会委员长张德江访问卢旺达。6月，外交部副部长张明访问卢旺达，并与卢外交与合作部长路易丝·穆希基瓦博举行两国外交部首轮政治磋商。11月，卢外交与合作部长穆希基瓦博来华出席慕尼黑安全政策会议核心小组会议并出席中卢建交45周年庆祝活动，外交部副部长张业遂同其会见。7月，卢财政与经济计划国务部长于齐耶尔·恩达吉吉马纳来华出席中非合作论坛约翰内斯堡峰会成果落实协调人会议。

两国经贸合作取得积极进展。3月，中国援建卢旺达政府综合办公楼项目奠基。7月，双方签署为基加利市政道路项目提供优惠贷款的框架协议。

萨摩亚
(Samoa)

2016年，中华人民共和国与萨摩亚独立国战略伙伴关系稳步推进。

两国各级别交往频繁。9月，全国人大常委会副委员长张宝文率团访问萨摩亚，分别会见萨国家元首图伊阿图阿·图普阿·塔马塞塞·埃菲、代总理费亚梅·内奥米·马塔阿法、议长雷奥佩佩·托利福亚·阿普鲁·法菲西。11月，萨摩亚首席大法官帕图·蒂阿瓦阿苏伊·法莱法图·萨波鲁赴浙江乌镇出席第三届世界互联网大会。

两国经贸合作稳步发展。利用中方优惠贷款实施的萨摩亚法雷奥洛国际机场候机楼升级改造项目一期工程顺利完成。中方援建的萨警察学院项目进展顺利。双方签署航空运输协定。

双方人文、地方交流不断深化。中方继续为萨援派汉语、理科教师，为萨学生提供留学机会。萨政府官员、技术人员赴华参加各类培训。萨电视台播出中国电视剧。广东省援建的萨友谊公园和文化艺术中心项目顺利进行。广东省派出友好代表团、医疗队赴萨考察、巡诊。

圣马力诺
(San Marino)

2016年是中华人民共和国与圣马力诺共和国建交45周年，双边关系继续健康平稳发展。

两国始终秉承相互尊重、平等互利的原则，积极拓展双边关系，不断深化传统友谊和各领域合作，树立了大小国家和谐相处、相互支持的典范。两国在联合国等国际组织中继续保持密切沟通与协调。

5月，外交部长王毅同圣马力诺外交部长帕斯夸莱·瓦伦蒂尼就中圣建交45周年互致贺电。9月30日，中国驻意大利大使兼驻圣马力诺大使李瑞宇在圣马力诺举行建交45周年庆祝招待会。

圣多美和普林西比
(Sao Tome and Principe)

2016年12月26日，外交部长王毅同应邀访华的圣多美和普林西比民主共和国外交和海外侨民部长乌尔比诺·博特略举行会谈，共同签署两国复交联合公报并会见中外记者，宣布即日起两国恢复大使级外交关系。同日，国家副主席李源潮会见博特略部长一行。27日，国务委员杨洁篪会见博特略部长一行。

沙特阿拉伯
(Saudi Arabia)

2016年，中华人民共和国和沙特阿拉伯王国关系快速、深入发展。

两国战略互信持续增强。1月，国家主席习近平对沙特进行国事访问，同沙特国王萨勒曼·本·阿卜杜勒阿齐兹·阿勒沙特举行会谈，双方发表建立全面战略伙伴关系的联合声明，并决定建立中沙高级别联合委员会，签署共建“一带一路”、产能、产业园区、科技、金融、能源、核能、可再生能源、文化等领域合作文件。习近平主席还会见沙特王储继承人兼第二副首相、国防大臣穆罕默德·本·萨勒曼·本·阿卜杜勒阿齐兹·阿勒沙特，伊斯兰合作组织秘书长伊亚德·迈达尼，海湾合作委员会秘书长阿卜杜拉提夫·本·拉希德·扎耶尼。8月，沙特王储继承人穆罕默德访华并出席二十国集团领导人第11次峰会，习近平主席、国务委员兼国防部长常万全、国务委员杨洁篪分别同其会见，国务院副总理张高丽同其共同主持中沙高级别联合委员会首次会议，共同签署《关于成立中沙高级别联合委员会的协定》和《中沙高级别联合委员会首次会议纪要》，并见证签署双方能源、金融、投资、住房、水资源、质检、科技、人文等领域合作文件。11月，中共中央政治局委员、中央政法委书记孟建柱访沙，分别会见沙特国王萨勒曼、王储兼副首相、内政大臣穆罕默德·本·纳伊夫·本·阿卜杜勒阿齐兹·阿勒沙特、沙特王储继承人穆罕默德。6月，张高丽副总理、国务委员杨洁篪分别会见来华出席二十国集团能源部长会议的沙特能源、工业和矿产大臣哈立德·法利赫。

两国在共建“一带一路”框架内经贸、能源、产业园区、基础设施建设、金融、科技等领域合作深入开展。沙特是中国全球第一大原油供应国和西亚非洲地区第一大贸易伙伴。中国是沙特第一大贸易伙伴。

两国人文交流活跃。12月，沙特“阿拉伯之路”文物展在北京举行。

2016年，中国有组织赴沙特朝觐穆斯林近1.45万人。

6月22日，中国新任驻沙特大使李华新向沙特国王萨勒曼递交国书。

塞内加尔
(Senegal)

2016年，中华人民共和国同塞内加尔共和国建立全面战略合作伙伴关系，各领域合作成果丰硕。

两国政治交往密切。9月，塞内加尔总统马基·萨勒来华出席二十国集团领导人第11次峰会。国家主席习近平会见萨勒总统，双方一致同意将中塞关系提升为全面战略合作伙伴关系，并就双边关系深入发展达成重要共识。6月，萨勒总统就中国在马里维和人员遇袭伤亡事件致电习近平主席表示慰问。5月，国务委员杨洁篪访问塞内加尔。1月，中国政府非洲事务特别代表钟建华大使访塞。12月，新任中国政府非洲事务特别代表许镜湖大使赴塞参加第三届达喀尔非洲和平与安全国际论坛。

两国经贸合作快速推进。1月，商务部副部长钱克明访塞。年内，中国援建的黑人文明博物馆竣工移交。竞技摔跤场、国家宽带网、新机场高速路等多个项目先后动工，进展顺利。

双方人文交流更趋活跃。中国驻塞内加尔使馆举办“欢乐春节”系列文化活动。5月，达喀尔艺术双年展“中国馆”开幕。6月，中塞签署《中华人民共和国和塞内加尔共和国政府关于在塞内加尔设立中国文化中心的协定》。

塞尔维亚
(Serbia)

2016年，中华人民共和国与塞尔维亚共和国关系提升为全面战略伙伴关系。

两国高层交往密切，政治互信不断加深。6月17～19日，国家主席习近平对塞尔维亚进行国事访问。11月，国务院总理李克强在拉脱维亚首都里加出席第五次中国—中东欧国家领导人会晤期间同塞总理阿莱克桑达尔·武契奇举行双边会见，并共同见证签署《中华人民共和国政府和塞尔维亚共和国政府关于互免持普通护照人员签证的协定》。文化部长雒树刚、国家新闻出版广电总局局长蔡赴朝、国务院发展研究中心主任李伟等访问塞尔维亚。

12月，塞第一副总理兼外长伊维察·达契奇正式访华。塞文化和媒体部长弗拉丹·武科萨夫列维奇、总统外事顾问伊万·姆尔基奇、国民议会外事委员会主席扎尔科·奥布拉多维奇分别访华。5月，塞内务部长内博伊沙·斯特法诺维奇来华出席第五届中欧政党高级论坛。10月，教育部长姆拉登·沙尔切维奇来华出席中国—欧盟教育部长会议。11月，塞国家行政管理和地方自治部长阿娜·布尔娜比奇来华出席第三届世界互联网大会。

两国经贸合作稳步推进，交通基础设施建设、能源、产能等领域大项目合作成果丰硕。11月，双方在中国—中东欧国家领导人里加会晤期间签署《匈塞铁路（塞尔维亚段）商务合同》和《匈塞铁路项目（塞尔维亚段）融资备忘录》。河北钢铁集团并购塞尔维亚斯梅戴雷沃钢厂顺利交割。中国企业承建的欧洲E763号高速公路部分路段、科斯托拉茨电站等项目稳步推进。

两国人文、教育、地方、防务等领域合作进一步深化。贝尔格莱德中国文化中心在两国元首共同见证下奠基。贝尔格莱德大学和诺维萨德大学孔子学院运行良好。北京、上海、河北、海南、陕西等地方代表团分别访塞。6月，塞军队总参谋长柳比沙·迪科维奇访华。

塞尔维亚高度重视并积极参与中国—中东欧国家合作。6月，中国—中东欧国家合作秘书处与塞建设、交通和基础设施部签署关于成立中国—中东欧国家交通基础设施合作中心的谅解备忘录。塞经济部部长助理米伦·特利武纳茨来华出席第三次中国—中东欧国家地方领导人会议。首届中国—中东欧国家文化创意产业论坛在贝尔格莱德举行。塞方派员出席第二届中国—中东欧国家卫生部长论坛和中国—中东欧国家艺术合作论坛。

国家主席习近平对塞尔维亚进行国事访问

2016年6月17～19日，国家主席习近平对塞尔维亚进行国事访问。习近平主席分别同塞总统托米斯拉夫·尼科利奇、总理阿莱克桑达尔·武契奇、议长玛娅·戈伊科维奇会谈、会见，出席尼科利奇总统举行的欢迎仪式和欢迎宴会，出席贝尔格莱德中国文化中心奠基仪式，参观河钢集团斯梅戴雷沃钢厂。两国元首共同签署《中塞关于建立全面战略伙伴关系的联合声明》，并共同见证签署多项政府间和商业协议。

塞舌尔
(Seychelles)

2016年是中华人民共和国与塞舌尔共和国建交40周年，两国友好合作关系发展顺利。

两国各层级交往密切。6月，国家主席习近平同塞舌尔总统詹姆斯·阿利克斯·米歇尔、外交部长王毅与塞外交与交通部长乔尔·摩根就中塞建交40周年分别互致贺电。10月，习近平主席向塞新任总统丹尼·富尔致就职贺电，全国人大常委会委员长张德江向塞新任国民议会议长帕特里克·皮莱致就职贺电。1月和5月，全国政协副主席王家瑞、国务委员杨洁篪先后率团过境塞舌尔，分别与塞副总统丹尼·富尔简短会面。6月，塞副总统富尔出席中国驻塞使馆举行的庆祝中塞建交40周年招待会。同月，塞总统府国务秘书莫里斯·卢斯托–拉兰来华出席塞独立40周年暨中塞建交40周年庆祝活动，全国政协副主席周小川同其会见。

两国经贸合作稳步推进。中国援塞舌尔格拉斯小学顺利移交，柯盖特伊斯特住房项目签署实施协议，广电中心项目完成换文。

双方其他领域交流与合作不断加强。文化部副部长丁伟访塞，并同塞方签署《中华人民共和国政府和塞舌尔共和国政府文化协定2016年至2019年执行计划》。北京—维多利亚直航正式开通。广州市在塞植物园捐建的“广州园”正式移交塞方。中共中央军事委员会联合参谋部副参谋长王冠中上将、武汉市市长万勇访塞。

12月13日，中国新任驻塞舌尔大使余劲松向塞总统富尔递交国书。

塞拉利昂
(Sierra Leone)

2016年是中华人民共和国同塞拉利昂共和国建交45周年，双方确立全面战略合作伙伴关系，各领域友好合作取得新的重要进展。

两国高层交往频繁，政治互信提升至新水平。12月，塞拉利昂总统欧内斯特·巴伊·科罗马对中国进行国事访问。访问期间，国家主席习近平同科罗马总统举行会谈，国务院总理李克强、全国人大常委会委员长张德江分别同科罗马总统举行会见。两国元首一致同意将中塞关系提升为全面战略合作伙伴关系，并见证签署了《中华人民共和国和塞拉利昂共和国关于建立外交部磋商机制的协议》等多项协议。1月，全国政协副主席王家瑞率领中国共产党代表团访塞。6月，塞拉利昂外交与国际合作部长萨穆拉·卡马拉正式访华。7月，外交部长王毅与卡马拉外长就两国建交45周年互致贺电。

11月11日，中国新任驻塞拉利昂大使吴鹏向科罗马总统递交国书。

两国在经贸、卫生等领域交流与合作取得新成果。中国企业投资的唐克里里铁矿项目整体运行良好。4月，中国企业在塞投资、建设、运营的首条收费高速公路项目开工。11月，中国援塞小水电站项目交接，配套输变电项目举行开工仪式，第五次免费白内障手术“光明行”活动启动。12月，由中方向塞拉利昂当地医疗机构推广儿科急诊适宜技术和专科护士培训的妇幼健康项目启动。

新加坡
(Singapore)

2016年，中华人民共和国与新加坡共和国与时俱进的全方位合作伙伴关系平稳发展。

两国保持高层交往势头。5月，中共中央政治局委员、中央政法委书记孟建柱同新加坡副总理兼国家安全统筹部长张志贤在新加坡共同主持召开第三届中新社会治理高层论坛。9月，新加坡总理李显龙来华出席二十国集团领导人第11次峰会并访问重庆，国家主席习近平会见。同月，国务院总理李克强在老挝出席东亚合作领导人系列会议期间会见李显龙总理。3月，新加坡荣誉国务资政吴作栋来华出席博鳌亚洲论坛2016年年会。9月，新加坡副总理兼经济及社会统筹部长尚达曼来华出席二十国集团财长会议。2月，新加坡外交部长维文正式访华。6月，维文外长来云南出席中国—东盟国家外长特别会议。

两国经贸投资合作成果丰硕。中国是新加坡第一大贸易伙伴。新加坡是中国在东盟国家中第四大贸易伙伴、第一大投资来源国和第二大对外投资目的地国。苏州工业园区、天津生态城两大政府间合作项目继续推进，两国第三个政府间合作项目——中新（重庆）战略性互联互通示范项目取得积极进展。

两国金融合作稳步推进。新加坡将人民币纳入其官方储备货币，已成为全球主要的离岸人民币结算中心之一。双方同意将跨境人民币业务试点扩展至重庆市。双方续签双边本币互换协议，互换规模3000亿人民币/500亿新元。

两国在文化教育、社会治理、防务、安全等领域合作继续全面推进。

斯洛伐克
(Slovak)

2016年，中华人民共和国同斯洛伐克共和国双边关系保持一定发展，但因涉藏问题遭遇波折。

10月，斯洛伐克总统安德雷·基斯卡在达赖窜访斯期间同其在一家私营餐厅共进午餐，斯国民议会副议长卢奇亚·尼霍尔索诺娃等四人同达赖集体会见。中方对此表示坚决反对，并进行有力斗争。斯总理罗贝尔特·菲佐公开批评斯政要会见达赖，斯外交和欧盟事务部长米罗斯拉夫·莱恰克正式致函外交部长王毅，强调斯洛伐克政府坚持一个中国政策，视西藏为中国不可分割的一部分，并代表斯洛伐克政府郑重声明：本届斯洛伐克政府过去不曾、将来也不会与“西藏流亡政府”或“流亡议会”的任何代表进行任何官方接触。

两国高层保持一定接触。11月，国务院总理李克强出席在拉脱维亚里加举行的第五次中国—中东欧国家领导人会晤期间同菲佐总理简短寒暄。7月，莱恰克外长以联合国秘书长候选人身份来华，王毅外长同其会见。同

月，王毅外长在老挝万象出席东亚合作系列外长会期间会见作为欧盟轮值主席国外长的莱恰克。

两国各领域合作继续发展。9月，中国国家汉办和布拉迪斯拉发孔子学院合作，在班斯卡·比斯特里察州的米库拉什·科瓦奇中学开设中斯双语教学课程。11月，两国签署《中华人民共和国海关总署与斯洛伐克共和国财税总局关于推进实施丝绸之路经济带合作倡议的谅解备忘录》。斯积极参与中国—中东欧国家合作框架下的经贸、科技、地方、卫生等领域活动。

截至2016年年底，双方共有结好省（州）、市3对。

斯洛文尼亚
(Slovenia)

2016年，中华人民共和国与斯洛文尼亚共和国友好合作关系稳步发展。

两国高层和各级别交往频繁。11月，国务院总理李克强在拉脱维亚首都里加会见出席第五次中国—中东欧国家领导人会晤的斯洛文尼亚总理米罗·采拉尔。9月，全国政协副主席王家瑞访问斯洛文尼亚，会见斯国民议会议长米兰·布尔格莱兹，并同斯国民委员会主席米蒂亚·贝尔瓦尔举行会谈。3月，外交部部长助理刘海星访问斯洛文尼亚，同斯外交部国务秘书达里娅·巴弗达日–库雷特举行两国外交部政治磋商，会见斯国民委员会主席米蒂亚·贝尔瓦尔、副总理兼外长卡尔·埃里亚韦茨、总理府国务秘书雅奈兹·莱纳尔契奇，并出席斯电子智库研讨会。

两国各领域交流合作取得成效。1月，中国银联与斯洛文尼亚科佩尔银行、联合圣保罗卡公司开通ATM业务合作。同月，第12届中斯经济合作联委会会议在卢布尔雅那举行。4月，两国民航部门签署航权安排和适航技术合作文件。5月，斯经济发展和技术部长兹德拉夫科·波契瓦尔舍克来华出席首届世界旅游发展大会。

斯洛文尼亚积极参与中国—中东欧国家合作。5月，中国—中东欧国家林业合作机制第一次高级别会议在斯举行，国家林业局局长张建龙出席会议。6月，斯经济发展和技术部长兹德拉弗科·波契瓦尔舍克来华出席第二次16+1经贸促进部长级会议。同月，斯教育、科学和体育部长玛娅·马科维茨·布伦契奇来华出席在唐山举行的16+1地方领导人会议。11月，斯副总理兼农业、林业和食品部部长戴扬·日丹来华出席中国—中东欧国家农业部长会议暨国际农业经贸合作论坛。

索马里
(Somalia)

2016年，中华人民共和国和索马里联邦共和国友好关系稳步发展。

两国保持友好交往。6月，国家主席习近平就索马里国庆56周年向索总统哈桑·谢赫·马哈茂德致贺电。同月，国家主席习近平和马哈茂德总统就索和平重建进程互致信函。5月，索外交与投资促进部副部长艾哈迈德·阿里·卡迪耶出席中阿合作论坛第七届部长级会议并会见外交部副部长张明。7月，索计划与国际合作部副部长阿卜杜拉希·谢赫·阿里来华出席中非合作论坛约翰内斯堡峰会成果落实协调人会议。

中国继续支持索马里和平进程。2月，中国政府非洲事务特别代表钟建华出席第三届索马里伙伴论坛部长级高级别会议。5月，中方派团出席索马里海盗问题联络小组第19次会议。自2008年年底以来，中国共派出25批护航编队赴亚丁湾和索马里海域开展护航行动。

南　非
(South Africa)

2016年，中华人民共和国与南非共和国全面战略伙伴关系发展势头强劲。

两国高层交往密切。9月3日，国家主席习近平同来华出席二十国集团领导人第11次峰会的南非总统雅各布·祖马举行双边会见。祖马总统随后赴广州出席第二届对非投资论坛。10月15日，习近平主席在印度果阿出席金砖国家领导人第八次会晤期间同祖马总统再次举行双边会见。11月，国家副主席李源潮访问南非，会见祖马总统并同南副总统西里尔·拉马福萨共同主持召开中南国家双边委员会第六次全体会议。同月，全国人大常委会副委员长向巴平措率团访问南非并同南方共同主持召开中南立法机关定期交流机制第四次会议。7月29日，南非国际关系与合作部部长迈特·恩科阿纳·马沙巴内来华出席中非合作论坛约翰内斯堡峰会成果落实协调人会议，外交部长王毅与马沙巴内举行双边会见。

两国政党交流活跃。9月，南非共产党总书记布莱德·恩齐曼迪率南非共产党高级干部研修班访华。12月，中共中央对外联络部为南非执政党非洲人国民大会举办新一届高级干部研修班。

两国务实合作扎实推进。南非是中国在非洲第一大贸易伙伴和直接投资最多的国家，中国继续保持南全球第一大贸易伙伴国地位。中方对南直接投资稳步增长，投资存量已增至130亿美元。双方产业产能及经济特区与工业园区合作取得积极进展。8月，总投资8亿美元的北汽南非汽车制造有限公司奠基，预计将于2017年年底正式投产。

两国教育、科学、文化、卫生等领域合作进一步深化。7月，南非总统夫人托贝卡·祖马访华并出席“爱在阳光下——2016中非儿童北京夏令营”活动，习近平主席夫人、世界卫生组织结核病和艾滋病防治亲善大使彭丽媛为夏令营开营，托贝卡及世界卫生组织总干事陈冯富珍、联合国艾滋病规划署执行主任米歇尔·西迪贝等出席开营仪式。中南两国教育主管部门进行了多次部级访问和交流。9月，文化部中外文化交流中心在南非行政首都比勒陀利亚举办南非“中国遗产月”活动。10月，中南政府间科技合作联委会第六次会议在南非举行，双方同意成立中南科技园合作联合工作组。

两国防务、执法等领域交往进一步密切，地方往来与合作更加深入。5月，南非警察部部长恩科西纳蒂·恩莱科访华，国务委员兼公安部长郭声琨会见。11月，中共中央军事委员会联合参谋部副参谋长王冠中上将访问南非。8月，广东省省长朱小丹访问南非，代表广东省与南非夸祖鲁-纳塔尔省正式签署建立友好省关系协议书，双方并签署了价值约1.98亿美元的项目合作协议。

国家副主席李源潮访问南非并同南非副总统拉马福萨共同主持召开中南国家双边委员会第六次全体会议

11月19～23日，国家副主席李源潮对南非进行正式访问，会见祖马总统，同拉马福萨副总统举行会谈并共同主持召开中南国家双边委员会第六次全体会议。访问期间，李源潮副主席还分别会见了南非非洲人国民大会总书记格维德·曼塔谢、南非共产党副总书记索利·马派拉，出席了中南执政党建设和治国理政经验交流研讨会并作报告，考察了库哈工业园相关中南合作项目。

中南国家双边委员会第六次全会听取了双方外交、经贸、科技、矿产、能源、教育分委会工作汇报。全会一致认为，当前中南政治互信空前深厚，各领域合作成果丰硕，两国元首系列重要共识和中非合作论坛约翰内斯堡峰会成果正得到全面落实。两国应进一步加强战略对接，扎实推进重点领域合作，推动中南全面战略伙伴关系更好惠及两国人民。全会结束后，双方有关部门签署了经济特区和工业园区合作及产能合作两项合作文件。

全体会议前，双方分别举行了外交、经贸、科技、矿业、能源等分委会会议，两国教育部门也举行了对口会谈。9月14日，外交分委会第五次会议暨中南第八次战略对话在北京举行，由外交部副部长张明同南非国际关系与合作部副部长诺曼迪亚·姆费凯托共同主持。

南苏丹
(South Sudan)

2016年，中华人民共和国与南苏丹共和国友好关系持续发展。

双方继续保持各层次友好交往。两国领导人保持电函来往。1月和5月，中国政府非洲事务特别代表钟建华两次访问南苏丹。12月，中国政府非洲事务特别代表许镜湖访问南苏丹。7月，南苏丹外交与国际合作部长邓·阿鲁尔·库勒来华出席中非合作论坛约翰内斯堡峰会成果落实协调人会议。

7月，南苏丹首都朱巴爆发激烈武装冲突，造成两名中国维和人员牺牲，五人受伤。中方紧急从南苏丹撤离近千名中国公民。由于南苏丹安全局势动荡，两国交流合作受到一定影响。

9月28日，中国新任驻南苏丹大使何向东向南苏丹总统萨尔瓦·基尔·马亚尔迪特递交国书。

西班牙
(Spain)

2016年，中华人民共和国与西班牙王国全面战略伙伴关系稳步发展，双方政治互信稳固，各领域交流与合作持续深化。

两国高层接触频繁。9月，国家主席习近平同来华出席二十国集团领导人第11次峰会的西班牙政府首相马里亚诺·拉霍伊·布雷举行会晤。11月，习近平主席在结束对厄瓜多尔、秘鲁、智利进行国事访问并出席亚太经合组织第24次领导人非正式会议后，过境西班牙大加那利岛，西副首相索拉亚·萨恩斯·德圣玛利亚专程上岛接待。11月，国务院总理李克强致电祝

贺拉霍伊连任西班牙政府首相。

两国各层级交往密切。4月，外交部部长助理刘海星在北京同西班牙外交与合作部国务秘书伊格纳西奥·伊瓦涅斯·鲁比奥共同主持两国外交部政治磋商。中国科学院院长白春礼、人民日报社社长杨振武、新华社总编辑何平分别访西。中纪委驻公安部纪检组组长、公安部党委委员邓卫平作为中共代表出席西班牙共产党党节。最高人民法院副院长陶凯元应邀出席在西举行的世界法学家协会会议和欧盟最高法院院长联盟研讨会。

两国经贸关系发展顺利。7月，中西经贸混委会第26次会议、中国西班牙商务论坛暨企业合作洽谈会在北京召开，商务部国际贸易谈判代表、副部长钟山和西班牙经济与竞争力部主管贸易事务的国务秘书海梅·加西亚-勒加斯共同出席并主持会议。中西双向投资合作稳步推进，领域涉及高科技、咨询、酒店、足球俱乐部、食品加工等。中欧班列（义乌—马德里）运营良好。

两国人文、科技领域交流与合作成果丰富。“欢乐中国”系列活动深受当地民众喜爱。中国国家博物馆与西普拉多博物馆建立直接合作关系。西皇家剧院加盟“丝绸之路国家剧院联盟”。两国签署《教育合作与交流执行计划（2015—2019）》，西新增5所高校进入中国教育部监管网，西第7所孔子学院获得批准。国泰航空公司、北京首都航空公司、中国东方航空公司和伊比利亚航空公司开通中西新航线，两国直航增加至6条、每周25个航班。中国科学院国家天文台与西天文物理研究所加那利大型望远镜合作项目启动。

两国军事、警务合作成效显著。中国人民武装警察部队政委孙思敬上将等多个团组同西军方实现互访。应西班牙内政部国民警卫队邀请，中国警方数次赴西同西警方开展联合执法行动，共同打击涉华贩卖人口和电信网络诈骗等犯罪行为，有效维护两国公民的合法权益。

斯里兰卡
(Sri Lanka)

2016年，中华人民共和国与斯里兰卡民主社会主义共和国真诚互助、世代友好的战略合作伙伴关系不断深化，各领域务实合作取得重要进展。

双方保持高层交往的良好势头。10月，国家主席习近平在金砖国家领导人与环孟加拉湾多部门技术经济合作倡议组织成员国领导人对话会期间会见斯里兰卡总统迈特里帕拉·西里塞纳。4月，斯里兰卡总理维克拉马辛哈对中国进行正式访问，同中方领导人进行了富有成果的会谈，双方就进一步深化双边关系和务实合作达成重要共识，见证签署了七个双边合作协议，包括《中华人民共和国与斯里兰卡民主社会主义共和国引渡条约》《中华人民共和国商务部与斯里兰卡民主社会主义共和国国家政策与经济事务部关于全面推进投资与经济技术合作谅解备忘录》等。7月，外交部长王毅对斯里兰卡进行正式访问。10月，斯里兰卡议长卡鲁·贾亚苏里亚对中国进行正式访问。

两国经贸和大项目合作进展顺利。截至6月底，中国在斯累计签订承包工程与劳务合作合同额165亿美元，其中新签合同额9.49亿美元。两国继续在基础设施建设等领域开展合作，中方承建的科伦坡港口城、汉班托塔港二期、南部高速公路等项目顺利推进。中斯自贸谈判稳步推进，截至2016年年底已进行四轮谈判。

两国人文交流日益密切。凯拉尼亚大学孔子学院等机构举办“汉语桥”比赛，积极推广汉语教学和中国文化。“欢乐春节”系列活动在斯举办。内蒙古、新疆、北京、南京等地分别在斯举办文化周等活动。两国人员往来增长迅速。2016年1～9月，中国赴斯公民21.3万人次，同比增长29.2%。

双方在人权、南海等涉及彼此核心利益的问题上继续相互支持。

苏　丹
(Sudan)

2016年，中华人民共和国与苏丹共和国战略伙伴关系稳步发展。

两国各层次友好交往密切。11月，全国政协副主席王家瑞访问苏丹，与苏丹总统助理、执政党全国大会党副主席易卜拉欣·马哈茂德·哈米德共同主持第四届中苏执政党高层对话。4月，外交部代表团应邀赴苏丹观察监督达尔富尔地区行政地位公投。5月，外交部副部长张明访问苏丹，分别会见苏丹总统奥马尔·哈桑·艾哈迈德·巴希尔，总统助理、发展对华关系委员会副主席阿瓦德·艾哈迈德·贾兹、外长易卜拉欣·艾哈迈德·甘杜尔，并同苏丹外交国务部长卡迈勒·伊斯梅尔·赛义德举行两国外交部第七轮政治磋商。10月，外交部中阿合作论坛事务大使李成文赴苏丹出席苏丹全国对话闭幕大会。7月，贾兹总统助理来华出席中非合作论坛约翰内斯堡峰会成果落实协调人会议，国务院副总理张高丽和国务委员杨洁篪分

别会见。10月，甘杜尔外长访华，国家副主席李源潮同其会见，外交部长王毅与其举行会谈。

两国经贸合作稳步发展。中国继续保持苏丹最大贸易伙伴国地位。两国石油、农业、矿业、加工制造业等领域合作发展顺利。5月，国家发展和改革委员会副主席、国家能源局局长努尔·白克力访问苏丹，主持召开中苏政府间能源合作委员会首次会议。9月，农业部长韩长赋访问苏丹，主持召开中苏农业合作执委会第三次会议。

两国文化、教育、卫生等领域的交流与合作顺利开展。2月，“欢乐春节”系列文化活动在喀土穆举行。7月，首届“中苏友谊文化周”在喀土穆举行。

苏里南
(Suriname)

2016年，中华人民共和国与苏里南共和国友好合作关系进一步发展。

两国保持高层交往。5月，国家主席习近平、外交部长王毅分别和苏总统德西·鲍特瑟、外长尼尔玛拉·巴德里辛格互致贺电，共同庆祝中苏建交40周年。3月，中国和加勒比建交国外交部间第六次磋商在巴巴多斯首都布里奇顿举行，苏外交部副常秘米歇尔·拉芬贝格出席。9月，苏国民议会议长珍妮弗·西蒙斯来华出席2016年国际和平日纪念活动，国家副主席李源潮、中共中央对外联络部部长宋涛分别会见西。

两国各领域务实合作取得新成果。苏里南外交部办公楼维修项目、低造价住房项目顺利完工，国家基础设施、瓦尼卡医院项目进展顺利，索菲亚社区中心项目开工。中方向苏方提供紧急人道主义援助用于应对寨卡疫情。

两国人文交流日益活跃。双方共同制作发行庆祝中苏建交40周年纪念封并举办招待会、图片展和电影节等活动，江苏艺术团赴苏访演。国家汉办与苏里南大学签署协议成立孔子学院。中方继续向苏方提供政府奖学金和人力资源培训名额。苏方对中国游客实施落地办理旅游卡入境政策。苏主流媒体代表团应邀访华。

5月25日，中国新任驻苏里南大使张晋雄向鲍特瑟总统递交国书。

瑞　典
(Sweden)

2016年，中华人民共和国与瑞典关系稳步发展，各领域合作进一步深化。

两国高层保持交往。6月，瑞典首相斯特凡·勒文就瑞典竞选2017～2018年度联合国安理会非常任理事国事致信国家主席习近平。3月，全国人大常委会副委员长沈跃跃会见过境北京的瑞典议长乌尔班·阿林。

两国各领域务实合作不断深化。中国和瑞典继续互为在亚洲和北欧地区最大贸易伙伴。1月，瑞典金融市场和消费事务大臣兼副财政大臣佩尔·布隆德访华，并出席亚洲基础设施投资银行开业仪式，财政部副部长史耀斌同其会见。3月，瑞典银瑞达投资公司董事会主席雅各布·瓦伦堡来华参加中国发展高层论坛，全国政协主席俞正声同其会见。4月，瑞典基础设施事务大臣安娜·约翰松访华，交通运输部副部长何建中和民用航空局局长冯正霖分别同其会见。5月，国家卫生和计划生育委员会主任李斌访问瑞典，分别同瑞卫生和体育事务大臣加布里埃尔·维克斯特伦、儿童和老人护理及两性平等事务大臣奥萨·雷涅尔会谈，并出席中瑞卫生合作十周年庆典。9月，斯德哥尔摩中国文化中心在瑞典成立。11月，瑞典儿童和老人护理及两性平等事务大臣雷涅尔访华，民政部长黄树贤同其会见。

两国军事交往不断增强。5月，中国人民武装警察部队政委孙思敬上将访问瑞典。7月，瑞典国防参谋长丹尼斯·于兰斯波勒访华，中共中央军事委员会联合参谋部副参谋长孙建国上将同其举行会谈。

两国地方交往频繁。上海市人大常委会副主任薛潮、云南省副省长刘慧晏访问瑞典。瑞典达拉纳省省长列夫·尼尔森、克鲁努贝里地区委员会主席安娜·弗兰森访华。截至2016年年底，两国已缔结友好省份和友好城市30对。

瑞 士
(Switzerland)

2016年，中华人民共和国与瑞士联邦确立创新战略伙伴关系的双边关系新定位。两国关系保持高水平运行，各领域务实合作不断拓展。

两国高层交往密切。1月1日，国家主席习近平向瑞士联邦主席兼经济、教研部长约翰·施奈德–阿曼致就职贺电。1月21日，国家副主席李源潮在瑞士达沃斯出席世界经济论坛2016年年会期间，与施奈德–阿曼联邦主席会见。12月1日，全国人大常委会委员长张德江分别向新任瑞士联邦议会国民院议长约克·施塔尔和瑞士联邦议会联邦院议长伊弗·比绍夫贝尔格致就职贺电。12月10～12日，外交部长王毅访问瑞士，会见施奈德–阿曼联邦主席，同瑞联邦委员兼外长迪迪埃·布尔克哈尔特举行会谈。4月7～9日，施奈德–阿曼联邦主席对中国进行国事访问，习近平主席同其会谈。1月15日，布尔克哈尔特联邦委员兼外长访华。7月7～12日，联邦议会国民院议长克里斯塔·马克瓦尔德来华出席生态文明贵阳国际论坛2016年年会。8月8～12日，瑞士联邦副主席兼环境、交通、能源和通信部部长多丽丝·洛伊特哈德访华并出席中瑞水管理高层对话会。2月26～27日、7月21～24日，瑞士联邦委员兼财长于利·毛雷尔来华出席二十国集团财长和央行行长会议。

两国经贸、金融等领域务实合作成果丰硕。中国建设银行苏黎世分行正式营业。中瑞自贸区联委会第二次会议、第四轮金融对话成功举行。

两国多边事务合作更趋紧密。瑞士应邀参与二十国集团财金渠道工作。瑞士作为观察员参加了第五次中国—中东欧国家领导人会晤。

两国人文交流更加活跃。《中瑞互免持外交护照人员签证协议》正式实施。日内瓦孔子学院、巴塞尔孔子学院在瑞影响不断扩大。瑞士驻成都总领馆开馆。

截至2016年年底，两国已建立17对友好省州（市）关系。

叙利亚
(Syria)

2016年，阿拉伯叙利亚共和国局势持续动荡。军事冲突不断，恐怖极端势力活跃，人道主义形势依然严峻，叙利亚问题政治解决进程在曲折中推进。中国旗帜鲜明地推动政治解决叙利亚问题，积极劝和促谈，努力帮助缓解叙利亚人道主义状况。

1月，叙利亚“全国对话联盟”主席胡杰访华，外交部长王毅会见。2月11日，王毅外长出席在慕尼黑举行的叙利亚国际支持小组（叙利亚国际支持小组）第四次外长会。4月，中国政府任命解晓岩出任中国政府叙利亚问题特使。5月17日，解晓岩特使出席在维也纳举行的叙利亚国际支持小组第五次外长会议。9月20日和22日，外交部副部长李保东出席在纽约举行的叙利亚国际支持小组第六次和第七次外长会。9月21日，王毅外长出席联合国安理会召开的叙利亚问题高级别会议。

2016年，中国政府继续通过多种渠道，多批次地向叙利亚人民包括在黎巴嫩、约旦等叙利亚邻国境内的叙利亚难民提供新的人道主义援助。1月，国家主席习近平访问阿拉伯国家联盟总部期间宣布将向地区国家提供2.3亿元人民币人道主义援助，其中1.5亿元用于叙利亚及约旦、黎巴嫩境内叙利亚难民。2月4日，王毅外长出席在伦敦举行的第四届叙利亚人道捐助大会，宣布中方将向叙利亚提供1万吨粮食援助。

塔吉克斯坦
(Tajikistan)

2016年，中华人民共和国与塔吉克斯坦共和国战略伙伴关系保持平稳发展势头。

两国高层交往密切。6月23日，国家主席习近平在出席上海合作组织塔什干峰会期间同塔吉克斯坦总统埃莫马利·拉赫蒙举行会晤。9月19～23日，塔吉克斯坦总理科希尔·拉苏尔佐达赴新疆乌鲁木齐出席第五届中国—亚欧博览会，其间同全国人大常委会副委员长艾力更·依明巴海举行

会见。11月3日，国务院总理李克强在出席上海合作组织成员国政府首脑（总理）理事会第15次会议期间同拉苏尔佐达总理举行会晤。

两国务实合作收获新成果。中国是塔第二大贸易伙伴和最大投资来源国。双方合作涵盖能源、资源、经贸、金融、交通、农业、电力等领域，火电站、铁路隧道、铝厂改造、纺纱厂、库利亚布市和库尔干秋别市道路改造一期、水泥厂、选矿厂等一批大项目建成投产，库利亚布市和库尔干秋别市道路改造二期等项目将陆续投入建设。

两国地方合作方兴未艾。两国开通首都直航。中塔卡拉苏—阔勒买口岸自12月1日起实现常年开放。新疆、河南等省区对塔投资合作不断深化，宁夏、甘肃、新疆等省区先后在塔举办商品展洽会。陕西省优秀青年代表团以及海南、甘肃、内蒙古、云南、新疆等地旅游文化交流团纷纷赴塔推介。

两国人文交流日益密切。中国在塔第二所孔子学院正式开课，学习汉语、来华留学成为当地热门话题。“中塔一家亲”新春晚会在塔举行。中国残疾人艺术团首次访塔取得圆满成功。中方为塔培训的十余名杂技演员登台演出，将中国杂技传播至塔国。塔主流媒体纷纷来华采访报道，涉华报道明显增多。

坦桑尼亚
(Tanzania)

2016年，中华人民共和国与坦桑尼亚联合共和国互利共赢的全面合作伙伴关系平稳发展。

两国政治交往密切。9月，国家主席习近平就坦桑尼亚遭受地震灾害向坦总统约翰·蓬贝·约瑟夫·马古富力致慰问电。4月，最高人民法院大法官张建南访坦。5月，中共中央对外联络部副部长郭业洲访坦。6月，全国人大法律委员会副主任委员张海阳访坦。10月，商务部副部长钱克明访坦。11月，中共中央军事委员会副主席范长龙上将访坦。4月，坦革命党主席、前总统贾卡亚·姆里绍·基奎特访华，中共中央政治局委员、中央书记处书记刘云山、中共中央对外联络部部长宋涛分别同其会见、会谈。7月，坦外交部常秘阿奇兹·波拿瑞·姆利马率团来华出席中非合作论坛约翰内斯堡峰会成果落实协调人会议。9月，坦工贸部长查尔斯·姆维贾盖访华。

两国经贸合作持续深化。10月，中坦经济、贸易、投资、技术联合委员会第五次会议在坦召开。两国产能合作早期收获初现，钢铁、水泥、陶瓷等多个领域的产能合作项目开工建设。基甘博尼大桥项目顺利竣工，国家光缆骨干网、达累斯萨拉姆至阿鲁沙输变电线、桑给巴尔新港等项目继续推进。

两国人文交流蓬勃开展。中方在坦桑尼亚先后组织"欢乐春节"大型演出、江西文化周、第三届中华武术大赛、"汉语桥"中文比赛、中文歌曲大赛等友好交流活动。斯瓦希里语配音版中国电视剧继续在坦热播。六名坦文化人士赴华参加"2016非洲文化聚焦"活动。

泰　国
(Thailand)

2016年，中华人民共和国与泰王国全面战略合作伙伴关系继续保持健康稳定发展。

两国高层交往频繁。12月，国家主席习近平向泰国国王哇集拉隆功致就任贺电。10月，国家副主席李源潮作为习近平主席特使赴泰吊唁普密蓬·阿杜德国王逝世，并出席在泰国举行的亚洲合作对话第二次领导人会议。同月，国务院副总理张高丽赴泰国驻华使馆吊唁普密蓬国王。3月，泰国总理巴育来华出席澜沧江—湄公河合作首次领导人会议及博鳌亚洲论坛2016年年会。4月，泰国公主诗琳通访华。5月，泰王储大女儿帕查拉吉迪雅帕公主、立法议会主席蓬佩·威奇春猜先后访华。6月，泰副总理颂奇·乍都西披塔正式访华。7月，泰副总理巴金·詹东泰来华出席中国—东盟教育交流周。8月，诗琳通公主来北京出席泰国驻华使馆新馆舍开馆仪式。9月，巴育总理来华出席二十国集团领导人第11次峰会。同月，巴金副总理来华出席中国—东盟博览会。12月，泰副总理巴威·翁素万和颂奇副总理访华。

两国经贸投资合作快速发展。中国是泰国第一大贸易伙伴，泰国是中国在东盟国家中第三大贸易伙伴。双方决定将原铁路项目提升为高铁项目，多次召开联委会会议，就有关合作细节保持密切沟通，并签署政府间合作框架文件。中国是泰国第一大旅游客源国，中国赴泰游客达870多万人次。两国在金融、文化、教育、防务、执法安全等领域也保持了密切交流与合作。

东帝汶
(Timor-Leste)

2016年，中华人民共和国和东帝汶民主共和国关系继续保持良好发展势头。

两国各层次交往密切。1月，国家副主席李源潮在瑞士达沃斯出席世界经济论坛2016年年会期间同东帝汶总理鲁伊·玛利亚·德·阿劳若举行双边会见。5月，外交部部长助理孔铉佑访问东帝汶。10月，东帝汶国务部长兼经济事务协调人艾斯塔尼斯劳·达席尔瓦赴澳门出席中葡经贸合作论坛第五届部长级会议。12月，江苏省政协代表团访问东帝汶。

两国经贸、防务等各领域交流合作持续扩大。1月，中国海军舰艇编队对东帝汶进行友好访问。10月，东帝汶国防部长西里洛·克里斯托旺、国防军司令莱雷·阿南·蒂穆尔共同访华并出席第七届香山论坛。3月，两国经贸联委会首次会议在华举行。中国继续向东帝汶派遣医疗队，为当地提供良好医疗服务。

多　哥
(Togo)

2016年，中华人民共和国同多哥共和国友好合作关系全面、深入发展。

两国政治互信不断增强。5月29日至6月2日，多哥总统福雷·埃索齐姆纳·纳辛贝对中国进行国事访问，国家主席习近平、国务院总理李克强、全国人大常委会委员长张德江分别同其举行会谈、会见，双方就全面深化双边关系达成重要共识。其间，两国签署关于建立外交部磋商机制、基础设施建设等多项双边合作协议。10月，中国政府非洲事务特别代表许镜湖出席在多哥首都洛美举行的非盟海上安全与发展特别峰会。其间，分别会见多总统福雷和外交、合作和非洲一体化部长罗贝尔·迪塞。12月，中共中央对外联络部副部长徐绿平访问多哥，多哥国民议会议长达马·德拉马尼和执政党多哥保卫共和联盟第一副主席乔治·阿依达姆分别会见。5月17日，多哥外交部发表公报，支持中方在南海问题上的原则立场。

双方经贸合作稳步推进。4月，中国政府提供优惠贷款实施的洛美国际机场新航站楼项目正式启用。5月福雷总统国事访问期间，双方就中国政府提供优惠性质贷款用于阿贾哈拉水电站和洛美机场改扩建二期项目签署协议。7月和8月，中国政府援建的议会大厦和政府办公楼项目先后开工。8月和10月，中国政府提供优惠贷款实施的太阳能路灯、1号公路改扩建和洛美绕城公路一期项目先后竣工交接。

两国文化交流日益活跃。8月，10名多哥青年应邀来华参加中非青年大联欢。首次举办的中多电影节在当地引起热烈反响，“欢乐春节”系列活动形成良好品牌效应。

汤　加
(Tonga)

2016年，中华人民共和国与汤加王国战略伙伴关系稳步发展。

两国继续保持高层及各级别交往。9月，汤加议长图伊瓦卡诺赴宁夏出席2016年国际和平日纪念活动，国家副主席李源潮会见。11月，汤加副首相肖西・索瓦莱尼赴浙江出席第三届世界互联网大会。3月，外交部副部长郑泽光对汤加进行工作访问。

两国各领域交流与合作取得积极进展。中方援建的汤加综合办公大楼、汤加塔布岛示范生态农场第四期技术合作、瓦瓦乌农场技术合作项目二期进展顺利。

两国人文和地方交往日益活跃。广东省同汤加加强经贸、人文等交流与合作，派出友好代表团赴汤进行访演、巡诊，东莞市与汤加哈派地区结为友好城市。汤加旅游文化推广团参加2016广东21世纪海上丝绸之路博览会。4月，中国人民解放军海军副司令员田中中将率团访汤。中方派员参加在汤加举行的“热带曙光2016”人道主义救灾演练。《中华人民共和国和汤加王国政府关于互免持普通护照人员签证的协定》签署并正式生效。

特立尼达和多巴哥
(Trinidad and Tobago)

2016年，中华人民共和国与特立尼达和多巴哥共和国友好合作关系持续稳定发展。

两国保持各层级往来。1月，全国人大常委会副委员长陈昌智访问特多。3月，特多外交和加勒比共同体事务部常委弗朗西丝·塞尼奥雷特赴巴巴多斯首都布里奇顿出席中国和加勒比建交国外交部间第六次磋商。7月，特多执政党人民民族运动党领袖基思·罗利致函中共中央总书记习近平，祝贺中国共产党成立95周年。

两国经贸合作进展顺利。中国援特医疗队深受好评，成为中特合作标志性项目。

两国人文交流成果丰硕。2月，“欢乐春节”江苏省艺术团赴特多访演。3月，加勒比传播集团记者首次来华采访“两会”活动。10月，国务院侨务办公室副主任郭军访问特多并出席华人抵特210周年纪念活动。

突尼斯
(Tunisia)

2016年，中华人民共和国与突尼斯共和国友好关系稳步发展。

两国各层次友好交往频繁。8月，国务院总理李克强向突尼斯新任总理尤素福·沙海德致就职贺电。12月，全国政协副主席王家瑞访问突尼斯，其间分别会见突尼斯总统贝吉·卡伊德·埃塞卜西、外交部长赫米斯勒·朱海纳维和呼声运动执行局主席哈菲兹·埃塞卜西。1月，外交部长王毅向突尼斯新任外交部长朱海纳维致就职贺电。3月，王毅外长就突尼斯南部城市本加尔丹恐怖袭击事件向朱海纳维外长致慰问电。5月，王毅外长访问突尼斯，其间会见突尼斯总统埃塞卜西和总理哈比卜·绥德，并同朱海纳维外长会谈。同月，朱海纳维外长出席在多哈举行的中阿合作论坛第七届部长级会议。11月，中国政府非洲事务特别代表许镜湖出席在突尼斯举行的“经济支持与投资国际会议”，其间会见朱海纳维外长。

两国经贸、人文等领域的交流与合作继续发展。双边贸易额保持稳定。10月，突尼斯宗教事务部长阿卜杜杰里勒·本·萨勒姆率阿拉伯国家知名伊斯兰宗教人士团访华。11月，突尼斯高等教育与科研部长斯利姆·卡尔布斯访华，教育部副部长郝平会见。同月，突尼斯卫生部长萨米拉·梅莱来华出席第九届全球健康促进大会。

土耳其
(Turkey)

2016年，中华人民共和国与土耳其共和国关系保持稳定发展势头。

两国高层交往密切。9月，国家主席习近平在二十国集团领导人第11次峰会期间，会见土耳其总统雷杰普·塔伊普·埃尔多安，双方签署能源、检验检疫和核安全领域四份合作文件。5月，国务院总理李克强致电祝贺比纳利·耶尔德勒姆就任土总理。11月，国务院副总理汪洋访问土耳其，会见埃尔多安总统、总理耶尔德勒姆，与土副总理迈赫麦特·西姆谢克举行两国政府间合作委员会首次会议，并签署会议纪要。11月，外交部长王毅访问土耳其，会见埃尔多安总统、耶尔德勒姆总理，并同土外交部长迈乌吕特·查武什奥卢举行两国外长磋商机制首次会议。

两国各领域交流频繁。6月，双方成功举行中土外交部联合工作组第四次会议。8月，外交部副部长张明在土未遂军事政变发生后不久访土。司法部副部长刘志强、中国人民争取和平与裁军协会副会长于洪君等率团访土，商务部副部长钱克明等赴土出席世界人道主义峰会。土能源和自然资源部长贝拉特·阿尔巴伊拉克、外交部次长费利敦·斯尼尔利奥卢、内政部副次长迈赫麦特·泰金阿尔斯兰、最高上诉法院总检察长迈赫麦特·阿卡尔贾等分别访华。

两国经贸合作稳步推进。5月，中国银行获准在土境内设立分行。11月，中土签署《中国商务部和土耳其经济部关于贸易投资合作的行动计划》。同月，17家中国大型企业组成的贸易投资促进团访土，双方签订超过3亿美元的农产品、矿产品进口合同。

两国人文交流日益频繁。4～10月，土安塔利亚市主办世界园艺博览会，中国花卉协会代表中国组织建造“中国华园”，埃尔多安总统前往参观。11月，中土签署《中华人民共和国政府和土耳其共和国政府文化合作协定2017年至2020年执行计划》和《中国国际广播电台与土耳其多乌什媒体集

团合作备忘录》。中土青年友好使者代表团、中土友好希望之星代表团等分别访华。中国社会科学院、北京中医药大学等访土团组与当地知名研究机构、高校及智库开展交流。

两国在多边领域合作进一步密切。作为二十国集团“三驾马车”重要成员，两国在二十国集团框架内保持良好合作，土多位部长分别出席2016年在华举办的二十国集团有关会议。4月，查武什奥卢外长出席在北京举行的亚洲相互协作与信任措施会议第五次外长会议。

土库曼斯坦
(Turkmenistan)

2016年，中华人民共和国与土库曼斯坦战略伙伴关系平稳发展。

两国保持密切高层交往。6月，国家主席习近平在出席上海合作组织塔什干峰会期间同土总统库尔班古力·别尔德穆哈梅多夫举行会见，就双边关系以及重大国际地区问题深入交换意见，为双边关系发展注入新的动力。8月，国务院副总理张高丽同土副总理亚格什格尔季·卡卡耶夫在天津共同主持召开中土合作委员会第四次会议。

经贸合作发展顺利。中国是土库曼斯坦第一大贸易伙伴和最大的天然气出口市场。8月，中土合作委员会经贸合作分委会第四次会议成功举行，就推动农业、电力、化工、铁路装备、建材、通讯、纺织和医药等非资源领域合作达成共识。双方成立农业合作工作组并举行首次会议。

人文领域合作日益扩大，地方交流频繁。8月，中土合作委员会人文合作分委会第五次会议在土举行，双方就进一步发展两国人文合作作出长期规划。

乌干达
(Uganda)

2016年，中华人民共和国与乌干达共和国友好互利合作关系快速发展。

两国政治交往密切。5月，国家主席习近平特使、全国人大常委会副委员长严隽琪出席乌干达总统约韦里·卡古塔·穆塞韦尼就职仪式。8月，外交部长王毅访问乌干达，分别同穆塞韦尼总统、乌外交部长萨姆·库泰萨会见、会谈。10月，乌干达全国抵抗运动总书记贾斯丁·卢蒙巴·卡素勒来华出席第二届中非政党理论研讨会。11月，乌干达副总统爱德华·基瓦努卡·塞坎迪来华出席2016中国国际友好城市大会，国家副主席李源潮同其会见。7月，乌外交国务部长亨利·奥耶姆·奥凯洛率团来华出席中非合作论坛约翰内斯堡峰会成果落实协调人会议。11月，乌新闻和信息通信技术部长弗兰克·托姆韦巴泽和总统事务部长埃斯特·姆巴约·姆布拉库布扎分别访华。

两国经贸合作持续深化。中国政府向乌提供紧急粮食援助，乌政府办公楼、外交部办公楼、中乌友好医院等技术援助项目继续实施。阿尔伯特湖区石油开发、卡鲁玛水电站、伊辛巴水电站、恩德培—坎帕拉高速公路、苏库卢碳酸岩开发等重大合作项目稳步推进，中乌农业产业园项目正式启动。

乌克兰
(Ukraine)

2016年，中华人民共和国与乌克兰关系稳步健康发展。中乌政府间合作委员会有效运转。

双方高层交往稳步进行。3月，国家主席习近平在出席华盛顿核安全峰会期间同乌克兰总统彼得·波罗申科友好寒暄。两国外交部间保持良好沟通。4月，乌外长帕维尔·克里姆金来华出席亚洲相互协作与信任措施会议第五次外长会议，外交部长王毅同其举行会见。

中乌务实合作持续发展。6月，科技部副部长阴和俊赴基辅同乌教育科学部副部长马克西姆·斯特里哈共同主持中乌政府间合作委员会科技合作分委会第二次会议。6月，国家航天局副局长吴艳华赴基辅同乌国家航天局局长柳博米尔·萨巴托斯共同主持中乌政府间合作委员会航天合作分委会第三次会议。8月，商务部副部长钱克明赴基辅同乌贸易谈判代表娜塔莉娅·米克尔斯卡娅共同主持中乌政府间合作委员会经贸合作分委会第四次会议。9月，国家卫生和计划生育委员会副主任王培安赴基辅同乌卫生部代部长乌里扬娜·苏普伦共同主持中乌政府间合作委员会卫生合作分委会第二次会议。

中乌人文交流日益密切，地方交流持续活跃。9月，乌文化部长叶甫根

尼·尼修克来华参加首届丝绸之路（敦煌）国际文化博览会。中国演出行业代表团访乌。中方在乌举办“欢乐春节”“南京文化日”等丰富多彩的文化活动。乌5所孔子学院和1所孔子课堂运转良好，注册学员已达4000人左右。

阿拉伯联合酋长国
(United Arab Emirates)

2016年，中华人民共和国和阿拉伯联合酋长国战略伙伴关系快速、健康发展。

两国各层次、各领域交往密切。11月，国家主席习近平特使、中共中央政治局委员、中央政法委书记孟建柱对阿联酋进行正式访问，分别会见阿联酋阿布扎比王储穆罕默德·本·扎耶德·阿勒纳哈扬、副总理兼内政部长赛义夫·本·扎耶德·阿勒纳哈扬，就进一步提升中阿战略伙伴关系水平，特别是加强两国在安全、情报等领域合作达成广泛共识。3月，全国人大常委会副委员长、中国阿拉伯友好协会会长艾力更·依明巴海率团访阿，分别会见阿副总统兼总理、迪拜酋长穆罕默德·本·拉希德·阿勒马克图姆及联邦国民议会议长艾迈勒·古拜希。9月，农业部部长韩长赋访阿。4月，阿国务部长米赛·宾特·萨利姆·沙米西来华出席亚洲相互协作与信任措施会议第五次外长会议。6月，阿国务部长苏尔坦·本·艾哈迈德·苏尔坦·贾比尔访华并出席亚洲基础设施投资银行理事会首届年会。

两国经贸、能源、金融、投资等领域合作稳步推进。阿联酋继续保持中国在西亚北非地区第二大贸易伙伴和最大出口市场地位。中方在阿工程承包、劳务合作、设备出口等项目稳步推进。总额100亿美元的中阿共同投资基金运行平稳。2月，迪拜龙城二期项目正式开业。5月，阿布扎比全球金融市场与中国银监会签署证券期货监管合作协议。9月，中方宣布两国货币可在银行间直接交易。10月，迪拜黄金与商品交易所与上海黄金交易所签署《上海金基准价授权使用协议》，成为第一个与上海黄金交易所签订上海金基准价使用授权协议的境外交易所。

两国人文交流日益深入。2月，阿联酋“青年大使”项目组织本国青年精英来华参观访问。3月，两国签署的“互认换领驾驶证的谅解备忘录”正式落地生效。10月，第二届“迪拜周”在上海顺利落幕。11月，阿方对持普通护照中国公民实施30天免签入境政策。中方文艺团组应邀赴阿参加阿国庆45周年庆祝活动。

11月23日，中国新任驻阿联酋大使倪坚向阿联酋副总统兼总理、迪拜酋长穆罕默德·本·拉希德·阿勒马克图姆递交国书。

英　国
(United Kingdom)

2016年，中华人民共和国与大不列颠及北爱尔兰联合王国关系在英国公投脱欧及政府改组情况下，实现平稳过渡并取得新进展。

中英高层交往密切。2016年4月，国家主席习近平在北京会见英国约克公爵安德鲁王子，就中英关系交换意见。英国公投脱欧后，特雷莎·梅出任新一任首相。国务院总理李克强向梅首相致就职贺电。9月，习近平主席与来华出席二十国集团领导人第11次峰会的梅首相举行会晤。这是英国新政府成立后两国领导人首次会面，双方再次确认了中英关系“黄金时代”的大方向，为今后一个时期深化两国关系和务实合作指明了方向。同月，第71届联合国大会系列高级别会议期间，外交部长王毅在纽约会见英国外交大臣约翰逊，就中英关系、朝核、阿富汗、反恐等问题交换意见，这是英国新政府成立后两国外长首次会晤。11月，国务院副总理马凯赴英同英国财政大臣哈蒙德共同主持第八次中英经济财金对话。12月，国务院副总理刘延东在上海同英国卫生大臣亨特共同主持中英高级别人文交流机制第四次会议。同月，国务委员杨洁篪访问英国并同英国外交大臣约翰逊共同主持第八次中英战略对话。此外，第九届中英政党对话、首次中英高级别安全对话等各领域机制性交往进展良好。

两国务实合作亮点纷呈。英国稳居中国在欧洲第二大贸易伙伴和第二大投资来源国，中国是英国第三大贸易伙伴和重要的投资来源国，特别是双向投资成为中英经贸合作新引擎。2月，英国籍候选人艾德明正式就任亚洲基础设施投资银行副行长兼秘书长。6月，中方在伦敦成功发行中国之外首支人民币主权债券。9月，欣克利角核电站项目一揽子协议签署并获批准，两国大项目合作进入新阶段。11月，两国首次共同发布金融服务战略规划。英方宣布将向亚投行“项目准备特别基金”注资4000万英镑，成为继中国后第二个向该基金注资的国家。双方还同意进一步推动“一带一路”倡议与英国地区发展计划战略对接，加强在区域发展和产业战略方面合作。

双方人文交流成果丰硕。英国是欧洲最大的中国留学生目的地。在英

国设立的孔子学院和孔子课堂数量均居欧洲之首。2016年是汤显祖、莎士比亚逝世400周年，中英举办了一系列纪念活动。1月，双方开始颁发两年多次有效签证，进一步便利了人员往来。两国已缔结友好城市（省、郡、区）58对。

中英在国际事务中保持沟通与协调。双方共同担任2016年二十国集团反腐败工作组和绿色金融工作组主席，在二十国集团框架下合作良好。2016年2月，王毅外长赴英国出席叙利亚人道捐助会议。5月，中共中央纪委副书记、监察部部长黄树贤出席伦敦国际反腐败峰会并访英。9月，国务委员兼国防部长常万全上将出席在伦敦举行的联合国维和行动问题部长级会议。双方在联合国、亚投行等多边框架内就全球治理、气候变化、国际发展等重大国际和地区问题保持沟通。

美　国
(United States of America)

2016年，中华人民共和国与美利坚合众国关系总体保持稳定并取得新进展。

两国高层及各级别交往密切。两国元首三次会晤，一次通话，多次通信，就中美关系及共同关心的问题保持密切沟通。

2月5日，国家主席习近平应约同美国总统奥巴马通电话，就中美关系、朝鲜半岛核等问题交换意见。

3月31日，习近平主席在华盛顿出席第四届核安全峰会期间同奥巴马总统举行会晤，就中美关系及共同关心的国际和地区问题深入交换意见。

9月3日，二十国集团领导人第11次峰会期间，习近平主席同奥巴马总统举行会晤。双方就中美关系和共同关心的重大国际地区问题坦诚、深入、友好交换意见。双方共达成35项共识和成果。

9月18～21日，国务院总理李克强在纽约出席第71届联合国大会系列高级别会议期间会见奥巴马总统，同美国经济、金融、智库、媒体各界人士座谈，出席纽约经济俱乐部举行的欢迎宴会并致辞。

11月8日，美国举行大选，唐纳德·特朗普当选美国第45任总统。9日，习近平主席向当选总统特朗普致贺电。

11月14日，习近平主席同当选总统特朗普通电话，双方就中美关系有关问题交换意见。

11月19日，习近平主席在出席亚太经济合作组织第24次领导人非正式会议期间同奥巴马总统举行会晤。

此外，国务院副总理张高丽、国务院副总理汪洋、国务委员杨洁篪、国务委员郭声琨、外交部长王毅等分别访美。美国国务卿克里、贸易代表迈克尔·弗罗曼、财政部长雅各布·卢、能源部长欧内斯特·莫尼兹、司法部长洛蕾塔·林奇、总统国家安全事务助理苏珊·赖斯等高官相继访华。

双方机制性对话磋商密集。中美两国间已建立100多个政府间对话机制。6月6～7日，第八轮中美战略与经济对话和第七轮中美人文交流高层磋商在北京同期举行。习近平主席出席对话和磋商联合开幕式并发表重要讲话，奥巴马总统发来书面致辞。习近平主席、李克强总理分别会见美方代表团主要成员。对话和磋商取得丰硕成果，其中战略对话120项，经济对话63项，人文交流高层磋商158项。6月和12月，第二次、第三次中美打击网络犯罪及相关事项高级别联合对话分别在北京和华盛顿举行。11月21～23日，第27届中美商贸联委会在华盛顿举行，汪洋副总理率团与会，双方共取得54项成果。

中美经贸合作保持积极发展势头，两国在经贸、两军、网络、执法、人文、地方等领域的务实合作不断取得新进展。两军关系持续改善和发展。

中美双边贸易额稳步增长。中国是美国第一大贸易伙伴，美国是中国第二大贸易伙伴。美国是中国第四大进口来源地和第一大出口市场，中国是美国第三大出口市场和第一大进口来源地。

中美双边投资平稳较快发展。2016年，中国企业在美国累计非金融类直接投资195亿美元，同比增长132.4%。中国新批设立美资企业1238家，同比下降0.2%，实际使用美资23.9亿美元，同比增长14.2%（不含通过自由港对华投资数据）。中美投资协定谈判进入实质性阶段，双方已完成34轮谈判。

两国立法机关交流稳固进行。5月，全国人大外事委员会主任委员傅莹访美。12月，全国人大常委会副委员长张平访美。美国国会多名议员和议员助手访华。3月，参院民主党督导理查德·德宾率19名联邦议员访华。5月，加利福尼亚州民主党联邦众议员杰基·斯皮尔、蒙大拿州共和党联邦参议员史蒂夫·戴安斯、众院能源和商业委员会主席弗雷德·厄普顿先后访华。

两军关系保持平稳发展势头。双方进一步深化两军两大互信机制建设。1月，中美国防部工作会晤在北京举行。5月，中央军委联合参谋部参谋长房峰辉上将同美军参联会主席约瑟夫·邓福德上将举行视频通话。6月底至8月初，中国海军153编队赴美国夏威夷参加“环太平洋—2016”联合军演。

7月，美国海军作战部长约翰·理查德森上将访华。8月，美国陆军参谋长马克·米莱上将访华。

两国人文交流继续蓬勃发展。中美两国已经建立了46对友好省州和212对友好城市。2016年，美国公民入境中国224.8万人次，同比增长7.8%。中国是美国第一大国际学生来源国。双方积极落实习近平主席2015年9月访问美国成果，举办2016年中美旅游年，促进人文交流。

两国司法执法合作保持良好发展势头。8月3～4日，首次中美法治对话在北京举行，双方就司法领域共同关心的问题深入交换意见。中共中央政治局委员、中央政法委书记孟建柱会见美方代表团。11月21～22日，中美执法合作联合联络小组在北京举行第14次全体会议，讨论执法合作事项。

两国在重大国际地区以及全球性问题上保持密切沟通和协调，中美关系的战略意义和全球影响进一步上升。9月，两国元首在杭州向联合国秘书长潘基文交存气候变化《巴黎协定》批准文书。两国就朝鲜半岛核、叙利亚、阿富汗、南苏丹等国际地区问题以及发展、维和、难民等全球性挑战保持有效沟通对话，加强在联合国、二十国集团、亚太经合组织、东亚峰会等多边机制框架内的合作。

另一方面，中美两国在台湾、涉藏、涉港、海上、网络、人权等问题上时有分歧与摩擦。

奥巴马政府多次重申坚持一个中国政策，但同时不顾中国反对，允许台湾地区领导人蔡英文6月“过境”美国迈阿密、洛杉矶。12月初，美当选总统特朗普与蔡英文通电话。

6月，达赖赴美窜访。6月15日，奥巴马总统在白宫地图室再次会见达赖。

美方持续介入海上争议，就南海菲律宾仲裁案对中国施压，炒作中国南沙岛礁建设问题，多次派美军舰机进入南沙群岛有关岛礁邻近海空域；渲染朝核导威胁，宣布在韩部署“萨德”反导系统，威胁对中国企业采取单边制裁。

4月15日，美国国务院发表“2015年国别人权报告”，涉华内容继续对中国人权状况说三道四。5月2日和8月10日，美国国际宗教自由委员会和美国国务院先后发表年度“国际宗教自由报告”，对中国宗教状况和宗教政策等进行无端指责。此外，美方多次就所谓“人权个案”对中方说三道四。

针对美方消极错误言行，中方进行有力斗争，坚决维护中国核心利益，维护中美关系总体稳定发展局面。

乌拉圭
(Uruguay)

2016年，中华人民共和国与乌拉圭东岸共和国建立战略伙伴关系。

两国高层交往密切。10月，乌总统塔瓦雷·巴斯克斯对中国进行国事访问。其间，国家主席习近平同其举行会谈，国务院总理李克强、全国人大常委会委员长张德江分别会见。双方发表《中华人民共和国和乌拉圭东岸共和国关于建立战略伙伴关系的联合声明》，并签署经贸、农业、质检、可再生能源、文化、领事、南极、足球等领域16项合作文件。巴斯克斯总统还出席在河北唐山举行的第十届中拉企业家高峰会。其间，国家副主席李源潮同其会见。6月，乌外交部长鲁达夫·尼恩·诺沃亚访华，国务委员杨洁篪、外交部长王毅分别同其会见、会谈。尼恩外长就江苏盐城龙卷风冰雹特别重大灾害向王毅外长致慰问电。王毅外长就乌前总统豪尔·巴特列去世向尼恩外长致唁电。

双方各层级交往频繁。外交部副部长王超访乌并举行两国外交部间第八次政治磋商。中共中央对外联络部副部长刘洪才，全国人大常委会委员、人大财经委副主任委员、人大常委会预算工作委员会主任廖晓军，全国政协教科文卫体委员会副主任胡振民访乌。乌副外长何塞·路易斯·坎塞拉访华，并举行中乌经贸混委会第18次会议。乌民族党（白党）主席赫维尔访华。

双方经贸合作稳步发展，受国际大宗商品价格下跌影响，双边贸易额出现一定幅度下降。中国保持乌拉圭第一大贸易伙伴和乌羊毛、大豆、牛肉最大进口国。双方就商签自贸协定达成共识，积极推动农业、基础设施、可再生能源等领域产业投资合作。

两国人文交流持续热络。乌方积极参与“中拉文化交流年”。中方在乌设立首家孔子学院工作取得积极进展，选派教师等筹备事宜有序推进。

两国军事交往活跃。中央军委政治工作部副主任杜恒岩上将访乌。乌陆军司令吉多·马尼尼·里奥斯上将来华参加第三届中拉高级防务论坛。

两国地方交往密切。河北省代表团访乌。乌玛尔多纳多省、佛罗里达省省长访华。乌罗恰省同河北省、广东省签署建立友好省市谅解备忘录。

乌兹别克斯坦
(Uzbekistan)

2016年，中华人民共和国与乌兹别克斯坦共和国关系持续健康发展，双方建立全面战略伙伴关系。

两国高层交往密切。6月21～22日，国家主席习近平对乌兹别克斯坦进行国事访问，同乌总统伊斯拉姆·卡里莫夫会谈。9月2～3日，国务院副总理张高丽作为习近平主席特使赴撒马尔罕出席卡里莫夫总统葬礼。4月13～15日，国务委员兼公安部长郭声琨访乌并出席上海合作组织安秘会。5月22～23日，外交部长王毅访乌并出席上海合作组织外长会。11月12～13日，王毅外长赴撒马尔罕祭奠卡里莫夫总统并访乌。10月19～21日，乌第一副总理兼财政部长鲁斯塔姆·阿济莫夫访华。10月18～19日，乌副总理乌卢格别克·罗祖库洛夫来华出席第四届中国—中亚合作论坛，同全国政协副主席马培华会见。1月29日，乌外长阿卜杜拉济兹·卡米洛夫访华。

两国务实合作全面推进。中国继续稳居乌第二大贸易伙伴、第一大棉花出口国、第一大投资伙伴国、第一大电信设备和土壤改良设备供应国。中亚第一长隧道——“安格连—帕普”铁路隧道建成通车，成为中乌共建“一带一路”早期收获的标志性项目。鹏盛工业园项目进展顺利，8月该园区被列入中国国家级境外经贸合作区。热电厂改造、碱厂项目顺利完工，轮胎厂、PVC厂开工建设，泵站项目签署贷款协议。中乌二条天然气管线运行顺利。

两国人文交往方兴未艾。在乌两所孔子学院运行顺畅，乌“汉语桥”等活动参赛者数量和水平逐年提高，乌多家教育机构开设或增办汉语教学，首部乌语版中国当代文学作品《猫城记》在乌发行。中国社会科学院考古研究所和西北大学考古队在乌联合考古发掘，中国国家文物局在乌文物保护工作顺利推进。中方在乌成功举办新年音乐会、“欢乐春节”“快乐中国行”等活动。

瓦努阿图
(Vanuatu)

2016年，中华人民共和国与瓦努阿图共和国战略伙伴关系保持良好发展势头。

两国高层和各级别交往密切。10月，瓦努阿图总理夏洛特·萨尔维来华出席中国共产党与世界对话会，中共中央政治局常委、中央书记处书记刘云山会见。5月，瓦努阿图副总理乔·纳图曼来华出席世界旅游发展大会。11月，纳图曼副总理率瓦政府议会联合考察团访华。5月，瓦努阿图外长布鲁诺·兰肯来华工作访问。3月，中共中央对外联络部副部长郭业洲访瓦。

双方经贸等各领域合作成果丰硕。中方援建的瓦努阿图国家会议中心项目竣工并正式交付，总理府扩建项目、马拉坡学校扩建项目、2017年太平洋小型运动会体育场馆项目开工，塔纳岛与马勒库拉岛公路升级项目、卢甘维尔码头维修扩建项目进展顺利。

双方人文和地方交往频繁。8月，广东省东莞市代表团访瓦并举办2016广东21世纪海上丝绸之路国际博览会瓦努阿图推介会。8月，中国电视剧英语配音版在瓦正式播放。11月，广东省政协副主席温兰子访瓦，期间广东医疗代表团在瓦举行义诊活动。

3月29日，中国新任驻瓦努阿图大使刘全向瓦努阿图总统鲍德温·朗斯代尔递交国书。

委内瑞拉
(Venezuela)

2016年，中华人民共和国和委内瑞拉玻利瓦尔共和国全面战略伙伴关系保持良好发展势头。

双方各领域、各层级交往密切。3月，最高人民检察院副检察长姜建初访问委内瑞拉。9月，外交部长王毅在纽约会见委内瑞拉人民政权外交部长德尔希·罗德里格斯·戈麦斯。10月，外交部副部长王超在北京同委内瑞拉人民政权外交部副部长菲利克斯·普拉森西亚举行中国—委内瑞拉高级

别混合委员会第15次会议双边关系分委会会议。

委内瑞拉部长理事会副主席兼计划部长里卡多·梅嫩德斯石油矿业部长兼国家石油公司总裁欧洛希奥·德尔皮诺，财政部副部长兼经济社会发展银行行长西蒙·塞尔帕等年内数次访华。委内瑞拉外交部就台湾问题刊发新闻通报，重申支持一个中国立场。委方在菲律宾南海仲裁案上公开发声支持中方立场。

两国经贸往来继续发展，金融、能矿、基础设施建设、制造业等领域互利合作稳步推进。人文领域交流活跃，中国残疾人艺术团和上海民乐团分别赴委访演，在委首所孔子学院正式揭牌。两国外交部续签《关于为执行两国政府间合作协议人员办理签证手续提供便利的协议》。中国中央电视台西班牙语国际频道同委内瑞拉南方电视台联合制作节目并播出。

越　南
(Vietnam)

2016年，中华人民共和国与越南社会主义共和国的全面战略合作伙伴关系继续保持发展势头。

双方高层接触频繁。1月越共十二大后，中共中央总书记习近平同越共中央总书记阮富仲互派特使。11月，国家主席习近平在出席亚太经合组织第24次领导人非正式会议期间会见越南国家主席陈大光。7月，国务院总理李克强在第11届亚欧首脑会议期间会见越南政府总理阮春福。11月，中共中央政治局常委、全国人大常委会委员长张德江率中国党政代表团访越。12月，中共中央政治局委员、中央书记处书记、中共中央宣传部部长刘奇葆同越共中央政治局委员、中央书记处书记、中央宣教部部长武文赏共同出席在河内举行的第12次中越两党理论研讨会。3月，国务委员兼国防部长常万全上将访越并举行第三次中越两军边境高层会晤。6月，国务委员杨洁篪赴越出席中越双边合作指导委员会第九次会议并访越。9月，国务委员兼公安部长郭声琨赴越南主持中越公安部第五次合作打击犯罪会议。

9月，越南政府总理阮春福正式访华并出席中国—东盟博览会。10月，越共中央政治局委员、中央书记处常务书记丁世兄访华。3月，越南政府副总理兼外交部长范平明来华出席澜沧江—湄公河合作领导人首次会议暨博鳌亚洲论坛2016年年会。6月，范平明副总理兼外长来华出席中国—东盟国家外长特别会议。6月，越南政府副总理郑庭勇来华出席第四届中国—南亚博览会暨第24届中国昆明进出口商品交易会。

两国全面战略合作不断深化。越南成为中国在东盟国家中最大贸易伙伴。双方积极探讨铁路、公路等大型基础设施建设项目，确定产能合作项目清单，签署《经贸合作五年发展规划延期和补充协议》。陆上基础设施合作工作组和金融与货币合作工作组机制有效运转。双方成功举办第三届青年大联欢，有序推进越中友谊宫项目。河内大学孔子学院运转顺畅。两国教育部门签署2016～2020年交流协议。两军高层保持频繁交往，通过边境高层会晤、防务安全磋商等机制，加强在边防、维和、国防工业、学术研究、医学、媒体、人员培训等领域合作。双方执法安全部门召开合作打击犯罪会议和安全战略对话，两国海警举行首次工作会晤。

边界领土事务续有进展。双方完成北部湾湾口外海域共同考察海上实地作业，举办政府级边界谈判代表团全体会议和陆地边界三个法律文件总结会。《北仑河口自由航行区航行协定》《合作保护和开发德天（板约）瀑布协定》正式生效。

也　门
(Yemen)

2016年，中华人民共和国与也门共和国友好合作关系平稳发展。

两国保持高层交往。9月，国家主席习近平、国务院总理李克强分别同也门总统阿卜杜拉布·曼苏尔·哈迪、总理艾哈迈德·奥贝德·本达格尔互致贺电，共同庆祝两国建交60周年。5月，外交部长王毅赴卡塔尔出席中国—阿拉伯国家合作论坛第七届部长级会议期间，会见也门副总理兼外长阿卜杜勒马利克·马赫拉斐。

11月，中也双方在沙特首都利雅得签署《中华人民共和国政府和也门共和国政府经济技术合作协定》。

2015年，因也门战事爆发，安全形势恶化，中国驻也门使领馆暂时撤离也门。2016年1月，中国驻也门使馆留守组赴沙特首都利雅得临时办公。

2月15日，中国驻也门大使田琦在利雅得向也门总统哈迪递交国书。

赞比亚
(Zambia)

2016年，中华人民共和国与赞比亚共和国友好合作关系取得积极进展，双方政治互信进一步增强，各领域务实合作成果丰硕。

双方政治往来密切。3月，全国人大常委会委员长张德江出席在赞比亚卢萨卡举行的各国议会联盟第134届大会并对赞比亚进行正式友好访问。其间，张德江委员长与赞国民议会议长帕特里克·马蒂比尼举行会谈，并会见赞总统埃德加·伦古和开国总统肯尼思·卡翁达。4月，全国政协港澳台侨委员会主任委员杨崇汇访赞。9月，国家主席习近平特使、全国政协副主席马飚赴赞出席伦古总统就职仪式。

1月，赞比亚执政党爱国阵线总书记戴维斯·查玛访华。6月，赞内阁秘书长罗兰·姆西斯卡访华，并于7月来华出席中非合作论坛约翰内斯堡峰会成果落实协调人会议。9月，赞前总统鲁皮亚·班达访华并出席第二届国际山地旅游大会开幕式。11月，赞国家发展规划部部长勒基·穆卢萨率全国十省省长来华参加部级官员研讨班。

两国经贸合作继续推进。中国是赞比亚第二大贸易伙伴、主要投资来源地和工程承包方，对赞直接投资和承包工程合同额增长迅速。下凯富峡750兆瓦水电站项目、赞比亚国家信息通信网、卢萨卡国际机场升级扩建等项目进展顺利。玉米粉加工厂、恩多拉国际机场和卢西瓦西水电站项目取得积极进展。中方与赞比亚、坦桑尼亚三方工作组就坦赞铁路可持续发展等问题进行两次磋商。

双方文化、旅游、卫生、人员往来等领域交流合作取得积极进展。文化部副部长丁伟访赞，并出席“欢乐春节”开幕式活动。南京书画家与赞比亚艺术家在卢萨卡共同举办“视界·共享”联合画展。赞旅游与艺术部部长琼·卡帕塔来华出席首届世界旅游发展大会。第17批和第18批中国援赞医疗队完成交接。赞合唱团首次来华参加中国国际合唱节。中赞双方签署赞在广州设立总领馆的协议和在赞中国烈士陵园建设和管理的协议。

津巴布韦
(Zimbabwe)

2016年，中华人民共和国与津巴布韦共和国传统友好关系全面深入发展。

两国政府、政党、立法机关等交往频繁，政治互信进一步巩固。年内，文化部副部长丁伟、全国政协外事委员会主任潘云鹤、中共中央对外联络部副部长郭业洲、外交部副部长张明、国家卫生和计划生育委员会副主任刘谦、全国人大外事委员会副主任委员赵白鸽先后访问津巴布韦。

津巴布韦环境、水利与气候部长奥帕·穆春古丽和外交部常务秘书乔伊·毕马分别于1月和3月访华。5月，津旅游部长沃尔特·穆赞比来华出席首届世界旅游发展大会。6月，津地方政府、公共工程与住房部长萨维奥·卡苏库维利来华出席国际产能合作论坛暨企业对接洽谈会。6月，津媒体、新闻与传播服务部长克里斯多夫·马绍威来华出席中非媒体论坛。7月，津经济计划与投资促进部长奥波特·姆波夫、农业部长约瑟夫·马德来华出席中非合作论坛约翰内斯堡峰会成果落实协调人会议。9月，津副总统皮莱凯泽拉·穆波科来华出席第19届中国国际投资贸易洽谈会。10月，津执政党津巴布韦非洲民族联盟—爱国阵线行政书记伊格内修斯·乔姆波来华出席第二届中非政党理论研讨会。

两国经贸合作续有发展。中资企业承建的万吉火电站扩容、卡里巴南岸水电站扩建项目和电信壹网骨干网扩容项目进展顺利，新维多利亚瀑布机场正式启用。中国援津项目稳步落实。津巴布韦遭遇旱灾后，中国政府向津政府提供紧急粮食援助和化肥援助。

两国人文交流亮点纷呈。“欢乐春节”艺术团、江苏省民乐团、“中国功夫之夜”艺术团访津演出。

第四章

中国与国际和地区组织的关系

（一）中国与联合国

1. 政治安全领域

（1）积极参与联合国维持和平行动

联合国维和行动是联合国维护国际和平与安全的重要手段，是国际社会共同践行多边主义的一项创举，几十年来在缓和紧张局势、解决地区冲突方面发挥了重要作用。截至2016年9月，联合国正在实施16项维和行动，共有100019人参加维和行动，包括85442名军事人员、12885名警务人员和1559名联合国志愿者。2016年7月至2017年6月，联合国维和预算约为78.7亿美元。

中国重视并支持根据《联合国宪章》宗旨与原则开展维和行动，积极参与联合国安理会、联合国大会和联合国维和行动特别委员会的有关审议和磋商。中国主张联合国维和行动应坚持《联合国宪章》宗旨和原则，坚持维和三原则，尊重当事国主权和意愿；加强对维和行动的宏观管理，确保维和授权现实可行；提高行动效率，加快维和部队组建和部署；优化后勤保障，提高维和资源的效用；加强同区域组织的协调与配合，充分发挥区域组织的独特优势，形成合力。

中国坚定支持和积极参与联合国维和行动。自1989年以来，中国共向30项联合国维和行动派出维和人员约3万人次。目前，中国派遣约2600名维和人员在叙利亚、黎巴嫩、塞浦路斯、西撒哈拉、利比里亚、科特迪瓦、苏丹达尔富尔、刚果（金）、南苏丹、马里10个任务区执行任务。中国维和预算分摊比例为10.2%，在会员国中位居第2位。

2016年，中方宣布加入新的联合国维和能力待命机制，8000人规模的维和待命部队组建方案已经完成制定，结合部队建设进展，中方将使其中部分部队达到60天部署等级。中方率先组建常备成建制维和警队，部分警队于2016年10月通过联合国的人员征选和装备验收，达到了维和能力待命机制第二级。中方还对非洲9个国家的17名高级警官进行了外警培训。中方宣布向非盟提供总额1亿美元的无偿军事援助，支持非洲常备军和危机应对快速反应部队建设，正在同非盟就此加紧协商。

（2）安理会改革

2016年，联合国会员国继续围绕安理会改革问题展开讨论，并进行政府间谈判。第70届联合国大会（简称“联大”）期间举行了第12轮政府间谈判，各方在谈判中继续阐述各自立场和关切，就安理会改革相关问题交换看法。

7月27日，第70届联大协商一致通过决定，在第71届联大继续进行有关安全理事会改革的政府间谈判。

中国积极参与安理会改革政府间谈判。7月27日，中国常驻联合国代表刘结一大使在第70届联大全会上发言表示，根据联大第62/557号决定和会员国共识，政府间谈判应坚持会员国主导，以会员国的立场、主张和建议为基础。政府间谈判已历时7年，是一个整体过程。会员国7年来作出的所有建设性努力，都是会员国继续协商、凝聚共识的基础和动力，这是客观事实，应在政府间谈判进程中充分体现。2009年以来，政府间谈判总体坚持了会员国主导原则，但也曾走过弯路。在本届联大政府间谈判中，会员国围绕安理会改革涉及的五大类问题进行了坦诚、深入讨论，政府间谈判重回会员国主导的正确轨道。中方欢迎联大主席吕克托夫特和卢森堡常驻代表、政府间谈判机制主席卢卡斯大使作出的积极努力。中方希望下届联大政府间谈判坚持会员国主导，各方继续就安理会改革涉及的五大类问题展开广泛、民主协商，相向而行，逐步为寻求“一揽子”解决方案并达成最广泛共识积累条件。中方愿与各方共同推动安理会改革朝符合全体会员

国共同利益和联合国长远利益的方向发展。

（3）安理会处理的有关热点问题

阿富汗问题

2016年是阿富汗十年转型期的第二年。安理会多次审议阿富汗问题，通过一项决议，发表一份主席声明。

3月15日、6月21日、9月14日、12月19日，安理会四次举行阿富汗问题公开会，前任联合国秘书长阿富汗问题特别代表兼联合国阿富汗援助团（下称“联阿团”）团长海索姆、现任秘书长特别代表兼联阿团团长山本忠通、联合国毒品与犯罪问题办公室主任费多托夫和安理会塔利班制裁委员会(1988委员会)主席博赫曼等向安理会通报了阿富汗局势最新进展、联阿团及1988委员会工作等。

3月15日，安理会一致通过第2274号决议，决定将联阿团任期延长至2017年3月17日，支持联合国在国际援阿努力及阿政府间继续发挥协调作用，欢迎阿巴中美四方协调机制成立，支持阿政府打击恐怖主义和暴力极端主义，呼吁各方通过“一带一路”等发展倡议推动区域合作进程等。

9月14日，安理会发表阿富汗问题主席声明，重申对阿政府支持，呼吁国际社会继续向阿提供援助；谴责塔利班、基地组织、“伊斯兰国”分支等实施恐怖暴力活动，支持阿政府维护国家安全及打击恐怖和暴力极端主义努力；重申支持“阿人主导、阿人所有”的和平与和解进程，呼吁在国家、地区和国际层面加强相关合作等。

中国在安理会审议中表示，国际社会应继续对阿提供支持和帮助，大力支持阿国家安全部队加强能力建设，增强其自主防卫和反恐能力，全力支持“阿人主导、阿人所有”的包容性和解进程，阿巴中美四方协调组将继续为推进阿和解进程发挥积极作用，希望国际社会积极兑现援助承诺，根据阿方确定的发展战略和具体需要，提供有针对性帮助。第71届联大通过的阿富汗问题决议指出“一带一路”倡议对促进阿经济发展及区域合作具有重要意义，希望各国根据联大决议要求，加强区域经济合作及互联互通，帮助阿融入地区发展大潮，中方赞赏并支持联阿团为帮助阿维护国家安全、促进经济社会发展、提高治理能力等发挥重要作用。中方支持上海合作组织为阿推进和解进程、加强安全能力建设、打击恐怖主义发挥积极作用。中方愿同国际社会一道，继续为阿富汗早日实现和平稳定与发展作出不懈努力。

巴勒斯坦问题

2016年，巴勒斯坦和以色列冲突再度升级，安全形势持续恶化。安理会密切关注巴勒斯坦问题，每月均举行公开会，听取联合国秘书长等关于巴勒斯坦问题的通报。

12月23日，安理会以14票赞成、1票弃权的结果，通过关于巴勒斯坦问题的第2334号决议，中国对决议投了赞成票。

中国代表在安理会审议中表示，巴勒斯坦问题是中东问题的核心，是中东地区的根源性问题，维护巴勒斯坦人民合法民族权益是国际社会的共同责任。近年来，巴以和谈深陷僵局，以色列不断推进定居点建设，暴力冲突持续发生，人道形势不断恶化，巴以局势日趋严峻，这威胁着“两国方案”实现前景及地区和平稳定。中国是巴勒斯坦人民正义事业的坚定支持者，支持巴勒斯坦人民建立以1967年边界为基础、以东耶路撒冷为首都、拥有完全主权、独立的巴勒斯坦国。中方欢迎和支持一切有利于缓和巴以局势、早日实现“两国方案”及巴以和平共处的努力。中方愿同国际社会一道加大外交努力，推动巴以问题早日得到全面、公正解决。

伊拉克问题

2016年，国际社会持续关注伊拉克局势，安理会先后于2月16日、5月6日、7月15日和11月9日举行公开会，听取联合国秘书长伊拉克问题特别代表兼联合国伊拉克援助团团长扬·库比什就秘书长关于联伊援助团工作报告所作通报。

7月25日，安理会通过第2299号决议，决定将联合国伊拉克援助团任期延长至2017年7月31日，促请伊拉克政府继续保障联合国派驻伊拉克人员的安全。

12月30日，安理会通过第2335号决议，决定将联合国关于“石油换食品”方案的托管账户延期至2017年6月30日。

布隆迪问题

2016年，安理会多次审议布隆迪问题，通过两份决议。

3月18日，安理会举行公开会，听取联合国秘书长潘基文通报2月访问布隆迪等情况，联合国人权高专侯赛因、建设和平委员会布隆迪国别小组主席、瑞士常驻联合国代表劳博简要通报。

4月1日，安理会一致通过第2279号决议，呼吁布政府和有关各方停止任何形式的暴力行为，重申支持东非共同体开展斡旋等。

7月29日，安理会以11票赞成、4票弃权的结果通过第2303号决议，授权向布隆迪派遣最多由228人组成的联合国警察监督队，任期初定1年，在布首都及全境部署。中国对决议投了弃权票。

中国常驻联合国代表刘结一大使在解释性发言中表示，联合国部署维和行动和政治特派团，应当与当事国充分沟通协商，遵循当事国同意原则。

在向布隆迪部署联合国警察等问题上，必须切实尊重布隆迪主权、独立和领土完整，同布隆迪政府密切协商，努力寻求布隆迪主导、各方协商一致的解决方案。

刚果（金）问题

2016年，安理会多次审议刚果(金)问题，通过两份决议和一份主席声明。

3月23日，安理会举行公开会，听取联合国秘书长刚果(金)问题特别代表兼联合国驻刚果(金)综合稳定团团长希迪库通报。

3月30日，安理会通过第2277号决议，决定将联合国驻刚果(金)综合稳定团授权延期至2017年3月31日。

6月23日，安理会通过第2293号决议，决定对刚果(金)实施的武器禁运、旅行禁令及金融制裁等措施延长至2017年7月1日。

7月7日，安理会举行公开会，听取联合国常务副秘书长埃里亚松、维和事务副秘书长苏和关于刚果(金)局势的通报。

10月11日，安理会举行公开会，听取联合国秘书长刚果(金)问题特别代表兼联合国驻刚果(金)综合稳定团团长希迪库和安理会刚果(金)制裁委主席阿布拉塔关于刚果(金)局势和刚果(金)制裁委工作的通报。

12月5日，安理会通过主席声明，肯定刚果(金)10月18日达成的政治协议，欢迎全国主教会议调解努力，呼吁刚果(金)各方根据宪法举行自由、公正、可信、包容、透明的总统和议会选举。

中国代表在安理会审议中表示，中方欢迎刚果(金)政府同有关反对派就选举时间、建立政治过渡等问题签署政治协议，并任命新总理。呼吁未参加对话的反对派尽快签署政治协议，通过对话等和平手段解决分歧，致力于国家和平、稳定与发展。国际社会应尊重刚果(金)自主选择的发展道路，在尊重刚果(金)主权的基础上向其政治进程提供建设性帮助。

科特迪瓦问题

2016年，科特迪瓦局势保持稳定，政治对话、民族和解、安全部门改革、解除武装和打击有罪不罚方面全面取得进展，国际重建和经济发展走上正轨。安理会多次审议科特迪瓦问题，通过三份决议和一份主席新闻谈话。

1月13日，安理会举行公开会，听取联合国秘书长科特迪瓦事务特别代表通报联合国驻科特迪瓦特派团（简称“联科团”）情况。

1月20日，安理会审议通过第2260号决议，决定将联科团军事人员从5437人削减至4000人。

4月12日，安理会举行公开会，听取联合国维和事务副秘书长苏和与安理会科特迪瓦制裁委主席(乌拉圭常驻代表)罗塞利通报科特迪瓦局势。

4月28日，安理会通过第2283号决议和第2284号决议，决定解除对科特迪瓦制裁，解散科特迪瓦制裁委及专家小组，将联科团授权最后一次延期至2017年6月30日。

中国常驻联合国代表刘结一大使在安理会表决通过科特迪瓦问题决议草案后发言表示，安理会全面解除对科制裁体现了国际社会对科和平进程和国家发展成就的充分肯定，对处理其他非洲热点问题具有重要借鉴意义。目前一些非洲国家仍受到安理会制裁。安理会应根据形势发展，及时调整并最终解除制裁，为当事国和平重建和经济发展创造有利条件。

利比里亚问题

2016年，利比里亚安全局势总体稳定，经济恢复发展。安理会多次审议利比里亚问题，通过三份决议。

3月17日，安理会举行公开会，听取联合国秘书长利比里亚问题特别代表兼联合国利比里亚特派团（简称“联利团”）团长扎里夫通报联合国秘书长关于联利团的报告。

5月25日，安理会通过第2288号决议，决定全面解除对利比里亚制裁，解散利比里亚制裁委及其专家小组。

8月25日，安理会举行公开会，听取联利团团长扎里夫关于联利团工作及利比里亚安全形势的通报。

9月14日，安理会通过第2308号决议，决定将联利团授权延期至2016年1月31日。

12月2日，安理会举行公开会，听取联合国维和事务副秘书长苏和关于联利团行动评估报告的通报。

12月23日，安理会通过第2333号决议，决定将联利团最后一次延期至2018年3月30日，要求秘书长监督在2018年3月30日前撤出所有联利团人员。

中国代表在安理会表决联利团延期决议后发言表示，联利团驻利十多年来，为维护利和平稳定发挥了重要作用，中方支持联利团以适当方式驻留，进一步帮助利稳定局势，协助利加强军警和安全部门能力建设，确保利大选顺利举行，维护来之不易的和平成果。中方愿同国际社会一道，继续为利比里亚和平、稳定与发展发挥建设性作用。

马里问题

2016年，马里安全形势持续恶化，恐怖袭击、武装组织间冲突交替，和平与和解协议落实艰难。安理会多次审议马里问题，先后通过一份决议和一份主席声明。

4月5日，安理会举行公开会，听取联合国维和事务副秘书长苏和通报联合国驻马里综合稳定团工作。

6月16日，安理会举行公开会，听取联合国秘书长马里问题特别代表兼联合国驻马里综合稳定团团长安纳迪夫通报马里安全形势及联合国驻马里综合稳定团工作。

6月29日，安理会通过第2295号决议，决定将联合国驻马里综合稳定特派团授权延期至2017年6月30日。

11月3日，安理会通过主席声明，强烈谴责过去数月马里境内破坏停火协议的行为，敦促有关各方执行和解协议。

中国常驻联合国代表刘结一大使在联合国驻马里维和部队遭遇恐怖袭击事件后发言表示，中方要求马里政府和联合国方面立即对此次恐怖袭击展开调查，将凶手绳之以法，并加强对联合国维和部队的安保措施，密切配合中方做好善后工作。中国是联合国维和行动主要出兵国之一，为联合国维和行动作出了重大贡献。中国将继续坚定支持联合国维和行动，继续积极参与联合国维和行动，为维护国际和平与安全作出贡献。

苏丹和南苏丹问题

2016年，苏丹达尔富尔地区局势总体平稳，南苏丹和平进程遭遇波折，多地冲突加剧，安全局势十分脆弱。安理会多次审议苏丹和南苏丹问题，通过11份决议和2份安理会主席声明。

1月25日、4月6日、6月14日、10月4日，安理会分别就苏丹达尔富尔问题举行公开会，听取联合国维和事务副秘书长苏和关于达尔富尔地区安全局势、联合国—非盟驻达尔富尔混合特派团工作的通报。6月9日、12月13日，安理会举行公开会，听取国际刑事法院检察官本苏达通报。

2月19日、3月31日、4月26日、7月13日、11月17日，安理会分别就南苏丹问题举行公开会，听取联合监督与评估委员会主席莫哈埃、联合国南苏丹特派团团长洛伊、联合国人道事务副秘书长奥布莱恩、联合国维和事务副秘书长苏和等关于南苏丹局势、联合国南苏丹特派团工作及安理会南苏丹制裁委工作等的通报。

2月10日，安理会通过第2265号决议，将苏丹制裁委专家小组任期延长至2017年3月12日。

3月2日、4月7日、5月31日，安理会分别通过第2271、2280、2290号决议，延长对南苏丹制裁措施及南苏丹制裁委专家小组授权。对南苏丹制裁措施延期至2017年5月31日，南苏丹制裁委专家小组最新授权延期至2017年7月1日。

3月17日，安理会一致通过主席声明，对南苏丹局势深表不安，对有关各方未能信守其执行《解决南苏丹冲突协议》的承诺深表关切，呼吁南苏丹总统、第一副总统于2016年3月31日前组建民族团结过渡政府等，重申对南苏丹人民坚定不移的支持。

4月7日，安理会一致通过主席声明，欢迎南苏丹各方在落实《解决南苏丹冲突协议》、包括朱巴安全安排方面取得积极进展，敦促南苏丹各方全面落实《解决南苏丹冲突协议》，重申对南苏丹人民坚定不移的支持。

5月12日、11月15日，安理会分别通过第2287、2318号决议，延长联合国驻阿布耶伊临时安全部队授权，最新授权延期至2017年5月15日。

6月29日，安理会通过第2296号决议，将联合国—非盟驻达尔富尔混合特派团授权延期至2017年6月30日。

7月29日、12月15日、12月16日，安理会分别通过第2302、2326、2327号决议，延长联合国南苏丹特派团授权，最新授权延期至2017年12月15日。

8月12日，安理会以10票赞成、5票弃权通过第2304号决议，授权在南苏丹增加部署4000人"区域保护部队"，并附加对南苏丹制裁决议草案，强调如确认南苏政府不予配合，安理会将通过新决议对南苏丹实施全面武器禁运。中方在表决中投弃权票，中国代表在表决后作解释性发言，表示"区域保护部队"在部署过程中，应就相关具体问题同南苏丹过渡政府充分协商，得到南苏丹过渡政府同意与配合，并以真正有助于南苏丹和平稳定、有利于南过渡政府维护稳定的方式开展工作。

12月23日，安理会对美国提出的南苏丹武器禁运等制裁措施决议草案进行表决，决议以7票赞成、8票弃权未能通过。中方在表决中投弃权票，中国代表在表决后作解释性发言，表示中方一贯主张慎用制裁，认为制裁应服务于政治解决大局，不赞成利用制裁向发展中国家施压。南苏丹过渡政府对执行安理会相关决议和联合公报表明了政治意愿。非盟和东非政府间发展组织（下称"伊加特"）峰会公报表示不支持对南实施武器禁运等制裁措施。伊加特和非洲国家的合理诉求必须得到充分重视。安理会采取的行动，应有助于南苏丹问题的政治解决，有助于伊加特和非盟开展斡旋，有助于维护安理会的团结，在对南实施武器禁运和人员列名问题上慎重行事，避免使南苏丹局势复杂化。

索马里问题

2016年，索马里重建取得积极进展，安理会多次审议索马里问题，通过五份决议和一份主席声明。

1月28日，安理会举行公开会，听取联合国秘书长索马里问题特别代表兼联合国索马里援助团（简称"联索团"）团长基廷及非盟驻索马里特派团

（简称“非索团”）非盟委员会主席特别代表马德拉通报索马里局势。

2月18日，安理会举行公开会，听取联合国安理会索/厄制裁委员会主席委内瑞拉向安理会通报制裁委工作。

3月24日，安理会通过第2275号决议，将联索团授权延期至2017年3月31日。

5月27日，安理会国第2289号决议，将非索团授权延期至2016年7月8日。

7月7日，安理会通过第2297号决议，将非索团授权延期至2017年5月31日，要求秘书长与非盟对非索团开展联合调查，并于2017年4月15日前向安理会提交报告，确保非索团有效执行授权。

9月27日，秘书长索马里问题特别代表基廷向安理会通报关于联索团工作情况。非盟代表并通报非索团工作。

11月9日，安理会通过第2316号决议，将有关国家和组织在索马里沿海同索马里当局合作打击海盗和海上武装抢劫行为授权延长12个月。

11月10日，安理会通过第2317号决议，将对索武器禁运等制裁措施延期至2017年11月15日，将索马里/厄特制裁委专家小组任期延长至2017年12月15日。

中国代表在安理会审议中发言表示，非洲之角地缘位置重要，和平稳定牵涉地区各国的切身利益。地区各国比邻而居，利益相连，休戚与共。中方真诚希望地区国家加强睦邻友好，通过对话协商解决分歧。中方愿继续为实现非洲之角地区和平、稳定与发展发挥建设性作用。

西撒哈拉问题

2016年，联合国继续积极开展斡旋工作。安理会关注西撒哈拉问题（简称“西撒问题”），并通过一份决议。

4月29日，安理会通过第2285号决议，将联合国西撒公投特派团（下称“特派团”）延期至2017年4月30日，并要求尽快恢复特派团全部授权。联合国秘书长需在90天内向安理会提交报告，通报特派团履行授权情况。

中国常驻联合国代表刘结一大使在安理会表决通过联合国西撒公投特派团延期决议后发言表示，中方支持特派团延期并尽快恢复执行安理会决议的全部能力，希望特派团继续在执行安理会决议、稳定西撒局势方面发挥重要作用。中方将继续秉持公正客观立场，支持联合国为推动政治解决西撒问题所作努力，鼓励当事双方以安理会有关决议为基础，通过谈判寻求公正、持久和双方均能接受的解决方案。

中非共和国问题

2016年，安理会多次审议中非问题，通过四份决议和一份主席声明。

1月27日，安理会通过第2262号决议，决定将对中非的武器禁运、旅行禁令、资产冻结等制裁措施延长至2017年1月31日。

2月9日，安理会通过第2264号决议，决定调整联合国中非共和国多层面综合稳定团规模。

4月15日，安理会举行公开会，听取联合国维和事务副秘书长苏和、建设和平委员会中非国别小组主席希拉勒关于中非局势的通报。

4月26日，安理会通过第2281号决议，将联合国中非共和国多层面综合稳定团授权延期至2016年7月31日。

7月8日，安理会举行公开会，听取联合国维和事务副秘书长苏和、建设和平委员会中非国别小组主席希拉勒和中非制裁委主席叶尔琴科夫关于中非局势和中非制裁委工作的通报。

7月26日，安理会通过第2301号决议，将联合国中非共和国多层面综合稳定团授权延期至2017年11月15日。

10月10日，安理会举行公开会，听取联合国维和事务副秘书长苏和、建设和平委员会中非国别小组主席希拉勒、摩洛哥常驻副代表拉塞关于中非局势的通报。

11月16日，安理会通过关于中非局势的主席声明，欢迎中非和平进程取得进展，欢迎联合国副秘书长访问中非，呼吁国际社会在布鲁塞尔中非援助会议上提供帮助。

中国代表在安理会审议中表示，中方支持中非在图瓦德拉总统带领下积极开展重建，呼吁联合国同非盟、中部非洲国家经济共同体等区域组织加强协调，加大斡旋和对中非支持力度，敦促中非各方切实遵守承诺，为中非实现持久和平稳定创造条件。

塞浦路斯问题

2016年，塞浦路斯政治进程出现积极进展。1月28日，安理会通过第2263号决议，决定将联合国驻塞浦路斯维和部队（简称“联塞部队”）任期延长至2016年7月31日，乐见塞希、土两族谈判取得良好进展和积极势头，呼吁双方建立军事新任措施。

7月26日，安理会通过第2300号决议，决定将联塞部队任期延长至2017年1月31日，欢迎塞浦路斯问题谈判重启。

中国代表在安理会审议中表示，中方欢迎塞浦路斯希、土两族谈判取得积极进展，赞赏两族领导人为推进塞问题谈判所作的积极努力，希望双方继续保持谈判良好势头，支持塞希、土两族根据安理会有关决议，通过对话谈判，就塞问题达成全面解决方案。

乌克兰问题

2016年，安理会继续关注乌克兰问题。4月28日，应乌克兰要求，安理会举行乌克兰问题公开会，重申政治解决是乌克兰问题唯一正确途径，支持全面落实明斯克协议，通过诺曼底机制等推进乌克兰问题政治进程。

中国常驻联合国代表刘结一大使在公开会上表示，安理会一致通过第2202号决议核可明斯克协议，体现了对政治解决乌克兰问题的坚定支持。有关各方应切实停火止暴，执行明斯克协议，坚持通过对话协商，寻求乌克兰问题的全面、持久、平衡解决方案。从根本和长远上解决乌克兰问题，既要充分照顾乌克兰国内各地区、各民族的正当权益和诉求，也要重视解决有关各方的合理关切，实现各方的利益平衡。中方呼吁有关各方保持克制，坚持政治解决的大方向不动摇，推动乌克兰实现和平、稳定与发展，促进乌克兰各民族和谐相处、乌克兰与各国和平共处。国际社会应继续支持有关各方政治解决乌克兰问题的外交努力。安理会讨论应有助于乌克兰相关地区的局势缓和及乌克兰问题的妥善解决。

海地问题

2016年，海地局势总体稳定。

3月17日，安理会举行公开会，听取联合国秘书长海地问题特别代表兼联合国海地稳定特派团团长（简称“联海稳定团”）桑德拉·奥诺雷就秘书长关于联海稳定团工作的报告。

10月11日，安理会举行公开会，听取联海稳定团团长奥诺雷关于海地最新局势的通报。

10月13日，安理会通过了第2313号决议，决定将联海稳定团的任期延长6个月至2017年4月15日，其军事人员和警察编制分别为2370人和2601人。

中国代表在安理会审议中表示，中方呼吁海有关各方从国家前途和人民利益大局出发，尽快通过对话协商确定新的选举时间表，早日完成选举进程。国际社会和有关区域组织应继续发挥影响力，敦促海有关各方回归完成选举进程的正确道路。希望联合国秘书处和联海稳定团加强研判海局势，根据局势发展，在同海政府沟通的基础上，就联海稳定团未来安排制定稳妥预案。

哥伦比亚问题

2016年，哥伦比亚和平进程取得重大进展，安理会密切关注形势发展，支持哥和平进程。

1月25日，安理会通过第2261号决议，决定设立联合国哥伦比亚政治特派团（简称“联哥团”），为期一年并视情延长，负责监督哥伦比亚政府与哥伦比亚革命武装力量之间的停火、解除武装和停止敌对行动，要求联合国秘书长就联哥团具体安排提出建议，期待拉共体的成员为联哥团作出贡献。

9月13日，安理会通过第2307号决议，核可秘书长8月18日关于联哥团规模、任务和授权等方面的建议。

9月21日，安理会听取联合国秘书长潘基文的通报，哥总统桑托斯发表简短声明，并向安理会递交了哥政府与哥革命武装力量达成的和平协议。

中国代表在安理会审议中表示，中方一贯支持哥和平进程，希望联合国在尊重哥主权、独立和领土完整的基础上，加强同哥政府的沟通协调，尽快做好特派团筹备和部署工作，帮助哥有关各方全面落实停火协议与最终和平协议，为哥顺利完成和平进程提供建设性帮助。

妇女、和平与安全问题

近年来，联合国、非盟等组织重视妇女在维护和平、预防冲突方面发挥的重要作用。2016年，安理会于3月28日、6月2日、10月25日就妇女、和平与安全问题举行三次公开辩论会，通过一份主席声明。

6月15日，安理会通过主席声明，欢迎非盟通过2015—2020年性别、和平与安全方案，呼吁将妇女保护、增强妇女权能作为打击暴力极端主义的重大考虑因素，要求将妇女、和平与安全纳入联合国与区域、次区域组织合作议题范畴等。

中国代表在审议表示，当前，国际安全形势复杂严峻，许多妇女成为暴力冲突和恐怖威胁的受害者。同时，妇女在参与预防和解决地区冲突方面承担越来越重要的责任。国际社会应加强对冲突中妇女权益的保护，更多发挥妇女在预防和解决冲突中的作用。一要加大对冲突中妇女的保护。二要加大地区热点问题政治解决，重视发挥妇女在解决冲突中的作用。三要推动妇女为构建和谐包容文化发挥更大作用。四要推动妇女促进经济社会发展，消除冲突根源。中方愿继续同国际社会一道努力，共同促进妇女实现全面发展，推动妇女全面参与政治、经济和社会生活，让妇女为非洲大陆的和平、发展与繁荣贡献更多力量。

武装冲突中保护平民问题

2016年，安理会分别于1月19日、5月3日、6月10日、9月28日就武装冲突中保护平民问题举行公开会。红十字国际委员会主席彼得·莫雷尔、无国界医生组织国际主席廖满嫦、红十字国际委员会副主席克里斯蒂娜·比尔利和乐施会人道主义政策高级顾问埃维利娜·鲁伊吉曼斯等人向安理会作了通报。

5月3日，安理会通过第2286号决议，关切冲突中攻击和威胁医疗人员

和设施行为，要求冲突各方遵守国际法义务，并根据国际人道主义法，协助医护人员和专门履行医护职责的人道主义人员及其设备的安全和通行。

中国代表在安理会审议中表示，保护武装冲突中的平民已成为联合国有关维和行动的重要授权之一，有关人道主义工作者的安全问题也日益得到国际社会高度重视。中方支持国际社会作出务实、有效努力，推动武装冲突中保护平民工作取得积极实效。第一，武装冲突各方均应履行保护平民责任，切实遵守国际法和国际人道主义法及安理会有关决议。各国政府对保护平民免受冲突和战争伤害负有首要责任。当事国对武装冲突中侵犯人权和违反国际人道法行为，应依法调查和惩处。第二，加强冲突预防和解决，使平民远离战火。国际社会应高度重视解决滋生冲突的根源性问题，通过缓解紧张、管控危机、化解矛盾、实现经济社会发展、推进包容性政治对话和民族和解等手段，努力创造和平稳定的环境。安理会应加强预防性外交，大力推动冲突的政治解决。第三，维和行动中保护平民应严格遵循安理会授权，保持客观、中立，避免成为冲突一方，不能取代有关国家政府及冲突方履行保护平民的责任和义务。安理会制定保护平民授权时应综合考虑实地状况及维和特派团的能力、条件，确保授权明确、现实、可行。第四，妥善开展武装冲突中人道救援行动。武装冲突各方应严格履行保护人道工作者的义务。联合国等人道机构在冲突中开展人道救援行动时，应遵守《联合国宪章》，遵循联合国人道救援指导原则，充分尊重当事国主权和领土完整，与当事国加强沟通。武装冲突各方必须确保受困平民及时获得人道援助。

（4）积极参与安理会反恐工作

2016年，安理会多次开会审议反恐问题，通过多项反恐主席声明和主席新闻谈话。

9月22日，安理会通过第2309号决议，关切可能针对民用航空发动的恐怖袭击，促请反恐委员会与国际民航组织合作，在12个月内召开特别会议，讨论民航面临恐怖威胁的问题。

12月12日，安理会召开加强国际反恐司法合作问题部长级公开会，会上通过第2322号决议，强调加强反恐国际司法合作。

2016年，中国高度重视并积极参与联合国安理会框架内反恐工作。

4月14日，中国在担任安理会轮值主席期间主持召开安理会反恐问题公开会，推动国际社会加大重视网络反恐问题，凝聚共识，加强反恐协调合作，呼吁各国根据安理会要求通过立法形式加大反恐力度。

5月31日，中国驻马里维和部队遭遇恐怖袭击，造成中方人员伤亡。6

月1日，安理会发表主席新闻谈话，谴责恐怖袭击，敦促马里政府立即对事件展开调查，确保将袭击者绳之以法等。

8月31日，中国驻吉尔吉斯使馆遭遇恐怖袭击，发生剧烈爆炸，馆舍受损严重，3名中方人员受轻伤。9月1日，安理会发表主席新闻谈话，强烈谴责恐怖袭击事件，强调将恐怖袭击的实施者、组织者、资助者和支持者绳之以法，敦促各国按照国际法和安理会相关决议规定的义务，在打击恐怖主义方面和相关政府开展积极合作等。

中国常驻联合国代表刘结一在安理会召开反恐问题公开会时表示，恐怖主义是全人类的公敌，国际社会应结合恐怖主义发展的新趋势和新特点，确定有针对性的新举措，同时综合运用政治、经济、文化等手段，全面施策，标本兼治。一是强化反恐的政治投入，进一步凝聚国际共识。二是切断恐怖分子跨境流动，有效打击“回流”现象。三是更新应对手段，有效打击利用互联网及社交媒体从事恐怖活动。四是全面加强合作，切断恐怖分子资金、武器来源。五是加大预防力度，前置反恐“关口”。六是各国应致力于构建以合作共赢为核心的新型国际关系，树立共同、综合、合作、可持续的安全观。中国将继续本着相互尊重，平等合作的精神，与各国共同努力，加强交流与合作，推动国际反恐合作不断取得新进展，构建打击恐怖组织和恐怖势力的严密网络，推动实现地区和世界的和平与稳定。

2. 经济领域

（1）综合性国际经济发展领域的活动

联合国第71届大会经济和金融委员会（第二委员会）

联合国第71届大会经济和金融委员会（第二委员会）于2016年10月3日至12月13日在美国纽约联合国总部举行，审议宏观经济政策、可持续发展、消除贫困、发展业务活动等28项议题，并通过经济、发展等领域的40份决议。中方参会代表结合第二委员会一般性辩论和各议题发言，宣介中国发展理念、成就及为国际发展合作所作贡献；阐述中国共产党第十八届五中全会提出的创新、协调、绿色、开放、共享新发展理念，推动各国共同落实2030年可持续发展议程；呼吁完善国际经济治理，强化全球发展伙伴关系。

联合国亚洲及太平洋经济社会委员会

2016年5月15～19日，联合国亚洲及太平洋经济社会委员会（简称“ESCAP”）第72届年会在泰国曼谷举行。会议围绕“科技创新促进可持续发展”主题进行一般性辩论，并审议宏观经济政策与减贫、贸易投资、交通等专业领域区域合作进展及行动方向，以及ESCAP预算、战略框架等

管理事项。外交部部长助理钱洪山率团出席并发表讲话，强调亚太国家应继续引领2030年可持续发展议程实施，阐述中方对落实议程的立场，介绍中方建立国内协调机制、制定自身国别方案、深化南南合作等举措，结合“十三五”规划和年会主题，阐述中方核心发展理念，宣传“一带一路”建设是ESCAP的重大机遇等。与会期间，钱洪山部长助理还出席中方主办的“一带一路——从愿景到行动”主题边会。

2016年4月，外交部长王毅与ESCAP执行秘书阿赫塔尔在北京签署《中华人民共和国外交部和联合国亚太经社会关于推进地区互联互通和“一带一路”倡议的意向书》，推动双方合作步入实质阶段。

（2）发展领域活动

李克强总理主持召开落实可持续发展目标座谈会

2016年9月，国务院总理李克强出席第71届联大系列高级别会议期间，主持召开“可持续发展目标：共同努力改造我们的世界——中国主张”座谈会，提出营造和平稳定的发展环境、夯实经济增长基础、优化全球发展伙伴关系等政策主张，并介绍中国落实2030年可持续发展议程取得的进展。联合国秘书长潘基文等16个主要国际组织负责人参加座谈会，高度评价中国在全球落实可持续发展目标进程中发挥的重要引领作用。

李克强总理在座谈会期间宣布发布《中国落实2030年可持续发展议程国别方案》（下称《国别方案》）。《国别方案》全面总结中国落实千年发展目标的经验，明确了落实议程的指导思想、总体原则和实施路径，将落实可持续发展议程与“十三五”规划等国家中长期发展战略有机对接，是中国全面、综合推进落实工作的纲领性文件，得到国际社会广泛关注和高度评价。

（3）环境与可持续发展领域活动

联合国可持续发展高级别政治论坛

2016年7月19～21日，联合国可持续发展高级别政治论坛部长级会议在美国纽约联合国总部举行。外交部副部长李保东出席一般性辩论并发表讲话，强调各国应全面落实可持续发展议程，牢固树立命运共同体意识，全面贯彻以人为本原则，统筹推进经济、社会、环境发展，深化全球发展伙伴关系，支持联合国发挥中心作用，完善全球发展合作架构。作为2016年二十国集团（简称“G20”）的主席国，中国积极推动G20首次将发展问题置于全球宏观政策框架的突出位置，邀请G20历史上最多的发展中国家参与全年活动，充分听取发展中国家呼声和关切，努力为国际发展合作增添新的动力。李保东副部长在落实2030年可持续发展议程国别自愿陈述上发言，全面介绍中国在顶层设计、战略对接、机制保障、打造“早期收获”、深化国际交流、推进南南合作等方面取得的积极进展，表示中国将以创新、协调、绿色、开放、共享的发展理念为指导，统筹推进经济建设、政治建设、文化建设、社会建设和生态文明建设，加快落实可持续发展议程。

3. 人权领域

（1）积极参与联合国人权机构工作

2016年，中国继续积极和建设性参与联合国人权机构工作。

2月29日至3月24日，联合国人权理事会在日内瓦举行第31次会议。其间举行高级别会议，与联合国人权高专以及环境权、住房权、粮食权等特别机制举行对话，举行“人权主流化”“人权两公约50周年”高级别专题讨论会，以及关于气候变化与健康权、儿童权利、人权技术合作、残疾人权利等问题的专题讨论会，核可密克罗尼西亚、黎巴嫩、毛里塔尼亚、瑙鲁、卢旺达、尼泊尔、奥地利等14国国别人权审查报告，通过40项决议、决定和主席声明。

6月13日至7月1日，人权理事会在日内瓦举行第32次会议。其间，与人权高专以及移民人权、贩卖人口、法官和律师独立性等特别机制举行对话，就南苏丹问题举行“加强互动对话会”，举行“人权理事会成立10周年”高级别专题讨论会，举行“《发展权利宣言》通过30周年”、妇女权利等专题讨论会，核可纳米比亚、尼日尔、莫桑比克、爱沙尼亚、巴拉圭、比利时、丹麦等14国国别人权审查报告，通过34项决议。

9月12～30日，人权理事会在日内瓦举行第33次会议。其间，与人权高专、人权理事会咨询委员会以及促进民主和公平的国际秩序、单方面胁迫性措施、安全饮用水和卫生设施、任意拘留、老年人权利等特别机制举行对话，举行“《人权教育与培训宣言》5周年”高级别专题讨论会，举行土著妇女和儿童暴力、青年与人权等专题讨论会，核可苏里南、圣文森特和格林纳丁斯、萨摩亚群岛、希腊、苏丹、匈牙利、巴布亚新几内亚等14国国别人权审查报告，通过31项决议和主席声明。

中国代表团积极参与人权理事会上述会议，宣传中国人权主张、促进和保护人权的政策举措和成就，参加各项议题讨论和决议草案磋商，为发展中国家仗义执言，推动人权理事会协商一致通过“加强公共卫生能力建设促进健康权”决议，代表近140个国家作“通过对话与合作促进和保护人权”共同发言和“发展促人权”共同发言。

中国还积极参与人权理事会下属的发展权工作组、和平权工作组、社

会论坛、工商业与人权论坛等机制工作，阐述相关主张，发挥了建设性作用。

2月22～26日、8月8～12日，人权理事会咨询委员会第16、17次会议在日内瓦举行，中国专家张义山参与“消除对麻风病人及其家属的歧视”等人权专题研究及有关报告起草工作。

10月4日至11月23日，第71届联大三委在纽约联合国总部举行，审议人权、社会发展、妇女、预防犯罪和刑事司法等议题并通过51项决议。中国代表团全面参与各议题讨论和决议磋商，阐述中国立场和主张。中国常驻联合国副代表吴海涛大使在人权议题下作了综合性发言，介绍中国在人权问题上的政策主张和发展成就。强调要促进和保护人权，必须坚持平等相待、推动包容发展、尊重人民选择、平衡两类人权。指出中国始终积极支持和参与国际人权事业。

1月25日至2月3日、5月23日至6月1日，联合国非政府组织委员会2016年届会和续会分别在纽约联合国总部举行，中国作为委员会成员国出席会议。会议审议474个非政府组织的申请和361份非政府组织四年期报告，决定授予200个组织经社理事会咨商地位。北京市民间组织国际交流协会获得经社理事会咨商地位。

（2）开展国际人权交流与合作

2016年，中国继续致力于与国际人权机构开展合作。及时答复人权理事会特别机制来函，于8月15～23日接待人权理事会极端贫困与人权问题特别报告员菲利普·阿尔斯顿访华。

中国重视国际人权文书对促进和保护人权的积极作用，已加入包括《经济、社会和文化权利国际公约》在内的26项国际人权公约，认真履行条约义务，继续与有关人权条约机构开展合作。

中国继续在平等和相互尊重的基础上开展国际人权对话与交流，与英国、德国、瑞士、新西兰等西方国家举行人权对话和交流，与澳大利亚开展人权技术合作，与俄罗斯、巴西举行多边人权事务磋商，与南非、非盟、马来西亚、上海合作组织进行首次人权磋商。

11月8～11日，第16次亚欧非正式人权研讨会暨指导委员会会议在北京举行，主题为“残疾人与人权”。外交部副部长李保东出席开幕式并致辞。外交部和中国残疾人联合会等派代表与会，与亚欧40多国官方和民间代表进行交流。

12月4～5日，“纪念《发展权利宣言》通过30周年国际研讨会”在北京举行，主题为“共享发展：更好造福各国人民”。国家主席习近平向会议致贺信。中央政治局委员、中央书记处书记、中共中央宣传部部长刘奇葆，外交部副部长李保东出席开幕式并致辞。来自40多个国家、地区和国际组织的100多名官员、学者等出席研讨会。

4. 社会领域

（1）国际难民保护

联合国难民事务高级专员公署（简称“难民署”）于1951年成立，负责保护难民并促使难民问题永久解决，总部位于瑞士日内瓦。现任难民高专格兰蒂（意大利籍）于2016年1月1日上任，任期5年。

中国是联合国《1951年关于难民地位公约》及其《议定书》的缔约国，高度重视难民保护问题，严格履行应尽义务。2016年，中国政府继续积极支持国际难民保护工作，与难民署保持良好合作关系。

2016年9月19～20日，国务院总理李克强在纽约出席由联合国秘书长潘基文倡议的第71届联大难移民问题高级别会议和由美国总统奥巴马倡议的难民问题领导人峰会。李克强总理在会上宣布总额3亿美元的人道主义援助，指出国际社会应加强难民问题全球治理，强调战乱冲突、贫穷落后是难民问题的主要根源，只有实现和平与发展才是根本出路。

10月3～7日，联合国难民执委会第67次会议在瑞士日内瓦举行。会议讨论国际难民保护、难民高专报告、难民署2016～2017双年度预算等议题。中国常驻联合国日内瓦办事处和瑞士其他国际组织代表团常驻代表马朝旭大使率团出席会议并发言，强调应对难民问题要对症下药、标本兼治，坚持以对话解决争端，促进世界经济更加平衡、包容、可持续增长，并宣介中国在难民保护方面所做工作。

（2）妇女权益保护

联合国妇女地位委员会成立于1946年，是联合国经社理事会职司委员会之一，系联合国系统处理妇女问题的主要机构。该机构职责是促进妇女在政治、经济、社会及教育等方面实现男女平等，就有关妇女权益问题向经社理事会提出建议和报告。现有成员45个，由经社理事会按地区分配原则选举产生，任期4年。中国于1972年首次当选妇女地位委员会成员，之后连选连任至今。中国积极参与该委员会的各项活动。

2016年3月14～25日，第60届联合国妇女地位委员会在纽约联合国总部举行。国务院妇女儿童工作委员会副主任，中华全国妇女联合会副主席、书记处书记孟晓驷率团出席并在一般性辩论、审议主题（消除对妇女暴力）部长级会议、部长级圆桌会、世妇会东道国四国高级别边会上发言，阐述2015年9月中国与联合国妇女署合办全球妇女峰会的重要意义和取得的成

果，宣传国家主席习近平在会上发表的重要讲话精神和提出的援助发展中国家能力建设的具体举措，介绍中国落实峰会成果的积极行动和进展，多角度宣传中国妇女发展成就，为中国2016年5月主办二十国集团妇女会议预作铺垫。

联合国妇女署于2011年1月1日正式开始运作。作为联合国系统内负责妇女事务的主要机构，联合国妇女署致力于推进全球妇女事业发展，特别是在联合国各层面纳入性别观念及向各国提供政策指导和技术支持。该机构下设执行局作为理事单位，由41个成员国组成。中国于2010年当选为首届执行局成员，之后连选连任至今。

（3）劳工权益保护

国际劳工组织成立于1919年，1946年成为联合国负责劳工事务的专门机构。总部设在瑞士日内瓦，现有187个成员。成员国代表团按“三方性”原则由政府、雇主组织和工人组织的代表组成，三方代表有平等独立的发言权和表决权。主要机构有国际劳工大会、理事会和国际劳工局。国际劳工大会为该组织的最高权力机构，理事会为大会闭会期间的执行机构，国际劳工局是该组织常设秘书处。总干事盖·莱德（英国籍）于2012年就任，2016年年底获连任，任期至2022年。

中国是国际劳工组织的创始会员国，也是理事会政府组的常任理事国。1971年中国恢复在该组织的合法席位。1983年，中国派团出席第69届国际劳工大会，正式恢复在国际劳工组织中的活动。中国重视并积极参与国际劳工组织的各项活动，与其保持着良好的合作关系。

2016年，中国政府派团参加国际劳工组织第326、327、328届理事会和第105届国际劳工大会等活动。

6月1～13日，人力资源社会保障部副部长、国家公务员局局长信长星，中华全国总工会副主席、书记处书记江广平，中国企业联合国驻会副会长黄海嵩组成的三方代表团出席第105届国际劳工大会。中国代表团从不同角度介绍中国过去一年在就业、社会保障、劳动关系、职业安全卫生、工会等方面取得的成就，并从促进就业、结合国情落实劳工标准、加强技能培训等方面，提出探索实现社会公平正义的创新途径，并介绍中国举办二十国集团劳工会议、劳工部长会议及领导人峰会有关情况。

（4）联合国互联网治理论坛

联合国互联网治理论坛（简称“IGF”）是根据联合国信息社会世界峰会突尼斯阶段峰会的决定于2006年成立的。该论坛是多利益攸关方参与机制，专门讨论互联网全球治理框架问题，为期5年。2010年10月，第65届联合国大会讨论并决定将该论坛的授权延长5年。2015年12月，联合国大会信息社会世界峰会十周年成果审议高级别会议通过成果文件，决定将该论坛的授权延长至2025年。

2016年12月5～9日，联合国互联网治理论坛第11届会议在墨西哥瓜达拉哈拉举行，会议以“促进包容性及可持续增长”为主题，围绕网络安全、互联网关键资源、多利益攸关方合作、互联网经济等8个分议题展开讨论，举行了高级别会议、8场全会和200多场研讨会和论坛。来自83个国家的政府、私营部门、学术机构、互联网企业、非政府组织等2000多名代表参加。中国代表团在会议上系统阐释中方网络领域政策主张，受到各方积极评价。

5. 中国与联合国专门机构

（1）世界卫生组织

世界卫生组织（简称“世卫组织”）创建于1948年，是联合国专门机构，系国际卫生工作的指导和协调机构，总部位于瑞士日内瓦。现有193个会员国和2个准会员国。世卫组织的最高权力机构为世界卫生大会，由全体会员国代表组成，每年举行例会。执行委员会是世界卫生大会的执行机构，由34名执委组成，名额按地域分配原则，由世卫组织区域委员会选出。

现任总干事为陈冯富珍(中国籍)，2012年5月连任，任期至2017年6月30日。

中国是世卫组织创始国之一。1972年第25届世界卫生大会恢复中国在该组织的合法席位。此后，中国出席了历届世界卫生大会，多次当选执委会委员。

2016年1月25～30日，世卫组织执委会第138届会议在瑞士日内瓦召开。34个执委会成员国、73个非执委会成员国及联合国相关机构、区域经济组织、非政府组织等代表共约700人与会。国家卫生和计划生育委员会、外交部、国家食品药品监督管理总局等组团与会。会议审议了世卫组织改革、打击假药、2030年可持续发展议程中的卫生问题、世卫组织总干事选举规则等55项议题。

5月23～28日，第69届世界卫生大会在瑞士日内瓦举行。来自194个国家的100多名卫生部长、5个观察员、相关国际组织和非政府组织代表等数千人参会。大会审议通过“突发卫生事件规划”等一系列有关世卫组织应急机制改革的重要举措，达成关于老龄化、空气污染、母婴及青少年健康等20余项决议或决定。国家卫生和计划生育委员会主任李斌率团出席会

议并主持大会开幕式。

11月下旬，国家卫生和计划生育委员会和世卫组织共同举办第九届全球健康促进大会。国务院总理李克强出席开幕式并致辞，会见世卫组织总干事陈冯富珍等与会国际组织负责人。

（2）国际电信联盟

国际电信联盟（简称“国际电联”）成立于1865年，是联合国专门机构，总部位于瑞士日内瓦，现有193个成员国。全权代表大会是国际电联最高权力和政策制定机构，每四年召开一次。理事会是该组织管理机构，由48个成员国组成。现任秘书长为赵厚麟（中国籍），2015年1月上任，任期至2018年年底。

中国于1920年加入国际电报联盟（国际电联前身），在1947年国际电联全权代表大会上被选为行政理事会理事国。新中国成立后，中国在国际电联的合法席位曾一度被剥夺。中国重返联合国后，1972年国际电联第27届行政理事会决定，恢复中国合法席位。此后，中国一直担任国际电联理事国。

2016年11月12～15日，国际电联举办的2016年世界电信展在泰国曼谷举行。本届电信展聚焦数字经济协作和中小企业创新，多个国家的国家元首和政府首脑莅临展会，泰国公主诗琳通、泰国总理巴育、国际电联秘书长赵厚麟出席开幕式并致辞。来自37个国家的250多家企业参展，95个国家和政府的企业领导参加领导者峰会和相关论坛。

（3）国际海事组织

国际海事组织（简称“IMO”）成立于1959年，原名“政府间海事协商组织”，1982年更名为“国际海事组织”，是联合国负责海上航行安全和防止船舶造成海洋污染的专门机构，其通过的条约对国际航运行为具有强制约束力。IMO现有172个成员国和3个联系会员（中国香港、中国澳门和法罗群岛），秘书处设在英国伦敦。现任秘书长林基泽（韩国籍）2016年1月1日上任，任期至2019年12月31日。

中国于1973年恢复在IMO的成员国地位，已批准或加入该组织几乎所有的重要公约，并从1989年起连续14届担任该组织A类理事国。

2016年，IMO举行第116、117届理事会，第96、97届海上安全委员会，第69、70届海上环保委员会，第40届便利运输委员会，第103届法律委员会，第66届技术合作委员会5个委员会的会议及其下的7个分委会会议。中国代表团出席上述会议，积极参与IMO未来发展战略方向、海运温室气体减排、客船安全、极地规则等重要议题的讨论，并成功当选IMO理事会副主席。

（4）国际民航组织

国际民航组织（简称“ICAO”）于1947年成立，是联合国系统中负责处理国际民航事务的专门机构，现有191个成员国，总部在加拿大蒙特利尔。按照《国际民用航空公约》授权，制定并更新航行方面的国际技术标准和建议措施。

ICAO的最高权力机构是所有成员国参加的大会，每三年召开一次。大会的常设机构为理事会，由36个理事国组成，理事国可连选连任。理事会设主席职位，任期三年，可连任两次。现任理事会主席为阿留(尼日利亚籍)，任期为2016～2019年。ICAO秘书长为柳芳女士（中国籍），任期为2015～2018年。

中国自1974年恢复在ICAO活动以来，在历届大会选举中连选连任二类理事国，在2004年第35届大会首次成功竞选担任一类理事国并于2007、2010、2013、2016年成功连任。

（5）联合国教科文组织

联合国教科文组织（简称“教科文组织”）1946年成立。总部在法国巴黎。现有195个会员国，9个准会员。该组织旨在通过教育、科学及文化促进各国间合作，对和平与安全作出贡献。现任总干事伊琳娜·博科娃（保加利亚籍）于2009年10月当选，2013年11月连任，任期至2017年。

中国是教科文组织20个创始国之一，1971年恢复在该组织的合法席位。教科文组织是中国教育、科学和文化领域对外开放的重要合作伙伴，中方始终重视与该组织的合作，积极参与其各项重要项目和活动。2016年，双方进一步深化合作。

2016年6月5～7日，由教科文组织、教育部、中国联合国教科文组织全国委员会和北京市共同举办的第二届联合国教科文组织创意城市北京峰会在北京召开。本届峰会主题为“创意与可持续发展”。国务院副总理刘延东、博科娃总干事出席开幕式。开幕式前，刘延东副总理同博科娃总干事会见。

6月6日，首届教科文组织女童和妇女教育奖颁奖仪式在北京举行。国家主席习近平夫人彭丽媛和博科娃总干事出席。

6月7日，外交部长王毅会见博科娃总干事，并就加强中国同教科文组织的合作交换意见。

7月10～17日，教科文组织世界遗产委员会第40届会议在土耳其伊斯坦布尔召开。中国湖北神农架、广西左江花山岩画被成功列入《世界遗产名录》。

9月19日，在第71届联合国大会期间，博科娃总干事出席由中国主办的“落实2030可持续发展议程——全球进程与中国实践”座谈会。国务院总理李克强主持会议并发表讲话。其间，教育部副部长郝平与博科娃总干事共同签署了关于继续支持“联合国教科文组织—中国信托基金”的协议。

10月24～26日，教科文组织世界遗产委员会第40届特别会议在法国巴黎召开。会议主要审议世界遗产预备清单、研究讨论世界遗产全球战略和公约未来发展问题、修订《操作指南》等。

11月10～12日，由教科文组织、中国联合国教科文组织全国委员会、国家文物局、深圳市人民政府共同举办的“国际博物馆高级别论坛”在深圳举办。国家主席习近平发来贺信，刘延东副总理在论坛开幕式上宣读贺信并致辞。

11月30日，教科文组织保护非物质文化遗产政府间委员会第11届常会在埃塞俄比亚的斯亚贝巴举行。中国“二十四节气”成功列入教科文组织人类非物质文化遗产代表作名录。

（6）世界知识产权组织

世界知识产权组织成立于1967年，1974年成为联合国专门机构，是致力于促进使用和保护人类智力作品的国际组织，现有186个成员国。中国自1980年加入世界知识产权组织以来，双方始终保持友好合作关系。

2016年7月21～22日，世界知识产权组织与国家知识产权局、国家工商行政管理总局、国家版权局和北京市政府共同在北京举办“一带一路”知识产权高级别系列会议。“一带一路”沿线国家及蒙俄等50余国和地区的知识产权机构负责人、驻华使馆官员、东盟秘书处、海湾阿拉伯国家合作委员会等区域组织高级代表、世界知识产权组织、国内相关政府部门代表、地方知识产权机构和企业代表等300余人参加。会议通过《加强“一带一路”国家知识产权领域合作的共同倡议》。

10月3～11日，国家知识产权局局长申长雨率团出席世界知识产权组织成员国第56届大会，介绍过去一年中国知识产权工作的最新进展，强调要让知识产权制度成为激励创新的基本保障，并积极评价中方与产权组织合作。

11月16～19日，世界知识产权组织中国办事处与上海知识产权局合作举办知识产权高级研修班。

（7）万国邮政联盟

万国邮政联盟（简称“万国邮联”）成立于1874年，目前有192个成员国，是有关国际邮政事务的联合国专门机构，总部设在瑞士伯尔尼。该组织旨在促进、组织和改善国际邮政业务，并向成员提供邮政技术援助。中国于1914年加入万国邮联，1972年恢复合法席位。自1974年以来，中国当选历届邮政经营理事会理事国，除两届轮空外，均当选行政理事会理事国。

2016年2月2～26日，万国邮联行政理事会、邮政经营理事会联席会议在万国邮联总部召开。会议主要讨论了万国邮联改革、人事和会费制度、监管问题、终端费、产品整合、.post顶级域名、海关等议题。国家邮政局派团出席会议。

9月19日至10月7日，万国邮联第26届全权代表大会在土耳其伊斯坦布尔举行。会议进行了新一届万国邮联国际局正、副总局长以及行政理事会理事国和邮政经营理事会理事国的换届选举。现任总局长比沙尔·侯赛因和副总局长帕斯卡尔·克里瓦茨成功连任。中国成功当选行政理事会理事国和连任邮政经营理事会理事国。会议审议通过《伊斯坦布尔世界邮政战略》和《2017～2020年万国邮联合作发展工作计划》，并围绕邮联改革、法规修订、发展战略、技术合作等问题进行讨论。国家邮政局派团出席会议。

（8）联合国开发计划署

联合国开发计划署成立于1965年，总部位于美国纽约，是联合国系统内最大的发展援助机构，其前身为1949年设立的“技术援助扩大方案”和1958年设立的“联合国特别基金”。宗旨是向发展中国家和地区提供资金和技术援助，以促进其经济和社会可持续发展。现任署长海伦·克拉克（新西兰籍），2009年4月上任，此前担任新西兰总理。

联合国开发计划署/联合国人口基金执行局2016年第一次常会、年会、第二次常会分别于1月、6月、9月在纽约举行，审议署长年度报告、人类发展报告、财政预算和管理、国别方案、评估事项及项目计划安排等议题。

中国自1972年开始参加开发署活动，双方合作良好。自1980年来，开发署已直接或间接向中国提供约9亿美元的无偿援助。双方合作每五年一个周期，正在执行第八周期（2016～2020年）国别方案，主要包括减贫、消除不平等、保护弱势群体、生态发展与低碳经济等方面。2016年6月，外交部长王毅会见来华访问的克拉克署长。

（9）联合国工业发展组织

联合国工业发展组织（简称“工发组织”）成立于1966年，总部位于奥地利维也纳，1985年成为联合国专门机构。宗旨是通过工业发展推进扶贫和环境友好型经济增长，提高全世界人民，尤其是最贫困国家人民的生活水平和生活质量。现任总干事李勇（中国籍）2013年6月上任。

2016年11月21～25日，工发组织成立50周年系列活动在维也纳举行，国务院总理李克强致贺信，感谢工发组织支持包括中国在内的广大发展中国家的工业发展，表示将一如既往支持工发组织和总干事工作，拓展与各国的双边、三方和多方国际产能合作。

中国于1973年加入工发组织。自1979年双方开展合作项目以来，工发组织已在华完成项目共计约350个，涉及工业发展、贸易能力建设、环境保护等领域，总金额约3.23亿美元。这些项目为中国引进了先进技术、经验和部分关键设备，并培养了大批专业技术人员。

（10）联合国人口基金

1969年，“联合国人口活动基金”成立，1987年正式定名为“联合国人口基金”（简称“人口基金”），总部位于美国纽约，属联合国经社理事会下属机构。宗旨是加强成员国能力建设，促进各国提高人口意识、制订解决人口问题的战略，在联合国系统协调人口领域的方案和项目。现任执行主任巴巴图德·奥索提迈辛（尼日利亚籍）2011年1月上任。

联合国开发计划署/联合国人口基金执行局2016年第一次常会、年会、第二次常会分别于1月、6月、9月在纽约举行，审议执行主任年度报告、财政预算和管理、国别方案等议题。

中国恢复联合国合法席位以来，人口基金同中国的关系逐步发展。1978年5月，人口基金与中国在北京签署《谅解备忘录》。30多年来，中国接受约3亿美元的无偿援助资金，双方实施200多个合作项目，合作领域涉及扶贫、人口普查数据研究、性别平等、人口老龄化等领域，取得良好的经济和社会效益。

（11）联合国人居署

1978年，联合国人居中心成立。2001年12月，联合国大会56/206号决议决定将联合国人居中心升格为联合国人居署，旨在促进社会和环境方面可持续性人居发展，达到为所有人提供合适居所的目标，总部在肯尼亚内罗毕。现任执行主任华安·克洛斯（西班牙籍）2010年10月上任，2014年连任。

2016年10月17～20日，联合国第三届住房和可持续城市发展大会（下称“人居三”）在厄瓜多尔首都基多举行。此次会议是时隔20年后联合国再次举办人居大会，会议通过《新城市议程》，为今后20年世界城市的发展确立方向和目标。

中国与人居署一直保持着良好的合作关系。近年来，双方之间的交流与合作进一步加强。2012年4月，中国住房和城乡建设部与人居署签署合作框架协议，明确了从2012年起未来五年双方之间的合作原则和内容，合作领域包括可持续城市发展、城市规划、住房和城市基础设施，以及信息传播、世界人居日活动等。2016年10月，住房和城乡建设部部长陈政高作为中国政府特别代表出席“人居三”大会。

（12）联合国儿童基金会

联合国儿童基金会（简称“儿基会”）成立于1946年12月11日，当时称联合国国际儿童紧急基金会。1953年改称联合国儿童基金会，总部在美国纽约。宗旨是致力于全球儿童的生存、发展和保护，帮助各国尤其是发展中国家儿童的健康成长。现任执行主任安东尼·雷克（美国籍）2010年5月上任，2014年5月连任。

儿基会执行局2016年第一次常会、年会、第二次常会分别于2月、7月、9月在纽约举行，审议执行主任年度报告、《2014～2017年性别行动计划》执行情况年度报告、财务和预算、国别方案等议题。

1979年，中国开始与儿基会发展合作关系。自1980年以来，中国一直是儿基会执行局成员。30多年来，儿基会共向中国提供约5.2亿美元的援助，开展160多个项目，涉及儿童发展和社会福利政策、卫生与营养等领域，取得良好的经济和社会效益。

（13）联合国环境规划署

联合国环境规划署（简称“环境署”）成立于1973年，总部位于肯尼亚首都内罗毕。宗旨是促进环境领域国际合作，在联合国系统内提供有关环境规划政策的指导和协调，审查世界环境状况并提出政策建议等。现任执行主任埃里克·索尔海姆（挪威籍）2016年6月上任。

2016年5月23～27日，第二届联合国环境大会在内罗毕召开。会议是在2030年可持续发展议程通过后召开的最重要的全球性政府间环境会议，围绕“落实2030年可持续发展议程中的环境目标”进行讨论，号召各国采取共同行动应对当今世界所面临的环境挑战。

中国自1973年以来一直是环境署理事会成员，双方合作良好。1976年，中国在内罗毕设立驻联合国环境规划署代表处，由中国驻肯尼亚大使兼任代表。2003年9月，环境署在北京设立代表处。2016年5月，环境保护部部长陈吉宁率领由环境保护部、外交部、常驻环境署代表处人员组成的中国政府代表团出席第二届联合国环境大会。

（14）联合国粮食及农业组织

联合国粮食及农业组织（简称“粮农组织”）成立于1945年，总部位于意大利罗马，为联合国专门机构。宗旨是提高各国人民的营养水平和生活水准，提高所有粮农产品的生产和分配效率，改善农村人口的生活状况，最终消除饥饿和贫困。现任总干事若泽·格拉齐亚诺·达席尔瓦（巴西籍）2012年1月上任，2015年6月连任。

2015年6月，粮农组织第39届大会在罗马召开，会议通过未来两年的财政预算和工作计划，格拉齐亚诺总干事在会上高票获得连任。

中国为粮农组织创始成员国之一，1973年恢复在该组织席位以来，一直是理事会成员，双方合作良好。粮农组织积极支持中国农村改革和农业发展，中国也积极履行成员国义务，通过设立信托基金、派遣农业专家、提供专门捐款等方式广泛参与和支持粮农组织活动。

（15）国际农业发展基金

国际农业发展基金（简称“农发基金”）成立于1977年，总部位于意大利罗马。宗旨是通过筹集资金，以优惠条件提供给发展中的成员国，用于发展粮食生产，改善人民营养水平，逐步消除农村贫困。现任总裁肯纳尤·内旺泽（尼日利亚籍）2009年4月上任。

2016年2月，农发基金第39届理事会在罗马举行，主题为“2015年后对农村人口、国家以及商业包容性投资的议程”。

中国1980年正式加入农发基金，一直与其合作良好，是农发基金最大的受援国之一。同时，中国积极发挥成员国的作用，在认捐等问题上给予农发基金有力支持。1996年以来，中国一直担任农发基金执行董事（2005年任副执董）。中方于2015年7月出席联合国第三次发展筹资国际会议时宣布于2016年向农发基金增资500万美元用于农业领域的南南合作。

（16）世界粮食计划署

世界粮食计划署成立于1961年，总部位于意大利罗马，是联合国系统中负责多边粮食援助活动的专门机构。宗旨是以粮食为主要手段帮助受援国改善粮食自给制度，消灭饥饿和贫困。现任总干事埃瑟琳·卡津（美国籍）2012年4月上任。

2016年6月，世界粮食计划署执行局2016年年会在罗马召开，审议批准了年度报告、财政与预算等文件。

中国于1979年正式参加世界粮食计划署活动。1987年以来，中国一直担任粮食援助政策和计划委员会（执行局前身）成员，并自1995年起一直担任执行局成员(2008年除外)。2006年起，世界粮食计划署结束其在华常规粮援项目，中国从受援国转变为捐赠国，并逐渐加大对世界粮食计划署的支持力度。

（17）世界气象组织

世界气象组织成立于1950年，是开展气象业务和气象科学活动的政府间气象组织。宗旨是促进国际气象合作，进行气象、水文以及与气象有关的地球物理观测，促进气象情报交换，鼓励气象及有关领域内的研究和培训等。第17次世界气象大会选举芬兰气象局局长塔拉斯为世界气象组织秘书长。

中国是1947年《世界气象公约组织》签字国之一。自1973年起，中国一直是世界气象组织执行理事会成员。中国与该组织关系良好，该组织历届主席、秘书长及许多高级官员曾多次访华，受到中国领导人接见。

（18）世界贸易组织

世界贸易组织成立于1995年1月1日，前身为关税与贸易总协定。1994年4月，关贸总协定部长级会议在摩洛哥马拉喀什举行，会上正式决定成立世界贸易组织（简称“世贸组织”）。

2001年12月11日，中国正式成为世贸组织成员。加入世贸组织后，中国重视世贸组织的作用，坚定维护以世贸组织为核心的多边贸易体制，反对贸易保护主义，敦促主要经济体秉持开放政策，支持世贸组织加强对贸易政策的监督，并通过二十国集团领导人第11次峰会、亚太经合组织第24次领导人非正式会议等重要多边国际会议呼吁各国加强对贸易问题的关注，支持多哈回合谈判。2016年，中国积极支持世贸组织落实2015年年底通过的《内罗毕部长宣言》相关决定，推动妥善处理成员关注的多哈议题和新议题，在落实《贸易便利化协定》、推进《环境产品协定》谈判等方面取得积极进展。

世贸组织总干事阿泽维多重视中国作用，于2016年9月来华出席二十国集团领导人第11次峰会。

（19）国际移民组织

国际移民组织成立于1951年，是移民领域唯一的全球性政府间国际组织，总部设在瑞士日内瓦，现有166个成员国。宗旨是在世界范围内确保移民有序流动，并协助有关国家处理移民问题。2016年9月19日，国际移民组织成为联合国联系组织。国际移民组织现任总干事斯温（美国籍），2008年10月上任，2013年6月连任，任期至2018年。

2001年，中国成为国际移民组织观察员国。2006年9月，中国与国际移民组织签署设处协议，正式同意其在华设立联络处。双方合作共同开展两期“中国移民管理能力建设项目”，正在开展“支持中欧人员往来和移民领域对话项目”。

2016年6月9～15日，斯温总干事应邀访华。13日，外交部副部长王超会见斯温，就国际移民形势与加强双方合作交换意见，并递交中国加入国际移民组织申请。

6月30日，国际移民组织特别理事会在日内瓦举行。会议协商一致通过中国加入国际移民组织的申请，并通过国际移民组织成为联合国联系组织的决议草案。中国正式加入国际移民组织。

12月5～8日，国际移民组织第107届理事会会议在日内瓦举行。中国常驻联合国日内瓦办事处和瑞士其他国际组织代表团常驻代表马朝旭大使率团出席，就应对国际移民问题阐述中方立场，并介绍中国移民管理政策举措。

2016年9月19日，联合国秘书长潘基文和斯温总干事签署协定加入联合国系统，国际移民组织成为联合国联系组织。

（20）世界旅游组织

联合国世界旅游组织（简称“UNWTO”），是联合国系统的政府间国际组织，是旅游领域的领导性国际组织。前身为国际官方旅游宣传组织联盟，1975年改为现名，2003年11月成为联合国专门机构。其宗旨是通过旅游业发展，推动经济增长，增进各国了解，促进世界和平与繁荣。目前正式成员有156个，联系成员6个，附属成员450个。总部设在西班牙马德里。现任秘书长是塔勒布·瑞法伊，于2009年10月当选，并于2013年获得连任至2017年。1983年10月5日，该组织第五届全体大会通过决议，接纳中国为正式成员国。

2016年5月19～20日，由中国政府和联合国世界旅游组织共同主办，国家旅游局和北京市人民政府承办的首届世界旅游发展大会在北京成功举行。本次大会主题为“旅游促进和平与发展”。国务院总理李克强出席大会开幕式并发表题为《让旅游成为世界和平发展之舟》的重要讲话，与莫桑比克总统纽西等中外贵宾共同启动联合国大会确定的“2017年国际可持续旅游发展年”。大会一致通过成果文件《北京宣言——推动可持续发展，促进发展与和平》。来自世界107个国家旅游部门、15个国际组织负责人及来自国内各相关部门、各地方的1000余名中外代表参加会议。

（二）中国与其他国际和地区组织、会议

1. 国际红十字组织

国际红十字组织包括红十字国际委员会（简称“国际红会”）和红十字会与红新月会国际联合会（简称“国际联合会”）。

国际红会成立于1863年，是国际红十字与红新月运动的发起者和创始组织。主要依据《日内瓦公约》所赋予的职责和权力，向战争和武装冲突受害者提供人道主义保护和救助，致力于发展和传播国际人道法。总部设在瑞士日内瓦。现任主席彼得·莫雷尔（瑞士籍），于2012年就任，2015年连任，任期至2020年。

国际联合会成立于1919年。主要宣传红十字运动原则，救灾，备灾，与各国红十字会或红新月会合作开展各项人道主义工作。总部设在日内瓦。现任主席近卫忠辉（日本籍），于2009年就任，2013年连任，任期至2017年。

2016年4月11～15日，国际红会主席中国事务特使白良访华，全国人大常委会副委员长、中国红十字会会长陈竺，外交部副部长李保东和刘振民，中国残疾人联合会副理事长贾勇分别同其会见。

9月28～30日，国际联合会秘书长阿西访华，全国人大常委会副委员长、中国红十字会会长陈竺同其会见。阿西并赴天津考察博爱家园社区项目。

10月15日至11月20日，国际红会在北京举办“战火中的人道”展览，回顾国际红十字运动和国际人道法的发展历程，以及国际红会在全球战争和武装冲突中的人道行动。全国人大常委会副委员长、中国红十字会会长陈竺出席展览。

2. 亚洲太平洋邮政联盟

亚洲太平洋邮政联盟（简称“亚太邮联”）是区域性政府间国际邮政组织，成立于1962年，总部设在泰国曼谷，现有32个成员国。中国于1975年加入该组织。

2016年5月16～21日，亚太邮联2016年执行理事会年会在马来西亚兰卡威召开，审议通过亚太邮联行政部、亚太邮联培训部、亚太邮政合作机构、亚太地区技术中心的工作报告；亚太邮联召开亚太邮联培训部管委会、财务委员会、实物业务、电子业务、邮政金融、可持续发展工作组会议，以及万国邮联及亚太邮联改革问题圆桌会。国家邮政局派团出席会议。

3. 中国环境与发展国际合作委员会

中国环境与发展国际合作委员会（简称“国合会”），是中国政府在环境领域的高级国际咨询机构，成立于1992年，主要职责是针对中国环境与发展领域的重大问题进行研究，开展政策示范和项目示范，向中国政府提出政策建议，促进中国可持续发展和决策科学化。国合会每四年改选一届，现任主席为国务院副总理张高丽，委员包括中外政府部门官员和国内外环境与发展领域知名专家。

2016年12月，国合会2016年年会在北京召开，主题为“生态文明：中国与世界”。

4. 国际可再生能源署

国际可再生能源署于2009年1月在德国波恩成立，系政府间国际组织，总部设在阿拉伯联合酋长国首都阿布扎比。宗旨是推广可再生能源的使用，提出可再生能源发展的信息服务和政策咨询，促进可再生能源开发的技术转移等。

2016年1月16～17日，第六届国际可再生能源署全体大会在阿布扎比召开。国家能源局副局长刘琦率团与会，介绍2015年中国可再生能源发展及同国际可再生能源署开展合作情况。

2016年10月，中国与国际可再生能源署共同举办第二届“国际能源变革论坛”。

5. 亚太经济合作组织

亚太经合组织（简称“APEC”）是亚太地区级别高、领域广、影响力大的经济合作机制，成立于1989年，以加强开放的多边贸易体制，减少区域贸易和投资壁垒为宗旨。经过20多年的发展，APEC合作领域延伸至投资、金融、能源、农业、科技、电信、交通、旅游、人力资源，以及反恐、防灾减灾、反腐败、卫生等诸多领域。截至2016年年底，APEC共有21个成员及3个观察员。成员分别为澳大利亚、文莱、加拿大、智利、中国、中国香港、印度尼西亚、日本、韩国、墨西哥、马来西亚、新西兰、巴布亚新几内亚、秘鲁、菲律宾、俄罗斯、新加坡、中国台北、泰国、美国、越南。观察员分别为东盟秘书处、太平洋经济合作理事会和太平洋岛国论坛秘书处。APEC主要活动包括领导人非正式会议、部长级会议、高官会以及委员会、工作组会议等。

中国重视APEC的作用，一直支持并积极参与各层次、各领域的合作，并为合作不断取得进展作出重要贡献。中国支持APEC推进自身改革和机制建设、增强效率和效用，提高在应对重大国际经济问题方面的相关性、针对性和时效性，不断增强在区域合作中的影响力。2014年11月10～11日，中方在北京成功主办APEC第22次领导人非正式会议。会议围绕“共建面向未来的亚太伙伴关系”主题，达成广泛共识，取得丰硕成果，发表《北京纲领：构建融合、创新、互联的亚太——APEC领导人宣言》和《APEC成立25周年声明》。2015年11月18～19日，国家主席习近平成功出席了在菲律宾马尼拉举行的APEC第23次领导人非正式会议。

2016年11月19～20日，习近平主席出席在秘鲁利马举行的APEC第24次领导人非正式会议。会议期间，习近平主席在APEC领导人非正式会议两阶段会议上发表《面向未来开拓进取，促进亚太发展繁荣》等重要讲话，在工商领导人峰会上发表题为《深化伙伴关系，增强发展动力》的主旨演讲，并出席领导人同APEC工商咨询理事会代表对话会。习近平主席在会上提出一系列重要倡议主张，发出支持经济全球化的时代强音，巩固了亚太自贸区建设的前进势头，提出了亚太发展与合作的中国方案，介绍了中国发展的新理念、新举措，为亚太区域合作和世界经济发展增添正能量、作出新贡献。会议期间，习近平主席还分别会见美国总统奥巴马、俄罗斯总统普京、越南国家主席陈大光、菲律宾总统杜特尔特、哥伦比亚总统桑托斯等，同其他与会领导人广泛接触，就进一步深化双边关系和亚太合作等交换意见。

6. 二十国集团

二十国集团（简称“G20”）由七国集团财长和央行行长会议于1999年倡议成立，原为部长级会议机制。2008年国际金融危机爆发后，G20升级到领导人机制，旨在推动发达国家和新兴市场国家就世界经济和金融领域的重大问题开展对话与合作，

促进世界经济强劲、可持续、平衡增长。G20共有20个成员，即阿根廷、澳大利亚、巴西、加拿大、中国、法国、德国、印度、印度尼西亚、意大利、日本、韩国、墨西哥、俄罗斯、沙特阿拉伯、南非、土耳其、英国、美国、欧盟。

G20无常设秘书处，峰会筹备工作由"三驾马车"(Troika)(前任、现任和候任主席国)牵头、各成员共同参与，采取协调人、财金渠道双轨筹备机制。

截至2016年年底，G20已举行11次领导人峰会。中国国家主席出席了历届G20峰会并发表重要讲话。

2016年9月4～5日，G20领导人第11次峰会在浙江杭州成功召开。国家主席习近平全程主持峰会，G20成员、八个嘉宾国领导人和七个国际组织负责人出席。峰会围绕"构建创新、活力、联动、包容的世界经济"主题，就创新增长方式、更高效的全球经济金融治理、强劲的国际贸易和投资、包容和联动式发展等重点议题进行深入讨论。峰会发表《G20杭州峰会公报》，核准《创新增长蓝图》等28份核心成果文件，形成"放眼长远，综合施策，扩大开放，包容发展"的"杭州共识"，指明G20从危机应对向长效治理机制转型的新方向。

习近平主席在杭州峰会开幕式上发表题为《构建创新、活力、联动、包容的世界经济》的致辞，系统阐释对当前世界经济形势的看法和G20面临的最紧迫任务，提出加强宏观经济政策协调，合力维护金融稳定；创新发展方式，挖掘增长动能；完善全球经济治理，夯实机制保障；建设开放型世界经济，继续推动贸易和投资自由化、便利化；落实2030年可持续发展议程，促进包容性发展五大方向，引领峰会有关讨论。

习近平主席还出席G20工商峰会开幕式并发表题为《中国发展新起点　全球增长新蓝图》的主旨演讲，回顾中国改革开放的伟大征程，立足中国今天所处新的历史起点，展望中国未来发展方向，提出五个"坚定不移"的重要主张。针对当前世界经济中的突出问题，习近平主席提出共同构建创新、开放、联动和包容型世界经济的主张，并首次全面阐述中方的全球经济治理观，

峰会期间，习近平主席还出席金砖国家领导人非正式会晤、中美元首共同向联合国秘书长交存气候变化《巴黎协定》批准文书仪式、欢迎晚宴、"最忆是杭州"文艺演出，并举行33场双边会谈会见。

7. 金砖国家

金砖国家最初指中国、俄罗斯、印度、巴西四个经济发展潜力较好的新兴市场国家。2006年，上

述四国在联合国大会期间举行首次外长会晤，标志着金砖国家合作的启动。2009年，四国领导人在俄罗斯叶卡捷琳堡举行首次会晤。此后，金砖国家每年均举行领导人会晤，迄今已举行八次。2010年，南非正式加入金砖国家合作机制。近年来，金砖国家合作已经形成以领导人会晤为引领，以安全事务高级代表会议和外长会晤等部长级会议为支撑，在经贸、财金、农业、教科文卫等数十个领域开展务实合作的全方位、多层次架构。

金砖国家是新兴市场国家和发展中国家合作的重要平台。中国是金砖国家的创始国之一，也是金砖国家合作的积极支持者和推动者。中国一贯倡导金砖国家遵循开放、包容、合作、共赢的精神，共同致力于构建更紧密伙伴关系，加强各领域务实合作，继续在完善全球经济治理、加强多边主义和国际关系民主化方面发挥积极作用。

2016年10月15～16日，国家主席习近平出席在印度果阿举行的金砖国家领导人第八次会晤，同其他金砖国家领导人举行小范围会议、大范围会议，共同出席金砖国家领导人同“环孟加拉湾多领域经济技术合作倡议”成员国领导人对话会，会见金砖国家工商理事会成员。习近平主席在大范围会议上发表题为《坚定信心　共谋发展》的主旨讲话，积极评价金砖国家合作10年发展取得的丰硕成果，倡导各成员国共同建设开放世界、勾画发展愿景、应对全球性挑战、维护公平正义、深化伙伴关系。习近平主席在小范围会议、金砖国家领导人同“环孟加拉湾多领域经济技术合作倡议”成员国领导人对话会上就加强深化金砖国家合作，加强共同发展发表重要讲话。会晤通过《果阿宣言》及其行动计划。会议期间，习近平主席还分别会见俄罗斯总统普京、印度总理莫迪和南非总统祖马。

8. 上海合作组织

2016年是上海合作组织成立15周年。在中国和其他成员国共同努力下，上海合作组织保持健康、稳定的发展势头，政治、安全、经济、人文合作以及对外交往取得新进展。成员国团结互信与务实合作水平进一步提高，上海合作组织在国际和地区事务中的影响力持续上升。

6月23～24日，上海合作组织成员国元首理事会第16次会议在乌兹别克斯坦首都塔什干举行，国家主席习近平出席会议。会议总结上海合作组织15年来的发展成就和经验，就国际和地区形势深入交换意见，对上海合作组织未来发展方向作出规划部署。成员国元首签署《上海合作组织成立十五周年塔什干宣言》，发表《上海合作组织成员国元首理事会会议新闻公报》，批准《〈上海合作组织至2025年发展战略〉2016—2020年落实行动计划》等文件，见证签署《关于印度共和国加入上海合作组织义务的备忘录》

和《关于巴基斯坦伊斯兰共和国加入上海合作组织义务的备忘录》。

11月2～3日，上海合作组织成员国政府首脑（总理）理事会第15次会议在吉尔吉斯斯坦首都比什凯克举行，国务院总理李克强出席会议。会议总结上海合作组织各领域合作进展情况，深入探讨当前国际和地区经济形势，围绕落实上海合作组织塔什干峰会共识，对上海合作组织下一阶段发展作出部署，发表《上海合作组织成员国政府首脑（总理）理事会第十五次会议联合公报》，批准《2017—2021年上海合作组织进一步推动项目合作的措施清单》《〈上海合作组织成员国政府间科技合作协定〉落实措施计划（2016—2020）》《上海合作组织科技伙伴计划》等文件。

2016年，上海合作组织还举行安全会议秘书、总检察长、最高法院院长、外交部长、国防部长、总参谋长、教育部长、科技部长、司法部长、财政部长和央行行长、经贸部长、文化部长等会议和上海合作组织论坛，举行“和平使命—2016”联合反恐军事演习，深化和拓展了各领域合作，扩大了国际影响力。

2016年，中国积极参与并推动上海合作组织框架内各领域合作，同其他成员国、观察员国及对话伙伴国双边关系稳步提升。

9. 亚洲相互协作与信任措施会议

2016年，中国开始亚洲相互协作与信任措施会议（简称“亚信”）主席国第二任期，主办亚信第五次外长会议，定期举办亚信特别工作组和高官委员会会议，推动落实各领域信任措施，全面推进亚信进程。

4月27～28日，亚信第五次外长会议在北京举行。会议以“对话促进安全”为主题。国家主席习近平出席开幕式并发表重要讲话。外交部长王毅主持会议并作主旨发言。亚信成员国、观察员国外长或代表以及有关国际组织代表出席会议。会议发表《亚洲相互协作与信任措施会议第五次外长会议关于通过对话促进亚洲和平、安全、稳定和可持续发展的宣言》。

7月20～23日，亚信青年委员会第二次会议在吉尔吉斯斯坦比什凯克举行。8月24～26日，亚信实业家委员会主席单位、中国机电产品进出口商会举办“亚信成员国驻华使馆外交官烟台行”参访活动。10月14日，“亚信日”系列活动在北京举行。12月11日，亚信国家环保合作非正式对话会在深圳举行。12月24日，亚信成员国外长发表声明，对俄罗斯驻土耳其大使遭枪击身亡的恐袭事件表示强烈谴责。

10. 东南亚国家联盟

2016年是中国与东南亚国家联盟（简称“东盟”）建立对话关系25周年和中国—东盟教育交流年，双方举行一系列纪念活动，促进了中国—东盟关系健康良好的发展势头。

7月19日，国务院总理李克强与东盟轮值主席国老挝总理通伦互致贺电，庆祝中国—东盟建立对话关系25周年。

9月7日，李克强总理出席在老挝万象举行的第19次中国—东盟领导人会议暨中国—东盟建立对话关系25周年纪念峰会。李克强总理全面回顾中国—东盟建立对话关系25年来双方合作取得的显著进展，就下阶段双方合作提出五点建议，得到东盟国家积极响应。

9月11～14日，第13届中国—东盟博览会和中国—东盟商务与投资峰会在广西南宁举行。国务院副总理张高丽出席开幕式并致辞。

8月1～7日，第九届中国—东盟教育交流周在贵州贵阳举行。李克强总理和老挝总理通伦分别向交流周致贺信。国务院副总理刘延东出席开幕式并发表主旨演讲。

8月25日，中国—东盟建立对话关系25周年纪念招待会在北京举行。国务委员杨洁篪出席招待会。

6月14日，中国—东盟国家外长特别会议在云南玉溪举行，外交部长王毅同新加坡外长维文共同主持会议。7月25日，中国—东盟外长会在老挝万象举行，王毅外长出席。4月28日，第22次中国—东盟高官磋商在新加坡举行，外交部副部长刘振民出席。上述会议重点围绕中国—东盟关系、南海问题等交换意见，并为中国—东盟建立对话关系25周年纪念峰会作准备。

落实《南海各方行为宣言》（下称《宣言》）第11次、第12次和第13次高官会分别于4月、6月和8月在新加坡、越南和内蒙古满洲里举行。落实《宣言》第16次、第17次和第18次联合工作组会分别于3月、6月和8月在菲律宾、越南和满洲里举行。会议期间，中国和东盟国家就进一步落实《宣言》、推进“南海行为准则”磋商达成共识。

中国与东盟其他领域合作稳步推进。8月，第二届中国—东盟教育部长圆桌会议在贵州贵阳举行。第15次中国—东盟经贸部长会议在老挝万象举行。第三次中国—东盟文化部长会议在文莱斯里巴加湾举行。9月，第五届中国—东盟质检部长会议和首届中国—东盟农业合作论坛在广西南宁举行。10月，首届中国—东盟卫生合作论坛在广西南宁举办。11月，第十届中国—东盟总检察长会议在老挝万象举行。第15次中国—东盟交通部长会议在菲律宾马尼拉举行。第11次中国—东盟电信部长会议在文莱举行。首届中

国—东盟民间友好组织负责人会晤在北京举行。

11. 南亚区域合作联盟

南亚区域合作联盟（简称“南盟”）成立于1985年12月，包括阿富汗、孟加拉国、不丹、印度、马尔代夫、尼泊尔、巴基斯坦和斯里兰卡八个成员国。中国、日本、美国、欧盟、伊朗、韩国、毛里求斯、澳大利亚和缅甸为观察员国。

2005年11月，第13届南盟峰会原则同意接纳中国为观察员国。2006年8月，南盟第27届部长理事会审议通过南盟观察员指导原则，正式接纳中国为观察员国。2007年4月、2008年8月、2010年4月、2011年11月、2014年11月，中国以观察员国身份分别派团出席第14～18届南盟峰会。

2016年6月，中国在昆明举行第四届中国—南亚博览会，南亚各国派团参加。2016年，中国还同南盟各国举办中国—南亚商务论坛、南亚职业教育官员研修班等合作项目。

12. 阿拉伯国家联盟

2016年，中国与阿拉伯国家联盟（简称“阿盟”）的友好合作关系取得积极发展。

1月21日，国家主席习近平访问开罗阿盟总部，会见阿盟秘书长纳比勒·阿拉比，发表题为《共同开创中阿关系的美好未来》的重要演讲，对中国中东政策进行全面归纳、总结和定位，提出开展促进稳定行动、创新合作行动、产能对接行动、增进友好行动四项行动计划。访问期间，习近平主席还会见联合国前秘书长加利等10名获得“中国阿拉伯友好杰出贡献奖”的友好人士。

3月27日，国务院副总理刘延东访问开罗阿盟总部，会见阿盟秘书长阿拉比，双方就中阿共同落实习近平主席访问重要成果、共建“一带一路”、推进中阿合作论坛建设达成共识。

5月12日，中阿合作论坛第七届部长级会议在卡塔尔多哈举行。习近平主席和卡塔尔埃米尔塔米姆·本·哈马德·阿勒萨尼分别致贺信。外交部长王毅和21个阿拉伯国家外长或代表及阿盟秘书长出席。与会各方围绕“共建‘一带一路’，深化中阿战略合作”这一重要议题，就中阿关系发展和中阿合作论坛建设达成广泛共识，就地区形势和热点问题深入交换意见。会议通过并签署《多哈宣言》和《论坛2016年至2018年行动执行计划》，规划中阿双方18大类36个领域的合作。21个阿拉伯国家一致同意在《多哈宣言》中写入支持中方南海问题立场表述，阿盟也成为世界上首个就南海问题集体发声支持中国的地区组织。5月11日，中阿双方还举行了论坛第

13次高官会和第二次高官级战略政治对话。

7月25～26日，第27届阿盟首脑会议在毛里塔尼亚首都努瓦克肖特举行，习近平主席向毛里塔尼亚总统穆罕默德·乌尔德·阿卜杜勒·阿齐兹致贺电。

9月18日，由外交部、教育部和阿盟秘书处合作设立的"中阿汉语翻译联合培养项目"在上海外国语大学正式启动。来自埃及、突尼斯、约旦、苏丹、摩洛哥、黎巴嫩、阿尔及利亚七个国家的首批13名学员将在上海外国语大学进行为期一年的汉语—阿拉伯语翻译学习。该项目计划执行五年，为阿盟培养近百名汉语翻译人才。

10月25～26日，由国家能源局和阿盟共同主办的第五届中阿能源合作大会在北京举行。来自有关国家或地区的能源领域政府管理部门官员，相关国际组织、学术组织、科研机构、能源企业代表共计250余人出席。与会代表就"如何建设能源丝绸之路，推动中阿能源合作""创新完善金融生态，促进中阿金融能源深度融合"等议题开展深入交流，并签署联合公报。

8月和11月，外交部中阿合作论坛事务大使李成文两次访问阿盟总部，分别会见阿盟副秘书长本·哈里、秘书长顾问、亚澳司司长哈巴斯·哈立德，就落实习近平主席访问阿盟总部和中阿合作论坛第七届部长级会议成果、中阿合作共建"一带一路"等交换意见。

13. 海湾合作委员会

海湾阿拉伯国家合作委员会（简称"海湾合作委员会"或"海合会"）成立于1981年5月25日，包括阿联酋、巴林、沙特、阿曼、卡塔尔、科威特六个海湾阿拉伯国家。

2016年，中华人民共和国和海湾合作委员会关系深入发展。

1月，国家主席习近平对沙特进行国事访问期间，会见海合会秘书长阿卜杜拉提夫·扎耶尼，双方就中海关系及共同关心的国际和地区问题广泛交换意见，并一致决定重启中国—海合会自由贸易区谈判，宣布原则上实质性结束货物贸易谈判，明确尽早结束全部谈判的目标。之后，双方共举行四轮谈判。

4月，中国—海合会战略对话政治工作组高官会在北京举行，外交部副部长张明会见海方代表团一行。

14. 非洲联盟

2016年，中国与非洲联盟友好合作关系深入发展，各领域交流与合作成果丰硕。

双方政治互信不断深化。7月，国家主席习近平致电祝贺非盟第27届首

脑会议召开。1月，外交部副部长张明作为中国政府特使出席非盟第26届首脑会议。6月，外交部部长助理钱洪山在北京出席非洲驻华使团举行的“非洲日”招待会，并会见来华出席第三届中非媒体合作论坛的非盟委员会副主席里亚斯塔斯·姆温查。7月，非盟委员会贸易和工业委员法蒂玛·阿希勒来华出席中非合作论坛约翰内斯堡峰会成果落实协调人会议。

双方各领域合作持续推进。双方加紧对接，积极落实习近平主席宣布的未来5年向非盟提供1亿美元无偿军事援助，用于支持非盟建设非洲常备军和危机应对快速反应部队。中方继续向非盟在索马里维和行动提供帮助。6月，商务部国际贸易谈判副代表张向晨访问非盟总部，与非盟委员会副主席姆温查签署《中华人民共和国商务部和非洲联盟委员会关于开展非洲疾病预防控制中心合作谅解备忘录》。12月，国家卫生和计划生育委员会副主任王培安访问非盟总部，与非盟委员会副主席姆温查签署《国家卫生计生委和非盟委员会关于公共卫生技术合作的谅解备忘录》。中非“三网一化”合作全面推进，早期收获成果喜人。亚的斯亚贝巴—吉布提铁路顺利竣工。国家发展和改革委员会主任徐绍史作为习近平主席特使出席亚吉铁路通车仪式，并同非盟委员会主席恩科萨扎纳·德拉米尼-祖马签署了《中非铁路和高速铁路合作五年行动计划（2016—2020）》。蒙巴萨—内罗毕铁路计划于2017年通车。非盟继续在气候变化、2030年可持续发展议程等问题上与中方保持密切协调与配合。双方还就加强中非人力资源开发、人文、农业、旅游业、制造业等领域合作保持密切沟通。

15．欧洲联盟

2016年，中国与欧洲联盟（简称“欧盟”）各领域友好合作关系健康稳定发展，中欧和平、增长、改革、文明四大伙伴关系进一步深化。

中欧高层交往频密。7月12～13日，第18次中国—欧盟领导人会晤在北京举行，国家主席习近平会见并宴请来华出席会晤的欧洲理事会主席唐纳德·图斯克和欧盟委员会主席让-克洛德·容克。国务院总理李克强与欧洲理事会主席图斯克、欧盟委员会主席容克举行会晤，共同见证签署《中欧能源合作路线图》，和容克主席共同出席第11届中欧工商峰会并作主旨发言、出席城镇化伙伴关系务实合作12个项目文件的签署仪式。双方领导人宣布2017年为“中国—欧盟蓝色年”，2018年为“中国—欧盟旅游年”。

中欧间建有不同层级交流对话机制70余个，各级别对话和磋商成果丰硕。4月28日，国务院副总理马凯会见非正式来华访问的欧盟委员会副主席于尔基·卡泰宁。10月18～19日，马凯副总理赴布鲁塞尔同卡泰宁共同主持第六次中欧经贸高层对话。对话达成共识20项，促进了中欧各自发展战略对接，推动了中欧投资协定谈判进程，进一步深化了中欧务实合作。

10月10～11日，中国—欧盟国家教育部长会议和第四届中国—中东欧教育政策对话在北京举行。国务院副总理刘延东会见来华出席会议的欧盟委员会教育、文化、青年和体育委员蒂博尔·瑙夫劳契奇。会议作为中欧高级别人文交流对话机制的特殊安排，进一步促进了中欧民心相通，为中欧关系健康发展夯实民意和社会基础。

6月10日，国务委员杨洁篪在布鲁塞尔同欧盟外交与安全政策高级代表兼欧盟委员会副主席费代丽卡·莫盖里尼举行第六轮中欧高级别战略对话。双方表示将在相互尊重、平等互信的基础上，通过对话协商寻求扩大共识，管控好分歧，维护好中欧关系大局。

5月，中欧立法机构定期交流机制第39次会议在北京举行。5月，全国人大常委会副委员长向巴平措访问欧洲议会。

中欧务实合作稳步推进。双方一致同意加快“一带一路”建设与欧洲投资计划的对接。《中欧合作2020战略规划》首次联合评估会成功举行，双方对规划全面实施予以积极评价。中欧共同投资基金、互联互通、数字化、法律事务对话和便利人员往来“五大合作平台”建设取得积极进展，双方同意根据各自情况，探索以相关金融机构进行项目合作的方式实现中欧共同投资基金落地。中欧部长级互联互通平台第一次主席会议顺利召开，双方确定了14个互联互通平台示范项目优先行动。首次中欧法律事务对话、中欧数字经济和网络安全专家工作组首次会议相继举行。中欧就人员往来和移民领域对话有关协议谈判路线图第一阶段顺利完成，双方正式实施互免持外交护照人员短期停留签证。截至2016年年底，中欧已进行12轮投资协定谈判和5次会间会，在文本核心内容方面取得积极进展。

欧盟是中国最大贸易伙伴、最大进口来源地、第二大出口市场。中国是欧盟第二大贸易伙伴、第一大进口来源地、第二大出口市场。受全球贸易普遍下滑、欧元贬值等因素影响，2016年1～11月，中欧贸易额4952亿美元，同比下降2.9%；欧盟对华投资83.2亿美元，同比增长37.6%；中国对欧盟非金融类直接投资63.4亿美元，同比增长13.2%。欧盟是中国累计最大技术引进来源地。2016年，中国正式加入欧洲复兴开发银行。

中欧人文交流合作持续深入。截至2016年年底，中国在欧盟国家的留学人员总数为30万，欧盟国家共有超过4.5万人来华留学。中国在欧盟28国设立138所孔子学院和257个孔子课堂。中欧高级别人文交流对话机制项下各类交流活动成功举行。2016年，欧洲国家来华旅游人数为328万人次。

中欧在涉藏、涉海、经贸等问题上时有分歧和摩擦，中方进行了有力斗争，坚决维护核心利益，维护中欧关系良好发展大局。9月，欧洲议会议

长马丁·舒尔茨和外事委员会主席埃尔玛·布鲁克会见达赖。3月，欧盟发表南海问题声明。7月，欧盟就菲律宾南海仲裁案裁决发表声明，未提及裁决的法律约束力。11月，欧盟委员会针对履行中国入世议定书第15条义务问题启动修改反倾销和反补贴条例的立法程序，但未能如期全面执行第15条规定。

16. 美洲国家组织

美洲国家组织成立于1948年，成员包括全美洲35个国家（2009年美洲国家组织废除了1962年关于中止古巴成员国资格有关决议，但古巴拒绝重返该组织），是美洲最重要的政府间政治组织。总部设在华盛顿，现任秘书长路易斯·莱昂纳多·阿尔马格罗·莱梅斯于2015年5月就任。截至2016年年底，该组织有70个常驻观察员。2004年5月，中国成为该组织第60个常驻观察员国。

中国重视发展与美洲国家组织的友好合作关系。2016年2月28日至3月2日，阿尔马格罗秘书长访华，国务委员杨洁篪、外交部长王毅分别会见，外交部副部长王超同其会谈。访问期间，阿尔马格罗秘书长还与商务部国际贸易谈判副代表张向晨会见，并在中国社会科学院拉丁美洲研究所就中拉关系发表演讲。此系中国成为美洲国家组织常驻观察员国12年来该组织秘书长首次访华。6月，中国常驻美洲国家组织首席副观察员出席该组织在多米尼加举行的第46届年会。

2016年,中国—美洲国家组织合作基金先后资助涉及政治、社会发展等领域的五个项目。

17. 拉美和加勒比国家共同体

拉美和加勒比国家共同体（简称“拉共体”）于2011年12月正式成立，由拉美和加勒比33国组成，是拉美和加勒比首个囊括该地区所有独立国家的综合性组织，旨在推进地区各领域一体化建设，整合、协调现有的区域和次区域一体化组织。拉共体诞生后，地区原最重要的政治磋商和协调机制里约集团完成转型并停止活动。拉共体实行轮值主席国制，议事规则为协商一致原则，在原“三驾马车”基础上设立“四驾马车”协助轮值主席国工作，拉共体现任轮值主席国、前任轮值主席国、候任轮值主席国和加勒比共同体轮值主席国一同组成“四驾马车”。2016年“四驾马车”成员为多米尼加、厄瓜多尔、萨尔瓦多和加共体轮值主席国（每半年轮换一次，2016年下半年为多米尼克，2017年上半年为格林纳达，下半年为圭亚那）。2016年1月，拉共体第四届峰会在厄瓜多尔首都基多举行，33

个成员国的国家元首、政府首脑或代表，以及联合国、世界粮农组织、伊比利亚美洲首脑会议等国际组织代表与会。会议以“为未来加强联盟”为主题，围绕提振地区经济、消除贫困、促进地区一体化等议题展开讨论，并发表《基多政治声明》《2016年共同行动计划》和20项特别声明。

2015年1月8～9日，中国—拉共体论坛（简称“中拉论坛”）首届部长级会议在北京举行，标志着中拉论坛正式启动。国家主席习近平出席开幕式并发表题为《共同谱写中拉全面合作伙伴关系新篇章》的重要讲话。

2016年，中拉双方密切协调配合，推动中拉论坛合作取得积极进展：一是中拉领导人多次就加强论坛建设交换意见，引领中拉整体合作发展；二是第二届中拉基础设施合作论坛、第三届中拉青年政治家论坛、第十届中拉企业家高峰会、第三届中拉智库论坛和首届中拉地方政府合作论坛成功举办；三是中方对拉一揽子融资安排稳步落实，批贷和储备项目覆盖拉美和加勒比地区20多个国家，涵盖基础设施、能源资源、信息技术、产能合作、农业等广泛领域；四是中拉人文交流蓬勃开展，2016“中拉文化交流年”取得圆满成功，中方对拉政府奖学金、人员培训、政党交流等倡议有序推进。

18. 南方共同市场

南方共同市场（简称“南共市”）于1991年成立，1995年1月正式启动，是南美最大的经济一体化组织和关税同盟。成员包括阿根廷、巴西、乌拉圭、巴拉圭、委内瑞拉和玻利维亚（2016年12月，南共市外长会以委内瑞拉未履行“入市”承诺为由中止其正式成员国资格）。秘书处设在乌拉圭首都蒙得维的亚，现任高级总代表罗西纳·弗洛利斯瓦多·菲耶尔于2015年2月就任，任期至2017年1月。

中国同南共市关系良好。双方于1997年建立副部长级对话机制。截至2004年6月，双方外交、商务部门共举行五次对话。2012年6月，国务院总理温家宝在访问阿根廷期间与南共市国家领导人举行视频会议，就深化双方关系、加强经贸合作交换意见，并就发表《中华人民共和国与南方共同市场关于进一步加强经济、贸易合作联合声明》达成一致。同月，南共市第43届首脑会议正式发表该联合声明。2014年7月，南共市第46届峰会祝贺中国—拉美和加勒比国家领导人巴西利亚会晤成功举行，支持建立中国—拉共体论坛。2015年9月，南共市高级总代表罗西纳·弗洛利斯瓦多·菲耶尔来华出席复旦大学主办的第二届金砖研究国际学术研讨会并拜会外交部拉美司负责人。2016年12月，中国政府拉美事务特别代表殷恒民在访问乌拉圭期间会见南共市高级总代表菲耶尔，就中南合作进行交流。

19. 太平洋联盟

太平洋联盟成立于2011年，宗旨是实现区内货物、服务、资本和人员自由流通，促进成员国经济增长、社会发展、提升整体竞争力，搭建面向世界，特别是亚太地区的政治、经济和贸易一体化平台。截至2016年年底，该组织共有智利、哥伦比亚、墨西哥、秘鲁4个成员国，哥斯达黎加和巴拿马2个候选成员国及域内外49个观察员国（包括哥斯达黎加和巴拿马）。该组织现任轮值主席国为智利。

中国于2013年7月成为该组织观察员国。2014年4月、6月和2015年7月，太平洋联盟分别在秘鲁、墨西哥和秘鲁举行与观察员国对话会，中国驻秘鲁、墨西哥大使和驻秘鲁使馆临时代办分别出席。2016年4月，中国政府拉美事务特别代表殷恒民访问联盟轮值主席国秘鲁，并同秘方就发展中国同太平洋联盟关系等交换意见。6月，太平洋联盟在智利举行首届与观察员国部长级对话会，中国驻智利大使出席。

20. 美洲开发银行

美洲开发银行（简称“美洲行”）成立于1959年，宗旨是促进拉美和加勒比经济社会发展。现有48个成员国，总部设在华盛顿。现任行长路易斯·阿尔贝托·莫雷诺于2005年10月就任，2015年9月第二次连任。

中国重视发展与美洲行的友好合作关系。1991年，中国人民银行成为美洲行观察员以来，双方高层往来密切，中方派团出席历届美洲行年会。2009年1月，中国人民银行代表中国成为美洲行正式成员。2013年1月，中国人民银行和美洲行共同成立规模为20亿美元的“中国对拉美和加勒比地区联合融资基金”，以支持拉美和加勒比地区经济社会可持续发展。2015年3月，中国人民银行和美洲行签署《中国人民银行与美洲开发银行关于中期合作规划（2015—2019）谅解备忘录》。2016年3月，莫雷诺行长来华出席中国发展高层论坛和博鳌亚洲论坛，国务院副总理马凯同其会见。4月，全国政协副主席、中国人民银行行长周小川赴巴哈马出席美洲行第57届年会并见证中拉产能合作投资基金与美洲行及其下属的美洲投资公司签署框架性合作协议。10月，美洲行副行长亚历山大·梅拉·德·罗萨来华出席第十届中国—拉美企业家高峰会，外交部副部长王超会见。目前，中方在美洲投资公司持股比例已提升至4.5%。

21. 拉丁美洲议会

拉丁美洲议会（简称“拉美议会”）成立于1964年，由拉美和加勒比23个国家和地区的议员组成，宗旨是促进拉美和加勒比国家的团结和地区一体化。总部位于巴拿马首都巴拿马城，现任议长布兰卡·玛丽亚·德尔索科罗·阿尔卡拉·鲁伊斯，于2015年5月当选。

中国重视发展与拉美议会的友好合作关系。2004年3月，中国全国人民代表大会成为拉美议会观察员。2016年12月，全国人大外事委员会副主任委员曹卫洲率团出席拉美议会第32届年会。

22. 东亚—拉美合作论坛

东亚—拉美合作论坛（简称“亚拉论坛”）于1999年正式成立，是目前唯一跨东亚和拉美两区域的官方多边合作论坛，旨在增进两区域之间的了解，促进政治、经济对话及各领域合作，推动东亚和拉美国家之间建立更为密切的关系。目前，亚拉论坛共有36个成员国。2016年9月第71届联大会议期间，论坛召开首届“三驾马车”外长会。

中国一直积极参与亚拉论坛活动，促进两区域间交流与合作，目前担任2015～2017年论坛社会、政治合作和可持续发展工作组东亚方主席。2016年5月，中方出席在韩国首都首尔举行的亚拉论坛网络秘书处第六次研讨会和跨区域贸易研讨会。8月，中方出席在危地马拉举行的论坛第17次高官会及系列工作组会议。2016年，中国在亚拉论坛框架下先后举办了第四期亚拉论坛青年外交官研修班、第七期拉美加勒比青年干部研修班和首届东亚地区拉美研究伙伴对话会等活动。

23. 亚欧会议

亚欧会议成立于1996年，是亚洲与欧洲之间的政府间论坛，旨在通过对话增进了解、加强合作，促进建立亚欧新型全面伙伴关系。亚欧会议现有成员53个，政治对话、经贸合作、社会文化及其他领域交流是其合作三大支柱。

2016年，中国继续全面深入参与亚欧会议各项活动，推动亚欧新型全面伙伴关系继续深化。

5月9～10日，亚欧互联互通媒体对话会在广州举行。会议主题为“培养公共意识，促进多方合作”。亚欧近50家媒体以及政府、智库和工商界代表约200人参会，围绕亚欧互联互通现状和未来、媒体在加强互联互通方面的作用、利用新媒体促进互联互通、亚欧会议发展方向等议题进行深入交流探讨。外交部部长助理钱洪山、国务院新闻办公室副主任郭卫民、广州市市长温国辉出席开幕式并致辞。钱洪山部长助理指出，亚欧会议开展互联互通合作有着独特的优势，完全有条件成为推进互联互通合作的领路人。郭卫民副主任在致辞中就加强亚欧媒体交流合作提出了四点建议，希望亚欧媒体共担互联互通的责任与使命、开展多种形式交流与合作、秉持开放

包容合作共赢理念、围绕“一带一路”建设积极开展采访报道。研讨会期间还举行了庆祝亚欧会议成立20周年招待会。

7月15～16日，第11届亚欧首脑会议在蒙古乌兰巴托举行。会议主题为“亚欧伙伴二十载，互联互通创未来”讨论“亚欧伙伴关系20年的回顾与展望”“深化亚欧伙伴关系，促进互联互通”“加强亚欧会议三大支柱”等议题，发表《主席声明》和《乌兰巴托宣言》。国务院总理李克强率团与会，并在全会作引导性发言，呼吁亚欧各方树立命运共同体意识，强化责任共担意识，深化团结协作意识，加快建设开放包容的亚欧大市场，建成横亘东西的交通、信息、能源大通道，促进不同文明的对话和理解，开启亚欧合作新航程。李克强总理还宣布中方将举办亚欧数字互联互通高级别论坛和亚欧中小企业融资研讨会。经中方推动，本届首脑会议决定于2017年恢复举办亚欧经济部长会议，并决定成立亚欧互联互通工作组，向外界释放了亚欧各方致力于加强经贸合作，重新激活亚欧会议活力的决心。

2016年，中国亚欧会议高官谢波华大使率团出席两次亚欧会议高官会。中国代表团还先后出席第9届亚欧议会伙伴会议（4月）、第12届亚欧财政部长会议（6月）、第7届亚欧文化部长会议（6月）、第11届亚欧人民论坛（7月）、第15届亚欧工商论坛（7月）、第5届亚欧可持续发展研讨会（10月）、第2届亚欧科技创新促进可持续发展研讨会（10月）、第12届亚欧贸易投资高官会（12月）等。

中国继续积极支持和参与亚欧基金开展的活动。8月，同亚欧基金在北京、哈尔滨共同举办第20届亚欧基金夏季大学。10月，同亚欧基金在湖南长沙共同举办亚欧城市水管理研讨会。11月，同亚欧基金在北京共同举办第16届亚欧非正式人权研讨会。中国亚欧基金董事吕永寿大使出席了第34、35次董事会会议及执行董事会会议。

24. 东亚峰会

东亚峰会成立于2005年，现有18个参与国，包括东盟10国（文莱、柬埔寨、印度尼西亚、老挝、马来西亚、缅甸、菲律宾、新加坡、泰国、越南）、中国、日本、韩国、印度、澳大利亚、新西兰、美国和俄罗斯。

2016年9月8日，第11届东亚峰会在老挝万象举行。国务院总理李克强出席会议。李克强总理指出，各方应遵循合作经验，把握正确方向，坚持东亚峰会作为“领导人引领的战略论坛”定位，支持东盟中心地位，奉行协商一致、照顾各方舒适度等“东盟方式”，积极务实推动对话合作。在经济发展方面，各方应大力支持地区互联互通，加快推进自贸区建设，加强社会民生领域合作。在政治安全方面，中国倡导共同、综合、合作、可持续的新安全观，支持各方加强非传统安全合作，探讨区域安全架构建设，妥善处理热点敏感问题。

李克强总理还就南海问题阐述中方立场，表示根据《联合国海洋法公约》(下称《公约》)，缔约国拥有首先选择直接对话协商方式和平解决争端的权利。中方不接受、不参与仲裁等第三方解决程序，是在行使国际法也是《公约》赋予的权利。过去十多年南海地区保持和平稳定，基础是中国与东盟国家达成的《南海各方行为宣言》(下称《宣言》)。各方都应坚持《宣言》中南海有关争议应由直接当事方通过谈判协商和平解决的规定，履行就此作出的承诺。单方面提起仲裁违背了《宣言》。落实《宣言》是“南海行为准则”(下称“准则”)磋商的基础，为了有效推进“准则”磋商，必须落实和恪守《宣言》，这符合各方利益。中方愿与各方共同努力，将南海建设为造福地区各国人民的和平、合作、友谊之海。

会议通过中方与老挝共同提出发表的《东亚峰会促进东亚基础设施发展合作万象宣言》，以及其他国家提出发表的《东亚峰会加强应对危机移民及人口贩卖宣言》《东亚峰会不扩散声明》三份成果文件。

2016年，中方积极参与东亚峰会重点领域合作，举办第五届东亚峰会区域安全架构研讨会、印太海洋安全与合作二轨研讨会、第五次东亚峰会地震应急救援演练等活动。

25. 中日韩合作

1999年11月，中国国务院总理朱镕基、日本首相小渊惠三、韩国总统金大中在菲律宾出席东盟与中日韩（10+3）领导人会议期间举行早餐会，启动了中日韩合作进程。2008年以来，中日韩合作进入新的发展阶段，建立起以领导人会议为核心，21个部长级会议和60多个工作层机制为支撑的合作体系，成立了中日韩合作秘书处。三国投资协定于2014年5月17日正式生效，中日韩自贸区谈判稳步推进。

2016年8月24日，第八次中日韩外长会在日本东京举行，外交部长王毅、日本外相岸田文雄和韩国外长尹炳世出席。三国外长就三国合作和共同关心的国际和地区问题深入交换意见，表示要发挥中日韩合作在东亚区域合作中的引领作用，推进区域一体化进程，实现东亚经济共同体目标，共同维护地区稳定与繁荣。王毅外长表示，三国应本着“正视历史、面向未来”的精神，克服困难，排除干扰，积累共识，聚焦合作，确保三国合作沿着正确方向稳定发展。三国应积累政治互信，开展务实合作，增进人民交往，推进可持续发展，通过“四轮驱动”，促进三国合作深入推进，为东亚合作注入新动力。

中国高度重视并积极参与中日韩合作。2016年，中国主办第六届运输与物流部长会议、第九届核安全监管高官会、首届公共外交论坛、第三届安全合作国际研讨会等活动，出席第一次教育部长会议、第18次环境部长会议、第16次财长与央行行长会、第八次文化部长会议、第11次经贸部长会议、第九届卫生部长会、第11次外交高官磋商、第一次北极事务高级别对话、第四次反恐磋商、第九届拉美事务磋商、第11次东北亚名人会。三方就中日韩自贸区举行了三轮谈判，“亚洲校园”等重点合作项目稳步推进。中国长沙、日本京都、韩国大邱被评为2017年度“东亚文化之都”。

26. 东盟与中日韩合作

东盟与中日韩（10+3）合作是东亚合作的主渠道。自1997年召开首届领导人会议以来，10+3在财金、粮食、能源、灾害管理、减贫等24个领域开展务实合作，建立65个对话机制，形成以领导人会议为核心，以部长会议、高官会、东盟常驻代表委员会与中日韩驻东盟大使会议和工作组会议为支撑的合作体系。10+3合作参与国包括东盟10国（文莱、柬埔寨、印度尼西亚、老挝、马来西亚、缅甸、菲律宾、新加坡、泰国、越南）、中国、日本和韩国。

2016年9月7日，第19次东盟与中日韩（10+3）领导人会议在老挝万象举行，国务院总理李克强出席会议。李克强总理表示，10+3合作走过19个春秋，取得重要成就。去年以来，10+3各领域务实合作又取得新进展。2017年将迎来10+3合作20周年，各方应以此为新起点，巩固10+3在区域经济一体化进程中的主渠道作用，谱写东亚合作新篇章。李克强总理就10+3合作提出六点建议：加强金融安全合作，深化贸易投资合作，推动农业和减贫合作，促进互联互通建设，创新产能合作模式，增进社会人文交流。李克强总理强调，亚洲的繁荣发展离不开和平稳定的地区环境。当前亚洲安全形势总体稳定，各方应珍视这一局面。中方倡导共同、综合、合作、可持续的亚洲安全观，主张构建惠及各方的安全架构，减少排斥性，避免对抗性，妥善处理各类敏感问题，走出一条符合地区实际的安全发展之路。

2016年，10+3合作取得新进展。10+3宏观经济研究办公室（AMRO）正式升级为国际组织，各方希望AMRO进一步提升机构能力和治理水平，在维护区域经济和金融稳定方面发挥更大作用。各方同意切实发挥清迈倡议多边化（CMIM）预防性贷款工具的作用，提高CMIM实用性和有效性。《区域全面经济伙伴关系协定》谈判总体进展平稳，各方均愿加快谈判进程。

2016年，中国积极参加10+3合作各层级会议。7月26日，外交部长王毅率团出席在老挝万象举行的第17次10+3外长会。会议回顾和展望10+3合作，并就共同关心的地区和国际问题交换看法。5月、7月、8月，中方出席三次10+3高官会，就10+3合作重点领域和具体倡议等与各方交换意见。

中国于6月举办第七届10+3粮食安全合作战略圆桌会议，7月举办第八届10+3媒体合作研讨会、第十期10+3文化人力资源开发合作研讨班，8月举办第三届东亚现代农业研修班，9月举办第四期10+3村官交流项目、青年科学家交流活动、“了解中国”项目和“亚洲主流媒体看中国”活动，11月举办第五届10+3互联互通伙伴关系国际研讨会。

27. 博鳌亚洲论坛

博鳌亚洲论坛（下称“论坛”）成立于2001年，是定址中国的非官方、非营利的国际会议组织，旨在为亚洲各国提供一个共商发展大计的场所，推动亚洲各国同其他国家的相互了解与合作。论坛自成立以来，立足亚洲，面向世界，以服务新兴经济体及亚洲一体化为宗旨，在凝聚亚洲共识、促进亚洲发展、提升亚洲影响等方面发挥了重要作用。论坛现任理事长为日本前首相福田康夫，副理事长为中国国务院前副总理曾培炎（兼中方首席代表）。

近年来，论坛年会规模不断扩大，国际影响力不断提升，为推动亚洲和新兴经济体的发展及地区经济一体化作出了积极贡献。每年论坛年会均邀请包括东道国中国在内的多国领导人出席，为各国开展高层外交、深化交流合作创造了良好契机。论坛2016年年会于3月22～25日在海南博鳌举行，主题为“亚洲新未来：新活力与新愿景”。

在年会以外，论坛2016年继续积极出国办会。5月，在哈萨克斯坦举办第四届能源、资源与可持续发展会议。7月，在香港举办第七届金融合作会议。12月，在澳大利亚举办“全球化未来”专题会议。上述会议促进了有关国家和地区在能源资源、金融等领域的合作，扩大了论坛在全球的影响力。

28. 东盟地区论坛

东盟地区论坛（简称“ARF”）是亚太地区最主要的官方多边安全对话与合作平台之一，目前共有27个成员：文莱、柬埔寨、印度尼西亚、老挝、马来西亚、缅甸、菲律宾、新加坡、泰国、越南、中国、日本、韩国、朝鲜、蒙古、印度、巴基斯坦、孟加拉国、斯里兰卡、俄罗斯、美国、加拿大、澳大利亚、新西兰、巴布亚新几内亚、东帝汶和欧盟。

自1994年成立以来，ARF每年在东盟轮值主席国举行外长会议。ARF每年还举行高官会、安全政策会议、建立信任措施与预防性外交会间辅助

会议、会间会（救灾会间会、反恐与打击跨国犯罪会间会、海上安全会间会、防扩散与裁军会间会）和国防官员对话会等。

2016年7月26日，第23届东盟地区论坛外长会在老挝万象举行。会议讨论地区和国际形势，听取2016年ARF在救灾、反恐与打击跨国犯罪、海上安全、防扩散与裁军等重点合作领域项目进展情况，通过《加强犯罪分子跨境流动管理合作声明》《加强海上执法机构合作声明》《关于近期恐怖袭击的声明》等文件。会议批准2017年合作项目，其中包括中国提出的四个项目："在非传统安全领域开展预防性外交研讨会""亚太海洋灾害管理研讨会""地震救援与城市搜救能力建设研讨会"和"灾害损害评估与重建培训班"。

外交部长王毅出席上述会议。王毅外长在会上表示，中国是地区安全合作的重要维护者和贡献者，一直高度重视论坛作用，积极参与论坛框架下的对话合作，自论坛成立以来已举办了40多个合作项目，每年主办的合作项目都占项目总数的三分之一，充分说明中国以实际行动支持论坛发展。中方认为论坛应将建立信任措施贯穿于论坛进程始终，在共识基础上循序渐进探索符合地区实际的预防性外交模式。各方应加强对话合作，增进地区国家间理解与互信。

王毅外长指出，亚太地区形势总体稳定，同时也面临恐怖主义、自然灾害、跨国犯罪等非传统安全威胁等挑战。各国应集中精力，合作应对。中方积极倡导共同、综合、合作、可持续的亚洲安全观和以合作共赢为核心的新型国际关系，愿以这些新安全理念为指引，与各方加强论坛框架下的安全对话合作，共同推动论坛为促进地区和平安全作出更大贡献。

2016年2月，中国与缅甸、日本在缅甸共同举办第15届救灾会间会。3月，中国与泰国在广州共同举办加强犯罪分子跨境流动管理研讨会，与马来西亚在杭州共同举办绿色航运研讨会。7月，中国与马来西亚在上海共同举办城市应急救援研讨班。11月，中国与泰国、文莱在南京举办在非传统安全领域开展预防性外交研讨会。12月，中国与柬埔寨在北京举办亚太海洋灾害管理研讨会。

2016年，ARF还举办高官会、安全政策会议、建立信任措施与预防性外交会间辅助会议、两次国防官员对话会、第八届海上安全会间会、第14届反恐与打击跨国犯罪会间会、第八届防扩散与裁军会间会、第10届专家名人会、第20届国防院校校长会、网络突发事件应对合作加强建立信任措施研讨会、预防性外交培训班、加强渔业管理研讨会、非法捕鱼研讨会、海上安全单一联络点研讨会、适应气候变化和灾害管理研讨会、船舶建档能力建设研讨会等活动，中国均派团参加。

29. 亚洲合作对话

亚洲合作对话（简称“ACD”）由泰国于2002年倡议成立，是面向亚洲的官方对话与合作机制。ACD成立以来，为促进亚洲国家间相互理解、培育亚洲意识、增进亚洲团结发挥了积极作用。现有34个成员国，即中国、日本、韩国、蒙古、俄罗斯、文莱、柬埔寨、印度尼西亚、老挝、马来西亚、缅甸、菲律宾、新加坡、泰国、越南、印度、巴基斯坦、孟加拉国、斯里兰卡、阿富汗、不丹、尼泊尔、哈萨克斯坦、吉尔吉斯斯坦、塔吉克斯坦、乌兹别克斯坦、沙特、伊朗、土耳其、阿联酋、科威特、阿曼、卡塔尔和巴林。

2016年3月，外交部副部长刘振民代表外交部长王毅出席在泰国曼谷举行的ACD第14次外长会。9月，中国ACD高官陈明明大使代表王毅外长出席在美国纽约举行的ACD外长午餐会。10月，国家副主席李源潮率团出席在泰国曼谷举行的ACD第二次领导人会议并发表题为“推进亚洲合作对话、共建亚洲命运共同体”的讲话。会议期间，中国宣布担任“粮食、水与能源安全相互关系”合作领域牵头国。

2016年5月，中方在福州举办“ACD工商大会暨青年企业家创新峰会”，围绕供给侧改革与产业升级、青年企业家创新、智能制造、中小企业融资等议题深入研讨。

30. 太平洋岛国论坛

2016年，中国与太平洋岛国论坛关系保持良好发展势头。

9月8～11日，中国—太平洋岛国论坛对话会特使杜起文作为中国政府代表出席在密克罗尼西亚联邦波纳佩州举行的第28届太平洋岛国论坛会后对话会，就气候变化、渔业资源可持续利用等问题阐述中国立场和有关政策措施。其间，杜起文特使还分别会见巴布亚新几内亚总理彼得·奥尼尔、密克罗尼西亚联邦总统彼得·克里斯琴、汤加首相阿基利西·波希瓦等岛国政要及太平洋岛国论坛秘书长梅格·泰勒。11月，杜起文特使访问斐济期间会见太平洋岛国论坛代理秘书长安迪·冯泰。

中国政府继续为太平洋岛国论坛推进太平洋岛国区域合作、加强对华合作以及太平洋岛国论坛驻华贸易和投资专员署在华运营提供积极支持。

31. 澜沧江—湄公河合作机制

建立澜沧江—湄公河合作（简称“澜湄合作”）机制是国务院总理李克强在2014年11月第17次中国—东盟领导人会议上提出的重要倡议，旨在通过进一步深化澜湄六国睦邻友好和务实合作，促进次区域国家经济社会发展，缩小地区国家发展差距，助力东盟共同体建设和地区一体化进程，为推进南南合作和落实联合国2030年可持续发展议程作出新贡献。该机制成员包括中国、柬埔寨、老挝、缅甸、泰国、越南六国。截至2016年年底，已举行一次领导人会议、两次外长会、四次高官会和五次工作组会。

2015年11月12日，澜湄合作首次外长会在云南景洪成功举行，通过了《澜湄合作概念文件》和《首次外长会联合新闻公报》。六国外长共同宣布启动澜湄合作进程，确立澜湄合作目标、原则、重点领域和机制框架等内容，同意尽快实施一批早期收获项目，并就首次领导人会议相关安排达成共识。

2016年3月23日，澜湄合作首次领导人会议在海南三亚成功举行，正式启动澜湄合作机制。李克强总理同泰国、柬埔寨、老挝、缅甸和越南领导人共同出席。六国领导人一致同意秉持共商、共建、共享精神，对接发展战略，统筹合作资源，共享发展成果，共建团结互助、平等协商、互利互惠、合作共赢的澜湄国家命运共同体。各方共同确认“3+5合作框架”，即坚持政治安全、经济和可持续发展、社会人文三大支柱协调发展，优先在互联互通、产能、跨境经济、水资源、农业和减贫领域开展合作。会议发表了《澜湄合作首次领导人会议三亚宣言》和《澜湄国家产能合作联合声明》，通过早期收获项目联合清单，包含涉及互联互通、水资源、卫生、减贫等领域的45个项目。会议还散发了“早期收获项目备选清单”和《澜湄国家减贫合作非文件》。

2016年12月23日，澜湄合作第二次外长会在柬埔寨暹粒举行，外交部长王毅与柬埔寨、老挝、缅甸、泰国、越南五国外长共同出席。会议重点回顾首次领导人会议成果落实进展，规划下阶段合作，并就加强澜湄合作机制建设、深化务实合作、规划未来合作等达成广泛共识。会议通过《第二次外长会联合新闻公报》《首次领导人会议主要成果落实进展情况表》《优先领域联合工作组筹建原则》三份成果文件。会议标志着澜湄合作进入全面实施的新阶段。

第五章

中国外交中的国际安全、军控与防扩散工作

（一）概述

当前，国际安全形势正在发生深刻复杂变化。各国在安全领域休戚与共，多边主义和以合作求安全的理念深入人心，这为推进国际军控、裁军和防扩散进程提供了重要机遇。与此同时，世界仍然很不安宁，传统和非传统安全威胁相互交织，地区冲突与热点问题此起彼伏，恐怖主义、网络安全、防扩散形势复杂严峻，维护国际和平与安全任重道远。

中国继续以建设性姿态参与国际军控与防扩散进程，致力于维护国际军控与防扩散体系，认真履行有关国际义务，推动和平对话解决有关热点问题，加强防扩散出口管制，积极开展对外交流与合作，为维护国际和平、安全与稳定作出自己的贡献。

（二）中国参与联合国框架内的国际安全与军控工作

1. 联合国大会第一委员会

第71届联合国大会第一委员会（裁军与国际安全委员会）会议于10月3日至11月2日在纽约联合国总部举行。会议举行了一般性辩论，并就核武器、其他大规模杀伤性武器、外空、常规武器、裁军机制、地区裁军与安全、其他裁军措施与国际安全7个问题举行了专题辩论。会议审议通过了64项决议和5项决定。

中国代表团以积极和建设性姿态参与会议各项工作。在一般性辩论中，中国代表团全面阐述了对国际安全形势的看法与主张，并就有效应对国际安全挑战提出以下建议：旗帜鲜明地倡导国际安全新理念；不遗余力地维护全球战略平衡与稳定；与时俱进地推进国际安全领域规则制定；始终不渝地巩固多边裁军条约机制；积极稳妥地处理全球热点安全问题。

在核武器专题讨论中，中国代表团全面阐述了对核裁军问题的立场，就推进国际核裁军进程提出一系列具体主张，包括应以普遍安全为指导思想，循序渐进加以推进，维护现有裁军机制权威，维护战略平衡与稳定，切实降低核武器在国家安全政策中的作用。

在其他大规模杀伤性武器专题讨论中，中国代表团介绍了中国在履行《禁止化学武器公约》《禁止生物武器公约》和解决叙利亚化学武器问题等方面所作的积极努力，以及中国在日遗化武逾期销毁、《禁止生物武器公约》八审会等问题上的看法和主张。

在外空专题讨论中，中国代表团强调确保外空和平利用、防止外空武器化和军备竞赛符合各国共同利益，并阐述了中国对防止外空军备竞赛、不首先在外空部署武器以及外空透明和建立信任措施问题的立场。

在常规武器专题讨论中，中国代表团介绍了中国在扫雷援助、打击轻小武器非法贸易、致命性自主武器系统、简易爆炸装置、《武器贸易条约》和军事透明等问题上的立场和举措。

在其他裁军措施与国际安全专题讨论中，中国代表团全面阐释中国的网络外交政策理念，积极推动在联合国框架内制定各方普遍接受的网络空间国际规则，倡导构建网络空间命运共同体，展现中国致力于维护网络空间和平、推动国际合作的建设性姿态。

在裁军机制专题讨论中，中国代表团阐述了对多边裁军机制陷入僵局的看法，强调应本着继承和创新相结合的原则，重振现有多边裁军机制工作。

2. 日内瓦裁军谈判会议

日内瓦裁军谈判会议（简称“裁谈会”）是国际上唯一的多边裁军谈判机构，冷战后曾谈判制定《禁止化学武器公约》《全面禁止核试验条约》等重要多边军控条约。现有65个成员国。由于各方在会议应优先处理的裁军、军控议题上存在不同关切，裁谈会已十多年未能开展实质性工作。

2016年，裁谈会成员继续就裁谈会工作计划问题进行讨论，但未达成一致。中国一贯高度重视裁谈会作用，支持裁谈会尽早达成工作计划，早日就“禁产条约”、防止外空军备竞赛、核裁军、无核武器国家安全保证等议题开展实质性工作。希望各方继续努力，推动早日达成工作计划。

2016年，中国代表团以建设性姿态积极参加裁谈会全年工作，就“禁产条约”谈判、防止外空军备竞赛、核裁军、无核武器国家安全保证等问题阐述了中方相关立场和主张。

3. 联合国裁军审议委员会

2016年联合国裁军审议委员会（下称“裁审会”）会议于4月4～22日在纽约联合国总部举行。会议继续审议“关于实现核裁军与防止核武器扩散目标的建议”和“常规武器领域建立切实可行的建立信任措施”两项议题。由于各方在裁审会工作方法、核裁军与核不扩散等问题上分歧严重，会议未达成实质性成果。

中国代表团以建设性姿态参加了2016年裁审会工作。在一般性辩论和各议题讨论中，中国代表团阐述了中方总体安全观理念和对全球安全治理的看法，同时宣介中方裁军30万，以及推动政治外交解决防扩散热点问题所作努力；积极宣传中方有关政策主张及为推动国际安全和多边军控所作贡献。

4. 联合国常规武器登记册

联合国常规武器登记册系联合国大会根据其第46/36L号决议于1992年设立。该决议呼吁所有会员国每年提交其上一日历年涉及作战坦克、装甲战斗车、大口径火炮、作战飞机、攻击直升机、军舰、导弹及发射架七大类常规武器的转让情况，并请各国自愿提供有关军事财产、国内生产采购、轻

小武器转让等情况。自1994年开始，联合国每三年成立政府专家组对登记册的继续运作和进一步发展进行审议。2016年，联合国举行了三期政府专家组会，审议了登记册的运行情况，调整了部分登记内容的范围。

联合国常规武器登记册作为常规武器转让领域的一项透明机制，在增进国家间互信方面发挥了积极作用。中国政府一贯高度重视，并以积极和建设性姿态参加了登记册相关工作，包括历次联合国政府专家组，对登记册的健康运作和发展作出了重要贡献。2016年，中国政府向登记册提交了相关登记数据。

5. 联合国军费开支标准报告制度

根据联合国大会第35/142B号决议，联合国于1981年设立联合国军费开支标准报告制度。该制度是联合国框架内的军事透明机制之一，各国自愿参加，以表格形式向联合国报告最近一个财政年度的军事开支。根据联合国大会第62/13号决议，联合国秘书长于2010年成立政府专家组，审议该制度的运作情况和未来发展。专家组在召开三次会议的基础上，向第66届联大提交相关报告。报告对进一步提高制度的普遍性和有效性提出改进措施和建议，并对制度表格进行修改。

中国于2007年参加联合国军费开支标准报告制度，并从2008年起在报告中说明军事开支的主要用途，所提供的信息更加丰富。

2016年，中国向联合国提交2015年度军事开支报告，继续以注释方式主动说明中国军事开支占国内生产总值比重。这再次表明中国政府高度重视军事透明问题、致力于增进与世界各国军事互信的积极态度。

6.《武器贸易条约》

2004年以来，英国、欧盟等推动在联合国框架内谈判一项全面的《武器贸易条约》(下称“条约”)，以建立统一的国际武器转让原则和标准。

经过多年谈判，各国未能就条约草案达成协商一致。2013年4月2日，英国等推动联合国大会投票表决通过条约。条约于当年6月3日在纽约联合国总部开放签署，于2014年12月24日正式生效。截至2016年年底，共有130国签署条约，90国批准条约。

中国赞成国际社会采取必要措施，规范国际武器贸易行为，打击非法武器转让和贩运。中国一直以积极、建设性态度参与《武器贸易条约》谈判进程，作出自己的贡献。中方愿与各方继续加强合作，共同致力于建设规范合理的武器贸易秩序。

（三）中国履行国际军控和防扩散法律文书的工作

1.《不扩散核武器条约》

《不扩散核武器条约》（简称“NPT”）于1968年达成，1970年生效。1995年召开的NPT审议大会决定条约无限期有效。NPT主要目的是推动核裁军、防止核武器扩散及促进和平利用核能。NPT现有191个成员国。印度、巴基斯坦、以色列迄未加入，朝鲜于2003年宣布退约。中国于1992年加入。

NPT规定每五年召开一次审议大会，审议条约实施情况，其间召开三次筹备会。第九次审议大会于2015年4月在纽约举行，会议未达成最后文件。

在核裁军领域，中国一贯主张并积极倡导全面禁止和彻底销毁核武器，坚定奉行自卫防御的核战略，恪守在任何时候任何情况下不首先使用核武器、无条件不对无核武器国家和无核武器区使用或威胁使用核武器的承诺。中国积极支持国际核裁军努力，为推进相关国际进程的发展作出应有贡献。

在核不扩散领域，中国继续从维护国际核不扩散机制、维护国际和地区和平与安全出发，推动和平解决有关地区核问题。中国坚定支持建立无核武器区的国际努力，积极参与《东南亚无核武器区条约》议定书磋商进程，将继续推动中东无核及其他大规模杀伤性武器区问题国际会议早日举行。

同时，中国高度重视和平利用核能问题，为推动国际和本地区和平利用核能事业发展作出积极贡献。中国积极支持和参与国际原子能机构的技术合作活动，按时、足额缴纳技术合作基金，为技术合作项目的顺利开展提供力所能及的帮助，并积极参与和平利用核能国际合作。

2. 国际原子能机构

国际原子能机构（下称“机构”）于1957年10月正式成立，总部设在奥地利维也纳。机构的主要职责包括促进和平利用核能、保障监督以及加强核能安全与核安全。截至2016年年底，机构共有168个成员国。中国于1984年加入。

中国重视机构作用，与机构在各领域开展多层次、全方位合作，积极参与机构理事会、大会等决策机制工作。2016年3月，机构副总干事兰蒂赫

出席中美核安全示范中心落成仪式。7月，机构副总干事杨大助访华。12月，中国派团出席机构第二届核安全问题部长级大会。

3.《全面禁止核试验条约》

《全面禁止核试验条约》（下称“条约”）于1996年达成并开放签署。条约禁止任何核武器试验爆炸及任何其他核爆炸，是实现全面禁止和彻底销毁核武器过程中的一个重要步骤。条约迄今已有183国签署，166国批准。条约生效所必需的44国中，已有36国批约。

为确保条约得到遵守，条约规定设立以国际监测系统为主体的核查机制。国际监测系统由运用地震、水声、次声、放射性核素4种技术的321个台站和16个实验室组成。截至2016年年底，约90%的台站已建成，其中84%通过核证验收。

中国于1996年9月24日签署条约，是筹备委员会首批成员国之一。中国坚定支持条约宗旨和原则，在核武器国家中进行核试验次数最少，并一直恪守“暂停试”承诺。中国积极支持条约早日生效，以建设性姿态参与历次促进条约生效大会，并投票支持历届联大有关条约的决议，数次参与共提。

中国积极支持并以建设性姿态全面参与筹委会工作。2016年6月，外交部副部长李保东出席纪念条约达成20周年部长级会议。截至2016年年底，中国境内已建成两个基本地震台站、四个辅助地震台站、三个放射性核素台站、一个核素实验室以及中国国家数据中心。2016年12月，兰州放射性核素台站正式通过核证验收；同月，中国成功接待全面禁核试条约组织筹备委员会临时技术秘书处执行秘书拉希纳·泽博正式访问。

4.《禁止生物武器公约》

该公约全称《禁止细菌（生物）及毒素武器的发展、生产及储存以及销毁这类武器的公约》（下称“公约”），于1971年达成，1975年生效。中国于1984年加入该公约。

2016年，公约缔约国总数为178个。公约执行情况总体良好，普遍性稳步提高，缔约国对履约的重视程度进一步加强，履约的深度、广度不断加大，履约支持机构运行平稳，公约会间会进展顺利。

中国继续致力于公约的全面、有效实施。作为国家履约联络点，外交部军控司充分发挥作用，保持同公约履约支持机构和其他缔约国的联络，协调国内相关部门的履约工作，推动国内生物履约工作顺利进行。

中国继续以积极务实态度参与并促进多边生物军控进程。2016年，中国积极参与公约第八次审议大会筹备进程，分别于4月和8月参加两次筹备会议。9月，中国与加拿大、公约履约支持机构在中国无锡举行主题为“《禁止生物武器公约》第八次审议大会：推进履行公约，加强全球生物安全治理”的国际研讨会。

2016年11月7～25日，公约第八次审议大会在日内瓦举行，中国代表团积极、主动、深度参会，树立中国在全球生物安全治理中负责任大国形象。中国裁军大使在一般性辩论发言、裁军大使工作晚宴等场合，就中方有关立场、主张广做工作，提出各方应坚持“公正有效、平衡有序、合作互助、统筹兼顾”的生物安全理念，打造全球生物安全命运共同体。

在本次审议大会上，中国代表团继续积极推进“制定生物科学家行为准则范本”“建立生物防扩散出口管制和国际合作机制”两大倡议。关于“制定生物科学家行为准则范本”倡议，中国正式在审议大会上提交准则范本草案。该倡议被各方普遍认为有望在下轮会间会进程中较早达成，应作为未来五年的优先讨论事项。关于“建立生物防扩散出口管制和国际合作机制”倡议，在中国的带动下，发展中国家普遍支持通过多边谈判建立统一、公正的防扩散出口管制机制。中国的有关倡议，展示了中国积极、严格履约的形象，提升了中国在全球生物安全治理中的话语权与制度性权力。

5.《禁止化学武器公约》

该公约全称《关于禁止发展、生产、储存和使用化学武器及销毁此种武器的公约》(下称“公约”)，于1992年达成，1997年生效，现有缔约国192个。中国于1997年批准公约，是公约原始缔约国。

2016年，履约工作总体平稳推进。化武销毁继续取得进展，已销毁全球全部库存化武的93%。公约核查机制行之有效，禁止化学武器组织（简称“禁化武组织”）技术秘书处对缔约国进行的现场核查已达6327次。

中国高度重视公约履约工作。2016年，中国继续全面、忠实履行公约各项义务，按时向禁化武组织提交各类工业宣布和日本遗弃在华化学武器的后续宣布，接受禁化武组织39次现场视察。中国认真履行公约规定的防扩散义务，不断加强出口管制能力建设，依照相关出口管制法规严格审查化学品进出口。中国政府高度重视公约在香港、澳门特别行政区和台湾地区的适用问题。香港特区履约工作全面顺利开展，澳门特区履约准备工作正有条不紊地进行。在坚持一个中国原则前提下，中国政府一直积极、务实寻求妥善解决公约适用于台湾的问题。

2016年6月16～17日，中国与禁化武组织在山东日照联合举办“化学品贸易政策和出口控制研讨会”。共有来自21个缔约国的近40名代表与会。

禁化武组织副总干事哈米德·拉奥出席研讨会开幕式并致辞。与会各方围绕化学品出口控制、贸易监管、国家实践、国际交流与合作等议题进行了充分讨论。

中国政府高度重视处理日遗化武问题。日方在2016年7月禁化武组织第82届执理会上明确表示，无法按照第67届执理会通过的决定完成2016年日遗化武销毁阶段性目标，这是日方继2007年、2012年后，日遗化武销毁第三度逾期。中方对日本未能在公约规定期限内完成日遗化武销毁表示严重关切。同时，中方要求日方尽快采取措施对约1400枚疑似日遗化武进行确认并完成宣布。2016年，中国、日本与禁化武组织技秘处就日遗化武问题举行了三方磋商，讨论了日遗化武销毁进展、下步工作计划、核查安排等。中国政府根据公约和禁化武组织执理会有关决定，按时提交"处理日遗化武进展报告"，并接待禁化武组织对日遗化武双边作业、托管库、销毁工作的现场视察11次。日遗化武销毁虽取得一定进展，但仍有大量日遗化武还在危害中国人民的生命财产和生态环境安全。中国敦促日方切实遵守禁化武组织执理会相关决定，加大投入，尽早全面、彻底销毁日遗化武。

2016年11月28日至12月2日，公约第21届缔约国大会在荷兰海牙举行。中国代表团与会，在一般性辩论发言中阐述中国政府在叙利亚化武、日遗化武、国际合作等问题上的立场和主张。对日遗化武销毁三度逾期表示严重关切，敦促日方尽快在2016年年底前就后续销毁计划与中方达成一致并向执理会提交，要求禁化武组织执理会继续关注中日双方就销毁计划磋商的进展。香港特区代表作为中国代表团成员向大会介绍了特区履约情况。

6.《特定常规武器公约》

该公约全称《禁止或限制使用某些可被认为具有过分伤害力或滥杀滥伤作用的常规武器公约》(下称《公约》)，于1983年生效，截至2016年年底共有123个缔约国。《公约》现有《关于无法检测的碎片的议定书》《禁止或限制使用地雷、诱杀装置和其他装置的议定书》《禁止或限制使用燃烧武器的议定书》《关于激光致盲武器的议定书》和《战争遗留爆炸物议定书》五个附加议定书。2001年公约第二次审议大会通过第一条修正案，将《公约》及其附加议定书的适用范围扩大至包括非国际武装冲突。

中国批准了《公约》及所附五个议定书以及第一条修正案。

2016年12月12～16日,《公约》第五次审议大会在日内瓦举行。中国代表团在发言中高度评价《公约》在解决常规武器滥用引发的人道主义问题方面发挥的重要作用，介绍中国在常规军控问题上的立场、相关履约工作和开展国际人道主义扫雷援助的情况。

（1）地雷问题

目前国际上关于地雷问题的法律文书，除《特定常规武器公约》所附经修订的《地雷议定书》外，还有《渥太华禁雷公约》。中国不是《渥太华禁雷公约》缔约国。

2016年8月30日，经修订的《地雷议定书》第18次缔约国会议在日内瓦举行。中国代表团在发言中积极评价经修订的《地雷议定书》在解决地雷引发的人道主义问题上发挥的重要作用，介绍过去一年来中国在履约宣传培训、国际扫雷援助与合作等方面的履约情况。

2016年11月28日至12月2日，《渥太华禁雷公约》（简称《渥约》）第15次缔约国会议在日内瓦举行，中国派观察员代表团与会。中国观察员代表团在发言中表示，中国赞赏《渥约》体现的人道主义精神，认同《渥约》的宗旨和目标，将继续加强与《渥约》缔约国和有关国际机构和非政府组织间的交流，中国高度重视并长期积极参与国际人道主义扫雷援助事业。

（2）国际人道主义扫雷援助

中国政府高度重视地雷引发的人道主义关切，积极参与国际扫雷援助活动，帮助有关国家摆脱雷患困扰。自1998年以来，中国政府建立长期的、机制化的国际扫雷援助规划，通过捐款、援助扫雷器材、举办扫雷技术培训班等方式，向近40个亚、非、拉国家提供共计8000万元人民币的扫雷援助，培训500余名专业扫雷技术人员。

中国积极与地雷受害国保持交流与合作。2016年，中国政府在华为柬埔寨举办人道主义扫雷培训班，共培训40名专业扫雷人员。此外，中国政府向柬埔寨和埃及各捐赠一笔人道主义扫雷资金，并向老挝、柬埔寨和埃及提供了相关探、扫雷设备和物资援助。

（3）战争遗留爆炸物

《特定常规武器公约》所附《战争遗留爆炸物议定书》（五号议定书）于2003年达成，2006年生效，截至2016年年底有91个缔约国。

2016年8月29日，《战争遗留爆炸物议定书》第十次缔约方会议在日内瓦举行。中国代表团在发言中积极评价议定书生效以来的履约工作，希各方继续在履约机制建设等方面取得新的进展，不断推进议定书普遍性。中方并介绍在战争遗留爆炸物清除销毁、受害者援助、国际交流合作、爆炸物管理等方面所做的工作和取得的成绩。

（4）集束弹药问题

近年来，集束弹药问题成为人道主义军控领域热点。自2007年成立以来，《特定常规武器公约》政府专家组就集束弹药问题进行密集谈判。2011年公约四审会期间，各方未就公约框架下的集束弹药议定书达成一致。中国代表团积极参加《特定常规武器公约》集束弹药问题政府专家组工作。

在《特定常规武器公约》框架外，挪威、墨西哥等国发起“奥斯陆进程”，并于2008年年底达成《集束弹药公约》，公约于2010年8月1日正式生效。截至2016年年底共119国签署，其中已有100国批准。公约禁止发展、生产、使用、储存和转让集束弹药。公约第六次缔约国会议于2016年9月5～7日在日内瓦举行。中国派观察员代表团出席本次会议，并在会上介绍中方对集束弹药问题的一贯立场。

（四）中国在防扩散方面的工作

1. 积极参与国际防扩散努力

中国坚决反对一切形式的大规模杀伤性武器及其运载工具的扩散，一贯以高度负责的态度处理防扩散问题，积极参与国际防扩散努力。

中国支持联合国在防扩散领域发挥重要作用，坚决履行安理会有关决议赋予的防扩散国际义务，并以建设性态度参与安理会1540（防扩散问题）委员会等联合国框架下的防扩散工作。2016年6月，中方派员赴纽约参加安理会第1540号决议全面审议公开会。12月，中国常驻联合国副代表吴海涛大使出席安理会防扩散问题高级别公开辩论会并发言，阐述中方在防扩散问题和1540号决议上的立场主张。

中国高度关注扩散热点问题的发展，支持并积极参与朝鲜半岛核问题、伊朗核问题的政治和外交解决进程。中方始终支持并参与本地区防扩散努力。2016年1月，中方派员参加在日本东京举行的亚太地区高级别防扩散对话会。4月，中方派员参加在马来西亚布城举行的东盟地区论坛框架下防扩散研讨会。9月，中方派员参加在韩国首尔举行的安理会第1540号决议研讨会。

作为“核供应国集团”成员，中方继续积极参与集团相关工作，坚决维护国际核不扩散体系有效性、完整性和权威性。2016年6月，中方派团参加在韩国首尔举行的2016年集团全会、第39次咨询组会和技术专家组会等系列会。此外，中方还派团赴维也纳参加集团1月就“非《不扩散核武器条约》(NPT)缔约国”加入集团问题举行的首次“主席之友”磋商；3月就“非NPT缔约国”加入集团问题举行第二、三次“主席之友”磋商；4月集团第38次咨询组会及技术专家组会；6月“非NPT缔约国”加入集团问题的非正式会议；11月集团第40次咨询组会、技术专家组预备会和关于“非NPT缔约国加入集团的技术、法律和政治问题”的非正式会议。

中方高度关注国际防扩散新挑战。作为“金融行动特别工作组”的一员，中国于2016年8月派团赴韩国首尔参加打击扩散融资研讨会，就打击扩散融资问题与各方交换意见。

2. 开展防扩散国际合作

中国重视开展防扩散交流与合作，与美国、欧盟、德国、韩国等保持对话和交流。

中美两国在防扩散执法等领域加强机制化务实合作，共同打击扩散行为。2016年5月，两国在北京举行中美防扩散联合工作组第二次会议。

中国与欧盟防扩散交流与合作不断深化。2016年2月，中方派员赴德国参加“出口管制日”。5月，中方应邀赴斯洛文尼亚出席第12届北约军控、裁军与防扩散会议。6月，中方应邀赴比利时参加欧盟“未来出口管制治理对话”。11月，中国与德国在北京举行最新一轮中德防扩散出口管制交流。

此外，中方还与韩国等国保持防扩散对话和磋商机制。2016年6月，中韩在首尔举行处级防扩散磋商。

（五）中国与有关国家开展战略安全、军控和防扩散磋商

中国与十余个国家建有副部级、司级战略安全、军控与防扩散磋商机制，对增进相互理解与合作发挥了重要作用。2016年，中国继续开展战略安全、军控等领域的对外交流与合作。

5月10日，外交部军控司与美国国务院军控、核查和遵约局在华盛顿举行中美首次外空安全对话，就国家外空政策、中美双边外空安全合作、外空安全多边倡议等问题深入交换看法。

5月12日，外交部副部长李保东与美国国务院副国务卿高特莫勒在华盛顿共同主持第八轮中美战略安全与多边军控磋商，就国际安全形势、核领域全球治理、外空安全、导弹防御、防扩散以及双方共同关心的国际地区安全问题深入交换看法。

9月13日，外交部军控司与印度外交部裁军与国际安全司在新德里举行军控与防扩散磋商，主要就核供应国集团扩员、网络安全、日内瓦裁军谈判会议工作等问题深入交换看法。

9月14～15日，外交部军控司与俄罗斯外交部军控司在莫斯科举行中俄外空磋商，主要就当前外空安全形势、外空安全多边进程等问题深入交换看法。

9月22日，外交部军控司与巴基斯坦外交部军控司在伊斯兰堡举行军控与防扩散磋商，主要就核供应国集团扩员、网络安全、日内瓦裁军谈判会议工作等问题深入交换看法。

10月31日，外交部军控司与印度外交部裁军与国际安全司在北京举行军控与防扩散磋商，主要就核供应国集团扩员、联合国大会第一委员会、《禁止生物武器公约》第八次审议会等共同关心的军控问题深入交换看法。

11月22日，外交部军控司与英国外交部国防与国际安全司在北京举行军控与防扩散磋商，主要就五核国会议、《不扩散核武器条约》审议进程、防扩散、生化和常规武器履约及共同关心的国际和地区热点问题深入交换看法。

12月21日，外交部军控司与美国国务院军控、核查和遵约局在北京举行中美第二次外空安全对话，主要就国家外空政策、外空安全双边合作、外空安全多边进程等问题深入交换看法。

（六）中国积极开展网络外交工作

中国高度重视网络安全问题，倡导各方在相互尊重、平等互利的基础上，加强对话合作，坚持网络主权原则，共同构建网络空间命运共同体，建立和平、安全、开放、合作、有序的网络空间和多边、民主、透明的互联网国际治理体系。国际社会应尽快在联合国框架下制定各方普遍接受的网络空间国际行为准则。

中方是网络安全的坚定维护者，支持国际社会加强网络安全的努力。

中方主张，应确保信息和通信技术用于促进经济社会发展及国际和平与稳定，树立共同安全理念，反对网络监听、网络攻击和网络军备竞赛。应尊重各国自主选择网络发展道路、网络管理模式、互联网公共政策和平等参与国际网络空间治理的权利，反对网络霸权和利用网络干涉他国内政。应秉持互利共赢理念，加大对发展中国家援助，弥合数字鸿沟。

2016年，中国全面开展网络外交工作，积极推动网络空间国际规则制定进程，深入参与多边和地区网络合作机制。中方推动二十国集团领导人第11次峰会达成《G20数字经济发展与合作倡议》，与联合国在北京共同举办网络安全问题国际研讨会，积极参与新一届联合国信息安全政府专家组工作，广泛凝聚国际社会网络领域共识。全面参与联合国互联网治理论坛讨论、互联网名称与数字地址分配机构国际化，推动全球互联网治理体系改革。深入参与金砖国家、上海合作组织、东盟地区论坛等框架下网络安全进程，增进地区互信与合作。

2016年，中国不断加强与其他国家网络领域交流对话，增进互信与合作。中国与美国建立网络空间国际规则高级别专家组并成功举行首次会议，与俄罗斯达成两国元首“关于在信息通信技术领域相互协作的联合声明”，与英国、澳大利亚、新西兰等举行网络政策磋商。

第六章

中国外交中的条约法律工作

（一）中国对外缔结条约情况

1. 中国对外缔结条约概况

中国政府重视发展与世界各国的友好关系，积极参与区域性、全球性国际组织的活动，对外缔结了大量政治、经贸、文化、司法协助等领域的双边、多边条约，为保持国民经济平稳较快发展，全面建设小康社会，加深中国与世界各国及国际组织的全方位合作提供了良好的法律保障。

据不完全统计，2016年，中国对外缔结的国家、政府和政府部门间的双边条约、协定及其他具有条约、协定性质的文件共289项。

多边条约方面，2016年中国参加的多边条约有15项（详见附录三“2016年中国参加的多边条约一览表”）。其中由全国人大常委会批准的共3项，包括《关于汞的水俣公约》（2016年4月28日批准）、《〈关于持久性有机污染物的斯德哥尔摩公约〉新增列六溴环十二烷修正案》（2016年7月2日批准）以及《巴黎协定》（2016年9月3日批准）。由国务院核准、决定加入或接受的共8项，包括《欧洲复兴开发银行成立协定》（2016年1月15日决定加入）、《关于简化和协调海关制度的国际公约修正案议定书》专项附约四第二章和专项附约六第一章（2016年4月20日决定接受）、《1975年国际公路运输公约》（2016年4月28日决定加入）、《〈生物多样性公约〉关于获取遗传资源和公正公平分享其利用所产生惠益的名古屋议定书》（2016年5月4日决定加入）、《2007年内罗毕国际船舶残骸清除公约》（2016年7月12日决定加入）、《上海合作组织成员国政府间国际道路运输便利化协定》（2016年10月28日核准）以及《关于印度共和国加入上海合作组织义务的备忘录》（2016年11月10日核准）和《关于巴基斯坦伊斯兰共和国加入上海合作组织义务的备忘录》（2016年11月10日核准）。中国还签署了3项多边条约，包括《第四代核能系统研究和开发国际合作框架协议的续签协议》（2016年6月23日签署）、《关于成立中亚区域经济合作学院的协议》（2016年10月26日签署）以及《关于沿亚洲公路网国际道路运输政府间协定》（2016年12月8日签署）。

2. 涉及香港特别行政区和澳门特别行政区的条约法律事务

中央人民政府严格根据《中华人民共和国香港特别行政区基本法》《中华人民共和国澳门特别行政区基本法》和“一国两制”方针处理涉及香港特别行政区和澳门特别行政区的条约和法律事务，为香港特区和澳门特区在有关领域参与国际合作、开展对外交往提供支持。

（1）双边协定方面

2016年，中央政府授权香港特区政府与伊朗、土耳其、埃塞俄比亚、哈萨克斯坦、阿根廷谈判投资保护协定，与保加利亚谈判民航协定，与哥伦比亚、希腊、澳大利亚、哈萨克斯坦、厄瓜多尔谈判税务资料交换协定，与塞尔维亚、西班牙、马耳他签署民航协定，与墨西哥签署刑事司法互助协定，与法国签署关于移交被控告或被定罪人士的协定，与智利签署投资保护协定，与缅甸、芬兰修订民航协定；授权澳门特区政府与韩国签署税收信息交换协定，与巴林、马耳他、吉尔吉斯斯坦、土库曼斯坦、塔吉克斯坦、乌兹别克斯坦谈判航班协定。

除了商签双边协定，中央政府还一次性授权香港特区政府同已经或将要与特区缔结《全面避免双重征税协定》和《税务资料交换协定》的国家和地区，谈判和签署有关自动交换税务资料的《主管当局协定》；一次性授权香港特区政府在对外谈判、签署和修订《避免双重征税协定》时，可视

情灵活采用经济合作与发展组织2010年或2012年版本的“资料交换条文”；授权香港特区在与马尔代夫、格鲁吉亚、海湾阿拉伯国家合作委员会、塔吉克斯坦谈判自由贸易协定时，与对方谈判投资条款。

（2）多边条约方面

根据《基本法》规定，在征询特区政府意见后，中央政府办理了中国参加的《欧洲复兴开发银行成立协定》《濒危野生动植物种国际贸易公约第二十一条的修正案》《巴黎协定》《关于汞的水俣公约》等八项多边条约适用于香港特区和澳门特区的有关手续，办理了《上海合作组织成员国政府间国际道路运输便利化协定》适用于澳门特区的有关手续。

（二）中国在联合国机构的法律工作

1. 第71届联大法律议题

（1）概述

2016年10月3日至12月5日，第71届联合国大会（简称“联大”）共审议20余项法律议题。联大全会审议了国际法院的报告、国际刑事法院的报告、海洋和海洋法等议题。联大第六委员会审议了消除国际恐怖主义的措施、国内和国际法治、普遍管辖权原则的范围和适用、国际法委员会第68届会议工作报告等议题。联大第四委员会审议的法律议题主要涉及和平利用外空的国际合作。

中国代表团全面参加了上述议题的审议和决议草案的磋商，在消除国际恐怖主义的措施、国内和国际法治、普遍管辖权原则的范围和适用、联合国宪章和加强联合国作用特别委员会报告、加强外交和领事使团保护、国家对国际不法行为的责任、跨界损害和损失分配、国际法委员会第68届会议工作报告、国际法院的报告等议题下发言，阐述中国政府立场主张，介绍中国有关实践。

（2）关于“消除国际恐怖主义的措施”

中国代表团表示，国际社会应深化反恐合作，携手应对国际恐怖威胁。一要不断完善国际反恐合作的战略和法律框架，二要坚决打击网络恐怖主义，三要加强应对外国恐怖作战人员跨国流动问题，四要切断恐怖分子资金、武器来源，五要促进文明对话并构建新型国际关系。中国代表团强调，中国是恐怖主义的受害者，长期面临“东突”恐怖势力的威胁，坚决反对一切形式的恐怖主义。中方依法防范和打击恐怖主义，维护国家安全和人民生命财产安全，积极参与多边反恐合作机制，与有关国家开展反恐合作，向发展中国家提供反恐物资和能力建设援助。中方将继续本着相互尊重、平等合作精神，与各国共同努力，推动国际反恐合作不断取得新进展。

（3）关于“国内和国际法治”

中国代表团表示，中国坚定捍卫以《联合国宪章》宗旨和原则为核心的国际秩序和体系，高度重视并严格遵守国际法，坚定维护和积极建设国际法治。中方关于“建立以合作共赢为核心的新型国际关系”“打造人类命运共同体”和“树立正确义利观”等重要理念，是对《联合国宪章》精神的继承和发展，应成为国际法治新的目标。中国代表团在发言中还围绕“分享执行多边条约的国家实践”和“为每个人获得诉诸法律的机会提供便利的实际措施”两项子议题介绍了有关做法，表示中方将坚定不移对内全面推进依法治国，对外维护和促进国际法治。

（4）关于“普遍管辖权原则的范围和适用”

中国代表团表示，普遍管辖权的确立和行使应遵循国际法，不得侵犯他国主权，不得干涉他国内政，也不得侵犯国家、国家官员、外交和领事人员享有的豁免权。普遍管辖权是一种补充性管辖权，应尊重属地、属人和保护性管辖的优先性。除海盗行为外，各国对其他情形下是否存在普遍管辖权有明显分歧，应避免超越现行国际法，单方面主张和行使不为国际法明确许可的普遍管辖权。

（5）关于“和平利用外空的国际合作”

中国代表团介绍了一年来中国在空间科技与应用方面的成果，包括火星探测任务立项、嫦娥四号任务启动、北斗系统加速全球组网、长征七号首飞、天宫二号发射入轨等，以及开展国际交流合作的情况；重申反对外空武器化和军备竞赛、致力于谈判达成一项防止外空武器化和军备竞赛的条约。中国代表团指出，关于外空活动长期可持续性的指南，谈判应遵循现行外空国际法律制度，适当兼顾外空平等自由利用和外空活动健康有序发展。

（6）关于“联合国宪章和加强联合国作用特别委员会报告”

中国代表团表示，中方重视“联合国宪章和加强联合国作用特别委员

会”（下称“特委会”）的作用，希望各方继续就改进其工作方法和提高其工作效率进行探讨。特委会工作和新议题应遵循联大授权，新议题应符合特委会职权。中方一贯坚持和平解决争端，尊重各国自主选择和平解决争端方式的权利。争端解决应严格遵循国家主权平等原则，以国家同意为基础，不得强加于人。应充分发挥区域性国际组织对维护和平与安全的作用和优势，确保其章程和行动符合《宪章》宗旨和原则，使区域性国际组织与联合国的相关工作协调一致。继续支持保留“援助受制裁影响的第三国”议题，强调制裁应符合包括《宪章》在内的国际法，不得违反国家主权平等原则行使域外管辖权。

（7）关于“国际法委员会第68届会议工作报告”

中国代表团赞赏国际法委员会第68届会议取得的进展，重点就“发生灾害时的人员保护”“习惯国际法的识别”“危害人类罪”“强行法”“保护大气层”和“国家官员的外国刑事管辖豁免”等问题阐述立场。

关于“发生灾害时的人员保护”专题，中国代表团认为，该专题的条款草案使受灾国与援助国之间的权利义务更加平衡，有助于促进国际救灾合作。条款草案中“应然法”成分偏多，如受灾国寻求外部援助的义务、不任意拒绝援助的义务等，均不是普遍实践，不是现行国际法，是否对特定国家具有约束力取决于该国是否接受。

关于“习惯国际法的识别”专题，中国代表团表示，“国家实践”作为习惯国际法规则形成的最重要证据，应全面、一贯并具有充分代表性，非国家实体和非国际组织实体的行为不能创立和表述习惯国际法。“国家同意”是习惯国际法的基础，不能简单将“不作为”视为国家“默示同意”。国内法院判决和权威国际法学说在习惯国际法形成中只起有限的辅助作用。

关于“危害人类罪”专题，中国代表团表示，特别报告员第二次报告及委员会通过的条款草案，采用类推方法进行论证，不是在编纂现行法，而是在创制新法，这种工作方法值得商榷。在是否将危害人类罪入刑问题上，应赋予各国一定的自主决定空间。

关于“强行法”专题，中国代表团表示，审议强行法专题应严格遵循《维也纳条约法公约》相关规定，为强行法内涵增添新要素应有充分国家实践支撑，得到各国普遍接受和认可。现阶段编制强行法规则说明性清单不合适，应在收集充足国家实践、厘清强行法标准后再作考虑。要明确强行法与《联合国宪章》等国际法原则和规则的关系。

关于“国家官员的外国刑事管辖豁免”专题，中国代表团表示，中方不赞成该专题特别报告员提出的属事豁免的三项例外，即严重国际刑事犯罪、在法院地国领土内造成人身伤害或财产损害的罪行和腐败罪行。特别报告员在论证上述例外是否存在时主要援引国际法院相关判决的反对意见和一些国家或国际司法机构的民事案件，这些论据缺乏相关性，且倾向性明显，难以令人信服。

关于“保护大气层”专题，中国代表团认为，应对发展中国家的特殊情况和实际需求予以充分考虑，充分认识该问题的复杂性和敏感性，尊重现有机制和努力，综合考察更多区域机制下的国际实践。

关于“与条约解释相关的嗣后协定和嗣后惯例”专题，中国代表团认为，条约的解释应严格遵循1969年《维也纳条约法公约》第31条规定，根据条约用语和上下文并参照条约目的和宗旨进行善意解释。嗣后协定和嗣后惯例在条约解释中只起到辅助作用。嗣后惯例不应违反条约目的和宗旨，不能成为扩大解释甚至变相修改条约的工作。

2. 联合国国际法委员会第68届会议情况

联合国国际法委员会第68届会议于2016年5月2日至6月10日、7月4日至8月12日分两期在日内瓦万国宫举行。中国籍委员黄惠康大使出席会议并参与各专题讨论，在“国家官员的外国刑事管辖豁免”“危害人类罪”“发生灾害时的人员保护”等专题下重点发言。

本届会议由莫桑比克籍委员佩德罗·科米萨里奥·阿丰索担任主席，德国籍委员格奥尔格·诺尔特和巴西籍委员吉尔贝托·贝尔涅·萨博亚分别担任第一和第二副主席，捷克籍委员帕维尔·斯图尔马担任起草委员会主席，韩国籍委员朴基甲担任本届会议报告员。会议主要情况如下：

关于“发生灾害时的人员保护”专题，特别报告员提交了第八次报告，逐条梳理各国和国际组织就一读通过的条款草案的评论和意见，在此基础上提出条款草案序言和案文，提交起草委员会并进入二读审议程序。最终委员会二读通过了“灾害中的人员保护”的序言草案和18个条文草案及其评注。

关于“习惯国际法的识别”专题，特别报告员提交了第四份报告，包括各国及其他方面就现有结论草案提出的建议。委员会一读通过了“习惯国际法的识别”的16条结论草案及其评注。秘书处还编写了两份备忘录：《国际法委员会以前工作中与本专题相关的要素》和《就确定习惯国际法而言国家法院的判决在普遍性国际法院和法庭的案例法方面发挥的作用》，作为本专题的参考材料。

关于“与条约解释相关的嗣后惯例和嗣后协定”专题，特别报告员提

交了第四份报告，提出两条结论草案，包括专家机构的声明和国内法院裁决作为嗣后协定或嗣后惯例与条约解释的相关性。委员会一读通过了一套共13条的结论草案。

关于“危害人类罪”专题，特别报告员提交了第二次报告，对国际条约和各国立法情况进行了详细梳理，并提出六条条款草案，包括国家制定国内立法对危害人类罪进行定罪、确立管辖权、开展一般性调查与合作以查明被指控罪犯、被指控罪犯所在地行使国家管辖权、“或引渡或起诉”义务以及给予被指控罪犯公平待遇的义务。委员会暂时通过了第5条至第10条草案及其评注。

关于“保护大气层”专题，特别报告员提交了第三次报告，提出一个序言段落和五条指南草案，包括国家防止大气污染和减缓全球大气层退化的义务、环境影响评估、可持续和公平利用大气层及对某些有意改变大气层的活动的法律限制等问题。委员会暂时通过了序言段落和指南第三至第七条草案及其评注。

关于“强行法”专题，特别报告员提交了首份报告，总结梳理本专题的研究方法，论述强行法的概念和性质等问题，追溯强行法的历史演变，概括强行法概念的核心要素，并提出了三条结论草案，即“范围”“国际法规则的更改、克减和废除”“强行法规范的一般性质”。起草委员会仅初步讨论了结论草案一和三，并将临时报告提交委员会供参考

关于“与武装冲突有关的环境保护”专题，特别报告员提交了第三份报告，重点确定与冲突后局势相关的规则，提出了九项拟议原则草案，涵盖实施和强制执行、部队地位协定和特派团地位协定、和平行动、和平协定、冲突后环境评估和审查、战争遗留物、海上战争遗留物、获取和分享信息、土著人民权利。起草委员会暂时通过了原则草案第4、6、7、8、14、15、16、17和18条。

关于“国家官员的外国刑事管辖豁免”专题，特别报告员提交了第五份报告，处理官员豁免的例外或界限问题，并提出条款草案第七条，认为属事豁免存在三项例外，包括严重国际刑事犯罪、法院地国领土内造成人身伤害或财产损害的罪行以及腐败罪行。委员会在本届会议仅对此作初步讨论，2017年会议将继续审议。

本届会议上，委员会决定在长期工作方案中列入国际组织作为当事方的国际争端的解决、国家责任方面的国家继承等两个专题。

3. 联合国和平利用外层空间委员会

联合国和平利用外层空间委员会（简称“外空委”）下设科学和技术小组委员会、法律小组委员会，是国际社会就和平利用外层空间事务进行交流与合作的主要平台。2016年，中国派代表团出席了外空委大会第59届会议、科技小组委员会第53届会议、法律小组委员会第55届会议以及“联合国第一次探索及和平利用外层空间会议50周年”首次高级别论坛。

（1）第59届外空委会议情况

2016年6月8～17日，外空委第59届会议在维也纳举行。会议审议了外空用于和平目的的方法和途径、科技小组委员会报告、法律小组委员会报告、外空委的未来作用、空间与可持续发展等议题，确定了“外空会议50周年纪念活动”七项优先主题及其目标和机制，决定在2017年外空委第60届会议开幕日举行纪念《外空条约》50周年高级别小组会议。

中国代表团在一般性发言、科技小组委员会报告、法律小组委员会报告、外空委未来作用等议题下作专门发言，并就载人航天、北斗导航系统和北航区域中心等作技术报告。中国代表团在发言中介绍了一年来中国航天最新成就，阐明中国对和平利用外空、反对外空武器化和军备竞赛、加强国际合作的一贯立场，强调外空委应进一步发挥在外空规则制定、机制协调和能力建设方面的重要作用。

（2）第53届科技小组委员会会议情况

2016年2月15～26日，外空委科技小组委员会第53届会议在维也纳举行，主要讨论外空活动长期可持续性、空间碎片、空间天气、核动力源、近地天体等17个议题。

中国代表团在一般性交换意见、外空活动长期可持续性、空间碎片、空间核动力源等9个议题下发言，全面介绍了2015年中国航天重要进展和最新成就，在重要议题上表明立场和主张，并向会议提交了《中国关于“外空活动长期可持续性”问题的立场文件》和《中国的空间核动力源安全实践》两份书面文件。

（3）第55届法律小组委员会会议情况

2016年4月4～15日，外空委法律小组委员会第55届会议在维也纳举行。会议审议了五项外空条约的现状和适用、外空国际合作机制、外空国

家立法、空间法能力建设、空间交通管理法律问题、小卫星活动适用国际法等11项议题，并新增议题“关于外空资源探索、开发和利用活动的潜在法律模式的一般性意见交流”。

中国代表团在一般性意见交流、外空国际合作机制和空间法能力建设议题下发言，宣介中国空间事业发展成就、国际合作成果、国内立法进展和设立“国家航天日”的有关情况，重申中国支持外空法治建设、和平利用外空和反对外空武器化的一贯立场。

（4）“联合国第一次探索及和平利用外层空间会议50周年”首次高级别论坛

2016年11月20～24日，“联合国第一次探索及和平利用外层空间会议50周年”首次高级别论坛在迪拜召开。会议由联合国外空司和阿联酋航天局共同举办，以“空间作为社会经济可持续发展驱动力”为主题，以“空间经济”“空间社会”“空间进出能力”“空间外交”为分议题，举办高级别小组会议、分议题讨论会和圆桌讨论会。会议通过了《迪拜宣言》，强调空间探索和利用活动对惠益民生、创新科技和促进经济社会可持续发展的重要意义，呼吁各方加强空间科技和政策法律等领域的合作交流，不断完善空间国际治理规则和体系。

中国代表团在高级别小组会和分论坛上发言，介绍中国最新航天成就，阐述中国航天和平发展、科学发展、创新发展和开放发展的政策立场，展现了中国积极支持空间领域国际合作的良好形象。

（三）中国在打击跨国犯罪领域的法律工作

1.《联合国打击跨国有组织犯罪公约》

2016年6月6～7日，《联合国打击跨国有组织犯罪公约》缔约国大会下设的“探索建立打跨公约履约审议机制”第二次政府间会议在维也纳举行。中国派代表团参加本次会议，支持在坚持尊重缔约国主权等原则前提下，建立一个务实、适度、高效的审议机制，促进打击有组织犯罪国际合作。会议通过了建立审议机制的若干原则性建议，拟提交10月召开的第八次缔约国大会审议通过。

2016年10月17～21日，《联合国打击跨国有组织犯罪公约》第八次缔约国大会在维也纳举行，并同期举行国际合作工作组会以及技术援助工作组会。中国派代表团参会，全面深入参与会议各议题讨论和决议磋商，阐明中方在落实公约及其议定书、建立履约审议机制、应对新型犯罪、促进国际合作和技术援助等问题上的立场和主张。会议通过了谈判公约履约审议机制、强化中央机关以促进国际合作、落实枪支议定书、技术援助四项决议。各方将在公约第九次缔约国大会之前举行会议，谈判制定履约审议机制的“具体程序和规则”。

2.《联合国反腐败公约》

2016年6月，《联合国反腐败公约》(下称“公约”)履约情况审议组第七次会议在维也纳召开。会议根据第一审议周期的履约审议情况，就公约实施中的良好做法和经验，以及面临的困难和挑战进行了交流，并在会间对第二周期各年度受审议国及第一年度审议国进行了抽签，中国将于第二周期第四年接受审议。8月，公约预防腐败和资产追回工作组会议在维也纳召开，就公约实施过程中的预防腐败和资产追回等问题进行了讨论。11月14～16日，公约履约审议组第七次会议续会在维也纳召开，会议讨论了履约审议机制运转情况、未来工作规划及公约履约情况等。

中国代表团参加了上述各工作组会议，积极参加各项议题讨论，宣介中国在反腐败方面取得的新进展，主张国际社会应重视并充分发挥公约作用，进一步加强务实合作，共同打击腐败。11月履约审议组续会期间，中国接受反腐败公约第一周期履约审议执行摘要公布，执行摘要内容基调正面、积极，向国际社会展示了中国打击腐败的坚定决心和有效举措，是中国接受公约履约审议取得的最关键成果。

（四）中国在国际人权条约领域的工作

1. 履行国际人权条约

2016年12月，中国政府完成联合国禁止酷刑委员会审议中国执行《禁止酷刑和其他残忍、不人道或有辱人格的待遇或处罚公约》第六次履约报告，以及消除对妇女歧视委员会审议中国执行《消除对妇女一切形式歧视公约》第七、八次合并报告后续行动答复材料的撰写工作，拟于2017年初向委员会正式提交。

2016年12月，中国政府完成《消除一切形式种族歧视公约》第14～17次合并报告的撰写工作，拟于2017年初向联合国消除种族歧视委员会正式提交。

2. 参与人权条约机构体系建设进程

2016年2月，根据联合国秘书长潘基文来函要求，中国政府向联合国人权条约机构秘书处（即“联合国人权高专办公室”）提交了“关于联大第68/268号决议执行情况问卷的答复”。该答复是对2014年4月第68届联大通过的“关于加强和增进人权条约机构体系有效运作”的第68/268号决议执行情况的评论，阐述了中国政府对于加强和增进人权条约机构有效运作的立场和改进建议。有关立场和建议包括：更有效利用缔约国会议监督条约机构工作、增强条约机构工作透明度、改进“简化报告程序”、改进审议对话方法和审议结论性意见、避免给缔约国增加公约规定以外的义务等。2016年7月，联合国秘书长潘基文吸纳包括中国等有关缔约国对问卷的答复内容，发布人权条约机构运作情况报告。

（五）中国在国际私法领域的工作——海牙国际私法会议

2016年3月，海牙国际私法会议2016年总务与政策理事会在海牙召开，中国代表团与会。会议一致通过了设在香港的海牙国际私法会议亚太区域办事处的三年试运行评估，使其作为国际组织在香港设立的第六个办事处正式长期运行。

2016年6月，“判决项目”框架下“承认与执行外国民商事判决公约”第一次特委会在海牙召开，就制定该公约开展首次政府间谈判。包括香港和澳门特区政府代表在内的中国代表团参加会议，支持会议形成了公约草案修改稿。10月，《取消认证公约》第四次特委会和第十届电子附加证明书项目国际论坛在海牙召开，包括香港特别行政区和澳门特别行政区政府代表在内的中国代表团参加会议，香港特区代表被选为特委会主席。中国代表团介绍了香港特区的履约经验和实践，并全面阐述中国内地拟适用公约的相关立场和考虑，积极参与会议结论文件的讨论。

（六）中国与外国的司法协助和法律合作

1. 涉及香港特别行政区和澳门特别行政区的司法合作事务

中央人民政府严格根据《中华人民共和国香港特别行政区基本法》和《中华人民共和国澳门特别行政区基本法》和“一国两制”原则处理涉及香港特区和澳门特区的司法合作事务，为两特区在该领域开展对外交往、参与国际合作提供支持。

2016年，中央人民政府授权香港特区与阿根廷签署刑事司法协助协定，与法国签署移交逃犯协定。

2. 与外国缔结双边司法协助类条约状况

中国主张各国在司法领域加强国际合作，共同打击跨国犯罪，并积极推动与各国谈判缔结双边司法协助条约和引渡条约，以进一步夯实司法合作法律基础，保障中国和其他国家之间人员和经贸的正常往来。

2016年，中国与外国签署了13项双边司法协助类条约:《中国和伊朗刑事司法协助条约》《中国和巴巴多斯刑事司法协助条约》《中国和巴巴多斯引渡条约》《中国和格林纳达刑事司法协助条约》《中国和格林纳达引渡条约》《中国和摩洛哥刑事司法协助条约》《中国和摩洛哥引渡条约》《中国和刚果（布）刑事司法协助条约》《中国和刚果（布）引渡条约》《中国和斯里兰卡引渡条约》《中国和比利时引渡条约》《中国和厄瓜多尔引渡条约》。

2016年生效的双边司法协助类条约共有两项:《中国和英国刑事司法协助条约》《中国和比利时刑事司法协助条约》。

截至2016年年底，中国已与70个国家缔结各类司法协助类条约共149项。其中，民事、刑事司法协助条约79项（68项已生效），引渡条约48项（32项已生效），移管被判刑人条约14项（10项已生效），打击三股势力协定7项（6项已生效），资产返还和分享协定1项（尚未生效）。

3. 中美执法合作

中美执法合作联合联络小组（简称“JLG”）引领下的执法合作继续成为中美双边合作的重要内容和亮点之一。2016年11月21～22日，JLG第14次全

体会议召开。会议是落实两国元首二十国集团领导人第11次峰会成果的重要举措，回顾和评价了JLG第13次会议以来的执法合作总体情况，听取了下设的反腐败、追逃、遣返、知识产权刑事执法、网络犯罪、刑事司法协助、禁毒和缉私八个工作组汇报，重点就双方关注的议题交换了意见，并就下一年工作重点达成原则共识。

4. 中国和加拿大司法执法合作

中加司法执法合作磋商自2008年开始举行，该磋商现已机制化，每两年举行一次。2009年12月和2012年2月，双方共同发表《中加联合声明》以及加总理访华成果清单，均肯定双边司法和执法合作定期磋商机制。双方已先后举行五轮磋商，就相互了解对方法律制度和司法体制，加强执法合作及引渡、犯罪收益分享和移管被判刑人等问题交换了意见。第六轮磋商将于2017年1月在加举行。

2016年9月，第一轮中加高级别国家安全与法治对话在北京举行，该对话机制由中加两国领导人在加拿大总理特鲁多访华期间建立。双方商定，下一步将启动包括《中加引渡条约》在内的相关事项的讨论。

5. 中国和澳大利亚司法执法合作

中澳双方通过各种场合多次就司法执法合作进行交流，并开展了务实合作。2016年3月，中国与澳大利亚举行外交部条法司长磋商期间，双方就司法执法合作议题进行了深入探讨。

6. 中国和新西兰司法执法合作

2016年6月，外交部牵头会同各相关部门，与新西兰各相关部门举行司法执法合作圆桌会议，聚焦交流各自相关法律制度和刑事诉讼程序，介绍双方不同部门的职责及运作方式，梳理两国刑事司法协助、引渡合作中的经验和需要解决的问题。

7. 中国和瑞士司法执法合作

2016年1月28日，中瑞反腐败司法执法合作对话在北京举行。双方重点围绕预防腐败、建立司法执法合作机制等问题，就当前形势下如何推进两国反腐败合作深入交换了意见，为两国下一步在该领域的合作打下良好基础。

2016年12月7～9日，中瑞第二轮反腐败司法执法合作对话在瑞士伯尔尼举行。双方重点讨论了预防腐败、刑事司法协助合作、犯罪资产返还等议题。

（七）中国在国际海洋法领域的工作

1. 多边海洋法事务

（1）《联合国海洋法公约》第26次缔约国会议

2016年6月20～24日，《联合国海洋法公约》（下称“公约”）第26次缔约国会议在纽约联合国总部举行。会议讨论了国际海洋法法庭、国际海底管理局、大陆架界限委员会有关工作情况，以及联合国秘书长关于海洋和海洋法问题新进展的报告。中国代表团在发言中宣介树立海洋命运共同体意识、推动海洋可持续发展等理念，强调应维护《公约》的权威和完整性，《公约》未予规定事项应继续由一般国际法规范。针对有关国家在会上提及南海问题，中国代表团严正阐明了中方的原则立场。

（2）联合国海洋和海洋法问题非正式磋商进程第17次会议

2016年6月13～17日，联合国海洋和海洋法问题非正式磋商进程第17次会议在纽约联合国总部举行。会议的主题是“海洋垃圾、塑料和微塑料”。与会各方从环境、社会和经济层面分析了海洋垃圾、塑料和微塑料给海洋环境和海洋生命造成的影响和威胁，强调解决该问题的紧迫性，分享了当前防止、减少和控制海洋垃圾、塑料和微塑料污染的最佳实践，并探讨了未来更有效解决该问题的可能方案。

（3）全球海洋环境报告与评估经常性进程

2016年8月3～9日，全球海洋环境报告与评估经常性进程特设全体工作组第七次会议在纽约联合国总部举行。会议总结了首轮评估工作的经验教训，并就开展第二轮评估工作进行了讨论，通过了向第71届联大提交的建议报告和第二轮评估工作计划。工作计划主要包括两项任务：一是2017年1月至2020年年底，开展第二轮全球海洋评估；二是通过撰写第一轮评估结果的“技术摘要”，对2030年可持续发展议程、联大海洋生物多样性国际文书谈判等提供支持。中国代表团积极参与会议讨论和工作计划草案的磋商，为工作计划出台发挥了建设性作用。

（4）国家管辖范围以外区域海洋生物多样性养护和可持续利用问题

2016年3月28日至4月8日、8月26日至9月9日，国家管辖范围以外区域海洋生物多样性养护和可持续利用问题国际协定谈判预备委员会第一次和第二次会议先后在纽约联合国总部举行。各方就协定所涉海洋基因资源及其惠益分享、海洋保护区等划区管理工具、环境影响评价、能力建设和技术转让以及跨领域问题等进行了深入讨论。会上，中国代表团建设性参与讨论，为会议积极贡献中国视角和中国声音。预备委员会需于2017年年底前向联大提交建议报告，联大将于2018年9月前就是否召开政府间谈判大会及其启动时间作出决定。

（5）第71届联大海洋和海洋法议题审议

第71届联大于2016年12月审议了海洋和海洋法议题，通过了“可持续渔业决议”及“海洋和海洋法决议”。“可持续渔业决议”涉及打击非法捕鱼、强化对渔业活动的监管、促进渔业资源养护管理和区域合作等问题。“海洋和海洋法”决议包括大陆架界限委员会、国际海底管理局和国际海洋法法庭工作、国家管辖范围以外区域海洋生物多样性（简称“BBNJ”）、海洋环境报告与评估等内容。中国代表团发言阐述了中国的有关立场和主张：一是加强国际合作，实现海洋可持续发展。各国要树立人类命运共同体意识，携手应对挑战。中方提出发展“蓝色经济”“建设21世纪海上丝绸之路”等倡议，将极大促进国际海洋合作。二是促进海洋法治，建立和维护公平合理的海洋秩序。各方应秉持《联合国海洋法公约》的宗旨和原则，善意、准确、完整地理解和适用《公约》及其争端解决机制，避免滥用《公约》条款。三是充分协调立场，稳步推进国际海洋治理工作。各方应在BBNJ国际协定谈判中充分协商交流，顾及各国特别是发展中国家的合理关切，稳步推进谈判进程。国际海底管理局在有关规章制定工作中应集思广益，审慎研究，循序渐进地开展有关工作。

（6）国际海底管理局第22届会议

2016年7月11～22日，国际海底管理局（简称“海管局”）第22届会议在牙买加金斯敦举行。会议核准了中国大洋协会等六个承包者的勘探合同延期申请，对海管局定期审查临时报告进行了初步讨论，并决定继续将开发规章制定作为海管局工作的优先事项。会议举行了理事会半数成员改选，中国成功连任理事会A组成员；举行了法律和技术委员会以及财务委员会委员选举，中国两位候选人均分别成功当选；还举行了秘书长换届选举，海管局副秘书长迈克·洛奇（英国籍）成功当选，任期2017—2020年。中国代表团积极参加各相关议题的讨论，全面阐述中国对当前国际海底形势以及合同延期、定期审查、开发规章等重大问题的立场和看法，介绍了中国为推动海管局工作和发展中国家参与国际海底事务所作努力和贡献。

（7）多边渔业

中国政府重视渔业资源的养护和可持续利用，积极参与国际渔业组织的活动。2016年，中国政府派团参加了南太平洋渔业管理委员会、北太平洋渔业管理委员会、中西部太平洋渔业管理委员会、美洲间热带金枪鱼委员会、养护大西洋金枪鱼委员会等国际渔业组织年会，出席了北冰洋公海渔业问题磋商。

中国政府在多边渔业问题上的总体立场是：多边渔业合作的目标是养护渔业资源，规范渔业行为，实现渔业的可持续发展和利用，确保各国特别是发展中国家人民享有渔业资源。

（8）极地事务

第39届南极条约协商会议

2016年5月22日至6月1日，第39届南极条约协商会议（简称“协商会议”）在智利圣地亚哥举行，协商会议第19届环境保护委员会会议（简称“环委会”）同期召开。会议讨论了南极条约体系运行、南极视察、南极旅游以及南极特别管理区等问题。中国代表团积极参与会议各项议题讨论，向会议介绍了中国于2015年年底开展的南极视察情况，在会上正式宣布中国将于2017年5月下旬至6月初在北京主办第40届协商会议和第20届环委会会议。

南极海洋生物资源养护委员会

2016年10月17～28日，南极海洋生物资源养护委员会第35届会议在澳大利亚霍巴特举行。会议重点讨论了海洋保护区、养护措施、遵约评估及入渔申请等问题，通过了美国、新西兰提出的罗斯海保护区提案，制定和修改了多项南极海洋生物资源养护措施，并对各国有关南极磷虾和犬牙鱼的年度捕捞申请进行了审议。中国代表团积极参与有关养护措施的制定和修订，强调设立南极海洋保护区应遵循国际法，具备科学依据，平衡处理对有关资源的保护与合理利用。中国在南极的磷虾入渔申请获得委员会批准。

北极理事会系列会议

2016年3月15～17日，北极理事会春季高官会在美国费尔班克斯举行。10月4～6日，北极理事会秋季高官会在美国波特兰举行。中国政府派代表出席了上述会议，强调中国高度重视北极地区的科学研究和环境保护，支持《加强北极科学合作协定》的目标，将继续积极推荐专家参与理事会下设工作组和特别任务组工作，努力加强与有关各方的互利合作，为促进北极地区和平、稳定与可持续发展作出贡献。

2. 双边海洋法和极地事务对话

（1）中国—俄罗斯第三轮北极事务对话

2016年5月11日，中俄第三轮北极事务对话在莫斯科举行。双方就中俄北极双边合作优先领域、北极理事会工作、中俄北极航道和科研合作等问题深入交换了意见。

（2）中国—美国第七轮海洋法和极地事务对话

2016年4月21～22日，中美第七轮海洋法和极地事务对话在厦门举行。中美外交和涉海部门的有关专家就当前海洋和极地领域的多个法律问题进行了深入交流。双方一致认为，对话积极务实，富有成效。

中美海洋法和极地事务对话始于2010年，自2011年起被纳入当年中美战略与经济对话框架下战略对话成果清单。

（3）中国—英国国际法和海洋法事务磋商

2016年10月17～18日，中英国际法和海洋法事务磋商在北京举行。双方就共同关心的国际法和海洋法问题坦诚、深入交换意见，达成广泛共识，促进了双方在相关领域的交流与合作。

（八）中国在国际环境法领域的工作

1. 气候变化马拉喀什会议

2016年11月7～18日，《联合国气候变化框架公约》（下称“公约”）第22次缔约方会议、《京都议定书》第12次缔约方会议和《巴黎协定》首次缔约方会议在摩洛哥马拉喀什举行，其间还举行了《巴黎协定》特设工作组第一阶段会议第二次续会以及公约附属履行机构和附属科技咨询机构第45次会议。上述会议统称联合国气候变化马拉喀什会议。来自公约195个缔约方和观察员国、900多个政府间国际组织和非政府组织及500多家媒体共约2.2万多人参会。摩洛哥国王穆罕默德六世、法国总统奥朗德等国家领导人、联合国秘书长潘基文及各国部长级代表出席了会议高级别活动。

马拉喀什会议是《巴黎协定》达成和生效后召开的首次联合国气候变化会议。会议以"实施"和"行动"为主题，达成一系列成果。一是召开《巴黎协定》首次缔约方会议，并对《巴黎协定》实施细则后续谈判作出规划和安排，制订谈判时间表和路线图，列出后续谈判涉及的各议题下需要进一步讨论的问题。二是维护合作应对气候变化政治态势，通过《马拉喀什气候和可持续发展行动宣言》，欢迎《巴黎协定》的生效，重申《巴黎协定》在公约下达成，体现公平、"共同但有区别的责任"和各自能力原则，考虑到不同国情。三是推动落实现有承诺和加强各国行动，召开加强2020年前行动力度和支持的"促进性对话"，举办"全球气候行动"系列活动，动员地方政府、企业、非政府组织等社会各界参与应对气候变化。马拉喀什会议是应对气候变化国际合作进程的新起点，标志着全球气候治理进入准备实施《巴黎协定》的新阶段。

中国派出由国家发展和改革委员会、外交部、财政部、科技部、环境保护部、国家林业局、中国气象局等单位及香港特区和澳门特区有关部门组成的代表团出席会议。中国气候变化事务特别代表解振华任代表团团长，外交部副部长刘振民任代表团第一副团长。中国代表团全面建设性地参与各个议题磋商，主动引导谈判进程，与东道国摩洛哥保持密切沟通，全力维护发展中国家团结，并与美欧等发达国家开展对话，为确保会议成功作出重要贡献。

2. 防治荒漠化

2016年10月18～20日，《联合国防治荒漠化公约》（下称《公约》）履约审查委员会第15次会议在肯尼亚内罗毕举行。会议讨论了《公约》未来战略框架及其相应的监测和报告框架，提出关于国家土地退化零增长自愿目标制定工作的报告，并讨论执行《公约》的最佳做法、增加《公约》的融资渠道等议题。会议宣布，内蒙古鄂尔多斯市将承办2017年《联合国防治荒漠化公约》第13次缔约方大会。国家林业局、外交部及内蒙古自治区等部门组成中国代表团与会，积极参加会议讨论，并介绍中国履约成就。

3. 生物多样性和生物安全

2016年5月2～6日，《生物多样性公约》执行问题附属机构第一次会议在加拿大蒙特利尔召开。会议讨论了执行问题附属机构的工作方法、能力建设、技术和科学合作以及技术转让、资源调动、财务机制等议题，并讨论形成多个建议草案，提交《生物多样性公约》第13届缔约方大会审议。由环境保护部、外交部、国家林业局等部门组成的中国代表团出席会议。

2016年12月4～17日，《生物多样性公约》第13次缔约方大会、《卡塔赫纳生物安全议定书》第八次缔约方会议以及《获取遗传资源和公正公平分享其利用所产生惠益的名古屋议定书》第二次缔约方会议在墨西哥坎昆召开。会议讨论了生物多样性主流化、合成生物学、改性活生物体的风险评估与管理等议题，通过《将保护和可持续利用生物多样性纳入主流化以增进福祉的坎昆宣言》及72项决定。大会决定并宣布2020年《生物多样性公约》第15次缔约方大会由中国主办，这是中国首次获得《生物多样性公约》缔约方大会的主办权。

由环境保护部、外交部、国家林业局、国家质量监督检验检疫总局、国家中医药管理局及香港特别行政区政府代表组成的中国代表团出席会议，代表团团长由环境保护部副部长黄润秋担任。中国代表团参加了全会、高级别会议及有关工作组会议，就重要议题阐述中方立场，并举办题为"绿色发展与生命——中国的生物多样性与人民福祉"的展览，介绍中国生物多样性基本情况。

4.《濒危野生动植物种国际贸易公约》

2016年9月24日至10月5日，《濒危野生动植物种国际贸易公约》(下称《公约》)第17届缔约方会议在南非约翰内斯堡举行，会议讨论了野生动植物非法贸易、遵约与执法、大宗贸易回顾、议事规则等综合性议题以及非洲象、穿山甲、石首鱼、鳗鲡和红木等物种议题，并讨论对《公约》附录的修订，决定将鲨鱼、穿山甲等近400个物种列入《公约》附录或提高附录等级。

由国家林业局、外交部、农业部、海关总署、国家工商行政管理总局、中国科学院及香港特别行政区政府、澳门特别行政区政府代表组成的中国代表团出席会议，代表团团长由国家林业局副局长刘东生担任。中国代表团参加全会、工作组会议及《公约》与联合国可持续发展目标部长级会议、全球野生动植物执法网络第二次会议，发言阐述中国保护野生动植物、建设生态文明的立场和实践。会议期间，代表团还举办"中国履约执法和保护成果展览”，展示自《公约》第16届缔约方会议以来中国履行《公约》和野生动植物保护工作所取得的成就，包括贸易管理、执法监测、公众参与和国际合作等内容。

5.《关于消耗臭氧层物质的蒙特利尔议定书》基加利修正案

根据《关于消耗臭氧层物质的蒙特利尔议定书》（简称“议定书”）第27次缔约方会议通过的关于氢氟碳化物（简称“HFCs”）的迪拜路径，2016年在议定书框架下相继举行了第37次、第38次不限名额工作组会议、第3次缔约方特别会议等一系列会议，以便通过HFCs联络小组开展工作，达成一项有关HFCs的修正案。2016年10月8～14日，议定书第28次缔约方会议在卢旺达基加利举行，经过艰难谈判，会议延期至10月15日闭幕，就削减HFCs问题达成具有里程碑意义的协议，即议定书基加利修正案。

《基加利修正案》充分考虑了发展中国家和发达国家的具体国情，在削减HFCs的基线水平、冻结年、削减时间表等具体限控措施方面对发展中国家缔约方和发达国家缔约方作出了不同安排，规定了发达国家缔约方将为发展中国家缔约方限控HFCs提供充足、额外的资金援助和技术援助，体现了公平和“共同但有区别的责任”原则，得到与会各国的一致支持。修正案的通过标志着国际社会朝着落实《巴黎协定》确定的应对气候变化目标迈出历史性的重要一步。

由环境保护部和外交部组成的中国代表团积极参加了全会和各工作组的磋商谈判。中国代表团团长、环境保护部副部长翟青在会议上介绍了中国政府高度重视保护臭氧层和应对气候变化的立场、开展工作和取得成绩，呼应支持其他发展中国家的合理关切和主张，呼吁发达国家充分考虑发展中国家的特殊情况及其在替代品、安全标准等问题上的关切，敦促各方展示必要灵活性以便如期达成削减HFCs修正案。会议期间，中国代表团还积极与其他各缔约方开展沟通交流，为推动会议如期达成修正案发挥了积极作用。

6. 国际民航减排

2016年9月27日至10月6日，国际民航组织（简称“ICAO”）第39届大会在加拿大蒙特利尔举行。会议就气候变化议题举行磋商，通过了《ICAO有关环境保护的持续政策和实践的综合声明——气候变化》以及《ICAO有关环境保护的持续政策和实践的综合声明——全球市场措施机制》（简称

“GMBM”）。作为本届会议的焦点，全球市场措施机制历经三年艰苦谈判，最终达成妥协方案。该机制实施期为2021—2035年，通过航空公司从碳市场购买配额以抵消排放量增长的方式促进国际民航业减排，是首个全球性行业减排机制，具有历史意义。

出席本次会议的中国代表团由民用航空局、外交部、国家发展和改革委员会等单位组成。中国代表团在谈判中发挥建设性作用，广做各方工作，既注重维护发展中国家团结，又积极促成机制的达成，为推动构建包容、公平、合理、可行的全球民航减排框架作出了重要贡献。

7. 联合国环境署关于汞的国际法律文书的谈判

2016年3月10～15日，关于拟定一项汞问题国际法律文书的政府间谈判委员会第七次会议在约旦死海市举行。来自145个国家以及一些国际组织与非政府组织的近600名代表与会。本次会议旨在为《关于汞的水俣公约》的生效和首次缔约方大会的召开作准备。会议主要讨论了缔约方大会议事规则、秘书处的设置和所在地、资金和技术援助问题、缔约方大会与全球环境基金的合作备忘录、汞的进出口程序、最佳可得技术/最佳环境实践（简称“BAT/BEP”）导则、缔约方报告等问题。

由环境保护部、外交部、国家发展和改革委员会、国土资源部、工业和信息化部、清华大学和北京大学等组成的中国代表团出席了本次会议。中国代表团在会上介绍中国政府高度重视环境保护和汞污染防治的立场以及在生态文明、环境保护、汞污染防治、推动国内批约等方面采取的积极行动，强烈呼吁发达国家根据公约有关规定向发展中国家提供资金和技术援助，以帮助发展中国家充分履行公约义务。会议期间，中国代表团还积极与其他各方协商交流，为会议取得进展发挥了积极作用，得到了大会主席、公约临时秘书处协调员和其他许多国家的肯定与赞赏。

（九）中国在网络领域的条法外交工作

1. 亚非法律协商组织网络空间国际法工作组首次会议

2016年5月19日，亚非法律协商组织（简称“亚非法协”）网络空间国际法工作组举行首次会议。会议选举伊朗外交部国际法司司长侯赛因·帕纳希·阿扎尔为工作组主席，肯尼亚首席国务顾问婕丽·姆万基·瓦吉拉为副主席，中国代表团成员、武汉大学教授黄志雄当选工作组报告员。

39个亚非法协成员国出席会议，中国、科威特、伊朗、印度、日本、韩国、马来西亚、朝鲜等国代表在会上发言，一致认同亚非法协研讨网络空间国际法问题的重要意义，并各自阐述了对工作组工作及重点议题的看法。会上，中国代表团重点就网络主权、和平利用网络空间、打击网络犯罪国际合作、相关国际法律文书的适用等网络空间国际法问题阐述了基本立场和主张，呼吁工作组结合亚非国家打击网络犯罪的迫切需要，在参考现有国际和地区规则、并充分考虑各成员国国内法的基础上，探讨制定加强成员国打击网络犯罪合作的示范条款。

2. 资助亚非法律协商组织在联合国举办打击网络犯罪国际合作边会

2016年5月23日，亚非法律协商组织（简称“亚非法协”）在第25届联合国预防犯罪和刑事司法委员会会议期间举办“打击网络犯罪国际合作的亚非视角”边会。亚非法协秘书长拉马特·穆罕默德主持会议，亚非法协网络空间国际法工作组主席、伊朗外交部国际法律司司长侯赛因·帕纳希·阿扎尔，工作组报告员、武汉大学教授黄志雄和联合国毒品和犯罪问题办公室（下称“毒罪办”）专家作主旨发言。美国、俄罗斯、加拿大、日本、韩国、肯尼亚、古巴和毒罪办等近50人出席。边会着重从亚非发展中国家角度探讨加强打击网络犯罪国际合作，会议主讲人呼吁推动联合国网络犯罪专家组进程，支持在联合国主导下制定全球性打击网络犯罪国际文书。

此次边会系中国资助举办，是继2015年由中国举办亚非法协北京年会、设立“中国—亚非法协国际法交流与研究项目”之后，中国对亚非法协的

又一具体支持。边会对促进亚非发展中国家在网络犯罪问题上凝聚共识发挥了积极作用。

3. 参加联合国框架下打击网络犯罪领域相关工作

2016年2月，在中国政府资助下，联合国毒品和犯罪问题办公室（简称“毒罪办”）完成了对《网络犯罪问题综合研究报告（草案）》（下称《报告（草案）》）的所有联合国官方语言的翻译工作，并要求联合国预防犯罪与刑事司法委员会（简称“联合国犯罪委”）的成员国就《报告（草案）》提交评论意见，于8月31日前提交毒罪办。

2016年8月，中国政府就《报告（草案）》提交评论意见，对《报告（草案）》总体予以肯定，强调各国提交的新评论或补充材料可作为《报告（草案）》的补充，但不应因此重新修订《报告（草案）》。中国政府强调，应尽快召开专家组会议对报告进行审议，并适时向联合国犯罪委提出相关工作建议，为专家组尽快完成授权并加强在新形势下应对网络犯罪的国际合作奠定基础。

2016年10月，中国政府向联合国预防犯罪和刑事司法基金捐款10万美元，指定捐款用于资助该专家组召开第三次会议及其他推动该专家组尽快完成授权的相关工作。

2016年12月，中国政府代表以专家组副主席的身份出席专家组扩大主席团会议。会议初步商定于2017年4月召开专家组第三次会议。

4.《塔林手册2.0》国际咨询会议

2016年2月，北约网络防御合作卓越中心（简称“北约中心”）和荷兰外交部在海牙举行网络空间国际法《塔林手册2.0》第二次国际咨询会议，中国、美国、俄罗斯、英国、法国、德国、印度、南非、日本、韩国、澳大利亚等近50个国家的100余名政府法律顾问和专家与会。会上，各方就现行国际法规则，特别是国家主权原则、审慎义务、国家责任法、不干涉原则、和平解决国际争端等如何适用于网络空间进行深入讨论。

《塔林手册》全称为《关于可适用于网络战的国际法的塔林手册》，系北约中心组织美国、英国、荷兰等北约国家的20名专家于2013年编撰出版。此后，该中心继续编撰包括和平时期国际法适用在内的《塔林手册2.0》，并计划于2017年初发布。2015年4月和2016年2月，中国应邀出席在海牙举办的有关该手册2.0版的两次国际咨询会议。

（十）中国在国际人道法领域的工作

1.“加强国际人道法的执行”政府间进程第一次正式会议

2016年11月28～29日，“加强国际人道法的执行”政府间进程第一次正式会议在日内瓦召开，包括美国、俄罗斯、英国、法国等各大国在内的90多个国家及红十字国际委员会代表参会。该政府间进程旨在落实第32届红十字和红新月国际大会有关决议，加强国际人道法现有执行机制，并讨论设立新机制问题。本次会议原则确定了政府间进程的会议组织形式、成果文件形式及2017年工作计划。各方主要分歧在于是否设立新的国际人道法执行机制。中国代表团在会上强调，政府间进程应立足于完善现有机制，重在补充其不足。是否及如何建立新机制，应坚持以各国充分协商并达成共识为基础。即使决定建立新机制，应采取以交流各方履约情况为主的缔约国会议等形式，而非履约委员会式的强制性审议机制。政府间进程的推进应严格按照决议授权，充分保证落实国家主导原则。中国代表团还就会议组织形式等问题提出了具体建议。

（十一）其他条约法律工作

1. 国际刑事法院

国际刑事法院根据2002年生效的《国际刑事法院罗马规约》（简称《罗马规约》）设立，旨在对犯有灭绝种族罪、战争罪、危害人类罪和侵略罪的个人追究刑事责任。2010年规约审查会议通过了有关侵略罪和战争罪条款的修正案。目前，侵略罪修正案有32个缔约国批准，已超过生效要求的批准国家数量，如2017年《罗马规约》缔约国大会上缔约国三分之二多数作出决定，法院将可依据修正案对侵略罪行使管辖权。战争罪修正案已有32个缔约国批准，仅对接受修正案的国家生效。

截至2016年年底，《罗马规约》共有124个缔约国。2016年10月，南

非、布隆迪、冈比亚相继宣布退出《罗马规约》，退约自联合国秘书长收到退出通知之日起1年后生效。2016年11月，俄罗斯宣布撤销对《罗马规约》的签署。法院目前对10项情势开展调查或审理程序，涉及乌干达、刚果（金）、中非、肯尼亚、利比亚、科特迪瓦、马里、苏丹、格鲁吉亚9个国家共23个案件，对13人发出逮捕或引渡的请求。检察官办公室另对10个国家的情势开展初步审查。

2016年11月16～24日，《罗马规约》第15届缔约国大会在荷兰海牙召开，中国代表团以观察员身份与会并发言，指出应重视有关国家的合理关切，反思法院深陷争议的原因，要求法院根据规约审慎行使职权，尊重包括豁免权在内的习惯国际法规则，妥善处理和平与正义等重要目标的关系，强调侵略罪修正案不应对安理会维护国际和平与安全的职能产生影响，应对有关重大分歧进行充分讨论，寻求共识。针对大会有关磋商机制排除观察员国参加的不当惯例，中国代表团表示关切，在全会上发言指出该做法有违议事规则和透明原则，要求主席团和大会尽快予以更正，得到多国响应和支持，主席团表示将认真讨论该问题。

2. 国际法院

国际法院于1946年2月成立，设在荷兰海牙。国际法院是联合国的主要司法机构，职能包括就国家间争端行使诉讼管辖权，就有关机构提交的法律问题发表咨询意见。

截至2016年12月31日，提交到国际法院的案件有163件，其中137件是国家之间的诉讼案件，26件是联合国机关或专门机构要求发表咨询意见的案件。在诉讼案件中，半数以上涉及领土和边界纠纷，不少涉及海事争端和有关国际法的问题，还有一些涉及国家管辖权问题、外交和领事关系法以及非法使用武力等问题。此外，法院还曾处理过十几起国家为保护私人或商业利益而提起的诉讼案件。法院处理的咨询案件主要涉及与国际组织行使职能有关的法律问题。近年来，国际法院在解决国际争端方面的作用明显增强，审理的案件数量呈上升趋势，其判决和咨询意见越来越受到各国重视。

中国是《国际法院规约》缔约国，一直积极参加法院工作。新中国成立后，先后有倪征日奥、史久镛、薛捍勤当选国际法院法官。

3. 亚非法律协商组织

2016年5月16～20日，亚非法律协商组织（简称“亚非法协”）第55届年会在印度新德里举行，外交部副部长刘振民率外交部、商务部、驻印度使馆组成的中国代表团出席本届年会。刘振民副部长在年会开幕式上发表致辞，呼吁亚非国家加强团结协调，警惕任何针对亚非国家的滥用国际司法程序的行为，并推动年会就亚非法协成立60周年发表政治宣言，受到各方高度赞赏。为防止少数国家利用仲裁案作文章，中方代表团巧妙利用会议有关海洋法议题讨论等环节顺其自然地就仲裁案做相关国家工作，团结立场。会间还举办了“中国—亚非法协国际法交流与研究项目”招待会，有力提升项目的知名度和吸引力，为进一步利用项目做亚非法协成员国和秘书处工作打下扎实基础。此外，中方代表团还积极参与会议有关网络空间国际法、海洋法、世界贸易组织、反暴力极端主义等各议题讨论，宣介中国政府立场观点及国际法治观，取得良好效果。

2016年8月29日至9月16日，“中国—亚非法协国际法交流与研究项目”（以下简称“项目”）第二期国际法培训班在中国政法大学举行。来自34个亚非国家、中国香港和澳门特区以及亚非法协秘书处负责国际法律事务的37名司、处级官员参加培训，18位国内外知名国际法专家和学者应邀为培训班授课，培训开幕式上还正式启动了项目官方网站。

第七章

中国外交中的边界与海洋工作

（一）概述

中国与14个陆地邻国接壤，陆地界线总长2.2万多公里，是世界上陆地界线最长、邻国最多、边界情况最为复杂的国家之一。中国海域辽阔，拥有1.8万多公里的大陆海岸线和6500多个岛屿，与8个国家海岸相邻或相向。目前，中国已与12个陆上邻国彻底解决历史遗留的边界问题，划定并勘定国界线约2万公里，与越南划定北部湾海域界线。

边界与海洋工作关乎国家主权、安全和发展利益，是中国外交的重要组成部分。中国政府高度重视边界与海洋问题，从维护双边友好关系和地区和平与稳定出发，主张根据国际法基本原则，在平等的基础上通过友好协商，公平合理地解决与周边国家的领土主权与海洋权益争端。

2016年，中国政府坚持睦邻友好、互利合作的周边外交政策，积极开展陆地边界和周边海洋外交工作。保持中印边界谈判势头，维护边境地区和平与安宁。扎实推进同有关国家边界联检工作，维护陆地国界线清晰稳定。加强和完善边界管理，大力推进跨境经济合作和边境基础设施互联互通建设，服务沿边地区经济发展和对外开放。综合施策应对南海仲裁案，坚决捍卫国家领土主权和海洋权益，妥善处理同有关国家的领土主权与海洋权益争端，同有关国家加强对话，努力推动海上共同开发与合作，维护与有关国家友好合作关系和周边和平稳定。

（二）陆地边界工作

1. 中印边界问题

2016年4月，中印边界问题特别代表第19次会晤在北京举行。中方特别代表、国务委员杨洁篪和印方特别代表、国家安全顾问多瓦尔就边界问题深入交换意见，并就双边关系和共同关心的重大国际地区问题进行了战略沟通。8月，中印边境事务磋商和协调工作机制第九次会议在新德里举行。双方积极评价过去一年中印边境地区形势，就涉及两国边境地区和平稳定的有关事宜深入交换了意见。

2. 中俄国界第一次联合检查

2016年11月，外交部长王毅同俄罗斯副外长莫尔古洛夫在圣彼得堡正式签署中俄国界第一次联检成果议定书及其附图，两国政府并就此发表联合声明，标志着历时五年的国界联检工作圆满完成。此次联检是中俄国界勘定以来首次联检，对于保持中俄国界的清晰稳定、维护边境地区的和平安宁以及推动两国边境地区的交往合作具有重要意义，也反映了中俄两国全面战略协作伙伴关系的高水平发展，符合两国和两国人民的根本利益。

3. 中哈国界第一次联合检查筹备工作

2016年，中国和哈萨克斯坦就两国国界第一次联合检查举行三轮筹备磋商。双方就联检规划、联检文件、联合航空摄影等问题达成重要共识，顺利完成联检筹备工作。双方商定，2017年正式启动中哈国界联检工作。

（三）边界管理与合作开发

1. 中俄合理利用和保护跨界水联合委员会会议

2016年8月，中国和俄罗斯合理利用和保护跨界水联合委员会（下称“联委会”）第九次会议在圣彼得堡举行。中方代表团团长为联委会中方主席、外交部副部长刘振民，俄方代表团团长为联委会俄方主席、俄联邦水资源署代署长尼卡诺罗夫。双方高度评价联委会一年来工作成果，对下步工作作出部署，就跨界水领域相关问题深入交换意见并达成诸多共识。

2. 中朝边界联合委员会会议

2016年10月，中国和朝鲜边界联合委员会第三次会议在平壤举行。中方代表团团长为联委会中方首席代表、外交部副部长刘振民，朝方代表团团长为联委会朝方首席代表、外务省副相朴明国。双方回顾和总结联委会第二次会议以来《中朝边界管理制度协定》执行情况，就边境地区执法与管控、跨境基础设施建设、边境地区合作和口岸开放等涉边事务深入交换意见并达成系列共识。

3. 中哈利用和保护跨界河流联合委员会会议

2016年11月，中国和哈萨克斯坦利用和保护跨界河流联合委员会第14次会议在阿拉木图举行。中方代表团团长为水利部副部长周学文，哈方代表团团长为农业部副部长内桑巴耶夫。双方就两国跨界河流领域有关问题深入交换了意见。

4. 中俄边界联合委员会会议

2016年7月和12月，中国和俄罗斯边界联合委员会第18、19次会议分别在北京和莫斯科举行。中方代表团团长为联委会中方首席代表、外交部边界与海洋事务司司长欧阳玉靖，俄方代表团团长为联委会俄方首席代表、外交部无任所大使陶米恒。双方全面回顾和总结了《中俄国界管理制度协定》的执行情况，并就两国边界管控与边境地区执法合作、跨界水及界河工程、边境口岸与跨境桥梁建设、边境地区经济合作、中俄国界第一次联合检查等问题广泛、深入交换意见并达成系列共识。

5. 中老边界联合委员会会议

2016年10月，中国和老挝边界联合委员会第14次会议在深圳举行。中方代表团团长为外交部边界与海洋事务司副司长何炜，老方代表团团长为外交部国家边界委员会办公室主任平沙万・乔巴瑟。双方就边境地区形势、边境地区执法合作、边境口岸管理与合作等问题深入交换意见并达成广泛共识。

6. 中塔边界联合委员会会议

2016年12月，中国和塔吉克斯坦边界联合委员会第一次会议在杜尚别举行。中方代表团团长为联委会中方首席代表、外交部边界与海洋事务代表周健，塔方代表团团长为联委会塔方首席代表、俄外交部副部长哈克多德。双方全面回顾和总结《中塔国界管理制度协定》的执行情况，并就两国边界管控与边境地区执法合作、界标维护与修复、海关合作及边界代表工作等问题广泛、深入交换意见并达成一系列共识。

7. 中哈吉俄塔边境裁军联合监督小组会议

2016年5月和11月，中国同哈萨克斯坦、吉尔吉斯斯坦、俄罗斯、塔吉克斯坦边境裁军联合监督小组第34次和第35次会议分别在莫斯科和三亚举行。中方代表团团长为外交部边界与海洋事务司参赞王文丽，联方代表团团长为俄罗斯外交部无任所大使陶米恒。中方同四国组成的联方高度评价联监组为促进五国军事领域信任、交流与合作以及维护边境地区安全稳定所发挥的积极作用，充分肯定有关协定的执行情况，并制定了联监组2017年工作计划。

8. 中越陆地边界联合委员会

2016年1月17～21日，中越陆地边界联合委员会第六次会议在越南胡志明市举行。中方代表团团长为联委会中方首席代表、外交部边界与海洋事务司参赞王文丽，越方代表团团长为联委会越方首席代表、越南外交部国家边界委副主任阮英勇。双方回顾联委会第五次会议以来两国陆界管理与合作总体情况，并就边境管控与执法合作、打击边境地区非设关地走私、口岸开放与管理、边境互联互通等问题深入交换意见，达成广泛共识。

（四）中国与周边国家涉海问题

1. 中日海洋事务高级别磋商

2016年9月14～15日，第五轮中日海洋事务高级别磋商在日本广岛举行，双方就深化两国海上执法部门间信息交换和人员交流，以及加强海上低敏感领域合作等达成共识。12月7～9日，双方在中国海口举行第六轮磋商，就2017年3月底前召开中日海洋垃圾合作专家对话平台首次会议、促进相关领域专家互访及技术交流等达成共识。

2. 中韩海域划界谈判

2016年4月22日，中韩海域划界谈判工作组首轮会谈在北京举行。12月20～21日，谈判工作组第二轮会谈在釜山举行。双方就海域划界相关问题深入交换意见。双方商定于2017年举行政府谈判代表团第二轮会谈。

3. 中国就南海仲裁案所谓最终裁决发表有关文件

2016年7月12日，应菲律宾时任政府单方面请求建立的南海仲裁案仲裁庭作出所谓最终裁决。当日，外交部发布《中华人民共和国外交部关于应菲律宾共和国请求建立的南海仲裁案仲裁庭所作裁决的声明》，同时受权发布《中华人民共和国政府关于在南海的领土主权和海洋权益的声明》。次日，国务院新闻办公室发布《中国坚持通过谈判解决中国与菲律宾在南海的有关争议》白皮书。

4. 中越海上合作

2016年，中越两党两国高层就海上问题保持密切沟通并达成一系列重要共识，推动有关海上磋商谈判机制不断迈出新步伐，海上合作取得积极成果。12月12日，外交部副部长刘振民与越南副外长黎怀忠在北京举行政府级边界谈判代表团全体会议，对下阶段两国海上问题磋商与海上合作作出部署。中越两党两国高层多次就积极推进南海大范围共同开发达成重要共识，双方工作组保持有效沟通，特别是就有关指导原则进一步交换意见，继续朝着实现共同开发目标向前迈进。北部湾湾口外海域工作成果显著。双方共同考察海上实地作业顺利结束，有关后续分析研究工作正在稳步实施。海上低敏感领域合作取得新进展。双方正在有序实施《中越长江三角洲与红河三角洲全新世沉积演化对比合作研究》和《中越北部湾海洋与岛屿环境综合管理合作研究》项目。

5. 落实《南海各方行为宣言》

2016年，中国和东盟国家继续在全面有效落实《南海各方行为宣言》(下称《宣言》)框架下，积极推进“南海行为准则”(下称“准则”)磋商。各方共举办三场高官会和三场联合工作组会，重点就落实《宣言》后续行动，开展海上务实合作和“准则”进行磋商，取得一系列重要成果。2016年7月，在老挝万象举行的中国—东盟外长会期间，外交部长王毅提出愿在不受干扰的情况下，于2017年上半年完成“准则”框架磋商，愿与东盟国家共同推动“准则”磋商进入快车道等在内的“四点愿景”。同时，中国和东盟国家外长正式对外发表“关于全面有效落实《宣言》联合声明”，标志着各方重回谈判协商解决争议的正轨。各方还就“中国与东盟国家应对海上紧急事态外交热线平台指导方针”和“中国与东盟国家关于在南海适用《海上意外相遇规则》联合声明”达成一致，并提交2016年9月举办的中国—东盟建立对话关系25周年纪念峰会审议后正式对外发表。

6. 第26届印尼“管理南海潜在冲突研讨会”

2016年11月15～17日，第26届“管理南海潜在冲突研讨会”在印度尼西亚万隆举行。来自中国、东盟十国和中国台北的70余名代表以个人身份参加。会议高度评价研讨会26年来在增进互信、促进合作及预防和管理南海潜在冲突等方面发挥的积极作用，听取研讨会框架下合作项目有关进展情况及问题的报告。中方与会人员就中国有关单位牵头实施的“海洋数据库”项目及与中国台北联合承办的“东南亚教育与培训网络”作报告。

第八章

中国外交中的新闻和公共外交工作

（一）概述

2016年，外交部围绕中国共产党成立95周年、党的十八届六中全会、全国“两会”等国内重要政治活动，以及国家领导人出访和出席国际会议、中国成功举办二十国集团领导人第11次峰会、澜沧江—湄公河合作首次领导人会议、博鳌亚洲论坛2016年年会、2016年夏季达沃斯论坛、第18次中国欧盟领导人会晤等重大外交行动，积极开展涉外新闻和公共外交工作，向国际社会全面宣介党中央治国理政新实践、新成就以及以合作共赢为核心构建新型国际关系、打造人类命运共同体的中国特色大国外交理念，不断扩大中国在国际社会的“朋友圈”。通过例行记者会、专题吹风会、外交部网站群、“外交小灵通”为核心的“外交微群”“外交服务站”广播、凤凰卫视“外交一点通”栏目等，及时发布权威消息，回应外界关切。通过“蓝厅论坛”“公众开放日”、省区市全球推介等品牌公共外交活动，围绕重大外交行动、“一带一路”等主题，与国内外各界加强互动，增进了解与共识。

加强与外国驻华记者和国宾团随访记者沟通交流，向其介绍中国外交政策和主张，并为其全面、客观报道中国提供便利。

（二）阐述外交政策

1. 介绍国家领导人出访和出席国际会议情况

2016年，中国领导人以“主场外交”、出访和出席国际会议为契机，通过接受采访、发表署名文章、共见记者等方式开展丰富多彩、亮点纷呈的公共外交活动。外交部等有关部委多次向中外媒体吹风，介绍相关情况，宣介中国政策主张。

1月19～23日，国家主席习近平对沙特、埃及、伊朗进行国事访问。1月18日，外交部举行中外媒体吹风会，外交部副部长张明介绍此访意义及主要活动相关情况，并回答记者提问。1月24日，外交部长王毅向随行记者介绍访问成果，认为此访为中国与三国双边关系发展注入新动力，为中东和平稳定发展带来正能量，拉开了2016年中国外交的精彩序幕。

3月28日至4月1日，国家主席习近平对捷克进行国事访问并赴美国出席第四届核安全峰会。3月24日，外交部举行中外媒体吹风会，外交部副部长李保东、部长助理刘海星分别介绍此访意义、主要活动及预期成果等情况，并回答记者提问。与会期间，中方设立中国代表团新闻中心，外交部副部长郑泽光、海关总署监管司副司长李伟、国家原子能机构主任许达哲、国家核安保技术中心主任邓戈、中国军控协会秘书长陈凯、专家诸旭辉举行吹风会并接受采访。4月3日，外交部长王毅向随行记者介绍访问成果，认为访问和出席会议进一步完善了中国外交布局，提升了中国国际地位。

6月17～22日，国家主席习近平对塞尔维亚、波兰、乌兹别克斯坦进行国事访问并出席在塔什干举行的上海合作组织成员国元首理事会第16次会议。6月15日，外交部举行中外媒体吹风会，外交部部长助理李惠来、刘海星分别介绍此访背景、意义、主要活动及预期成果等情况，并回答记者提问。6月24日，外交部长王毅向随行记者介绍访问成果，认为此访以“一带一路”建设为主线，进一步完善了总体外交布局，拓展了发展战略空间。

9月4～5日，国家主席习近平主持二十国集团领导人第11次峰会并出席有关活动。8月15日，外交部举行中外媒体吹风会。外交部副部长李保

东，财政部副部长朱光耀，人民银行副行长易纲，浙江省委常委、杭州市委书记赵一德分别介绍峰会意义、主要活动及预期成果等情况，并回答记者提问。9月6日，国务委员杨洁篪在杭州接受媒体采访，介绍峰会成果。9月15日，外交部副部长、中国二十国集团事务协调人李保东在《学习时报》发表《杭州峰会：国际共识中国时刻》的署名文章，介绍峰会主要成果。9月22日，外交部长王毅在《人民日报》发表《二十国集团领导人杭州峰会——中国理念和中国方案的世界意义》的署名文章，介绍峰会的主要成果和意义。

10月13～17日，国家主席习近平对柬埔寨、孟加拉国进行国事访问并出席在印度果阿举行的金砖国家领导人第八次会晤。10月10日，外交部举行中外媒体吹风会，外交部副部长李保东、部长助理孔铉佑分别介绍此访意义、主要活动及预期成果等情况，并回答记者提问。10月17日，外交部长王毅向随行记者介绍访问成果，认为此访成功践行了亲诚惠容周边外交理念，提升了中国参与全球治理的能力。

11月17～23日，国家主席习近平对厄瓜多尔、秘鲁、智利进行国事访问并出席在秘鲁利马举行的亚太经合组织（简称“APEC”）第24次领导人非正式会议。11月10日，外交部举行中外媒体吹风会，外交部副部长李保东、王超，商务部国际贸易谈判副代表张向晨分别介绍此访意义、主要活动及预期成果等情况，并回答记者提问。与会期间，中方设立中国代表团新闻中心，商务部副部长王受文，中国APEC高官、外交部国际经济司副司长谈践，中国国际商会合作发展部副部长孙晓，中国建设银行董事长、APEC中国工商理事会常务副主席王洪章，中化集团董事长、APEC工商咨询理事会可持续发展工作组联席主席宁高宁举行吹风会并接受采访。11月24日，外交部长王毅向随行记者介绍访问成果，认为此访用合作桥梁联结起互利共赢的中国梦、拉美梦、亚太梦。

3月23日，国务院总理李克强在三亚主持澜沧江—湄公河合作首次领导人会议。3月17日，外交部举行中外媒体吹风会，外交部副部长刘振民介绍有关情况，并回答中外记者提问。

7月13～14日，国务院总理李克强对蒙古国进行正式访问并出席第11届亚欧首脑会议。7月11日，外交部举行中外媒体吹风会，外交部部长助理孔铉佑介绍有关情况，并回答中外记者提问。

9月6～9日，国务院总理李克强出席在老挝万象举行的第19次中国—东盟（10+1）领导人会议暨中国—东盟建立对话关系25周年纪念峰会、第19次东盟与中日韩（10+3）领导人会议和第11届东亚峰会，并对老挝进行正式访问。8月31日，外交部举行中外媒体吹风会，外交部副部长刘振民介绍有关情况，并回答中外记者提问。

9月18～28日，国务院总理李克强出席第71届联合国大会系列高级别会议并访问加拿大、古巴。9月14日，外交部举行中外媒体吹风会，外交部副部长李保东、王超介绍有关情况，并回答中外记者提问。

11月2～9日，国务院总理李克强访问吉尔吉斯斯坦并出席上海合作组织成员国政府首脑（总理）理事会第15次会议、访问哈萨克斯坦并举行中哈总理第三次定期会晤、访问拉脱维亚并出席第五次中国—中东欧国家领导人会晤、访问俄罗斯并举行中俄总理第21次定期会晤。10月31日，外交部举行中外媒体吹风会，外交部部长助理李惠来、刘海星介绍有关情况，并回答中外记者提问。

2. 举行例行记者会

2016年，外交部发言人共举行215场记者会，就中外媒体关注的问题发布消息，阐明中国政府立场。全年共主动发布消息270余条。通过例行记者会、吹风会、主动表态、电话答问等方式回答记者提问5500余个。

2016年，外交部接待了来自近25个国家和地区70余批2500余人次旁听记者会，其中包括政府官员、社会团体、高校师生、媒体记者和港澳台同胞等各界人士，增进了国内外公众对中国外交的了解和认识。

（三）外国记者工作

1. 外国常驻记者概况

截至2016年年底，共计263家外国媒体在华派驻新闻机构，来自43个国家的572名记者在华常驻。其中，常驻北京222家机构447名记者；常驻上海77家机构107名记者；常驻广州9家机构9名记者；常驻重庆1家机构1名记者；常驻沈阳5家机构5名记者；常驻大连1家机构1名记者；常驻深圳2家机构2名记者。

2. 国家领导人会见及接受外国媒体采访

2016年，国家领导人在外国主流媒体发表文章20篇，会见中外记者和接受外国媒体采访3次，国家领导人与外国领导人共见记者活动9次。其中包括：

1月18日，国家主席习近平在沙特《利雅得报》发表题为《做共同发展的好伙伴》的署名文章，就进一步推动中沙关系发展阐述看法和主张。

1月19日，国家主席习近平在埃及《金字塔报》发表题为《让中阿友谊如尼罗河水奔涌向前》的署名文章，就深化中埃、中阿关系阐述看法和主张。

1月20日，国家主席习近平为《今日中国》杂志阿拉伯文版发行“纪念中埃建交60周年专刊”致辞。

1月21日，国家主席习近平在伊朗《伊朗报》发表题为《共创中伊关系美好明天》的署名文章，就推动中伊关系迈上新台阶阐述看法和主张。

3月26日，国家主席习近平在捷克《权利报》发表题为《奏响中捷关系的时代强音》的署名文章，就新形势下提高中捷关系发展水平阐述看法和主张。

6月16日，国家主席习近平在塞尔维亚《政治报》和新南斯拉夫通讯社发表题为《永远的朋友，真诚的伙伴》的署名文章，就巩固中塞传统友谊，深化双方政治互信，规划两国务实合作阐述看法和主张。

6月17日，国家主席习近平在波兰《共和国报》发表题为《推动中波友谊航船全速前进》的署名文章，就加强两国各领域合作，推动“16+1”合作以及中欧关系发展阐述看法和主张。

6月21日，国家主席习近平在乌兹别克斯坦《人民言论报》和“扎洪”通讯社网站发表题为《谱写中乌友好新华章》的署名文章，就新形势下巩固和发展中乌关系阐述看法和主张。

6月25日，国家主席习近平在北京同俄罗斯总统普京会谈后共同会见记者，介绍会谈成果。

9月5日，二十国集团领导人第11次峰会后，国家主席习近平会见中外记者，介绍峰会成果。

10月12日，国家主席习近平在柬埔寨《柬埔寨之光》报发表题为《做肝胆相照的好邻居、真朋友》的署名文章，就推动中柬发展战略对接、深化各领域务实合作阐述看法和主张。

10月14日，国家主席习近平在孟加拉国《每日星报》和《曙光报》发表题为《让中孟合作收获金色果实》的署名文章，就提升中孟关系和务实合作水平阐述看法和主张。

11月16日，国家主席习近平在厄瓜多尔《电讯报》发表题为《搭建中厄友好合作的新桥》的署名文章，就推动中厄关系迈上新台阶阐述看法和主张。

11月17日，国家主席习近平在秘鲁《商报》发表题为《共圆百年发展梦，同谱合作新华章》的署名文章，就深化两国全方位合作阐述看法和主张。

11月22日，国家主席习近平在智利《信使报》发表题为《共同开创中国和智利关系更加美好的未来》的署名文章，就推动两国关系迈向新高度阐述看法和主张。

3月23日，国务院总理李克强在三亚主持澜沧江—湄公河合作首次领导人会议后，与会议共同主席国泰国总理巴育，以及柬埔寨、老挝、缅甸、越南等国领导人共同会见记者，介绍会议成果。

6月13日，国务院总理李克强在北京同德国总理默克尔会谈后共同会见记者，介绍会谈成果，并回答记者提问。

7月4日，国务院总理李克强在北京同希腊总理齐普拉斯会谈后共同会见记者，介绍会谈成果，并回答记者提问。

7月13日，国务院总理李克强在蒙古通讯社、国家公共电视台、国家公共广播电台、新闻网发表《做更加亲密的好邻居好伙伴》的署名文章，就发展中蒙关系阐述看法和主张。

7月14日，国务院总理李克强在乌兰巴托与蒙古国总理额尔登巴特举行会谈后共同会见记者，介绍会谈成果。

8月31日，国务院总理李克强在北京同加拿大总理特鲁多会谈后共同会见记者，介绍会谈成果，并回答记者提问。

9月7日，国务院总理李克强在老挝《人民报》和《巴特寮报》发表《巩固中老传统友好，增进两国人民福祉》的署名文章，就发展中老关系阐述看法和主张。

9月21日，国务院总理李克强在加拿大《环球邮报》发表《让中加友好合作结出更多硕果》的署名文章，就发展中加关系阐述看法和主张。

9月22日，国务院总理李克强在渥太华与加拿大总理特鲁多会谈后共同会见记者，介绍会谈成果。

9月24日，国务院总理李克强在古巴《格拉玛报》发表《让中古友谊之树长青》的署名文章，就发展中古关系阐述看法和主张。

11月2日，国务院总理李克强在吉尔吉斯斯坦《言论报》发表《共同开创中吉关系美好未来》的署名文章，就发展中吉关系阐述看法和主张。

11月3日，国务院总理李克强在哈萨克斯坦《真理报》发表《推动中哈友好合作迈上新台阶》的署名文章，就发展中哈关系阐述看法和主张。

11月4日，国务院总理李克强在拉脱维亚《独立报》发表《推动中拉友好合作之舟行稳致远》的署名文章，就发展中拉关系阐述看法和主张。

11月5日，国务院总理李克强在里加与拉脱维亚总理库钦斯基斯、匈牙利总理欧尔班共同会见记者，介绍第五次中国—中东欧国家领导人会晤成果。

11月6日，国务院总理李克强接受俄罗斯塔斯社书面采访，就发展中俄关系阐述看法和主张。

11月7日，国务院总理李克强在圣彼得堡与俄罗斯总理梅德韦杰夫会谈后共同会见记者，介绍中俄总理第21次定期会晤成果。

3. 外国媒体采访外交部领导

2016年，外交部领导与外国政要共同会见记者35次，接受外国媒体专访2次。主要包括：

1月5日，外交部长王毅在北京同来访的英国外交大臣哈蒙德举行会谈后共同会见记者，就密切双方人文交流、共同实施签证便利措施等问题阐明中方政策、立场。

1月15日，外交部长王毅在北京同来访的瑞士外长布尔克哈尔特举行政治磋商后共同会见记者，就中瑞合作、朝鲜半岛等问题阐明中方政策、立场。

1月26日，外交部长王毅在北京同来访的阿富汗外长拉巴尼会谈后共同会见记者，就阿富汗和平进程等问题阐明中方政策、立场。

1月27日，外交部长王毅在北京同来访的美国国务卿克里会谈后共同会见记者，就南海问题等阐明中方政策、立场。

2月1日，外交部长王毅在路易港与毛里求斯外长西纳坦布共同会见记者。

2月2日，外交部长王毅在马普托与莫桑比克外长巴洛伊共同会见记者。

2月12日，外交部长王毅在德国慕尼黑出席叙利亚国际支持小组第四次外长会后接受路透社专访，就叙利亚局势、朝鲜半岛核问题、中美关系等回答了提问。

2月17日，外交部长王毅在北京同来访的澳大利亚外长毕晓普举行第三轮中澳外交与战略对话后共同会见记者，就菲律宾单方面提起南海仲裁案等问题阐明中方政策、立场。

2月23日，外交部长王毅在华盛顿同美国国务卿克里共同会见记者。

2月29日，外交部长王毅在北京同来访的新加坡外长维文会谈后共同会见记者，就中国—东盟关系、中新关系等问题阐明中方政策、立场。

3月11日，外交部长王毅在莫斯科与俄罗斯外长拉夫罗夫共同会见记者。

3月17日，外交部长王毅在北京同来访的冈比亚外长盖伊会谈后共同会见记者，就中冈复交等问题阐明中方政策、立场。

4月5日，外交部长王毅在内比都与缅甸外长昂山素季会谈后共同会见记者。

4月8日，外交部长王毅在北京同来访的德国外长施泰因迈尔举行第二轮中德外交与安全战略对话后共同会见记者，就二十国集团和七国集团的关系等问题阐明中方政策、立场。

4月18日，外交部长王毅在莫斯科出席中俄印外长第14次会晤后同俄罗斯外长拉夫罗夫、印度外长斯瓦拉吉共同会见记者。

4月21日，外交部长王毅在结束访问文莱之际举行记者会。

4月22日，外交部长王毅在金边与柬埔寨外相布拉索昆共同会见记者。

4月23日，外交部长王毅在万象与老挝外长沙伦塞共同会见记者。

4月28日，外交部长王毅在北京举行亚洲相互协作与信任措施会议第五次外长会议记者会。

4月29日，外交部长王毅在北京同来访的俄罗斯外长拉夫罗夫会谈后共同会见记者，就中俄人文交流等问题阐明中方政策、立场。

5月4日，外交部长王毅接受半岛电视台采访。

5月12日，外交部长王毅在多哈出席中阿合作论坛第七届部长级会议后与卡塔尔外交大臣穆罕默德、阿盟秘书长阿拉比共同会见记者。

5月16日，外交部长王毅在北京同来访的法国外长艾罗会谈后共同会见记者，就欧洲议会通过决议不支持给予中国市场经济地位等问题阐明中方政策、立场。

5月19日，外交部长王毅在北京同来访的阿根廷外长马尔科拉会谈后共同会见记者，就当前拉美形势变化是否影响中拉美关系阐明中方政策、立场。

7月7日，外交部长王毅在北京同来访的联合国秘书长潘基文会谈后共同会见记者，就维护以联合国为核心的国际秩序阐明中方政策、立场。

8月3日，外交部长王毅在北京同来访的老挝外长沙伦赛会谈后共同会见记者，就二十国集团领导人第11次峰会等问题阐明中方政策、立场。

8月25日，外交部长王毅在北京同来访的阿尔巴尼亚外长布沙蒂会谈后共同会见记者，就二十国集团领导人第11次峰会等问题阐明中方政策、立场。

10月4日，外交部长王毅在基多与厄瓜多尔外长纪尧姆·隆共同会见记者。

10月18日，外交部长王毅在北京同来访的新西兰外长麦卡利会谈后共同会见记者，就中新关系发展等问题阐明中方政策、立场。

10月31日，外交部长王毅在北京同来访的法国外长艾罗会谈后共同会见记者，就外界对中国投资环境和中国企业对外投资出现的一些不实议论及叙利亚和巴勒斯坦等问题阐明中方政策、立场。

11月12日，外交部长王毅在塔什干与乌兹别克斯坦外长卡米洛夫会谈后共同会见记者。

11月13日，外交部长王毅在安卡拉与土耳其外长查武什奥卢举行中土外长磋商机制首次会议后共同会见记者。

11月28日，外交部长王毅在北京同来访的候任联合国秘书长古特雷斯会谈后共同会见记者，就联合国在维护宪章宗旨和原则上的作用等问题阐明中方政策、立场。

11月30日，外交部长王毅在北京同来访的匈牙利外交与对外经济部部长西雅尔多会谈后共同会见记者，就加强中匈人文交流等问题阐明中方政策、立场。

12月5日，外交部长王毅在北京同来访的伊朗外长比里夫会谈后共同会见记者，就全面落实国家主席习近平访伊成果、推进中伊全面战略伙伴关系、确保伊核全面协议得到执行阐明中方政策、立场。

12月23日，澜沧江—湄公河合作第二次外长会在柬埔寨暹粒举行，外交部长王毅与柬埔寨国务兼外交国际合作部大臣布拉索昆共同会见记者。

12月26日，外交部长王毅在北京同来访的圣多美和普林西比外长博略特会谈后共同会见记者，就两国恢复外交关系的重要意义及中圣关系的发展方向等阐明中方政策、立场。

4. 外国记者赴各地采访情况

2016年，外交部新闻司共组织外国记者赴各地采访10次，主要有：

4月18～21日，赴重庆采访“一带一路”和“长江经济带”发展战略。

5月3～6日，赴甘肃采访甘肃经济社会发展和“一带一路”倡议相关项目。

5月16～22日，赴四川甘孜藏族自治州采访。

5月21～28日，就二十国集团领导人第11次峰会倒计时100天赴浙江杭州采访。

7月8～9日，赴贵州省贵阳市采访生态文明贵阳国际论坛2016年年会。

7月25～30日，赴新疆采访新疆经济社会发展和中国民族宗教政策。

8月21～28日，赴四川省阿坝藏族自治州采访。

9月9～14日，赴西藏拉萨和林芝采访第三届中国西藏文化旅游博览会并考察当地经济社会文化发展。

9月19～23日，赴甘肃采访首届“丝绸之路（敦煌）国际文化博览会”和敦煌、甘南等地。

11月21～26日，赴新疆采访“一带一路”建设发展情况。

（四）对外新闻交往

2016年，外交部新闻司接待来自亚太、中亚和西亚北非的六批外国记者团访华，举行三次新闻磋商。

1. 新闻团互访

3月21～28日，接待阿拉伯国家联合记者团访华。

5月30日至6月3日，中国外交部新闻团访问韩国。

6月13～23日，接待太平洋岛国联合记者团访华。

7月21～28日，接待中亚记者团访华。

10月23～31日，接待《加拿大自由媒体》常驻联合国记者访华。

11月28日至12月4日，接待菲律宾总统府新闻部代表团访华。

12月19～23日，接待韩国外交部新闻团访华。

2. 新闻磋商

3月11日，中韩外交部发言人在北京举行磋商。

4月5日，上海合作组织成员国外交部新闻部门在北京举行磋商。

4月28日，中俄外交部新闻部门在北京举行磋商。

（五）公共外交

1. 公共外交概况

2016年，外交部和中国驻外外交机构开展丰富多彩的公共外交活动，弘扬平等互信、包容互鉴、合作共赢的外交理念，帮助国际社会全面、客观看待中国，争取社会各界对中国外交政策和外交工作的理解和支持。

外交部始终不忘服务国内发展，2016年启动外交部省区市全球推介活动，为中西部五个省区分别举办推介活动，架起中国地方和世界各国直接对接合作的便捷桥梁，得到地方和各国使节一致好评。

2016年，外交部主办或参与举办的公共外交活动主要有：

2月29日，中国南亚新闻交流中心第一期项目开班仪式在外交学院举行。中国公共外交协会副会长胡正跃、外交学院副院长王帆出席仪式并致辞。

3月1日，中非新闻交流中心第三期项目启动。中国公共外交协会副会长吕凤鼎、外交部新闻司司长陆慷出席并致辞。

3月2日，以“开放的中国：从宁夏到世界”为主题的首次省区市全球推介活动在外交部蓝厅举行。外交部长王毅和宁夏回族自治区党委书记李建华、主席刘慧以及来自94个国家和5个国际组织的驻华使节和驻华代表出席。

4月29日，“首届中日韩公共外交论坛暨2016年中日韩合作国际论坛”在北京钓鱼台国宾馆举行。中国公共外交协会会长李肇星主持开幕式，外交部副部长张业遂出席并致辞。全国人大常委会原副委员长许嘉璐、韩国前总理高建、日本自民党总务会长、前日本经济产业大臣二阶俊博发表主旨演讲。

5月27日，以“开放的中国：广西与世界同行”为主题的省区市全球推介活动在外交部蓝厅举行。外交部长王毅发表讲话，广西壮族自治区党委书记彭清华致辞，自治区主席陈武进行推介。110多个国家和国际组织的驻华使节、驻华代表、高级外交官以及中外工商界代表、专家学者和媒体记者等500余人出席。

6月2日，以“中美关系：方向与动力”为主题的第16届“蓝厅论坛”在外交部举行。外交部副部长郑泽光、财政部副部长朱光耀、教育部副部长郝平分别介绍了即将举行的第八轮中美战略与经济对话和第七轮中美人文交流高层磋商有关情况。外国驻华使节、国际组织驻华代表、商界代表、专家学者及中外媒体记者等300余人出席。

6月19日，“2016中美公共外交论坛”在中国人民大学成功举行。论坛旨在落实国家主席习近平关于《为构建中美新型大国关系而不懈努力》的讲话精神和中美战略与经济对话、中美人文交流高层磋商精神。中国公共外交协会副会长马振岗出席论坛开幕式并致辞，前中国驻美国大使、驻联合国代表李道豫，美国驻华使馆临时代办阮大伟，卡内基国际和平基金会副总裁包道格，布鲁金斯学会约翰·桑顿中国中心主任李成等发表主旨演讲。

7月5日，以“开放的中国：迈向世界的陕西”为主题的省区市全球推介活动在外交部蓝厅举行。外交部长王毅致辞，陕西省委书记娄勤俭发表讲话，省长胡和平进行推介。130多个国家的驻华使节、国际组织驻华代表以及工商界代表、中外专家学者和媒体记者等近600人出席。

7月18日，第六届“中欧论坛”暨第三届“中欧政策与实践圆桌会议”在海南省海口市举行。来自中国与欧洲的政商领袖、专家学者、媒体代表约100人出席论坛。

8月3日，以“第五届中国—亚欧博览会——共商、共建、共享丝路：机遇与未来”为主题的第17届蓝厅论坛在外交部举行。外交部长王毅致辞，新疆维吾尔自治区主席雪克来提·扎克尔发表主旨演讲。外国驻华使节、国际组织驻华代表、中外商界代表、专家学者以及媒体记者等逾400人出席。

8月9日，以“合作共赢、共同发展、稳步推进中非全面战略合作伙伴关系建设”为主题的中非公共外交论坛在坦桑尼亚达累斯萨拉姆尼雷尔会议中心举行。中国公共外交协会会长李肇星、国务院新闻办公室前主任赵启正、中国国际广播电台副台长胡邦胜、非盟代表多琳、坦桑尼亚革命党中央书记处书记、新闻文化艺术和体育部长恩瑙耶出席开幕式并发言。来自中国、坦桑尼亚、南非、埃塞俄比亚、尼日利亚、纳米比亚和肯尼亚的政治、经济、媒体、学术和非政府组织等近200位嘉宾应邀出席。

9月28日，以“开放的中国：看四川，看世界”为主题的省区市全球推介活动在外交部蓝厅举行。外交部长王毅致辞，四川省委书记王东明发表讲话，省长尹力进行推介。140多个国家的驻华使节、国际组织驻华代表及工商界代表、中外专家学者和媒体记者等近600人出席。

10月14日，“湄公河光明行复明启动仪式”在老挝国家眼科中心举行。中国驻老挝大使关华兵、老挝卫生部副部长普屯·孟巴、老挝外交部经济

司司长兼澜湄合作高官宋干等出席仪式，并与“湄公河光明行”主办方代表中国公共外交协会驻会副会长龚建忠、中国慈善联合会副秘书长刘佑平为白内障复明术后患者揭纱布。爱尔眼科医院集团、厦门眼科中心、北京乾坤恒大健康扶贫基金会等“湄公河光明行”参与方代表出席并致辞。

11月28日，第四届中韩公共外交论坛在扬州举行。论坛由中国外交部和韩国外交部共同主办，以“加强交流、增进互信”为主题。中国外交部部长助理钱洪山、中国公共外交协会副会长吕凤鼎、韩国外交部公共外交大使赵贤东、韩国国际交流财团理事长李是衡等嘉宾出席并致辞。中韩两国政府、智库、媒体等约200名代表应邀与会。

12月1日，中非新闻交流中心第三期项目结业仪式在北京举行。中国公共外交协会会长李肇星，外交部新闻司、非洲司、亚非司及相关部委、智库、媒体和高校代表，来自埃及、尼日利亚、坦桑尼亚、津巴布韦、喀麦隆、刚果（布）等27个非洲国家的28名记者及其所在非洲国家驻华使节等150余人出席。

12月2日，中国—南亚新闻交流中心2016年项目结业仪式在北京举行。中国公共外交协会副会长胡正跃，外交部新闻司、亚洲司及相关部委、媒体、高校等机构代表，来自印度、巴基斯坦、孟加拉国、尼泊尔、阿富汗五个南亚国家的七名记者及五国驻华使节等约60人出席。

12月6日，以“开放的中国：多彩贵州，风行天下”为主题的省区市全球推介活动在外交部蓝厅举行。外交部长王毅致辞，贵州省委书记陈敏尔发表讲话，省长孙志刚进行推介。120多个国家的驻华使节、国际组织驻华代表及工商界代表、中外专家学者和媒体记者等500余人出席。

此外，外交部各级外交官积极开展外交政策宣讲，通过发表演讲、接受媒体采访、在国内外报刊发表文章等方式，介绍中国国情和政策主张，争取更多理解和支持。2016年，驻外外交机构各级外交官发表演讲1800多次，举行记者会250多次，接受媒体采访1500多次，发表文章1400多篇，举办各类公共外交活动近万次。外交部发言人办公室与中央人民广播电台“中国之声”节目合作播报“外交服务站”广播144期，及时播发重要外交信息和领事提醒，践行“外交为民”，深受广大听众喜爱。

2. 外交部公众信息网体系建设

外交部网站群旨在及时、准确、全面发布中国外交信息，为国内外公众了解中国外交政策和外交工作提供服务。外交部网站群主要包括外交部网站、驻外使领馆网站及相关子网站等283个站点。2016年，外交部网站群共发布消息逾99万条，计逾18亿字，配

图90多万张，日均点击量1000万次。

3. 积极开展新媒体公共外交

外交部高度重视并积极运用新媒体开展公共外交。继在微博、微信开通“外交小灵通”账号之后，于2016年1月22日在凤凰卫视开设“外交一点通”栏目，形成全媒体融合宣介格局。2016年，作为外交部发布中国外交政策、提供领事服务、与网民交流互动的重要平台，“外交小灵通”微博账号共发布信息1800余条，处理领事救助百余起，微信账号共发布信息300余条，“外交一点通”栏目推出节目50期，“外交小灵通”粉丝总数近1200万。外交部各司局、各驻外使领馆日益重视新媒体公共外交，在境内外社交媒体平台开通账号百余个，以“外交小灵通”为核心的“外交微群”不断壮大。

第九章

中国外交中的领事工作

（一）概述

领事工作是外交工作的重要组成部分，直接服务人民群众，与每一位走出国门的同胞息息相关，是“以人为本、外交为民”的直接体现。近年来，随着中国国力和国际影响力不断上升，以及“一带一路”建设、国际产能合作不断推进，越来越多中国公民走出国门。2016年，中国内地居民出境人次已超过1.3亿，境外注册中资企业超过3万家，在海外工作、生活、学习的中国公民多达数百万人，新形势下的领事工作任务日趋繁重复杂。

一、打造海外民生工程，维护走出去的中国公民与机构的安全和合法权益。2016年，外交部和驻外使领馆会同各有关部门，妥善处置领事保护与协助案件十万余起，其中包括从局势动荡的南苏丹撤离中国公民千余人，成功营救被索马里海盗劫持四年多的“NAHAM3”号渔船船员，从新西兰震区撤离125名受困中国游客，协助因日本北海道大雪滞留机场的港澳同胞脱困等重大突发案件，有效维护了海外中国公民与机构的安全和合法权益，受到社会各界好评。

同时，坚持“预防为先”，狠抓预防性领保工作。确保“外交部全球领事保护与服务应急呼叫中心”12308热线运行畅通，打造全天候、零时差、无障碍的绿色求助通道。2016年，12308热线共接听来电近8.5万通。将海外安全提醒明确分级，分为“暂勿前往”“谨慎前往”和“注意安全”三个等级。在中国领事服务网、“领事直通车”微信平台和政务头条号上及时发布有关安全信息，2016年共发布信息240余条。不断完善手机安全短信推送平台，实时、动态反映相关国家安全风险变化，2016年共调整涉及40多个国家和地区的安全动态20余次。开展宣讲、培训等丰富多样的预防性宣传活动，主动将海外安全信息“送货上门”，为中国公民规划境外旅行、企业开展国际合作提供权威、及时的安全信息。创新领事保护与协助工作手段。在国外推出领保联络员、建立安全联防机制，为一线领事官员开展工作提供支撑，同时进一步提高案件处置效率。加强与服务对象互动，介绍领保工作背后的故事，让广大人民群众更加关注海外安全防范。2016年，外交部领事司编纂出版《祖国在你身后——中国海外领事保护案件实录》，与新华社合作纪实报道驻外使领馆领保工作，结集出版《永远是你的依靠——中国领保纪实》。

二、推进中外人员往来便利化，提升中国护照“含金量”。2016年，外交部继续本着求同存异、相互尊重、平等互惠的原则，积极有序地推进签证便利化工作。全年共与美国、俄罗斯、欧盟、韩国等20多个国家和地区举行领事磋商。与外国商签便利人员往来协议成果丰硕，与欧盟互免持外交护照人员短期停留签证协议，与汤加、厄瓜多尔全面免签协议，中哈（萨克斯坦）便利产能合作人员商务签证协定生效。截至2016年12月31日，中国与128国缔结各类互免签证协定，与41国达成67份简化签证手续协定或安排，持普通护照的中国公民可有条件地免签或落地签前往59个国家和地区。与以色列、阿尔巴尼亚、英国分别达成互发有效期最长10年多次、5年多次、2年多次有效签证安排。澳大利亚对符合条件的中国申请人试行签发10年“常旅客”访客签证。摩洛哥、阿联酋分别单方面对持中国普通护照人员免签90天、30天。中国护照“含金量”进一步提升。APEC商务旅行卡中方有效持卡量逾4.2万张，约占地区总量20%，继续稳居APEC各经济体首位。充分发挥海外领侨工作部际协调会议机制统筹协调作用，继续引导侨胞参与“一带一路”建设，做国内转型升级与创新发展的积极“参与者”。

加强领事工作法制化、信息化建设，不断提升领事服务水平。外交部致力于跟上时代步伐，借力信息技术，简化办证流程，提升工作效率，完善服务举措，加强信息公开，提高服务质量。明确要求各驻外使领馆认真

梳理本馆业务流程及办照规定，依托中国领事服务网，整理并公布驻外使领馆办理相关证件的业务须知和所需材料，便利申请人在线查阅，主动接受社会监督。积极利用信息技术，让海外同胞办理护照更从容、灵活。2016年，外交部全面推广海外护照申办在线预约系统，目前护照预约办理量已达整体海外护照申请量的96.7%，共有189个馆实现全面网上预约申请办理。海外护照申办在线预约让申办人从容填写相关表格，灵活安排办理时间，随时查询办理进度，大幅减少申办人在使领馆排队时间。

服务好海外侨胞的同时，外交部努力为国内同胞"走出去"提供更好服务，不断提升领事工作法制化、信息化水平。2016年，外交部及驻外使领馆签发公证、认证文书134余万份。2016年3月1日，《领事认证办法》正式施行，领事认证工作更加透明、高效，中外文书流转更为顺畅。为适应"互联网+政务"和新媒体发展趋势，外交部领事司于2014年开通"领事直通车"微信公众号，2016年发布消息600余条，并在形式和内容上不断创新，受到社会各界好评。2016年7月1日，"领事直通车"政务头条号在"今日头条"APP开通，进一步拓宽了领事信息覆盖面。这两个平台连同2013年改版上线的中国领事服务网，共同成为领事信息和服务的重要渠道，力求人民群众第一时间获悉权威的领事信息，及时的安全提醒，以及生动感人的领事故事。

（二）领事保护

2016年，中国公民和机构"走出去"的规模、涉及的地域和领域继续扩大。与此同时，国际形势错综复杂，部分国家和地区动荡不安，恐怖主义活动日益猖獗，重大自然灾害、意外事故和公共卫生事件频繁发生，涉海外中国公民和机构安全事件依然呈现频率高、类型多、分布广、处置难的态势。2016年，在党中央、国务院坚强领导下，外交部妥善处置中国公民海外撤离、遭绑架劫持、意外事故、涉恐袭击等各类涉海外中国公民和机构安全突发事件逾10万起。同时，继续开展预防性领保工作。外交部全球领事保护与服务应急呼叫中心全年累计受理来电近8.5万通；完善海外安全提醒分级和发布制度；出版《祖国在你身后——中国海外领事保护案件实录》；与新华社、中央电视台等媒体建立突发事件联动机制，推动其驻外记者对使领馆工作进行纪实报道，结集出版《永远是你的依靠——中国领保纪实》，拍摄也门撤离行动纪录片。

2016年发生的重大领事保护案件主要有：

1. 协助布鲁塞尔恐袭事件遭波及中国公民

3月22日，比利时布鲁塞尔发生系列恐袭事件，造成1名中国公民遇难，56名中国公民（含4名台湾同胞）因机场关闭被迫滞留。驻比利时使馆立即启动应急机制，协助遇难者家属善后，并妥善安置滞留同胞。截至3月27日，滞留中国公民在使馆的协调下全部安全离开。

2. 撤离南苏丹中国公民

7月10日，南苏丹局势骤然恶化，当地中国公民面临严重安全威胁。党和国家领导人作出重要指示。外交部迅速启动应急机制，部署驻南苏丹、苏丹、肯尼亚、埃塞俄比亚、乌干达等使领馆紧急启动中国在南公民撤离工作。截至8月7日，共协助千余名中国公民安全、有序撤离。

3. 协助因土耳其局势动荡滞留机场中国公民

7月15日，土耳其局势突发剧烈动荡，伊斯坦布尔机场被封锁，造成约500名中国乘客滞留机场。外交部及驻土耳其使领馆立即启动应急机制，及时发布安全提醒，驻伊斯坦布尔总领馆派工作组赴机场看望慰问滞留同胞。经使领馆全力开展工作，滞留机场的中国乘客于7月17日分批乘航班安全回国。

4. 接返遭索马里海盗劫持的中国船员

10月22日，遭索马里海盗劫持的阿曼籍台湾渔船“NAHAM 3”号上的10名中国船员（含1名台湾船员）安全获救，并于23日抵达肯尼亚，外交部工作组专程赴肯尼亚迎接。获救船员在肯进行体检、心理疏导和必要治疗后在外交部工作组陪护下回国。

5. 成功解救在坦桑尼亚被绑架中国公民

10月22日，外交部全球领事保护与服务应急呼叫中心接到一名中国公民来电求助，称其母亲在坦桑尼亚务工期间遭绑架，呼叫中心立即协调驻坦桑尼亚使馆提供救助。驻坦使馆协调当地警方妥善开展营救工作。10月25日，被绑中国公民安全获救。

6. 撤离以色列火灾地区受困中国留学生

11月24日，以色列北部城市海法因火灾严重进入紧急状态，中国在海法大学和海法理工大学的留学人员受困。外交部和驻以色列使馆立即启动应急机制。驻以使馆联系校方协调疏散安排，并派工作组赴当地现场组织留学人员紧急撤离。25日，共有159名中国留学生（含2名香港留学生和1名台湾留学生）安全撤至特拉维夫。

7. 协助因日本北海道遭遇雪灾受困港澳同胞

12月22日、23日，日本北海道遭遇特大暴雪，导致陆路、空中交通全面瘫痪，众多航班被取消，数千人滞留机场，其中包括约500名香港特区和澳门特区同胞。外交部立即启动应急机制，指导驻札幌总领馆开展工作，要求相关航空公司妥善安置中国滞留同胞并尽快增加航班架次。截至12月25日晚11点，滞留机场的港澳同胞全部顺利离开。

（三）领事磋商与会谈

2016年，中国与外方举行20余场领事磋商和会晤，就双边重大领事问题进行深入交流，不断扩大领事领域务实合作。

1月14日，中国与丹麦在北京举行第二轮领事会晤。双方就深化双边领事合作、便利人员往来和保护公民合法权益等议题深入交换意见。

3月10日，中国与德国在北京举行领事会晤。双方就中德领事关系与合作，便利中德、中欧人员往来及公民领事个案等交换意见。

4月6日，中国与越南在河内举行第11轮领事磋商。双方就深化中越领事关系、保护公民和企业安全与合法权益、便利人员往来等问题交换意见。

4月12日，中国与美国在北京举行第十轮领事磋商，双方就便利人员往来、维护公民安全与合法权益及各自关心的领事个案坦诚深入交换意见。磋商后，外交部部长助理钱洪山会见美方磋商代表团团长、美国国务院助理国务卿邦德一行，双方就中美关系和领事合作等交换意见。

4月18日，中国与法国在北京举行领事会晤。双方就加强领事合作、便利人员往来、保护各自公民在对方国家安全和合法权益交换意见。

5月6日，中国与塔吉克斯坦在杜尚别举行第二轮领事磋商。双方就深化中塔领事关系、便利人员往来、领事保护等议题深入交换意见。

5月10日，中国与乌克兰在基辅举行第九轮领事磋商。双方就深化中乌领事关系、便利人员往来、领事保护等议题深入交换意见。

5月17日，中国与欧盟在布鲁塞尔举行第三轮中欧人员往来和移民领域对话，双方各自介绍了便利人员往来和移民领域发展情况，回顾路线图第一阶段取得的成果，启动路线图第二阶段谈判，并就谈判目标深入交换意见。

6月15日，外交部部长助理孔铉佑会见韩国外交部在外同胞领事局局长金完重。双方就中韩关系和双边领事合作等交换意见。

6月15日，中国与韩国在北京举行第18轮领事磋商。双方就深化中韩领事关系与合作、便利人员往来及保护公民合法权益等问题交换意见。

6月17日，外交部领事司负责人与肯尼亚移民局负责人在北京就中国企业人员申办工作签证难、中国外交官签证等问题交换意见。

8月8日，外交部长王毅会见加拿大移民、难民和公民部部长麦克勒姆。王毅外长重点谈及两国总理互访、便利人员往来、追逃追赃等问题，并就加在华非设领城市增设签证申请中心、中国在加非法移民等加方关切的问题阐述中方原则立场。

9月13日，中国与法国在北京举行第四轮领事磋商，双方就加强领事合作、便利人员往来和维护公民安全和权益保护等问题深入交换意见。

9月22日，中国与匈牙利在布达佩斯举行第11轮领事磋商。双方就加强领事合作、便利人员往来和维护公民安全与合法权益等问题深入交换意见。

9月26日，中国与俄罗斯在莫斯科举行第20轮领事磋商。双方就加强领事合作、便利人员往来等问题深入交换意见。

9月27日，中国与吉尔吉斯斯坦在北京举行第五轮领事磋商。双方就深化中吉领事关系、便利人员往来、保护公民合法权益等问题深入交换意见。

10月19日，中国与瑞士在伯尔尼举行第九轮领事（移民）对话，双方就加强领事合作、便利人员往来和公民权益保护等问题深入交换意见。

10月20日，中国与巴基斯坦在伊斯兰堡举行第六轮领事磋商。双方就深化中巴领事关系、保护公民和企业安全与合法权益、便利人员往来等问题交换意见。

10月24日，中国与土耳其在北京举行第八轮领事磋商。双方就深化中土领事关系、便利人员往来、双方公民和企业安全与合法权益保护等问题交换意见。

10月24日，外交部部长助理孔铉佑会见土耳其外交部领事司司长穆罕默德·萨姆萨尔。双方就中土关系和双边领事合作等交换意见。

10月25日，外交部领事司负责人与卡塔尔外交部领事司负责人在北京就中卡领事关系、便利人员往来、公民合法权益保护等问题深入交换意见。

10月25～27日，外交部领事司负责人出席在韩国举行的全球领事论坛第三次高官会议，在领事工作多边交流平台发出中国声音，加强与各国领事合作。

10月28日，中国与澳大利亚在北京举行第14轮领事磋商，双方就加强领事合作、便利人员往来、公民权益保护等问题深入交换意见。

11月8日，中国与肯尼亚在内罗毕举行第五轮领事磋商。双方就发展中肯领事关系、便利人员往来、保护公民与合法权益等问题交换意见。

11月11日，中国与埃塞俄比亚在亚的斯亚贝巴举行第二轮领事磋商。双方就扩大中埃领事合作、便利人员往来、保护公民和企业安全与合法权益等问题交换意见。

11月14日，中国与南非在比勒陀利亚举行第六轮领事磋商。双方就便利人员往来、维护公民和企业安全与合法权益等问题交换意见。

（四）领事类协定

领事类协定是发展中外领事关系的重要法律基石。2016年，中国本着互利共赢的原则同19个国家缔结签证协定（协议、谅解备忘录、安排），推进中外双边人员往来便利化。

2016年缔结的签证协定（协议、谅解备忘录、安排）

序号	协定名称	生效日期
1	中国和英国关于互为对方国家公民颁发2年多次签证的互惠安排（换文）	2016.1.11
2	关于修订《中华人民共和国政府和阿拉伯联合酋长国政府关于互免持外交护照人员签证的谅解备忘录》的换文	2016.1.11
3	中华人民共和国政府和以色列国政府关于互免持外交、公务护照人员签证的协定	2016.1.17

续表

序号	协定名称	生效日期
4	中华人民共和国政府和瑞士联邦委员会关于互免持外交护照人员签证的协定	2016.1.29
5	中华人民共和国政府和加蓬共和国政府关于互免持外交、公务护照人员签证的协定	2016.2.5
6	中华人民共和国政府和利比里亚共和国政府关于互免持外交护照人员签证的协定	2016.2.10
7	中华人民共和国政府和科摩罗联盟政府关于互免持外交、公务护照人员签证的协定	2016.2.26
8	中华人民共和国和欧洲联盟关于互免持外交护照人员短期停留签证的协定	2017.1.1（2016年3月1日临时生效）
9	中华人民共和国政府和南非共和国政府关于互免持外交、公务（官员）护照人员签证的协定	2016.3.1
10	中华人民共和国政府和莫桑比克共和国政府关于互免持外交、公务护照人员签证的协定	2016.5.14
11	中华人民共和国政府和摩洛哥王国政府关于相互免除部分类别签证、简化部分类别签证手续的谅解备忘录	2016.6.9
12	中华人民共和国政府与哈萨克斯坦共和国政府关于在产能合作框架内便利双方人员办理商务签证的协定	2016.7.1
13	中华人民共和国政府与委内瑞拉玻利瓦尔共和国政府关于为执行两国政府间合作协议人员办理签证手续提供便利的协议	2016.7.7
14	中华人民共和国政府和厄瓜多尔共和国政府关于互免持普通护照人员签证的协定	2016.8.18
15	中华人民共和国政府和汤加王国政府关于互免持普通护照人员签证的协定	2016.8.19
16	中华人民共和国政府和莱索托王国政府关于互免持外交、公务（官员）护照人员签证的协定	2016.8.24
17	中华人民共和国外交部和阿尔巴尼亚共和国外交部关于简化签证手续的谅解备忘录	2016.9.23
18	中华人民共和国政府和伊拉克共和国政府关于互免持外交护照人员签证的谅解备忘录	2016.11.2
19	中华人民共和国政府和以色列国政府关于为持中国普通护照和以色列国民护照人员颁发多次签证安排的协定	2016.11.11

（五）领事机构

领事机构是加强中外领事关系的重要平台。2016年，中国政府在对等互惠基础上，通过友好协商，与九个国家就设立九个领事机构达成一致，与两个国家就调整领区达成一致。指导驻阿德莱德、累西腓总领馆开馆。

2016年中外双方同意新设的领事机构

序号	机构或馆长名称	达成一致日期
1	葡萄牙驻广州总领事馆	2016.5.24
2	赞比亚驻广州总领事馆	2016.6.7
3	塞内加尔驻广州总领事馆	2016.6.7
4	尼泊尔驻广州总领事馆	2016.6.16
5	中国驻岘港总领事馆	2016.6.27
6	瑞士驻成都总领事馆	2016.8.22
7	白俄罗斯驻广州总领事馆	2016.9.29
8	中国驻柬埔寨使馆驻暹粒领事办公室	2016.10.12
9	亚美尼亚驻广州总领事馆	2016.12.15

2016年中外双方同意调整领区的领事机构

序号	机构或馆长名称	达成一致日期	扩领或明确区域
1	中国驻胡志明市总领事馆	2016.6.27	领区明确为胡志明市、芹苴市、庆和省、宁顺省、同奈省、平顺省、平阳省、巴地–头顿省、隆安省、前江省、槟椥省、永隆省、茶荣省、后江省、薄辽省、金瓯省
2	希腊驻上海、广州总领事馆	2016.6.3	驻上海总领事馆领区调整为上海市、江苏省、浙江省、安徽省、江西省和湖北省；驻广州总领馆领区调整为广东省、福建省、广西壮族自治区、海南省、湖南省、云南省和贵州省。

（六）领事证件

领事证件是一项基础性领事业务。2016年，外交部和驻外使领馆不断提升证件管理和服务水平。

护照方面。着力科学改进驻外使领馆服务方式，通过海外护照在线预约系统，引导申请人错峰申请、有序办证，向申请人提供优质便捷服务；缩减办证材料要求，简化办证流程，公开办证须知，主动接受社会监督。护照工作向着更加法制化、规范化、科学化、人性化方向发展。

签证方面。2016年，中国驻外签证机关为外国人来华颁发近800万份签证，并积极为在华举行的二十国集团领导人第11次峰会、中国—亚欧博览会、中国东盟博览会等大型国际活动筹备、参会人员提供方便快捷的签证服务。中国与以色列达成互为对方商务、旅游、探亲人员颁发长期多次签证的互惠安排。与阿尔巴尼亚、英国分别达成互为对方国家商务、旅游、探亲人员颁发5年、2年多次有效签证的互惠安排。截至2016年12月31日，中国已与128个国家缔结各类互免签证协定，与41个国家达成67份简化签证手续协定或安排。给予香港特区护照持有人免办签证或落地签证待遇的国家和地区达156个，给予澳门特区护照持有人免办签证或落地签证待遇的国家和地区为122个。

推进中外人员往来便利化，助力中国企业和公民“走出去”。中国APEC商务旅行卡有效持卡量继续位居各经济体首位。全国共受理中方申请17290例，同比增加27.6％；审批外方申请73817例，同比增加5.9%。

公证认证和婚姻登记工作。2016年，《领事认证办法》及其配套措施全面实施，领事认证工作法制化、规范化水平进一步提高；领事认证信息化建设不断推进，电子签署、防伪二维码及网上填表在全国范围内的实施筹备工作基本就绪。2016年，领事认证、驻外使领馆公证及婚姻登记总量稳中有升。外交部全年办理领事认证56万余份，外交部委托的地方外办办理领事认证68万余份，中国驻外使领馆办理领事认证约54万份，公证约24万份，婚姻登记约1万余对，同比分别增加8.8%、15.6%、2%。积极做外国驻华使领馆工作，畅通办证渠道，为中国公民、企业申办领事认证提供更多便利。全年发布领事认证信息50余条，接听咨询热线电话近3万余通，答复咨询邮件500余封。

（七）涉及外国驻华领事机构事务和涉外案件

1. 外国驻华领事机构事务

2016年，中国政府依据《维也纳领事关系公约》、中外双边领事条约和中国法律法规的规定，认真履行国际义务，采取有效措施确保外国驻华领事机构和人员享有特权与豁免，不断完善对外国驻华领事机构的管理和服务，为外国驻华领事机构和人员在华工作生活提供必要协助和便利。地方政府重视发挥外国驻华领事机构的桥梁作用，推动本地区与有关国家在经贸、文化、旅游、教育等领域的交流与合作，加强与"一带一路"沿线相关国家领馆交流合作，促进中外友好和地方对外开放。

2016年，外交部共为69位外国新任总领事颁发《领事证书》，为2位名誉领事颁发《名誉领事证书》，并为1786名新任领馆人员及其随任家属颁发身份证件。

2. 涉外案件处理

中国政府依据国际公约、双边条约和中国法律法规保护在华外国公民和机构的合法权益，主管部门依法处理涉及外国公民和机构的案件。外交部协调主管部门依法做好领事通报，为外国驻华使领馆官员执行领事探视等职务提供必要协助和便利，积极回应外方合理关切。

各部门和地方不断完善涉外案件应急处置机制，加强协调配合，加强信息通报，在发生重大涉外案件时及时了解外国公民及机构情况，向外方通报或回复外国驻华使领馆问询。2016年，妥善处理多起涉外突发事件，积极参与二十国集团领导人第11次峰会、第十届夏季达沃斯论坛等重要外交活动的涉外安保工作。

（八）移民合作

2016年，中国政府继续本着建设性态度参与移民领域对话，与有关各方面密切合作，共同防范和打击非法出入境等跨国犯罪活动，为国际间人员交流健康有序发展发挥积极作用。

3月22～23日，“巴厘进程——亚太地区应对偷渡、人口贩运及相关跨国犯罪”第六届部长级会议及高官会在印度尼西亚巴厘召开。由外交部、公安部、驻登巴萨总领馆共同派员组成的中国代表团与会。香港特区和澳门特区代表团分别以“中国香港”和“中国澳门”名义参会。会议讨论通过《亚太地区应对偷渡、人口贩运和相关跨国犯罪问题巴厘宣言》，并同意建立巴厘进程框架下的磋商机制，为今后开展国际移民合作提供机制性保障。

10月17～26日，国际移民组织举办“关于移民从欧盟返回和重新融合措施赴欧考察活动”，外交部派员参加。中国代表团并与欧盟移民和内部事务总司举行合作打击非法移民专家机制第二次会议。

11月21～22日，中美执法合作联合联络小组第14次会议在北京举行。外交部、公安部、监察部与美国国务院禁毒执法事务局、司法部、国土安全部为共同主席。会议听取包括追逃和遣返工作组在内的各工作组汇报2016年工作情况。

附录一

2016年中国外交重要活动

一月

5～6日　英国外交大臣哈蒙德对中国进行正式访问。

15日　瑞士联邦委员兼外长布尔克哈特访华。

17～22日　全国人大常委会副委员长陈昌智赴加拿大温哥华出席亚太议会论坛第24届年会并访问特立尼达和多巴哥。

17～23日　全国政协副主席王家瑞访问塞拉利昂、科特迪瓦和赤道几内亚。

19～23日　国家主席习近平对沙特、埃及、伊朗进行国事访问。

20～22日　国家副主席李源潮赴瑞士达沃斯出席世界经济论坛2016年年会。

20～22日　国务委员王勇赴印度尼西亚出席雅加达至万隆高铁项目动工仪式。

26～27日　美国国务卿克里访华。

27～29日　乌兹别克斯坦外交部长卡米洛夫对中国进行工作访问。

31日至2月6日　外交部长王毅对马拉维、毛里求斯、莫桑比克、纳米比亚进行正式访问，并赴英国出席叙利亚人道捐助会议。

二月

1～4日　马来西亚副总理兼内政部长扎希德对中国进行工作访问。

2～3日　巴基斯坦外交国务部长法塔米访华。

4日　国务委员杨洁篪同柬埔寨副首相兼外交国际合作部大臣贺南洪在北京主持召开中柬政府间协调委员会第三次会议。

4日　外交部长王毅赴纽约出席联合国安理会叙利亚问题高级别会议。

11～12日　外交部长王毅赴慕尼黑出席叙利亚国际支持小组第四次外长会。

16～18日　澳大利亚外长毕晓普对中国进行正式访问。

23～25日　外交部长王毅对美国进行正式访问。

28日至3月2日　美洲国家组织秘书长阿尔马格罗对中国进行正式访问。

29日至3月1日　越南共产党中央总书记特使、中央对外部部长黄平君访华。

29日至3月1日　新加坡外交部长维文对中国进行正式访问。

三月

10～11日　外交部长王毅访问俄罗斯。

16～19日　冈比亚外长盖伊对中国进行正式访问。

18～26日　全国人大常委会委员长张德江赴赞比亚出席各国议会联盟第134届大会并对赞比亚、卢旺达和肯尼亚进行正式友好访问。

20～23日　全国政协副主席、中国人民争取和平与裁军协会副会长马飚访问厄瓜多尔。

20～27日　尼泊尔总理奥利对中国进行正式访问。

21～24日　德国总统高克对中国进行国事访问。

23日　澜沧江—湄公河合作首次领导人会议在海南三亚举行。国务院总理李克强主持会议并讲话。泰国总理巴育、柬埔寨首相洪森、老挝总理通邢、缅甸副总统赛茂康、越南副总理范平明与会。

22～25日 博鳌亚洲论坛2016年年会在海南博鳌举行。24日，国务院总理李克强出席年会并发表主旨演讲。出席澜沧江—湄公河合作首次领导人会议的东南亚五国领导人、印度尼西亚副总统卡拉、哈萨克斯坦第一副总理萨金塔耶夫等与会。

25～31日 国务院副总理刘延东访问埃及、以色列和巴勒斯坦。

26～29日 全国人大常委会副委员长、中国阿拉伯友好协会会长艾力更·依明巴海访问阿联酋、卡塔尔、阿曼。

26～30日 全国政协副主席马培华访问玻利维亚、哥斯达黎加。

26～31日 国务委员兼国防部长常万全上将对越南进行正式访问并举行中越两军第三次边境高层会晤。

28日至4月1日 国家主席习近平对捷克进行国事访问，并赴美国华盛顿出席第四届核安全峰会。

28日至4月2日 国家主席习近平特使、国家林业局局长张建龙赴中非出席新任总统图瓦德拉就职典礼。

四月

3～6日 中共中央政治局委员、新疆维吾尔自治区党委书记张春贤访问巴基斯坦。

5～6日 外交部长王毅访问缅甸。

5～7日 中共中央政治局委员、重庆市委书记孙政才访问古巴、哥伦比亚。

6～7日 柬埔寨副首相兼内政部长韶肯对中国进行工作访问。

6～9日 斯里兰卡总理维克拉马辛哈对中国进行正式访问。

7～9日 瑞士联邦主席兼经济、教育、科研创新部部长施耐德-阿曼对中国进行国事访问。

8～10日 德国外长施泰因迈尔对中国进行正式访问。外交部长王毅与其共同举行第二轮中德外交与安全战略对话。

9日 英国外交大臣哈蒙德访华。

10～14日 以色列议长埃德尔斯坦访华。

11～15日 尼日利亚总统布哈里对中国进行国事访问。

11～19日 全国政协主席俞正声对加蓬、科特迪瓦、加纳进行正式友好访问并过境马耳他。

12～17日 斐济外交部长昆布安博拉访华。

12～21日 国务委员兼公安部长郭声琨赴乌兹别克斯坦出席上海合作

组织成员国安全会议秘书第11次会议、赴纽约出席2016年世界毒品问题特别联大并访问乌兹别克斯坦、荷兰。

13～18日　国务委员杨洁篪赴法国主持中法战略对话并访问卢森堡、丹麦。

14～15日　澳大利亚总理特恩布尔对中国进行正式访问。

15～18日　国家主席习近平特使、住房和城乡建设部部长陈政高赴刚果（布）出席刚总统萨苏就职典礼。

17～22日　新西兰总理约翰·基对中国进行正式访问。

18日　外交部长王毅赴俄罗斯出席中俄印外长第14次会晤。

18～19日　全国人大常委会副委员长陈竺赴莫斯科出席首届欧亚国家议长会议。

20～24日　外交部长王毅访问文莱、柬埔寨、老挝。

22日　国家主席习近平特使、国务院副总理张高丽赴纽约出席联合国气候变化《巴黎协定》高级别签署仪式。

23～27日　波兰外交部长瓦什奇科夫斯基对中国进行正式访问。

26日　国务委员杨洁篪同印度尼西亚政治法律安全统筹部长卢胡特在北京共同主持中印尼副总理级对话机制第五次会议。

27～28日　亚洲相互协作与信任措施会议第五次外长会议在北京举行。国家主席习近平出席开幕式并发表重要讲话。外交部长王毅主持会议并作主旨发言。

28～29日　俄罗斯外交部长拉夫罗夫对中国进行正式访问。

29～30日　日本外相岸田文雄对中国进行正式访问。

五月

1～4日　中共中央政治局委员、新疆维吾尔自治区党委书记张春贤访问哈萨克斯坦。

2～6日　卢森堡大公储纪尧姆对中国进行正式访问。

3～5日　老挝人民革命党总书记、国家主席本扬对中国进行正式友好访问。

4～5日　外交部长王毅访问意大利并出席中意政府委员会第七次联席会议。

4～6日　俄罗斯国家杜马主席纳雷什金访华并出席中俄议会合作委员会第二次会议。

4～10日　国务委员杨洁篪访问塞内加尔、乍得、马来西亚并赴印度尼西亚同印尼经济统筹部长达尔敏共同主持中印尼第二次高层经济对话。

5～9日　中共中央政治局委员、上海市委书记韩正访问印度。

7～9日　国家主席习近平特使、全国人大常委会副委员长严隽琪赴吉布提出席吉总统盖莱就职仪式。

11～12日　摩洛哥国王穆罕默德六世对中国进行国事访问。

11～14日　外交部长王毅访问卡塔尔、突尼斯并出席中阿合作论坛第七届部长级会议。

15～18日　阿富汗首席执行官阿卜杜拉对中国进行正式访问。

16～17日　法国外交部长艾罗对中国进行正式访问。

16～26日　中共中央政治局委员、中央政法委书记孟建柱赴俄罗斯出席第七届安全事务高级代表国际会议，赴新加坡主持第三届中新社会治理高层论坛，并作为国家主席习近平特使访问比利时、亚美尼亚、阿塞拜疆、马来西亚。

17～21日　莫桑比克总统纽西对中国进行国事访问。

18～20日　阿根廷外交部长马尔科拉访华。

19～20日　国家主席习近平特使、全国人大常委会副委员长严隽琪赴乌干达出席乌总统穆塞韦尼就职仪式。

19～21日　国家主席习近平特使、工业和信息化部部长苗圩赴赤道几内亚出席赤总统奥比昂就职仪式。

21～24日　外交部长王毅访问哈萨克斯坦、吉尔吉斯斯坦、乌兹别克斯坦，并出席在乌兹别克斯坦首都塔什干举行的上海合作组织成员国外长理事会会议。

22～29日　国务委员王勇访问阿曼、约旦、阿尔及利亚。

24～28日　中共中央政治局委员、中央书记处书记、中宣部部长刘奇葆访问新西兰、澳大利亚。

24～27日　印度总统慕克吉对中国进行国事访问。

24～28日　泰国立法议会主席蓬佩对中国进行正式访问。

28～30日　国务委员兼国防部长常万全上将访问孟加拉国。

29日至6月2日　多哥总统福雷对中国进行国事访问。

30～31日　国务院副总理张高丽赴俄罗斯索契同俄副总理德沃尔科维奇举行中俄能源合作委员会第13次会议。

30日至6月7日　国务委员兼国务院秘书长杨晶访问立陶宛、爱沙尼亚、阿尔巴尼亚。

31日至6月3日　全国人大常委会副委员长、中国国际交流协会副会长吉炳轩访问加拿大。

31日至6月4日 外交部长王毅对加拿大进行正式访问，举行首次中加外长年度会晤，并赴巴黎出席巴勒斯坦问题国际支持小组外长会。

31日至6月7日 国务院副总理张高丽访问阿塞拜疆、格鲁吉亚、亚美尼亚。

六月

2～4日 柬埔寨国王西哈莫尼对中国进行国事访问。

5～7日 第六次中美战略安全对话、第八轮中美战略与经济对话和第七轮中美人文交流高层磋商在北京举行。

6～10日 乌拉圭外交部长尼恩对中国进行正式访问。

6～13日 中共中央对外联络部部长宋涛访问乌兹别克斯坦、哈萨克斯坦、土库曼斯坦。

7～9日 肯尼亚外交部长阿明娜对中国进行正式访问。

9～10日 国务委员杨洁篪赴布鲁塞尔同欧盟外交与安全政策高级代表莫盖里尼举行第六轮中欧高级别战略对话。

9～13日 国际移民组织总干事斯温访华。

12日 外交部长王毅同德国外长施泰因迈尔在北京举行第四轮中德政府磋商两国外交部对口磋商。

12～16日 第四届中国—南亚博览会暨第24届中国昆明进出口商品交易会在云南昆明举行。国务院副总理汪洋出席开幕式并作主旨演讲。

13～14日 德国总理默克尔对中国进行正式访问。国务院总理李克强在北京与其共同举行第四轮中德政府磋商。

13～15日 外交部长王毅同中国—东盟关系协调国新加坡外交部长维文共同主持中国—东盟国家外长特别会议。

13～16日 塞拉利昂外交部长卡马拉对中国进行正式访问。

14日 第二次中美打击网络犯罪及相关事项高级别联合对话在北京举行。

14～22日 中共中央政治局委员、北京市委书记郭金龙访问葡萄牙、意大利和希腊。

17日 第三次中国—中东欧国家地方领导人会议在河北唐山举行。国务院副总理马凯出席开幕式并发表主旨讲话。

17～24日 国家主席习近平对塞尔维亚、波兰和乌兹别克斯坦进行国事访问，并出席在乌兹别克斯坦首都塔什干举行的上海合作组织成员国元首理事会第16次会议和中俄蒙三国元首第三次会晤。

19～20日 国务院副总理汪洋同俄罗斯副总理罗戈津在安徽黄山举行中俄总理定期会晤委员会双方主席会晤。

19～24日 柬埔寨国务大臣兼反腐败委员会主席翁仁典访华。

24日 国务院副总理张高丽同俄罗斯第一副总理舒瓦洛夫在北京举行中俄投资合作委员会第三次会议。

25日 俄罗斯总统普京对中国进行国事访问。

26～28日 2016年夏季达沃斯论坛在天津举行。国务院总理李克强出席开幕式并致辞。

26～28日 国务委员杨洁篪赴越南同越副总理兼外长范平明共同主持中越双边合作指导委员会第九次会议。

26～30日 泰国副总理颂奇对中国进行正式访问。

26日至7月1日 保加利亚议长察切娃访华。

27日至7月3日 瓦努阿图外交部长兰肯对中国进行工作访问。

29日至7月6日 国务院副总理刘延东赴法国出席中法高级别人文交流机制第三次会议，赴俄罗斯同俄副总理戈洛杰茨举行中俄人文合作委员会第17次会议并出席中共六大会址常设展览馆建成仪式。

七月

2～6日 希腊总理齐普拉斯对中国进行正式访问。

4～7日 柬埔寨参议院主席赛冲对中国进行正式访问。

4～8日 刚果（布）总统萨苏对中国进行国事访问。

6～10日 巴布亚新几内亚总理奥尼尔对中国进行正式访问。

7～8日 联合国秘书长潘基文对中国进行正式访问。

8～9日 外交部长王毅访问斯里兰卡。

8～10日 生态文明贵阳国际论坛2016年年会在贵州贵阳举行。全国政协主席俞正声出席开幕式并发表主旨讲话。

12日 国务院副总理张高丽同哈萨克斯坦第一副总理萨金塔耶夫在北京举行中哈合作委员会双方主席会晤。

12～13日 第18次中国欧盟领导人会晤在北京举行。国务院总理李克强与欧盟委员会主席容克共同出席第11届中欧工商峰会并发表演讲。

12～14日 国务院副总理汪洋赴俄罗斯叶卡捷琳堡出席第三届中俄博览会，并同俄副总理罗戈津举行中俄总理定期会晤委员会双方主席会晤。

13～16日 国务院总理李克强对蒙古国进行正式访问，并出席在乌兰巴托举行的第11届亚欧首脑会议。

18～20日 国务委员杨洁篪赴俄罗斯乌里扬诺夫斯克同俄总统驻伏尔加河沿岸联邦区全权代表巴比奇举行会晤，并共同主持中国长江中上游地区和俄罗斯伏尔加河沿岸联邦区地方合作理事会首次会议。

20～21日 金砖国家新开发银行首届理事会年会在上海举行。国务院副总理张高丽出席年会开幕式并致辞。

20～22日 卢森堡外交和欧洲事务大臣阿瑟伯恩对中国进行正式访问。

24～27日 外交部长王毅出席在老挝万象举行的中国—东盟（10+1）、东盟与中日韩（10+3）、东亚峰会（EAS）、东盟地区论坛（ARF）外长会，并与东盟国家外交部长发表关于全面有效落实《南海各方行为宣言》的联合声明。

24～27日 美国总统国家安全事务助理赖斯访华。

25～29日 柬埔寨国会主席韩桑林对中国进行正式访问。

26～31日 国家主席习近平特使、环境保护部部长陈吉宁赴秘鲁出席秘总统权力交接仪式。

28～29日 中非合作论坛约翰内斯堡峰会成果落实协调人会议在北京举行。国家主席习近平向会议致贺信，国家副主席李源潮集体会见非方各代表团团长，国务委员杨洁篪出席会议开幕式、宣读习近平主席贺信并发表主旨讲话，外交部长王毅、商务部长高虎城共同举行欢迎宴会并在全体会上作工作报告。

八月

1～7日 国务院副总理刘延东同印度尼西亚人类发展与文化统筹部长布安在贵阳共同主持中印尼副总理级人文交流机制第二次会议并出席第九届中国—东盟教育交流周暨第二届中国—东盟教育部长圆桌会议。

2～10日 国家主席习近平特别代表、国务院副总理刘延东赴巴西出席里约热内卢第31届夏季奥林匹克运动会开幕式并访问墨西哥。

9～14日 外交部长王毅访问肯尼亚、乌干达、印度。

15～19日 尼泊尔总理特使、副总理兼财长马哈拉访华。

17～20日 中共中央政治局委员、中央政法委书记、中白政府间合作委员会中方主席孟建柱赴白俄罗斯主持召开中白政府间合作委员会第二次会议。

17～21日 缅甸国务资政昂山素季对中国进行正式访问。

23日 国务院副总理张高丽同土库曼斯坦副总理卡卡耶夫在天津主持

召开中土合作委员会第四次会议。

23～27日　阿尔巴尼亚外交部长布沙蒂对中国进行正式访问。

24日　外交部长王毅在东京出席第八次中日韩外长会。

25～27日　第71届联合国大会主席汤姆森访华。

28日至9月2日　纳米比亚国民议会议长卡贾维维访华。

30日至9月6日　加拿大总理特鲁多对中国进行正式访问。

九月

2～3日　国家主席习近平特使、国务院副总理张高丽赴乌兹别克斯坦出席乌总统卡里莫夫葬礼。

4～5日　二十国集团领导人第11次峰会在浙江杭州举行。国家主席习近平主持会议并致开幕辞。阿根廷总统马克里，巴西总统特梅尔，法国总统奥朗德，印度尼西亚总统佐科，韩国总统朴槿惠，墨西哥总统培尼亚，俄罗斯总统普京，南非共和国总统祖马，土耳其总理埃尔多安，美国总统奥巴马，澳大利亚总理特恩布尔，加拿大总理特鲁多，德国总理默克尔，印度总理莫迪，意大利总理伦齐，日本首相安倍晋三，英国首相梅，沙特阿拉伯王储继承人兼第二副首相、国防大臣穆罕默德等二十国集团成员领导人；乍得总统代比，埃及总统塞西，哈萨克斯坦总统纳扎尔巴耶夫，老挝国家主席本扬，塞内加尔总统萨勒，新加坡总理李显龙，西班牙首相拉霍伊，泰国总理巴育等嘉宾国领导人以及有关国际组织负责人与会。

5日　国际法院院长亚伯拉罕率国际法院代表团首次访华。

6～9日　国务院总理李克强赴老挝出席东亚合作领导人系列会议并访问老挝。

7～9日　俄罗斯联邦委员会主席马特维延科访华。

11～14日　第13届中国—东盟博览会在广西南宁举行。柬埔寨首相洪森、缅甸副总统敏瑞、泰国副总理巴金、老挝副总理宋赛、越南总理阮春福与会。其间，越南总理阮春福对中国进行正式访问。

11～15日　国家主席习近平特使、全国政协副主席马飚赴赞比亚出席赞总统伦古就职仪式。

12～14日　俄罗斯联邦安全会议秘书帕特鲁舍夫访华，中共中央政治局委员、中央政法委书记孟建柱同其共同主持中俄执法安全合作机制第三次会议，国务委员杨洁篪同其共同主持中俄第12轮战略安全磋商。

12～16日　秘鲁总统库琴斯基对中国进行国事访问。

15～17日　国务委员杨洁篪赴印度出席第六次金砖国家安全事务高级

代表会议并访问孟买。

18～21日　阿尔巴尼亚议长梅塔访华。

18～28日　国务院总理李克强赴纽约出席第71届联合国大会系列高级别会议，并对加拿大和古巴进行正式访问。

19～27日　全国人大常委会委员长张德江访问以色列、巴勒斯坦、芬兰和法国。

20～25日　第五届中国—亚欧博览会在新疆乌鲁木齐举行。

21日　外交部长王毅赴伦敦出席第四次叙利亚人道捐助会议。

23～28日　国务委员兼公安部长郭声琨赴越南、缅甸主持中越第五次合作打击犯罪会议和中缅第五次执法安全合作部长级会议。

28～30日　白俄罗斯总统卢卡申科对中国进行国事访问。

十月

3～6日　中共中央政治局常委、中央书记处书记刘云山访问希腊、匈牙利并出席中国—中东欧政党对话会。

3～9日　外交部长王毅对厄瓜多尔、秘鲁、玻利维亚、哥伦比亚进行正式访问。

8～10日　国家副主席李源潮赴泰国出席亚洲合作对话第二次领导人会议。

8～12日　葡萄牙总理科斯塔对中国进行正式访问。

10～15日　斯里兰卡议长卡鲁对中国进行正式访问。

11～12日　中国—葡语国家经贸合作论坛第五届部长级会议在澳门举行。国务院总理李克强出席开幕式并发表主旨演讲。

12～16日　国家主席习近平对柬埔寨、孟加拉国进行国事访问并赴印度果阿出席金砖国家领导人第八次会晤。

12～20日　乌拉圭总统巴斯克斯对中国进行国事访问，并出席第十届中拉企业家高峰会。

17～19日　新西兰外交部长麦卡利对中国进行正式访问。

18～19日　国务院副总理马凯赴布鲁塞尔与欧盟委员会副主席卡泰宁共同主持第六次中欧经贸高层对话并访问卢森堡。

18～21日　第四届中国—中亚合作论坛在四川成都举行。

18～21日　菲律宾总统杜特尔特对中国进行国事访问。

19～21日　乌兹别克斯坦第一副总理阿济莫夫访华。

20日　国务院副总理汪洋同俄罗斯副总理兼总统驻远东联邦区全权代

表特鲁特涅夫在北京举行中国东北地区和俄罗斯远东地区地方合作理事会第二次会议。

21～23日 国家主席习近平特使、国家副主席李源潮赴泰国吊唁普密蓬国王逝世。

23～29日 新西兰议长卡特对中国进行正式访问。

26日至11月5日 几内亚总统孔戴对中国进行国事访问。

29日至11月1日 法国外交部长艾罗对中国进行正式访问。

31日至11月1日 比利时首相米歇尔对中国进行正式访问。

31日至11月5日 马来西亚总理纳吉布对中国进行正式访问。

十一月

1～5日 国务院副总理汪洋赴俄罗斯同俄副总理罗戈津举行中俄总理定期会晤委员会第20次会议，访问土耳其并举行中土政府间合作委员会首次会议。

2～8日 国务院总理李克强对吉尔吉斯斯坦进行正式访问并出席上海合作组织成员国政府首脑（总理）理事会第15次会议，对哈萨克斯坦进行正式访问并举行中哈总理第三次定期会晤，对拉脱维亚进行正式访问并出席第五次中国—中东欧国家领导人会晤，对俄罗斯进行正式访问并举行中俄总理第21次定期会晤。

2～10日 国家主席习近平特使、中共中央政治局委员、中央政法委书记孟建柱赴德国出席中德首次伊斯兰极端主义专业对话并访问沙特、阿联酋、印度。

4～5日 国务委员杨洁篪赴印度出席中印边界问题特别代表非正式会晤。

9～14日 国务院副总理马凯赴英国主持第八次中英经济财金对话，赴法国主持第四次中法高级别经济财金对话。

12～14日 外交部长王毅对乌兹别克斯坦进行正式访问并赴土耳其举行中土外长磋商机制首次会议。

13～15日 国务委员兼国防部长常万全上将访问伊朗。

15～23日 国家副主席李源潮访问埃塞俄比亚、吉布提、南非，并同南非副总统拉马福萨共同主持召开中南国家双边委员会第六次全体会议。

16～24日 中央军委副主席范长龙上将访问黎巴嫩、坦桑尼亚、埃塞俄比亚、吉布提。

17～23日 国家主席习近平对厄瓜多尔、秘鲁、智利进行国事访问，并出席在秘鲁利马举行的亚太经合组织第24次领导人非正式会议。

19～24日　第27届中美商贸联委会在美国华盛顿举行。

23～27日　国务院副总理刘延东赴德国出席第七届中欧论坛汉堡峰会和中德人文交流活动。

28日　国务院副总理张高丽同哈萨克斯坦第一副总理马明在北京举行中哈合作委员会双方主席会晤。

28～29日　候任联合国秘书长古特雷斯访华。

28～30日　国家主席习近平特使、国家副主席李源潮赴古巴出席古革命领袖菲德尔·卡斯特罗逝世悼念活动。

28日至12月1日　老挝总理通伦对中国进行正式访问。

30日至12月1日　匈牙利外交与对外经济部部长西雅尔多来华出席双边“一带一路”工作组会议，外交部长王毅同其举行中匈外长磋商。

30日至12月6日　塞拉利昂总统科罗马对中国进行国事访问。

十二月

2～7日　阿尔及利亚国民议会议长哈利法访华。

4～9日　马尔代夫议长玛斯赫对中国进行正式访问。

5～6日　伊朗外长扎里夫对中国进行正式访问。外交部长王毅同其共同举行两国外长年度会晤机制首次会议。

6日　国务院副总理刘延东同英国卫生大臣亨特在上海共同主持中英高级别人文交流机制第四次会议。

6～9日　加蓬总统邦戈对中国进行国事访问。

7日　第三次中美打击网络犯罪及相关事项高级别联合对话在华盛顿举行。

8～11日　全国人大常委会委员长张德江访问越南。

10～12日　外交部长王毅对瑞士进行工作访问。

11～12日　国务委员杨洁篪访问墨西哥。

12～16日　柬埔寨副首相贺南洪对中国进行工作访问。

14～18日　塞尔维亚第一副总理兼外长达契奇对中国进行正式访问。

18～19日　中共中央政治局委员、中央书记处书记、中宣部部长刘奇葆访问尼泊尔并出席第七届尼泊尔“中国节”暨第二届“加德满都文化论坛”开幕式。

19日　挪威外交大臣布兰德对中国进行正式访问。

19～21日　国务委员杨洁篪赴英国主持第八次中英战略对话。

23日 外交部长王毅赴柬埔寨出席澜沧江—湄公河合作第二次外长会。

25～28日 圣多美和普林西比外交和海外侨民部部长博特略对中国进行正式访问。

附录二

2016年中国外交重要文献

重要讲话、文章和专访

国家主席习近平在沙特《利雅得报》发表署名文章《做共同发展的好伙伴》（2016年1月18日）

国家主席习近平在埃及《金字塔报》发表署名文章《让中阿友谊如尼罗河水奔涌向前》（2016年1月19日）

国家主席习近平在阿盟总部的演讲《共同开创中阿关系的美好未来》（2016年1月21日）

国家副主席李源潮在世界经济论坛2016年年会中国经济和2016年二十国集团峰会专场会上的特别致辞《为世界经济创新发展提供新动能》（2016年1月21日）

国家主席习近平在伊朗媒体发表署名文章《共创中伊关系美好明天》（2016年1月22日）

外交部长王毅在第四次叙利亚人道捐助会议上的讲话（2016年2月4日）

外交部长王毅在美国战略与国际问题研究中心的演

讲（2016年2月24日）

全国人大常委会委员长张德江在各国议会联盟第134届大会上的发言（2016年3月20日）

国务委员杨洁篪在清华—布鲁金斯公共政策研究中心成立10周年纪念晚宴上的致辞（2016年3月22日）

国务院总理李克强在澜沧江—湄公河合作首次领导人会议上的讲话（2016年3月23日）

国务院总理李克强在博鳌亚洲论坛2016年年会开幕式上的主旨演讲（2016年3月25日）

国家主席习近平在第四届核安全峰会上的讲话《加强国际核安全体系，推进全球核安全治理》（2016年4月1日）

国务院副总理张高丽在《巴黎协定》签署仪式开幕式上的讲话（2016年4月22日）

国家主席习近平在亚信第五次外长会议开幕式上的讲话《凝聚共识，促进对话，共创亚洲和平与繁荣的美好未来》（2016年4月28日）

外交部长王毅在亚信第五次外长会议上的主旨发言《深化互信与协作，共促地区安全和发展》（2016年4月28日）

中共中央政治局委员、中央政法委书记孟建柱在第七届安全事务高级代表国际会议上的讲话（2016年5月24日）

中俄友好、和平与发展委员会中方主席戴秉国在“中国和俄罗斯：迈向高质量的双边关系”国际会议开幕式上的致辞（2016年5月31日）

外交部长王毅在巴黎举行的支持中东和平倡议外长会上的讲话（2016年6月3日）

国家主席习近平在第八轮中美战略与经济对话和第七轮中美人文交流高层磋商联合开幕式上的致辞（2016年6月6日）

国家主席习近平在乌兹别克斯坦《人民言论报》和“扎洪”通讯社网站发表署名文章《谱写中乌友好新华章》（2016年6月21日）

国家主席习近平在乌兹别克斯坦议会发表演讲《携手共创丝绸之路新辉煌》（2016年6月22日）

国家主席习近平在上海合作组织成员国元首理事会第16次会议上的讲话《弘扬上海精神、巩固团结互信，全面深化上海合作组织合作》（2016年6月24日）

国家主席习近平在《中俄睦邻友好合作条约》签署15周年纪念大会上的讲话《共创中俄关系更加美好的明天》（2016年6月25日）

国务院总理李克强在2016年夏季达沃斯论坛开幕式上的致辞（2016年

6月27日）

中共中央总书记、国家主席、中央军委主席习近平向中国共产党第六次全国代表大会会址常设展览馆建成仪式致贺辞（2016年7月4日）

国务院总理李克强在第11届亚欧首脑会议上的发言（2016年7月15日）

外交部长王毅在《人民日报》发表署名文章《世纪条约引领中俄关系发展新航程——纪念〈中俄睦邻友好合作条约〉签署十五周年》（2016年7月18日）

国务委员杨洁篪在中非合作论坛约翰内斯堡峰会成果落实协调人会议开幕式上宣读习近平主席贺信并发表主旨讲话(2016年7月29日）

外交部长王毅在中非合作论坛约翰内斯堡峰会成果落实协调人会议全体会上的工作报告(2016年7月29日）

外交部长王毅在第17届“蓝厅论坛”上的致辞《共建“一带一路”，再创丝路辉煌》（2016年8月3日）

国家主席习近平在二十国集团工商峰会开幕式上的主旨演讲《中国发展新起点，全球增长新蓝图》（2016年9月3日）

国家主席习近平在二十国集团领导人第11次峰会上的开幕辞（2016年9月4日）

国务院总理李克强在第19次中国—东盟领导人会议暨中国—东盟建立对话关系25周年纪念峰会上的讲话（2016年9月8日）

国务院总理李克强在第19次东盟与中日韩合作领导人会议上的讲话（2016年9月8日）

国务院总理李克强在第11届东亚峰会上的讲话（2016年9月9日）

国务委员杨洁篪在第六次金砖国家安全事务高级代表会议上的讲话（2016年9月15日）

国务院总理李克强在第71届联合国大会难移民问题高级别会议上的讲话（2016年9月19日）

国务院总理李克强出席第71届联合国大会系列高级别会议期间在纽约经济俱乐部欢迎宴会上的演讲（2016年9月20日）

国务院总理李克强在难民问题领导人峰会上的讲话（2016年9月20日）

国务院总理李克强在第71届联合国大会一般性辩论上的讲话（2016年9月21日）

外交部长王毅在联合国安理会叙利亚问题高级别会议上的讲话（2016年9月23日）

国家主席习近平在金砖国家领导人第八次会晤上的讲话《坚定信心，共谋发展》（2016年10月16日）

国务院副总理张高丽在中菲经贸合作论坛上的讲话（2016年10月20日）

外交部长王毅在“全球反恐论坛”第二次打击网络恐怖主义研讨会上的主旨讲话（2016年10月21日）

国务委员杨洁篪在纪念中国恢复在联合国合法席位45周年招待会上的致辞（2016年10月25日）

国务院总理李克强在《吉尔吉斯斯坦言论报》发表署名文章《共同开创中吉关系美好未来》（2016年11月2日）

国务院总理李克强在《哈萨克斯坦真理报》发表署名文章《推动中哈友好合作迈上新台阶》（2016年11月3日）

国务院总理李克强在上海合作组织成员国政府首脑（总理）理事会第15次会议上的讲话（2016年11月3日）

国务院总理李克强在第五次中国—中东欧国家领导人会晤上的讲话（2016年11月5日）

国务院总理李克强在第六届中国—中东欧国家经贸论坛上的主旨演讲《做长期稳定合作共赢的好伙伴》（2016年11月5日）

国务委员杨洁篪在第三届中国—拉美和加勒比智库论坛开幕式上的致辞（2016年11月7日）

国家主席习近平在2016年亚太经合组织工商领导人峰会上的主旨演讲《深化伙伴关系，增强发展动力》（2016年11月19日）

国家主席习近平在亚太经合组织第24次领导人非正式会议第一阶段会议上的讲话《面向未来开拓进取，促进亚太发展繁荣》（2016年11月20日）

国家主席习近平在秘鲁国会的演讲（2016年11月21日）

国家主席习近平在中拉媒体领袖峰会上的致辞（2016年11月22日）

国家主席习近平致纪念《发展权利宣言》通过30周年国际研讨会的贺信（2016年12月4日）

外交部长王毅在叙利亚国际支持小组第三次外长会上的讲话（2016年12月18日）

声明、宣言和公报

中华人民共和国和沙特阿拉伯王国关于建立全面战略伙伴关系的联合声明（2016年1月19日）

中华人民共和国和伊朗伊斯兰共和国关于建立全面战略伙伴关系的联合声明（2016年1月23日）

中华人民共和国和冈比亚伊斯兰共和国关于恢复外交关系的联合公报

（2016年3月17日）

中国和加勒比建交国外交部间第六次磋商联合新闻公报（2016年3月22日）

中华人民共和国和尼泊尔联合声明（2016年3月23日）

《澜沧江—湄公河合作首次领导人会议三亚宣言》和《澜沧江—湄公河国家产能合作联合声明》（2016年3月23日）

中华人民共和国和捷克共和国关于建立战略伙伴关系的联合声明（2016年3月29日）

中美元首气候变化联合声明（2016年3月31日）

中美核安全合作联合声明（2016年4月1日）

中华人民共和国和斯里兰卡民主社会主义共和国联合声明（2016年4月7日）

中华人民共和国和瑞士联邦关于建立创新战略伙伴关系的联合声明（2016年4月8日）

亚洲相互协作与信任措施会议第五次外长会议关于通过对话促进亚洲和平、安全、稳定和可持续发展的宣言（2016年4月28日）

中华人民共和国和老挝人民民主共和国联合声明（2016年5月4日）

《多哈宣言》和《中国—阿拉伯国家合作论坛2016年至2018年行动执行计划》（2016年5月12日）

中华人民共和国和阿富汗伊斯兰共和国联合声明（2016年5月18日）

中华人民共和国和莫桑比克共和国关于建立全面战略合作伙伴关系的联合声明（2016年5月18日）

上海合作组织成员国外长理事会会议新闻公报（2016年5月24日）

第四轮中德政府磋商联合声明(2016年6月13日)

中华人民共和国和塞尔维亚共和国关于建立全面战略伙伴关系的联合声明（2016年6月18日）

中华人民共和国和波兰共和国关于建立全面战略伙伴关系的联合声明（2016年6月20日）

中华人民共和国和乌兹别克斯坦共和国联合声明（2016年6月22日）

《上海合作组织成立十五周年塔什干宣言》和《上海合作组织成员国元首理事会会议新闻公报》（2016年6月24日）

中华人民共和国和俄罗斯联邦联合声明、中华人民共和国主席和俄罗斯联邦总统关于加强全球战略稳定的联合声明、中华人民共和国主席和俄罗斯联邦总统关于协作推进信息网络空间发展的联合声明、中俄关于促进国际法的联合声明（2016年6月25日）

中华人民共和国和希腊共和国关于加强全面战略伙伴关系的联合声明（2016年7月5日）

中华人民共和国和巴布亚新几内亚独立国联合新闻稿（2016年7月7日）

《中华人民共和国外交部关于应菲律宾共和国请求建立的南海仲裁案仲裁庭所作裁决的声明》和《中华人民共和国政府关于在南海的领土主权和海洋权益的声明》（2016年7月12日）

中国坚持通过谈判解决中国与菲律宾在南海的有关争议（2016年7月13日）

2016年至2020年中华人民共和国政府与哥斯达黎加共和国政府合作共同行动框架（2016年7月18日）

中国与东盟国家外交部长关于全面有效落实《南海各方行为宣言》的联合声明（2016年7月25日）

东盟地区论坛关于加强犯罪分子跨境流动管理合作声明（2016年7月27日）

中华人民共和国和加拿大联合新闻稿（2016年9月1日）

金砖国家领导人杭州非正式会晤媒体声明（2016年9月4日）

二十国集团领导人杭州峰会公报（2016年9月5日）

《中国与东盟国家关于在南海适用〈海上意外相遇规则〉的联合声明》和《中国与东盟国家应对海上紧急事态外交高官热线平台指导方针》（2016年9月7日）

《中国—东盟建立对话关系25周年纪念峰会联合声明》和《中国—东盟产能合作联合声明》（2016年9月8日）

东盟与中日韩关于促进可持续发展合作声明（2016年9月8日）

东亚峰会促进东亚基础设施发展合作万象宣言（2016年9月9日）

中华人民共和国和老挝人民民主共和国联合公报（2016年9月9日）

中华人民共和国和秘鲁共和国关于深化全面战略伙伴关系的联合声明（2016年9月13日）

中华人民共和国和越南社会主义共和国联合公报（2016年9月14日）

中华人民共和国政府和加拿大政府关于开展第三方市场合作的联合声明（2016年9月22日）

中华人民共和国和加拿大联合声明（2016年9月23日）

中华人民共和国和白俄罗斯共和国关于建立相互信任、合作共赢的全面战略伙伴关系的联合声明（2016年9月29日）

中华人民共和国和柬埔寨王国联合声明（2016年10月13日）

中华人民共和国和孟加拉人民共和国关于建立战略合作伙伴关系的联

合声明（2016年10月14日）

《金砖国家领导人第八次会晤果阿宣言》及《果阿行动计划》(2016年10月16日）

中华人民共和国和乌拉圭东岸共和国关于建立战略伙伴关系的联合声明（2016年10月18日）

中华人民共和国和菲律宾共和国联合声明（2016年10月23日）

中华人民共和国政府和吉尔吉斯共和国政府联合公报（2016年11月2日）

上海合作组织成员国政府首脑（总理）理事会第十五次会议联合公报（2016年11月3日）

《里加声明》和《中国—中东欧国家合作里加纲要》(2016年11月5日）

中俄总理第21次定期会晤联合公报、中俄政府首脑关于深化和平利用核能领域战略合作的联合声明、中华人民共和国政府和俄罗斯联邦政府关于中俄国界第一次联合检查成果的联合声明（2016年11月7日）

中华人民共和国与厄瓜多尔共和国关于建立全面战略伙伴关系的联合声明（2016年11月17日）

亚太经合组织第24次领导人非正式会议宣言（2016年11月20日）

中华人民共和国政府与秘鲁共和国政府2016年至2021年共同行动计划（2016年11月21日）

中华人民共和国和智利共和国关于建立全面战略伙伴关系的联合声明（2016年11月22日）

澜沧江—湄公河合作第二次外长会联合新闻公报（2016年12月23日）

中华人民共和国和圣多美和普林西比民主共和国关于恢复外交关系的联合公报（2016年12月26日）

其　他

中国对阿拉伯国家政策文件（2016年1月13日）

第八轮中美战略与经济对话框架下战略对话具体成果清单（2016年6月8日）

中美元首杭州会晤中方成果清单（2016年9月3日）

中美气候变化合作成果（2016年9月3日）

第71届联合国大会中方立场文件（2016年9月7日）

中国对拉丁美洲和加勒比政策文件（2016年11月24日）

附录三

（一）2016年中华人民共和国外交部组织机构表

办　公　厅
政策规划司
亚　洲　司
西亚北非司
非　洲　司
欧　亚　司
欧　洲　司
北美大洋洲司
拉丁美洲和加勒比司
国　际　司
国际经济司
军　控　司
条约法律司

边界与海洋事务司
新　闻　司
礼　宾　司
领　事　司（领事保护中心）
香港澳门台湾事务司
翻　译　司
外事管理司
涉外安全事务司
干　部　司
离退休干部局
行　政　司
财　务　司
机关党委（部党委国外工作局）
档　案　馆
服务中心

（二）中华人民共和国外交部领导成员名单

王　毅　　外交部长
张业遂　　外交部副部长
李保东　　外交部副部长
王　超　　外交部副部长
谢杭生　　外交部领导成员
刘振民　　外交部副部长
张　明　　外交部副部长
郑泽光　　外交部副部长
钱洪山　　外交部部长助理
李惠来　　外交部部长助理
孔铉佑　　外交部部长助理
秦　刚　　外交部部长助理

（三）同中国建交的国家、建交日期和2016年中国驻外使节一览表

（以建交先后为序）

序号	国名	建交日期	中国在任使节
1	俄罗斯联邦①	1949年10月3日	李辉
2	保加利亚共和国	1949年10月4日	魏敬华 张海舟（6月以后）
3	罗马尼亚	1949年10月5日	徐飞洪
4	匈牙利	1949年10月6日	段洁龙
5	朝鲜民主主义人民共和国	1949年10月6日	李进军
6	捷克共和国②	1949年10月6日	马克卿（女）
7	斯洛伐克共和国	1949年10月6日	林琳
8	波兰共和国	1949年10月7日	徐坚
9	蒙古	1949年10月16日	邢海明
10	阿尔巴尼亚共和国	1949年11月23日	姜瑜（女）
11	越南社会主义共和国	1950年1月18日	洪小勇
12	印度共和国	1950年4月1日	乐玉成 罗照辉（9月以后）
13	印度尼西亚共和国	1950年4月13日	谢锋
14	瑞典王国	1950年5月9日	陈育明
15	丹麦王国	1950年5月11日	刘碧伟
16	缅甸联邦	1950年6月8日	洪亮
17	瑞士联邦	1950年9月14日	许镜湖（女） 耿文兵（2月以后）
18	列支敦士登公国③	1950年9月14日	毛静秋（女）（兼） 高燕平（女） （1月以后）
19	芬兰共和国	1950年10月28日	于庆泰 陈立（10月以后）
20	巴基斯坦伊斯兰共和国	1951年5月21日	孙卫东
21	挪威王国	1954年10月5日	赵军 王民（3月以后）

续表

序号	国名	建交日期	中国在任使节
22	塞尔维亚共和国④	1955年1月2日	李满长
23	阿富汗伊斯兰共和国	1955年1月20日	姚敬
24	尼泊尔联邦民主共和国	1955年8月1日	吴春太 于红（女） （11月以后）
25	阿拉伯埃及共和国	1956年5月30日	宋爱国
26	阿拉伯叙利亚共和国	1956年8月1日	王克俭 齐前进（8月以后）
27	也门共和国	1956年9月24日	田琦
28	斯里兰卡民主社会主义共和国	1957年2月7日	易先良
29	柬埔寨王国	1958年7月19日	布建国（女） 熊波（9月以后）
30	伊拉克共和国	1958年8月25日	王勇 陈伟庆（3月以后）
31	摩洛哥王国	1958年11月1日	孙树忠
32	阿尔及利亚民主人民共和国	1958年12月20日	杨广玉
33	苏丹共和国	1959年2月4日	李连和
34	几内亚共和国	1959年10月4日	卞建强
35	加纳共和国	1960年7月5日	孙保红（女）
36	古巴共和国	1960年9月28日	张拓 陈曦（10月以后）
37	马里共和国	1960年10月25日	陆慧英（女）
38	索马里联邦共和国⑤	1960年12月14日	韦宏添
39	刚果民主共和国	1961年2月20日	王同庆
40	老挝人民民主共和国	1961年4月25日	关华兵
41	乌干达共和国	1962年10月18日	赵亚力 郑竹强（11月以后）
42	肯尼亚共和国	1963年12月14日	刘显法
43	布隆迪共和国	1963年12月21日	卓瑞生
44	突尼斯共和国	1964年1月10日	边燕花（女）
45	法兰西共和国	1964年1月27日	翟隽
46	刚果共和国	1964年2月22日	夏煌
47	坦桑尼亚联合共和国	1964年4月26日	吕友清
48	中非共和国	1964年9月29日	马福林
49	赞比亚共和国	1964年10月29日	杨优明
50	贝宁共和国	1964年11月12日	刁鸣生

续表

序号	国名	建交日期	中国在任使节
51	毛里塔尼亚伊斯兰共和国	1965年7月19日	武东
52	加拿大	1970年10月13日	罗照辉（9月后空缺）
53	赤道几内亚共和国	1970年10月15日	赵宏声
54	意大利共和国	1970年11月6日	李瑞宇
55	埃塞俄比亚联邦民主共和国	1970年11月24日	腊翊凡
56	智利共和国	1970年12月15日	李宝荣
57	尼日利亚联邦共和国	1971年2月10日	顾小杰 周平剑（9月以后）
58	科威特国	1971年3月22日	王镝
59	喀麦隆共和国	1971年3月26日	魏文华
60	圣马力诺共和国[⑥]	1971年5月6日	李瑞宇（兼）
61	奥地利共和国	1971年5月28日	赵彬 李晓驷（9月以后）
62	塞拉利昂共和国	1971年7月29日	赵彦博 吴鹏（11月以后）
63	土耳其共和国	1971年8月4日	郁红阳
64	伊朗伊斯兰共和国	1971年8月16日	庞森
65	比利时王国	1971年10月25日	曲星
66	秘鲁共和国	1971年11月2日	贾桂德
67	黎巴嫩共和国	1971年11月9日	姜江 王克俭（8月以后）
68	卢旺达共和国	1971年11月12日	潘和钧
69	塞内加尔共和国	1971年12月7日	张迅
70	冰岛共和国	1971年12月8日	张卫东
71	塞浦路斯共和国	1971年12月14日	刘昕生 黄星原（8月以后）
72	马耳他共和国	1972年1月31日	蔡金彪 姜江（6月以后）
73	墨西哥合众国	1972年2月14日	邱小琪
74	阿根廷共和国	1972年2月19日	杨万明
75	大不列颠及北爱尔兰联合王国	1972年3月13日	刘晓明
76	毛里求斯共和国	1972年4月15日	李立
77	荷兰王国	1972年5月18日	陈旭 吴恳（5月以后）
78	希腊共和国	1972年6月5日	邹肖力

续表

序号	国名	建交日期	中国在任使节
79	圭亚那共和国	1972年6月27日	张利民 崔建春（12月以后）
80	多哥共和国	1972年9月19日	刘豫锡
81	日本国	1972年9月29日	程永华
82	德意志联邦共和国	1972年10月11日	史明德
83	马尔代夫共和国⑦	1972年10月14日	王福康
84	马达加斯加共和国	1972年11月6日	杨民 杨小茸（女） （2月以后）
85	卢森堡大公国	1972年11月16日	黄长庆
86	牙买加	1972年11月21日	牛清报
87	乍得共和国	1972年11月28日	胡志强 吴杰（3月以后）
88	澳大利亚联邦	1972年12月21日	马朝旭 成竞业（5月以后）
89	新西兰	1972年12月22日	王鲁彤
90	西班牙王国	1973年3月9日	吕凡
91	几内亚比绍共和国	1974年3月15日	王华
92	加蓬共和国	1974年4月20日	孙继文 胡长春（11月以后）
93	马来西亚	1974年5月31日	黄惠康
94	特立尼达和多巴哥共和国	1974年6月20日	黄星原 宋昱旻（8月以后）
95	委内瑞拉玻利瓦尔共和国	1974年6月28日	赵本堂
96	尼日尔共和国	1974年7月20日	石虎 张立军（11月以后）
97	巴西联邦共和国	1974年8月15日	李金章
98	博茨瓦纳共和国	1975年1月6日	郑竹强 赵彦博（11月以后）
99	菲律宾共和国	1975年6月9日	赵鉴华
100	莫桑比克共和国	1975年6月25日	苏健
101	泰王国	1975年7月1日	宁赋魁
102	孟加拉人民共和国	1975年10月4日	马明强
103	斐济群岛共和国	1975年11月5日	张平
104	萨摩亚独立国	1975年11月6日	王雪峰
105	科摩罗联盟	1975年11月13日	肖明

续表

序号	国名	建交日期	中国在任使节
106	佛得角共和国	1976年4月25日	杜小丛
107	苏里南共和国	1976年5月28日	杨子刚 张晋雄（5月以后）
108	塞舌尔共和国	1976年6月30日	殷立贤（女） 余劲松（12月以后）
109	巴布亚新几内亚独立国	1976年10月12日	李瑞佑
110	利比里亚共和国	1977年2月17日	张越
111	约旦哈希姆王国	1977年4月7日	潘伟芳
112	巴巴多斯	1977年5月30日	王克（女）
113	阿曼苏丹国	1978年5月25日	于福龙
114	利比亚国	1978年8月9日	李志国
115	美利坚合众国	1979年1月1日	崔天凯
116	吉布提共和国	1979年1月8日	符华强
117	葡萄牙共和国	1979年2月8日	蔡润
118	爱尔兰共和国	1979年6月22日	徐建国 岳晓勇（6月以后）
119	厄瓜多尔共和国	1980年1月2日	王玉林
120	哥伦比亚共和国	1980年2月7日	李念平
121	津巴布韦共和国	1980年4月18日	黄屏
122	瓦努阿图共和国	1982年3月26日	谢波华 刘全（2月以后）
123	安提瓜和巴布达	1983年1月1日	任共平 王宪民（5月以后）
124	安哥拉共和国	1983年1月12日	崔爱民
125	科特迪瓦共和国	1983年3月2日	唐卫斌
126	莱索托王国	1983年4月30日	胡定贤 孙祥华（5月以后）
127	阿拉伯联合酋长国	1984年11月1日	常华 倪坚（11月以后）
128	多民族玻利维亚国⑧	1985年7月9日	吴元山
129	格林纳达	1985年10月1日	欧渤芊（女）
130	乌拉圭东岸共和国	1988年2月3日	董晓军
131	卡塔尔国	1988年7月9日	李琛
132	巴勒斯坦国⑨	1988年11月20日	陈兴忠
133	巴林王国	1989年4月18日	戚振宏
134	密克罗尼西亚联邦	1989年9月11日	李杰

续表

序号	国名	建交日期	中国在任使节
135	纳米比亚共和国	1990年3月22日	忻顺康 邱学军（12月以后）
136	沙特阿拉伯王国	1990年7月21日	李成文 李华新（5月以后）
137	新加坡共和国	1990年10月3日	陈晓东
138	爱沙尼亚共和国	1991年9月11日	曲喆
139	拉脱维亚共和国	1991年9月12日	黄勇
140	立陶宛共和国	1991年9月14日	魏瑞兴
141	文莱达鲁萨兰国	1991年9月30日	杨健（女）
142	乌兹别克斯坦共和国	1992年1月2日	孙立杰
143	哈萨克斯坦共和国	1992年1月3日	张汉晖
144	乌克兰	1992年1月4日	张喜云 杜伟（6月以后）
145	塔吉克斯坦共和国	1992年1月4日	岳斌
146	吉尔吉斯共和国	1992年1月5日	齐大愚 肖清华（9月以后）
147	土库曼斯坦	1992年1月6日	肖清华 孙炜东（10月以后）
148	白俄罗斯共和国	1992年1月20日	崔启明
149	以色列国	1992年1月24日	詹永新
150	摩尔多瓦共和国	1992年1月30日	张迎红
151	阿塞拜疆共和国	1992年4月2日	宏九印 魏敬华（6月以后）
152	亚美尼亚共和国	1992年4月6日	田二龙
153	斯洛文尼亚共和国	1992年5月12日	叶皓
154	克罗地亚共和国	1992年5月13日	邓英（女）
155	格鲁吉亚	1992年6月9日	季雁池
156	韩国	1992年8月24日	邱国洪
157	厄立特里亚国	1993年5月24日	邱学军
158	马其顿共和国	1993年10月12日	温振顺 殷立贤（女） （11月以后）
159	安道尔公国⑩	1994年6月29日	吕凡（兼）
160	摩纳哥公国⑪	1995年1月16日	翟隽（兼）
161	波斯尼亚和黑塞哥维那	1995年4月3日	陈波（女）

续表

序号	国名	建交日期	中国在任使节
162	巴哈马国	1997年5月23日	苑桂森 黄亲国（5月以后）
163	库克群岛[12]	1997年7月25日	王鲁彤（兼）
164	南非共和国	1998年1月1日	田学军
165	汤加王国	1998年11月2日	黄华光
166	东帝汶民主共和国	2002年5月20日	刘洪洋
167	多米尼克共和国	2004年3月23日	李江宁 卢坤（11月以后）
168	黑山[13]	2006年7月6日	崔志伟
169	哥斯达黎加共和国	2007年6月1日	宋彦斌
170	纽埃[14]	2007年12月12日	王鲁彤（兼）
171	马拉维共和国	2007年12月28日	张清洋 王世廷（3月以后）
172	南苏丹共和国	2011年7月9日	马强 何向东（9月以后）
173	冈比亚共和国	2016年3月17日	张吉明（7月以后）
174	圣多美和普林西比民主共和国	2016年12月26日	无

注：

① 1949年10月3日系中国与前苏联建交日。1991年12月27日，国务委员兼外长钱其琛致电俄罗斯外长，宣布中国承认俄罗斯联邦政府并决定中国驻前苏联大使改任驻俄罗斯大使。

② 1949年10月6日系中国与原捷克斯洛伐克建交日。1992年12月31日捷斯联邦解体，1993年1月1日捷克共和国和斯洛伐克共和国成为独立主权国家，中国政府分别予以承认并与两国建立大使级外交关系。

③ 中国驻苏黎世总领事兼任驻列支敦士登公国总领事。

④ 1955年1月2日系中国与前南斯拉夫社会主义联邦共和国建交日。2003年2月4日，南斯拉夫联盟共和国将国名改为塞尔维亚和黑山。2006年6月3日，黑山共和国独立，塞尔维亚共和国继承塞黑国际法主体地位。6月14日，中国外交部照会塞外交部，宣布中国驻塞尔维亚和黑山特命全权大使转任驻塞尔维亚共和国特命全权大使，驻塞黑使馆同时更名。

⑤ 由于索马里国内原因，中国驻索马里外交人员曾于1991年撤离。2014年10月，中国驻索马里使馆复馆。

⑥ 中国驻意大利大使兼任驻圣马力诺大使。

⑦ 中国2011年11月在马尔代夫共和国设立大使馆。中国驻斯里兰卡大使不再兼任驻马尔代夫大使。

⑧ 2009年3月，玻利维亚共和国将国名改为多民族玻利维亚国。

⑨ 1995年12月，中国在加沙设立驻巴勒斯坦民族权力机构办事处，2004年5月迁至拉马拉，2013年10月更名为驻巴勒斯坦国办事处。2008年6月，中国驻突尼斯大使不再兼任驻巴勒斯坦国大使，由驻巴办主任（大使衔）全权负责同巴勒斯坦交往事宜。

⑩ 中国驻西班牙大使兼任驻安道尔公国大使。

⑪ 中国同摩纳哥公国自1995年1月16日起建立领事关系，中国驻马赛总领事兼任驻摩纳哥总领事。2006年2月升格为大使级外交关系，中国驻法国大使兼任驻摩纳哥大使。

⑫ 中国驻新西兰大使兼任驻库克群岛大使。

⑬ 2007年10月19日，黑山共和国将国名改为黑山。

⑭ 中国驻新西兰大使兼任驻纽埃大使。

（四）中华人民共和国常驻联合国、驻其他国际组织代表团（处）名称、驻地和2016年常驻代表（团长）一览表

名称	驻地	常驻代表
中华人民共和国常驻联合国代表团	纽约	刘结一大使
中华人民共和国常驻联合国日内瓦办事处和瑞士其他国际组织代表团	日内瓦	吴海龙大使 马朝旭大使 （2月以后）
中华人民共和国常驻联合国维也纳办事处和其他国际组织代表团	维也纳	成竞业大使 史忠俊大使 （4月以后）
中华人民共和国驻欧盟使团	布鲁塞尔	杨燕怡大使（女）
中华人民共和国常驻美洲国家组织观察员办事处[①]	华盛顿	崔天凯大使（兼）
中华人民共和国常驻禁止化学武器组织代表团[②]	海牙	陈旭大使（兼） 吴恳大使（兼） （5月以后）
中华人民共和国常驻联合国环境规划署代表处[③]	内罗毕	刘显法大使（兼）
中华人民共和国常驻联合国人居署代表处[④]	内罗毕	刘显法大使（兼）
中华人民共和国常驻国际海底管理局代表处[⑤]	金斯敦	牛清报大使
中华人民共和国常驻世界贸易组织代表团	日内瓦	俞建华大使
中华人民共和国常驻联合国教育、科学及文化组织代表团	巴黎	张秀琴（女） （代表）
中华人民共和国常驻联合国粮农机构代表处	罗马	牛盾（代表）
中华人民共和国常驻国际民用航空组织代表处	蒙特利尔	马涛（代表）
中华人民共和国常驻联合国亚洲及太平洋经济社会委员会代表处	曼谷	黎弘（代表）
中华人民共和国驻东盟使团	雅加达	徐步大使
中华人民共和国驻非盟使团	亚的斯亚贝巴	旷伟霖大使

注：

① 中国驻美国大使兼任中国常驻美洲国家组织观察员。
② 中国驻荷兰大使兼任中国常驻禁止化学武器组织代表。
③ 中国驻肯尼亚大使兼任中国常驻联合国环境规划署代表。
④ 中国驻肯尼亚大使兼任中国常驻联合国人居署代表。
⑤ 中国驻牙买加大使兼任中国常驻国际海底管理局代表。

（五）中国与外国互设领事机构一览表*

（按国名英文字母顺序排列）

1. 中国在外国设立领事机构一览表

（1）总领事馆

序号	国名	驻地	协议日期	开馆日期	领区	2016年在任馆长
1	澳大利亚	悉尼	1978.9.18	1979.3.19	新南威尔士州	顾小杰
2	澳大利亚	墨尔本	1986.6.23	1986.9.11	维多利亚州、塔斯马尼亚州	赵建
3	澳大利亚	珀斯	1994.4.15	1994.10.18	西澳大利亚州	雷克中
4	澳大利亚	布里斯班	2006.9.22	2005.4	昆士兰州	赵永琛
5	澳大利亚	阿德莱德	2015.1.30	2016.1.18	南澳洲	饶宏伟
6	奥地利	萨尔茨堡	1994.6.24	未开馆	萨尔茨堡、克恩顿州、蒂罗尔州、拉弗尔格州	无
7	比利时	安特卫普	1985.6.3	未开馆	安特卫普省、东佛兰德省、西佛兰德省	无
8	玻利维亚	圣克鲁斯	2013.12.23	1992.5.6设总领馆。2002.3.1降为领事馆。2013.12.23升为总领馆	圣克鲁斯省	欧箭虹
9	巴西	圣保罗	1984.8.15	1985.11.4	圣保罗州、巴拉那州、圣卡塔林纳州、南里约格郎德州	宋扬
10	巴西	里约热内卢	1991.8.5	1992.6.15	里约热内卢州、米纳斯吉拉斯州、圣埃斯皮里托州、巴伊亚州	李杨

* 更新日期：2016年12月31日。

 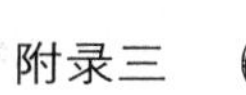 

续表

序号	国名	驻地	协议日期	开馆日期	领区	2016年在任馆长
11	巴西	累西腓	2013.11.27	2016.2.22	伯南布哥州、帕拉伊巴州、北里奥格朗德州、塞阿拉州、皮奥伊州、马拉尼昂州、阿拉戈斯州和塞尔希培	李飞月
12	加拿大	温哥华	1973.10.24	1974.11.17	不列颠哥伦比亚省、育空地区	刘菲
13	加拿大	多伦多	1980.8.25	1984.12.20	安大略省、曼尼托巴省	薛冰
14	加拿大	卡尔加里	1997.11.28	1998.10.2	阿尔伯塔省、萨斯喀彻温省、西北地区	王新平
15	加拿大	蒙特利尔	2010.3.22	2011.6.23	魁北克省、新不伦瑞克省	彭惊涛
16	智利	伊基克	1985.4.29	1997.12.30（2002年4月1日起暂时关闭）。2010.10复馆，2011.5.25正式开馆。	第一行政区、第二行政区、第十五行政区	陈平
17	朝鲜	清津	1986.9.15	1987.7.1	咸境北道、咸境南道、两江道和罗先特别市	吴建军
18	厄瓜多尔	瓜亚基尔	1984.5.17	1984.9.10	瓜亚斯省、马纳维省、洛斯里奥斯省、埃尔奥罗省	雷同立
19	埃及	亚历山大	1967.7.4	1968.2.5	塞得港省、亚历山大省、伊斯梅利亚省、苏伊士省	徐南山
20	赤道几内亚	巴塔	2013.5.13	2014.6.25	海岸省、中南省、基埃-恩特姆省及维勒-恩萨斯省	顾稼丰
21	法国	马赛	1980.10.17	1985.12.19	阿尔卑斯滨海省、阿尔代什省、罗纳河口省、加尔省、埃罗省、伊泽尔省、卢瓦尔省、罗纳省、瓦尔省	朱立英
22	法国	斯特拉斯堡	1997.3.21	1998.4.28	阿尔萨斯、洛林、弗朗斯贡地、香槟阿登四个大区的14个省	何彦军

续表

序号	国名	驻地	协议日期	开馆日期	领区	2016年在任馆长
23	法国	里昂	2006.9.13	2009.12.2	安省、阿尔代什省、德龙省、伊泽尔省、卢瓦尔省、罗讷省、上萨瓦省、萨瓦省、阿列省、康塔尔省、多姆山省、上卢瓦尔省	王菊
24	法国	圣但尼	2007.6.25	2010.2.6	留尼汪省	郭玮
25	德国	汉堡	1979.10.24	1984.5.14	汉堡州、不来梅州、下萨克森州、石勒苏益格-荷斯泰因州	孙从彬
26	德国	慕尼黑	1995.7.13	1997.6.7	巴伐利亚州	毛静秋
27	德国	法兰克福	2003.12.1	2005.6.23	黑森州、巴登-符腾堡州、莱茵兰-普法耳茨州、萨尔州	王顺卿
28	德国	杜塞尔多夫	2014.3.28	2015.12.19	北莱茵-威斯特法伦州	冯海阳
29	印度	孟买	1991.12.13	1992.12.8	孟买市、马哈拉斯特拉邦、卡纳塔克邦	郑曦原
30	印度	加尔各答	2006.11.21	2008.9.7	西孟加拉邦、奥里萨邦、查提斯加尔邦、贾坎德邦、比哈尔邦	马占武
31	印度	金奈	2015.5.15	未开馆	泰米尔纳德邦、喀拉拉邦和安德拉邦	无
32	印度尼西亚	泗水	2005.2.28	2006.11.9	东爪哇省、中爪哇省、日惹特区、北马鲁古省和马鲁古省	顾景奇
33	印度尼西亚	棉兰	2009.11.30	2011.9.8	北苏门答腊省、南苏门答腊省、西苏门答腊省、占碑省、朋古鲁省、廖内省、廖内群岛、邦加和勿里洞省、楠榜省及亚齐特区	朱洪海
34	印度尼西亚	登巴萨	2013.9.27	2014.12.8	巴厘省、东努沙登加拉省和西努沙登加拉省	胡银全

 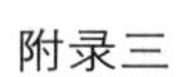 

续表

序号	国名	驻地	协议日期	开馆日期	领区	2016年在任馆长
35	伊拉克	埃尔比勒	2014.5.4	2014.12.30	埃尔比勒省、苏莱曼尼亚省和代胡克省	谭邦林
36	意大利	米兰	1979.11.6	1985.6.11	伦巴第大区、艾米利亚–罗马涅大区、皮埃蒙特大区、威尼托大区	宋雪峰
37	意大利	佛罗伦萨	1997.11.3	1998.6.1	托斯卡纳大区、翁布里亚大区、马尔凯大区、利古里亚大区	王辅国
38	日本	大阪	1975.8.15	1976.3.8	大阪府、京都府、兵库县、奈良县、和歌山县、滋贺县、爱媛县、香川县、高知县、德岛县、岛根县、鸟取县、广岛县、冈山县	李天然
39	日本	札幌	1980.2.1	1980.9.10	北海道、青森县、秋田县、岩手县	孙振勇
40	日本	福冈	1984.12.26	1985.5.4	福冈县、佐贺县、大分县、熊本县、鹿儿岛县、宫崎县、冲绳县、山口县	何振良
41	日本	长崎	1984.12.26	1985.5.4	长崎县	刘亚明
42	日本	名古屋	2007.8.20	2007.8.20	爱知县、岐阜县、富山县、石川县、三重县、福井县	邓伟
43	日本	新潟	2009.6.25	2010.6.24	新潟县、山形县、福岛县和宫城县	孙大刚
44	哈萨克斯坦	阿拉木图	2007.8.18	2008.12.23	阿拉木图市、南哈萨克斯坦州、江布尔州、东哈萨克斯坦州、阿拉木图州	张伟
45	吉尔吉斯斯坦	奥什市	2011.9.14	2013.5.3	巴特肯州、贾拉拉巴德州、奥什州、奥什市	宋利群
46	老挝	沙湾拿吉	1991.12.25	未开馆	沙湾拿吉、沙拉湾、占巴塞、色贡、阿速坡、甘蒙	无
47	老挝	琅勃拉邦	2012.8.14	2013.12.25	琅勃拉邦省、丰沙里省、乌多姆塞省、琅南塔省、波乔省和华潘省	黎宝光

续表

序号	国名	驻地	协议日期	开馆日期	领区	2016年在任馆长
48	列支敦士登	瓦杜兹	1950.9.14	1988.9.15	全国	高燕平
49	马来西亚	古晋	1993.10.18	1994.8.3	沙捞越州、沙巴州、纳闽联邦直辖区	付吉军
50	马来西亚	哥打基纳巴卢	2014.5.29	2015.4.27	沙巴州和纳闽联邦直辖区	陈佩洁
51	马来西亚	槟城	2014.5.29	2015.12.22	槟榔屿州、玻璃市州、霹雳州和吉打州	吴骏
52	墨西哥	蒂华纳	1984.10.10	1985.8.15	北下加利福尼亚州、南下加利福尼亚州、奇瓦瓦州、索诺拉州	王坚
53	蒙古	扎门乌德	2012.12.27	2014.7.3	东戈壁省、南戈壁省、中戈壁省、苏赫巴托省和东方省	柴文睿
54	缅甸	曼德勒	1993.4.28	1994.8.22	曼德勒省、克钦邦、掸邦	王宗颖
55	荷兰	威廉斯塔德	2013.6.11	2014.9.25	由库拉索、阿鲁巴、圣马丁、圣俄斯塔休斯、博纳尔、萨巴组成的荷兰王国加勒比地区	张维欣
56	新西兰	奥克兰	1991.5.9	1992.6.15	奥克兰区、怀卡托区、北部区	许尔文
57	新西兰	克赖斯特彻奇	2010.6.14	2011.12.2	坎特伯雷、魔尔伯勒、尼尔森、奥塔戈、塔斯曼、西岸和南部地区	金智健
58	尼日利亚	拉各斯	2003.8.27	2003.9.3	拉各斯州、奥贡州、奥逊州、埃基提州、翁多州、科吉州、埃多州、三角州、巴耶尔萨州、阿南布拉州、依莫州、河流州、埃努古州、阿比亚州、阿夸伊博姆州、纳萨拉瓦州、贝努埃州、埃邦伊州、十字河州、塔拉巴州	巢小良
59	巴基斯坦	卡拉奇	1966.5.16	1966.8.5	卡拉奇省、信德省、俾路支省	王愚

续表

序号	国名	驻地	协议日期	开馆日期	领区	2016年在任馆长
60	巴基斯坦	拉合尔	2014.7.9	2015.5.30	除拉瓦尔品第外的旁遮普省35个县	龙定斌
61	菲律宾	宿务	1994.12.8	1995.10.2	伊洛伊洛省、西内格罗省、保各省、宿务省、东内格罗省、锡基霍尔省、东萨马省、莱特省、北萨马省、西萨马省、南莱特省，巴西兰省、苏禄省、塔威塔威省、北三宝颜省、南三宝颜省、北阿古桑省、南阿古桑省、布基农省、卡米昆省、西米萨米斯省、东米萨米斯省、北苏里高省、南苏里高省、北达沃省、南达沃省、东达沃省、南哥打巴托省、北哥打巴托省、北拉瑙省、南拉瑙省、马京达瑙省、苏丹库达拉省	施泳
62	菲律宾	达沃	1996.11.26	未开馆	领区未定	无
63	波兰	革但斯克	1954.4.7	1958. 12.1	格但斯克省、奥尔什汀省、什切青省、艾尔布朗格省、托伦省、斯佤普斯克省、比得哥煦省、伏沃茨瓦维克省	赵秀珍
64	韩国	釜山	1992.12.30	1993.9.6	釜山市、庆尚南道、庆尚北道	郭鹏
65	韩国	光州	2008.10.20	2009.6.18	光州广域市、全罗北道、全罗南道	孙显宇
66	韩国	济州	2012.1.4	2012.7.14	济州特别自治道	冯春台
67	罗马尼亚	康斯坦察	1978.8.21	1985.12.16	康斯坦察市、康斯坦察县、图尔恰县、加拉茨县、布勒依拉县	梁才德

续表

序号	国名	驻地	协议日期	开馆日期	领区	2016年在任馆长
68	俄罗斯	圣彼得堡	1985.6.13	1986.12.10	圣彼得堡市、列宁格勒州、卡累利阿自治共和国、摩尔曼斯克州、普斯科夫州、阿尔汉格尔斯克州、诺夫哥罗德州	郭敏
69	俄罗斯	哈巴罗夫斯克	1990.9.25	1992.9.9	哈巴罗夫斯克边疆区、滨海边疆区、萨哈林州、阿穆尔州、犹太自治州	郭志军
70	俄罗斯	叶卡捷琳堡	2004.10.14	2009.9.25	克拉斯诺亚尔斯克边疆区、新西伯利亚州、鄂木斯克州、斯维尔德洛夫斯克州、秋明州、车里雅宾斯克州	耿丽萍
71	俄罗斯	伊尔库茨克	2006.12.22	2009.12.18	布里亚特共和国、图瓦共和国、哈卡西共和国、伊尔库茨克州、赤塔州	曹云龙
72	俄罗斯	符拉迪沃斯托克	2015.9.3协议升格为总领馆	领事办公室于2005.3.1开设，目前尚未举行开馆仪式	勘察加边疆区、滨海边疆区、马加丹州、萨哈林州、楚科奇自治区	闫文滨
73	俄罗斯	喀山	2015.9.3	未开馆	巴什科尔托斯坦共和国、马里埃尔共和国、莫尔多瓦共和国、鞑靼斯坦共和国、乌德穆尔特共和国、下诺夫哥罗德州、奥伦堡州、奔萨州、萨马拉州、萨拉托夫州、乌里扬诺夫斯克州	吴颖钦
74	沙特阿拉伯	吉达	1992.2.16	1993.4.25	吉达市、塔伊夫市、麦加省、麦地那省	安瓦尔
75	南非	约翰内斯堡	1997.12.30	1999.2.3	豪登省、自由州省	阮平
76	南非	开普敦	1997.12.30	1999.2.9	西开普省、东开普省、北开普省	康勇
77	南非	德班	1997.12.30	1999.2.9	夸祖鲁、纳塔尔省	王建州

续表

序号	国名	驻地	协议日期	开馆日期	领区	2016年在任馆长
78	西班牙	巴塞罗那	1985.6.16	1987.4.6	巴塞罗那省、赫罗那省、莱里达省、塔拉戈纳省	汤恒
79	瑞典	哥德堡	1996.7.3	1997.4.7	韦尔姆兰、斯科耐、延雪平、哈兰德、克鲁努贝里、布莱金厄、西约特兰省	刘春
80	瑞士	苏黎世	1986.6.13	1988.9.15	苏黎世州、沙夫豪森州、图尔高州、圣加伦州、内罗登阿本策尔半州、外罗登阿本策尔半州、格劳宾登州、格拉鲁斯州、施维茨州、楚格州、阿尔高州、卢塞恩州	高燕平
81	坦桑尼亚	桑给巴尔	1999.1.11升格为总领馆	1964.5.24	桑给巴尔地区	谢小武
82	泰国	清迈	1988.7.22	1991.4.10	清迈府、清莱府、夜丰颂府、南奔府、南邦府、拍夭府、难府、帕府、程逸府、彭世洛府、素可泰府、达府	任义生
83	泰国	宋卡	1993.8.16	1994.7.27	宋卡府、春蓬府、拉廊府、素叻他尼府、攀牙府、普吉府、甲米府、洛坤府、董里府、博他伦府、沙敦府、北大年府、也拉府、陶公府	周海成
84	泰国	孔敬	2012.4.17	2012.10.23	孔敬府、呵叻府、乌隆府、廊开府、那空帕侬府、沙功那空府、乌汶府、四色菊府、素林府、武里南府、穆达汉府、玛哈拉沙堪府、猜也蓬府、黎府、加拉信府、汶甘府、益梭通府、黎逸府、依布兰普府和安那乍愣府	李名刚

续表

序号	国名	驻地	协议日期	开馆日期	领区	2016年在任馆长
85	土耳其	伊斯坦布尔	1984.10.2	1985.7.26	伊斯坦布尔、巴尔克西尔、布尔萨、查纳卡累、埃迪尔内、克尔克拉雷利、科贾埃利、特基尔达、亚洛瓦、马尼萨省	钱波
86	土耳其	伊兹密尔	2014.1.23	2015.9.28	伊兹密尔、乌沙克、艾登、代尼兹利、厄斯帕尔塔、穆拉、布尔杜尔、安塔利亚省	刘增先
87	乌克兰	敖德萨	2005.6.14	2011.11.29	敖德萨州、尼古拉耶夫州、赫尔松州、基洛沃格勒州、扎波罗热州、顿涅茨克州、克里米亚自治共和国、塞瓦斯托波儿直辖市	赵向荣
88	阿联酋	迪拜	1988.3.14	1989.2.14	迪拜、沙迦、阿治曼、乌姆盖万、哈伊马角、富查伊拉	李凌冰
89	英国	曼彻斯特	1985.11.4	1986.6.30	大曼彻斯特郡、泰恩和威尔郡、兰开夏郡、北约克郡、南约克郡、默西赛德郡、西约克郡、达勒姆郡、德比郡	孙大立
90	英国	爱丁堡	1996.9.3	1997.11.4	苏格兰	潘新春
91	英国	贝尔法斯特	2014.2.21	2015.6.8	北爱尔兰	王淑英
92	美国	休斯敦	1979.8.24	1979.11.20	密西西比州、亚拉巴马州、阿肯色州、俄克拉荷马州及联邦领地波多黎各、佐治亚州、路易斯安那州、佛罗里达州、得克萨斯州	李强民
93	美国	旧金山	1979.8.24	1979.12.13	加利福尼亚州北部48个县、俄勒冈州、华盛顿州、阿拉斯加州、内华达州	罗林泉

续表

序号	国名	驻地	协议日期	开馆日期	领区	2016年在任馆长
94	美国	纽约	1981.6.16	1981.12.12	纽约州、新泽西州、康涅狄格州、马萨诸塞州、新罕布什尔州、宾夕法尼亚州、佛蒙特州、缅因州、俄亥俄州、罗德岛州	章启月
95	美国	芝加哥	1981.6.16	1985.7.26	伊利诺伊州、印第安纳州、威斯康星州、密歇根州、密苏里州、堪萨斯州、艾奥瓦州、明尼苏达州、科罗拉多州	洪磊
96	美国	洛杉矶	1981.6.16	1988.3.2	夏威夷州及美属太平洋岛屿、亚利桑那州、新墨西哥州、加利福尼亚州南部10个县	刘健
97	越南	胡志明市	1992.11.22	1993.5.28	胡志明市、芹苴市、庆和省、宁顺省、同奈省、平顺省、平阳省、巴地-头顿省、隆安省、前江省、槟椥省、永隆省、茶荣省、后江省、薄辽省、金瓯省	陈德海
98	越南	岘港	2016.6.27	未开馆	岘港市、广南省、广义省、承天-顺化省、平定省、富安省	郗慧
99	也门	亚丁	1990.5.26	1990.6.1	亚丁、拉赫杰、阿比洋、夏瓦布、哈达拉毛、马哈拉拉	无

（2）领事馆

序号	国名	驻地	开馆日期	领区	2016年在任馆长
1	喀麦隆	杜阿拉	2015.4.15	滨海省（含杜阿拉）、西南省、西部省、西北省	张大兴
2	哥伦比亚	巴兰基亚	暂时闭馆	大西洋省、马格达莱纳省、玻利瓦尔省	王惠君

续表

序号	国名	驻地	开馆日期	领区	2016年在任馆长
3	法国	帕皮提（塔希提）	2007.9.12	法属波利尼西亚	龙凌
4	马达加斯加	塔马塔夫	1996.5.17 2015.4.15暂时闭馆	塔马塔夫省（含塔马塔夫市）和迪耶果–苏瓦雷斯省	无
5	菲律宾	拉瓦格	2007.4.11	科迪勒拉行政区（阿拉布省、阿巴尧省、本格特省、伊夫肴省、卡林巴省、高山省）、第一地区（北伊罗戈省、南伊罗戈省、拉允隆省、班诗兰省）和第二地区（巴坦省、卡加延省、伊莎贝拉省、新比斯开省、基里诺省）	王建群

（3）领事办公室

序号	国名	驻地	所属馆	开馆年份
1	柬埔寨	暹粒	驻柬埔寨使馆	未开馆
2	埃及	塞得港	驻亚历山大总领馆	1978
3	老挝	孟赛	驻老挝使馆	未开馆
4	泰国	普吉	驻宋卡总领馆	2014

2. 外国在中国内地设立领事机构一览表

（1）总领事馆

序号	国名	驻地	领区	协议日期
1	安哥拉	广州	广东、福建、海南、广西	2014.9.28
2	阿根廷	广州	广东、福建、海南、广西	1988.5.16
3	阿根廷	上海	上海、江苏、浙江、安徽	1995.10.4
4	亚美尼亚	广州	广东、海南、湖南、福建、江西、广西	2016.12.15
5	澳大利亚	上海	上海、江苏、浙江、安徽、江西、湖北	1978.9.18
6	澳大利亚	广州	广东、广西、海南、福建、湖南	1992.5.27
7	澳大利亚	成都	四川、贵州、云南、重庆	2012.11.8
8	奥地利	上海	上海、江苏、浙江、安徽	1994.6.24
9	奥地利	广州	广东、海南、湖南、云南、贵州、广西	2007.4.6

续表

序号	国名	驻地	领区	协议日期
10	孟加拉国	昆明	云南、广西、重庆、四川、贵州	2011.9.20
11	白俄罗斯	上海	上海、江苏、安徽、江西、浙江、福建	2008.8.5
12	白俄罗斯	广州	广东、海南、湖南、云南、贵州、广西	2016.9.29
13	比利时	上海	上海、江苏、浙江、安徽	1985.6.3
14	比利时	广州	广东、云南、海南、福建、广西	2005.10.10
15	玻利维亚	广州	广东	1987.10.16
16	巴西	广州	广东、海南、福建、广西、贵州、云南、湖南	1991.12.23
17	巴西	上海	上海、江苏、浙江、安徽、山东	2002.9.30
18	保加利亚	上海	上海、江苏、浙江、安徽、江西、福建	2005.1.25
19	柬埔寨	广州	广东、福建、海南	1997.12.25
20	柬埔寨	上海	上海、江苏、浙江、安徽	1999.5.28
21	柬埔寨	昆明	云南、四川、贵州	2003.9.23
22	柬埔寨	重庆	重庆、湖北、湖南、陕西	2004.7.30
23	柬埔寨	南宁	广西	2005.7.29
24	柬埔寨	西安	陕西、甘肃、宁夏	2015.6.17
25	加拿大	上海	上海、江苏、浙江、安徽、湖北	1980.8.25
26	加拿大	广州	广东、广西、福建、海南、江西、湖南	1997.11.20
27	加拿大	重庆	重庆、四川、贵州、云南	2011.11.29
28	智利	上海	上海、江苏、浙江、安徽	1985.4.29
29	智利	广州	广东、海南、福建、广西	2010.4.27
30	哥伦比亚	上海	上海、江苏、浙江、安徽、福建、江西	2011.12.22
31	哥伦比亚	广州	广东、海南、云南、贵州、广西	2013.7.15
32	刚果共和国	广州	广东、福建、海南、广西	2014.6.4
33	哥斯达黎加	上海	上海、江苏、安徽、浙江	2015.2.3
34	科特迪瓦	广州	广东、福建、海南、江西、广西	2013.10.16
35	古巴	上海	上海、江苏、浙江、安徽	1989.6.8
36	古巴	广州	广东、广西、海南	2006.11.8
37	捷克	上海	上海、江苏、浙江、安徽	1987.3.7
38	捷克	成都	四川、贵州、云南、重庆	2015.7.2
39	丹麦	上海	上海、江苏、浙江、安徽、江西	1994.3.25
40	丹麦	广州	广东、广西、福建、海南	1998.8.4
41	丹麦	重庆	重庆、四川、贵州、云南	2012.11.6
42	朝鲜	沈阳	辽宁、吉林、黑龙江	1986.2.13
43	厄瓜多尔	上海	上海、江苏、浙江、安徽	1984.5.17
44	厄瓜多尔	广州	广东	2009.3.17

续表

序号	国名	驻地	领区	协议日期
45	埃及	上海	上海、江苏、浙江、安徽	1999.3.11
46	爱沙尼亚	上海	上海、安徽、福建、江苏、江西、浙江	2010.9.8
47	埃塞俄比亚	广州	广东、湖南、福建、江西、海南、广西	2009.5.31
48	埃塞俄比亚	重庆	重庆、四川、贵州	2011.9.20
49	埃塞俄比亚	上海	上海、江苏、浙江、安徽	2012.3.31
50	斐济	上海	上海、江苏、浙江、安徽	2011.6.29
51	芬兰	上海	上海、江苏、浙江、安徽、江西	1995.7.6
52	芬兰	广州	广东、福建、海南、广西、云南	2004.11.1
53	法国	上海	上海、江苏、浙江、安徽	1980.10.17
54	法国	广州	广东、广西、福建、海南	1997.3.12
55	法国	武汉	湖北、湖南、江西	1998.4.3
56	法国	成都	四川、云南、贵州、重庆	2005.7.18
57	法国	沈阳	辽宁、吉林、黑龙江	2007.8.22
58	德国	上海	上海、江苏、浙江、安徽	1979.10.24
59	德国	广州	广东、广西、福建、海南	1995.7.13
60	德国	成都	四川、贵州、云南、重庆	2003.12.1
61	德国	沈阳	辽宁、吉林、黑龙江	2011.11.28
62	希腊	上海	上海、江苏、浙江、安徽、江西、湖北	2004.2.11
63	希腊	广州	广东、福建、海南、广西、贵州、湖南	2006.8.14
64	匈牙利	上海	上海、浙江、江苏、安徽、福建	2004.4.7
65	匈牙利	重庆	重庆、四川、云南、贵州、陕西、甘肃	2010.1.25
66	冰岛	上海	上海、江苏、浙江	2009.9.18
67	印度	上海	上海、江苏、浙江	1991.12.13
68	印度	广州	广东、福建、湖南、海南、广西	2006.11.21
69	印度	成都	四川、云南、贵州、重庆	2015.5.15
70	印度尼西亚	上海	上海、江苏、浙江、安徽、江西	2002.3.24
71	印度尼西亚	广州	广东、广西、福建、海南	2002.3.24
72	伊朗	上海	上海、江苏、浙江、安徽	1988.9.26
73	伊朗	广州	广东、福建、湖南、广西	2011.2.28
74	爱尔兰	上海	上海、江苏、浙江、安徽、江西	2000.1.19
75	以色列	上海	上海、江苏、浙江、安徽	1993.10.8
76	以色列	广州	广东、福建、海南、广西	2008.9.8
77	以色列	成都	四川、重庆、贵州、云南	2013.8.23
78	意大利	上海	上海、江苏、浙江、安徽	1979.11.6
79	意大利	广州	广东、广西、福建、海南、湖南、江西	1997.11.3

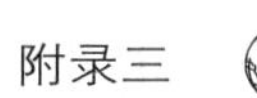

续表

序号	国名	驻地	领区	协议日期
80	意大利	重庆	重庆、四川、云南、贵州	2013.3.18
81	日本	上海	上海、江苏、浙江、安徽、江西	1975.8.15
82	日本	广州	广东、海南、福建、广西	1980.2.1
83	日本	沈阳	辽宁、黑龙江、吉林	1985.12.3
84	日本	重庆	重庆、四川、贵州、云南、陕西	2004.12.3
85	日本	青岛	山东	2008.12.18
86	哈萨克斯坦	上海	上海、江苏、安徽、浙江、江西、福建	2005.3.25
87	科威特	上海	上海、浙江、江苏、安徽	2008.1.2
88	科威特	广州	广东、福建、海南、广西	2008.1.2
89	吉尔吉斯斯坦	广州	广东、福建、江西、湖南、海南、广西	2011.9.14
90	老挝	昆明	云南	1991.12.25
91	老挝	南宁	广西	2009.9.2
92	老挝	上海	上海、江苏、浙江、安徽	2012.8.14
93	老挝	广州	广东、福建、海南、江西	2013.8.21
94	卢森堡	上海	上海、江苏、浙江、安徽、福建	2006.1.23
95	马来西亚	广州	广东、福建、海南、江西、湖南	1993.10.18
96	马来西亚	上海	上海、江苏、浙江、安徽	1999.9.20
97	马来西亚	昆明	云南、四川、重庆	1999.11.4
98	马来西亚	南宁	广西、贵州	2014.5.29
99	马来西亚	西安	陕西、甘肃、宁夏	2015.8.28
100	马里	广州	广东、福建、海南、广西	2011.6.8
101	马耳他	上海	上海、安徽、江苏、浙江	2014.6.30
102	墨西哥	上海	上海、江苏、浙江、安徽	1984.10.10
103	墨西哥	广州	广东、广西、海南、湖南、福建、江西	2008.4.25
104	蒙古	呼和浩特	内蒙古呼和浩特市、包头市、乌海市、赤峰市、通辽市、鄂尔多斯市、巴彦淖尔市、乌兰察布市、阿拉善盟	1989.3.30
105	缅甸	昆明	云南、贵州、四川、重庆	1993.8.19
106	缅甸	南宁	广西、广东、湖南	2009.10.15
107	尼泊尔	拉萨	西藏	1958.1.17
108	尼泊尔	广州	广东、广西、福建、海南	2016.6.16
109	荷兰	上海	上海、江苏、浙江、安徽	1994.8.23
110	荷兰	广州	广东、广西、福建、海南	1997.4.1
111	荷兰	重庆	重庆、四川、陕西	2013.6.11
112	新西兰	上海	上海、江苏、浙江、安徽	1991.5.9

续表

序号	国名	驻地	领区	协议日期
113	新西兰	广州	广东、广西、海南、湖南、福建	2007.3.24
114	新西兰	成都	四川、贵州、云南、重庆	2014.6.20
115	尼日利亚	上海	上海、江苏、浙江、安徽、福建	2007.10.8
116	尼日利亚	广州	广东、海南、广西	2014.3.21
117	挪威	上海	上海、江苏、浙江、安徽、江西	1996.6.28
118	挪威	广州	广东、福建、海南、广西	2007.12.25
119	巴基斯坦	上海	上海、江苏、浙江、安徽	1996.12.1
120	巴基斯坦	成都	四川、贵州、云南、重庆	2006.11.24
121	巴基斯坦	广州	广东、福建、湖南、海南、广西	2007.12.11
122	葡萄牙	上海	上海、浙江、江苏、安徽、江西	2005.10.16
123	葡萄牙	广州	广东、广西、福建、海南、湖南	2016.5.24
124	秘鲁	上海	上海、江苏、浙江、安徽、福建、江西	2002.2.20
125	秘鲁	广州	广东、广西、贵州、海南、云南、湖南	2006.4.13
126	菲律宾	厦门	福建、江西	1994.12.8
127	菲律宾	广州	广东、广西、海南、湖南	1996.11.26
128	菲律宾	上海	上海、江苏、浙江、安徽、湖北	2001.10.30
129	菲律宾	重庆	重庆、贵州、云南	2008.8.21
130	菲律宾	成都	四川	2008.11.25
131	波兰	上海	上海、江苏、浙江、安徽、福建	1954.4.1
132	波兰	广州	广东、广西、海南	1987.11.11
133	波兰	成都	四川、云南、贵州、重庆	2015.4.16
134	卡塔尔	广州	广东、广西、海南、福建	2015.6.30
135	韩国	上海	上海、江苏、浙江、安徽	1992.12.30
136	韩国	青岛	山东	1993.12.22
137	韩国	广州	广东、广西、福建、海南	2000.10.8
138	韩国	沈阳	辽宁、黑龙江、吉林	2002.12.27
139	韩国	成都	四川、云南、贵州、重庆	2004.1.21
140	韩国	西安	陕西、甘肃、宁夏	2006.6.13
141	韩国	武汉	湖北、湖南、江西、河南	2009.9.17
142	罗马尼亚	上海	上海、江苏、浙江、安徽	1984.10.10
143	俄罗斯	上海	上海、江苏、浙江、安徽	1985.6.13
144	俄罗斯	沈阳	辽宁、吉林	1990.9.25
145	俄罗斯	广州	广东、福建、海南、云南、江西、广西	2005.10.6
146	俄罗斯	哈尔滨	黑龙江、内蒙古自治区呼伦贝尔市	2015.9.3
147	俄罗斯	武汉	湖北、湖南、贵州、四川、重庆	2015.9.3

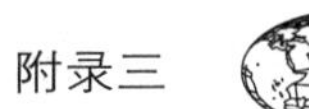

续表

序号	国名	驻地	领区	协议日期
148	沙特	上海	上海、江苏、浙江、福建	1992.8.14
149	沙特	广州	广东、广西、海南、福建	2015.9.14
150	塞内加尔	广州	广东、福建、广西、海南	2016.6.7
151	塞尔维亚	上海	上海、江苏、浙江、安徽、江西、福建	1998.2.11
152	塞舌尔	上海	上海、江苏、浙江、安徽	2013.5.14
153	新加坡	上海	上海、江苏、浙江、安徽	1991.10.25
154	新加坡	厦门	福建、江西	1995.10.25
155	新加坡	广州	广东、海南、湖南、贵州、云南、广西	2006.4.13
156	新加坡	成都	四川、陕西、重庆	2011.2.28
157	斯洛伐克	上海	上海、江苏、浙江、福建、安徽、江西	2004.7.30
158	南非	上海	上海、山东、江苏、浙江、安徽、福建、广东	1997.12.30
159	西班牙	上海	上海、江苏、浙江、安徽、江西	1984.11.15
160	西班牙	广州	福建、广东、湖南、广西、海南、贵州、云南	2007.4.5
161	斯里兰卡	上海	上海、安徽、浙江、江苏、湖南	2008.4.18
162	斯里兰卡	广州	广东、福建、江西、海南、广西	2012.1.12
163	瑞典	上海	上海、江苏、浙江、安徽	1996.7.3
164	瑞典	广州	广东、广西、福建、海南	2002.9.10
165	瑞士	上海	上海、江苏、浙江、安徽	1995.2.15
166	瑞士	广州	广东、福建、海南、广西、湖南、江西	2005.8.5
167	瑞士	成都	四川、贵州、云南、重庆	2016.8.22
168	泰国	广州	广东、海南	1988.7.22
169	泰国	昆明	云南、贵州、湖南	1993.8.26
170	泰国	上海	上海、江苏、浙江、安徽	1996.3.25
171	泰国	成都	四川、重庆	2006.5.17
172	泰国	厦门	福建、江西	2006.5.17
173	泰国	西安	陕西、甘肃、宁夏	2008.5.20
174	泰国	南宁	广西	2008.5.20
175	泰国	青岛	山东	2014.3.14
176	土耳其	上海	上海、江苏、浙江、安徽	1996.4.15
177	土耳其	广州	广东、福建、海南、广西	2011.5.23
178	阿联酋	上海	上海、浙江、江苏、安徽、福建	2008.9.19
179	阿联酋	广州	广东、海南和广西	2015.6.3
180	乌干达	广州	广东、福建、广西、海南	2011.7.5
181	英国	上海	上海、江苏、浙江、安徽	1984.4.17
182	英国	广州	广东、广西、福建、海南、湖南、江西	1996.9.2

续表

序号	国名	驻地	领区	协议日期
183	英国	重庆	重庆、四川、贵州、云南	1999.4.14
184	英国	武汉	湖北	2014.2.21
185	乌克兰	上海	上海、江苏、浙江、安徽、福建、江西	2000.3.2
186	乌克兰	广州	广东、贵州、海南、湖南、广西	2011.6.20
187	乌拉圭	上海	上海、江苏、浙江、安徽	2002.8.26
188	美国	广州	广东、广西、福建、海南	1979.1.31
189	美国	上海	上海、江苏、浙江、安徽	1979.1.31
190	美国	沈阳	辽宁、吉林、黑龙江	1980.9.17
191	美国	成都	云南、贵州、四川、西藏、重庆	1980.9.17
192	美国	武汉	河南、湖北、湖南、江西	1980.9.17
193	乌兹别克斯坦	上海	上海、浙江、江苏、安徽、江西、湖南、福建	2005.7.12
194	瓦努阿图	上海	上海、江苏、浙江、安徽	2000.10.12
195	委内瑞拉	上海	上海、浙江、江苏	2005.7.5
196	越南	广州	广东	1992.11.22
197	越南	昆明	云南	2003.10.16
198	越南	南宁	广西	2003.10.16
199	越南	上海	上海、江苏、浙江	2010.6.11
200	赞比亚	广州	广东、福建、广西、海南	2016.6.7

（2）领事馆

序号	国名	驻地	领区	协议日期
1	蒙古	二连浩特	内蒙古锡林郭勒盟	2005.9.12
2	蒙古	呼伦贝尔	内蒙古呼伦贝尔盟、兴安盟	2014.2.24
3	斯洛文尼亚	上海	上海、江苏、浙江、安徽	2010.6.17
4	斯里兰卡	成都	四川、云南、贵州、陕西、重庆	2009.9.28
5	苏丹	广州	广东、江西、福建、湖南、贵州、云南、浙江、广西	2009.3.24

（3）领事代理处

国名	驻地	领区	协议日期
蒙古	上海	上海、江苏、浙江	2008.3.31

（4）领事办公室

序号	国名	驻地	办公室名称	协议日期
1	朝鲜	丹东	朝鲜驻沈阳总领事馆驻丹东领事办公室	2008.11.18

续表

2	日本	大连	日本驻沈阳总领事馆常驻大连领事办公室	1993.1.1
3	老挝	景洪	老挝驻昆明总领事馆常驻景洪办公室	1998.4.29
4	韩国	大连	韩国驻沈阳总领事馆驻大连领事办公室	2011.8.9
5	也门	上海	也门驻华大使馆驻上海领事办公室	2006.1.5
6	也门	广州	也门驻华大使馆驻广州领事办公室	2006.1.5

(5) 名誉领事

序号	国名	驻地	协议日期
1	几内亚	上海	2002.2.25
2	牙买加	上海	1999.11.15
3	马尔代夫	上海	2004.9.30
4	摩纳哥	上海	2000.5.22
5	摩纳哥	北京	2007.2.13
6	尼泊尔	上海	2002.7.10
7	尼日尔	广州	2001.9.21
8	巴布亚新几内亚	上海	2005.7.15
9	坦桑尼亚	广州	2001.3.8

3. 外国在中国香港设立领事机构一览表

(1) 总领事馆

序号	国名	领 区	保留（设立）总领事馆协议日期
1	安哥拉	香港	2005.6.28
2	安提瓜和巴布达	香港、澳门	1998.6.19
3	阿根廷	香港、 澳门（扩领）	1997.1.31 1999.6.17
4	澳大利亚	香港（可在澳门执行职务）	1996.9.26 1999.9.8
5	奥地利	香港（可在澳门执行职务）	1997.6.20
6	孟加拉国	香港（可在澳门执行职务）	1997.1.29
7	比利时	香港（可在澳门执行职务）	1997.2.3
8	巴西	香港、 澳门（扩领）	1996.11.8 1999.12.15
9	文莱	香港、澳门	2006.7.14

续表

序号	国名	领 区	保留（设立）总领事馆协议日期
10	保加利亚	香港	1997.5.5
11	柬埔寨	香港、澳门（扩领）	1997.4.16保留领馆 /2002.2.22扩领至澳门
12	加拿大	香港（可在澳门执行职务）	1996.9.19
13	智利	香港（可在澳门执行职务）	1996.11.6 1998.5.6
14	哥伦比亚	香港（可在澳门执行职务）	1996.10.21 1999.12.17
15	捷克	香港（可在澳门执行职务）	1997.6.27
16	丹麦	香港（可在澳门执行职务）	1997.6.6
17	多米尼克	香港	2014.8.8
18	朝鲜	香港	1999.6.1
19	厄瓜多尔	香港	1997.3.21
20	埃及	香港、 澳门（扩领）	1996.11.11 2000.3.31
21	芬兰	香港（可在澳门执行职务）	1996.12.9
22	法国	香港（可在澳门执行职务）	1997.5.15
23	德国	香港（可在澳门执行职务）	1997.6.23
24	希腊	香港（可在澳门执行职务）	1997.3.18 1999.11.18
25	匈牙利	香港、澳门	1998.5.19
26	印度	香港（可在澳门执行职务）	1996.11.29
27	印度尼西亚	香港、 澳门（扩领）	1996.12.6 2008.3.17
28	伊朗	香港、 澳门（扩领）	1999.7.5 2005.11.28
29	爱尔兰	香港、澳门	2014.6.19
30	以色列	香港（可在澳门执行职务）	1997.2.4
31	意大利	香港（可在澳门执行职务）	1997.6.5
32	日本	香港（可在澳门执行职务）	1997.3.29
33	哈萨克斯坦	香港、澳门	2003.7.2
34	韩国	香港（可在澳门执行职务）	1997.4.24
35	科威特	香港、 澳门（扩领）	1999.6.30 2007.2.27
36	老挝	香港、澳门	1999.4.30

续表

序号	国名	领 区	保留（设立）总领事馆协议日期
37	马来西亚	香港（可在澳门执行职务）	1997.5.14
38	墨西哥	香港、 澳门（扩领）	1996.11.22 1999.10.29
39	蒙古	香港、澳门	2011.2.24
40	缅甸	香港、 澳门（扩领）	1997.4.25 2000.6.2
41	尼泊尔	香港、 澳门（扩领）	1997.5.20 2001.2.6
42	荷兰	香港（可在澳门执行职务）	1996.11.12
43	新西兰	香港（可在澳门执行职务）	1997.1.22
44	尼日利亚	香港（可在澳门执行职务）	1997.4.28
45	巴基斯坦	香港（可在澳门执行职务）	1996.12.1 1999.6.28后可在澳门执行职务
46	秘鲁	香港、 澳门（扩领）	1997.6.23 1999.11.26
47	菲律宾	香港	1996.11.26 1999.8.30
48	波兰	香港（可在澳门执行职务）	1997.5.19
49	卡塔尔	香港、澳门	2013.7.10
50	罗马尼亚	香港、澳门	2003.8.11
51	俄罗斯	香港（可在澳门执行职务）	1997.6.27
52	沙特阿拉伯	香港、澳门（扩领）	1998.4.29
53	新加坡	香港、 澳门（扩领）	1997.2.5 2008.1.21
54	南非	香港、 澳门（扩领）	1997.12.30 1999.6.7
55	西班牙	香港（可在澳门执行职务）	1997.6.18
56	瑞典	香港（可在澳门执行职务）	1996.11.3
57	瑞士	香港（可在澳门执行职务）	1997.4.11
58	泰国	香港（可在澳门执行职务）	1997.4.2
59	土耳其	香港（可在澳门执行职务）	1997.5.8
60	阿联酋	香港	1998.10.29
61	英国	香港（可在澳门执行职务）	1996.9.26 1999.10.29
62	美国	香港（可在澳门执行职务）	1997.3.25

续表

序号	国名	领 区	保留（设立）总领事馆协议日期
63	瓦努阿图	香港	2015.9.29
64	委内瑞拉	香港、 澳门（扩领）	1996.11.13 1999.10.11
65	越南	香港、 澳门（扩领）	1996.12.19 2003.5.16
66	津巴布韦	香港、澳门	2008.5.31

（2）名誉领事

序号	国 名	领 区	保留（委派）名誉领事协议日期
1	阿尔巴尼亚	香港	2003.11.4
2	巴哈马国	香港	2008.12.23
3	巴林	香港	2001.4.5
4	巴巴多斯	香港	1997.4.30
5	贝宁	香港	1997.2.28
6	不丹	香港	2004.4.27
7	博茨瓦纳	香港	2006.3.10
8	布隆迪	香港	2006.2.10
9	喀麦隆	香港	1997.6.2
10	中非	香港	2001.9.28
11	刚果（布）	香港	1997.2.26
12	科特迪瓦	香港、澳门	1997.6.2
13	克罗地亚	香港	2002.5.1
14	古巴	香港	1996.12.31
15	塞浦路斯	香港、澳门	1997.2.3
16	吉布提	香港	1997.1.22
17	刚果（金）	香港	1999.12.29
18	赤道几内亚	香港	1997.4.8
19	厄立特里亚	香港、澳门	2005.8.10
20	爱沙尼亚	香港	1998.12.11
21	埃塞俄比亚	香港、澳门	2002.6.18
22	斐济	香港	1997.6.20
23	加蓬	香港	1996.8.22
24	加纳	香港	1997.5.5
25	格林纳达	香港	2006.7.27

续表

序号	国 名	领 区	保留（委派）名誉领事协议日期
26	几内亚	香港	1997.5.5
27	冰岛	香港、 澳门（扩领）	1996.12.17 2009.9.14
28	牙买加	香港	1997.5.29
29	约旦	香港	1997.2.3
30	肯尼亚	香港、澳门	2003.12.9
31	拉脱维亚	香港	2002.8.12
32	莱索托	香港	2001.9.5
33	利比里亚	香港	2004.9.7
34	列支敦士顿公国	香港	2012.6.20
35	立陶宛	香港、 澳门（扩领）	1997.5.29 2008.9.3
36	卢森堡	香港	1997.4.23
37	马达加斯加	香港	1997.5.28
38	马尔代夫	香港、 澳门（扩领）	1997.4.15 2009.5.21
39	马里	香港	1997.4.22
40	马耳他	香港	1997.4.9
41	毛里求斯	香港	1997.4.14
42	密克罗尼西亚	香港	2011.6.17
43	摩纳哥	香港	1997.5.6
44	摩洛哥	香港、澳门	1996.12.25
45	莫桑比克	香港	1997.5.7
46	纳米比亚	香港、 澳门（扩领）	1997.1.30 2000.8.18
47	尼日尔	香港	1999.3.1
48	挪威	香港、澳门	2003.9.10
49	阿曼	香港	1997.4.4
50	巴布亚新几内亚	香港	1996.7.16
51	葡萄牙	香港	2005.1.7
52	卢旺达	香港、澳门	2000.7.26
53	萨摩亚	香港	2004.7.22
54	圣马力诺	香港、 澳门	2005.7.5 2010.7.1
55	塞内加尔	香港	2009.6.17

续表

序号	国名	领区	保留（委派）名誉领事协议日期
56	塞舌尔	香港、澳门（扩领）	1997.1.3 2009.3.10
57	斯洛伐克	香港	1997.6.19
58	斯洛文尼亚	香港、 澳门（扩领）	1997.6.20 2006.1.12
59	斯里兰卡	香港、 澳门（扩领）	1997.5.21 2004.8.4
60	苏丹	香港、 澳门（扩领）	2005.12.19 2009.3.10
61	苏里南	香港	1997.2.17
62	坦桑尼亚	香港、澳门	1998.4.8
63	多哥	香港	1996.12.19
64	汤加	香港	2003.1.22
65	特立尼达和多巴哥	香港	1997.3.24
66	突尼斯	香港	1997.5.2
67	乌干达	香港	1999.1.8
68	乌克兰	香港	2003.8.20
69	乌拉圭	香港、 澳门（扩领）	2002.12.23 2003.8.8
70	也门	香港	2005.10.24

4. 外国在中国澳门设立领事机构一览表

（1）总领事馆

序号	国名	领区	保留（设立）领事馆协议日期
1	安哥拉	澳门	2006.7.26
2	菲律宾	澳门	2000.9.25
3	葡萄牙	澳门、 香港（扩领）	1999.7.28 2003.10.15
4	莫桑比克	澳门	2014.3.31

(2) 名誉领事

序号	国名	领区	保留(委派)名誉领事协议日期
1	不丹	澳门	2000.1.12
2	佛得角	澳门	2000.10.11
3	爱沙尼亚	澳门	1999.8.25
4	法国	澳门	1999.12.14
5	格林纳达	澳门	2005.4.26
6	几内亚	澳门	1999.5.24
7	几内亚比绍	澳门	1999.11.22
8	马里	澳门	1999.3.18
9	尼日尔	澳门	2002.7.30
10	秘鲁	澳门	1999.11.26
11	苏里南	澳门	1999.11.16
12	英国	澳门	1999.10.29

（六）中国与外国互免签证协议（协定）或安排一览表

（按协议国国名英文字母顺序排列，截至2016年12月31日）

截至目前，中华人民共和国与下列国家缔结互免签证协定。中国公民持所适用的护照前往下列国家短期旅行通常无需事先申请签证。

序号	协议国	互免签证的证件类别	生效日期	备注
1	阿尔巴尼亚	外交、公务护照	1956.08.25	
2	阿富汗	外交护照	2015.07.16	
3	阿根廷	中方外交、公务护照；阿方外交、官员护照	1993.08.14	
4	阿联酋	外交护照	2012.03.21	
		公务、公务普通护照	2016.01.11	
5	阿曼	中方外交、公务护照；阿方外交、公务和特别护照	2010.04.16	
6	阿塞拜疆	外交、公务、公务普通护照	1994.02.10	
		团体旅游	1994.05.01	
7	爱尔兰	中方外交护照、公务和公务普通护照（公务和公务普通护照限于随部长级及以上代表团出访者）；爱方外交护照、官员护照（官员护照限于随部长级及以上代表团出访者）	2015.09.23	
		欧盟通行证	2016.03.03	
8	埃及	中方外交、公务护照；埃方外交、特别护照	2007.01.27	
9	埃塞俄比亚	外交、公务、公务普通护照	2015.12.07	
10	爱沙尼亚	外交护照、欧盟通行证	2016.03.03	③
11	安哥拉	外交、公务护照	2015.04.11	
12	奥地利	外交护照、欧盟通行证	2016.03.03	③
13	巴巴多斯	中方外交、公务、公务普通护照；巴方外交、官员护照	2014.08.02	
14	巴哈马	中方外交、公务、公务普通、普通护照；巴方外交、官员、普通护照	2014.02.12	
15	巴基斯坦	中方外交、公务护照；巴方外交、官员护照	1987.08.16	
		公务普通护照	1988.04.30	

续表

序号	协议国	互免签证的证件类别	生效日期	备注
16	巴西	中方外交、公务护照；巴方外交、官员护照	2004.08.10	
17	白俄罗斯	外交、公务护照；团体旅游	1993.03.01	
18	保加利亚	外交、公务护照	2012.04.04	
		欧盟通行证	2016.03.03	③
19	贝宁	中方外交、公务、公务普通护照；贝方外交、公务、附有“公务证明”的普通护照	1993.11.06	
20	比利时	外交护照、欧盟通行证	2016.03.03	③
21	秘鲁	中方外交、公务护照；秘方外交、特别护照	2004.05.12	
22	波黑	中方外交、公务、公务普通护照；波方外交、公务、标有“公务”字样的普通护照	1980.01.09	①
23	波兰	外交、公务护照、海员证、机组人员证件	1992.07.27	
		欧盟通行证	2016.03.03	③
24	玻利维亚	中方外交、公务护照；玻方外交、官员护照	1987.11.15	
		公务普通护照	2008.01.18	
25	布隆迪	外交、公务、公务普通护照	2014.11.25	
26	朝鲜	外交、公务护照	1956.10.01	
		中方公务普通护照、朝方公务团体护照	1965.01.01	
27	赤道几内亚	中方外交、公务护照；赤方外交、官员护照	2006.01.01	
28	丹麦	外交护照、欧盟通行证	2016.03.03	③
29	德国	外交护照、欧盟通行证	2016.03.03	③
30	东帝汶	外交、公务、公务普通护照	2015.06.24	
31	多哥	外交、公务、公务普通护照	2015.05.07	
32	多米尼克	中方外交、公务、公务普通护照；多方外交、官员护照	2014.03.29	
33	厄瓜多尔	中方外交、公务护照；厄方外交、官员护照	1987.07.11	
		中方公务普通护照；厄方特别护照	1988.12.25	
		普通护照	2016.08.18	
34	厄立特里亚	外交、公务、公务普通护照	2015.04.15	
35	俄罗斯	团体旅游	2000.12.01	
		外交、公务护照，随车、飞机、船执行公务的国际列车车组人员、机组人员、持海员证船员	2014.04.26	
36	法国	外交护照、欧盟通行证	2016.03.03	③
37	斐济	外交、公务、公务普通、普通护照	2015.03.14	
38	菲律宾	中方外交、公务护照（限临时访问人员）；菲方外交、官员护照（限临时访问人员）	2005.02.28	

续表

序号	协议国	互免签证的证件类别	生效日期	备注
39	芬兰	外交护照、欧盟通行证	2016.03.03	③
40	佛得角	外交、公务护照	2015.07.11	
41	刚果（布）	外交、公务、公务普通护照	2014.08.07	
42	格林纳达	中方外交、公务护照；格方外交、官员护照	2010.01.17	
		公务普通、普通护照	2015.06.10	
43	哥伦比亚	外交护照	1987.11.14	
		中方公务护照；哥方官员护照	1991.11.14	
44	哥斯达黎加	外交、公务护照	2008.01.15	
45	格鲁吉亚	外交、公务、公务普通护照；团体旅游	1994.02.03	
46	古巴	中方外交、公务、公务普通护照；古方外交、公务、官员护照	1988.12.23	
47	圭亚那	中方外交、公务、公务普通护照；圭方外交、官员护照	1998.08.19	
48	韩国	外交护照	2013.08.10	
		中方公务护照；韩方官员护照	2014.12.25	
49	哈萨克斯坦	外交、公务护照	1994.02.01	
50	荷兰	外交护照、欧盟通行证	2016.03.03	③
51	黑山	外交、公务护照	2013.03.01	
52	加蓬	外交、公务、公务普通护照	2016.02.05	
53	吉布提	外交、公务、公务普通护照	2014.12.04	
54	吉尔吉斯斯坦	外交、公务护照	2003.06.14	
55	柬埔寨	外交、公务护照	2006.09.14	
56	捷克	外交护照、欧盟通行证	2016.03.03	③
57	津巴布韦	外交、公务护照	2014.11.12	
58	克罗地亚	中方外交、公务护照；克方外交、官员护照	1995.04.09	
		欧盟通行证	2016.03.03	③
59	科摩罗	外交、公务、公务普通护照	2016.02.26	
60	科特迪瓦	外交、公务、公务普通护照	2015.12.19	
61	科威特	中方外交、公务、公务普通护照；科方外交、特别护照	2014.10.17	
62	肯尼亚	中方外交、公务护照；肯方外交、官员护照	2014.08.17	
63	拉脱维亚	外交护照、欧盟通行证	2016.03.03	③
64	莱索托	中方外交、公务护照；莱方外交、官员护照	2016.08.24	
65	老挝	中方外交、公务、公务普通护照；老方外交、公务、加注有效公务签证的普通护照	1989.11.06	

续表

序号	协议国	互免签证的证件类别	生效日期	备注
66	利比里亚	外交护照	2016.02.10	
67	立陶宛	外交、公务护照、海员证（随船）	1992.09.14	
		欧盟通行证	2016.03.03	③
68	卢森堡	外交护照、欧盟通行证	2016.03.03	③
69	罗马尼亚	外交、公务护照	1981.09.16	
		欧盟通行证	2016.03.03	③
70	马尔代夫	外交、公务护照	1984.11.27	
71	马耳他	外交、公务护照	2008.03.06	
		欧盟通行证	2016.03.03	③
72	马里	外交、公务、公务普通护照	2015.05.09	
73	马来西亚	中方外交、公务护照；马方外交、官员护照	2011.05.18	
74	马其顿	中方外交、公务、公务普通护照；马方外交、公务、标有“公务”字样的普通护照	1994.07.19	
75	毛里求斯	外交、公务、公务普通、普通护照	2013.10.31	
76	蒙古	外交、公务、公务普通护照	1989.04.30	
77	孟加拉国	中方外交、公务、公务普通护照；孟方外交、官员、加注“政府公务”或“免费”字样的普通护照	1989.12.18	
78	缅甸	中方外交、公务护照；缅方外交、官员护照	1998.03.05	
79	摩尔多瓦	中方外交、公务、公务普通护照；摩方外交、公务、加注“公务”字样的普通护照；团体旅游	1993.01.01	
80	摩洛哥	外交、公务护照	2014.03.06	
81	莫桑比克	外交、公务护照	2016.05.14	
82	墨西哥	中方外交、公务护照；墨方外交、官员护照	1998.01.01	
83	南非	外交护照	2010.11.27	
		公务护照	2016.03.01	
84	南苏丹	中方外交、公务护照；南方外交、特别护照	2011.07.09	
85	尼泊尔	中方外交、公务护照；尼方外交、官员护照	2006.10.16	
86	尼日利亚	外交、公务、公务普通护照	2014.02.01	
87	葡萄牙	外交护照、欧盟通行证	2016.03.03	③
88	瑞典	外交护照、欧盟通行证	2016.03.03	③
89	瑞士	外交护照	2016.01.29	
90	萨摩亚	中方外交、公务护照；萨方外交、官员护照	2011.02.18	
91	塞尔维亚	中方外交、公务、公务普通护照；塞方外交、公务、加注“公务”字样的普通护照	1980.01.09	①

续表

序号	协议国	互免签证的证件类别	生效日期	备注
92	塞内加尔	外交、公务、公务普通护照	2014.05.03	
93	塞浦路斯	外交、公务护照	1991.10.02	
		欧盟通行证	2016.03.03	③
94	塞舌尔	外交、公务、公务普通、普通护照	2013.06.26	
95	圣马力诺	外交、公务、普通护照	1985.07.22	
96	斯里兰卡	中方外交、公务、公务普通护照；斯方外交、官员护照	2013.04.18	
97	斯洛伐克	中方外交、公务护照；斯方外交、公务、特别护照	1956.06.01	②
		欧盟通行证	2016.03.03	③
98	斯洛文尼亚	外交、公务护照	1994.07.01	
		欧盟通行证	2016.03.03	③
99	苏丹	中方外交、公务护照；苏方外交、特别、官员护照	1995.10.26	
100	苏里南	外交、公务护照	2014.05.06	
101	塔吉克斯坦	中方外交、公务、公务普通；塔方外交、公务、加注“公务”字样的普通护照	1993.06.01	
102	泰国	中方外交、公务护照；泰方外交、官员护照	2003.10.18	
103	坦桑尼亚	外交、公务护照	2005.07.11	
104	汤加	中方外交、公务、公务普通护照；汤方外交、官员护照	2012.11.10	
		普通护照	2016.08.19	
105	特立尼达和多巴哥	中方外交、公务护照；特方外交、官员护照	2006.11.23	
106	突尼斯	中方外交、公务护照；突方外交、特别护照	2006.09.29	
107	土耳其	中方外交、公务、公务普通护照；土方外交、公务、特别护照	1989.12.24	
108	土库曼斯坦	中方外交、公务、公务普通护照；土方外交、公务、加注“公务”字样的普通护照；团体旅游	1993.02.01	
109	委内瑞拉	外交、公务护照、公务普通护照	2014.01.08	
110	文莱	中方外交、公务护照；文方外交、官员护照	2005.06.18	
111	乌克兰	外交、公务护照和海员证	2002.03.31	

续表

序号	协议国	互免签证的证件类别	生效日期	备注
112	乌拉圭	中方常驻乌方使领馆人员所持外交、公务护照，乌方常驻中方使领馆人员所持外交、官员护照	1988.11.07	
		外交护照	1994.01.01	
113	乌兹别克斯坦	外交护照	2010.07.09	
114	西班牙	外交护照、欧盟通行证	2016.03.03	③
115	希腊	外交护照、欧盟通行证	2016.03.03	③
116	新加坡	外交、公务、公务普通护照	2011.04.17	
117	匈牙利	外交、公务护照	1992.05.28	
		欧盟通行证	2016.03.03	③
118	牙买加	中方外交、公务护照；牙方外交、官员护照	1995.06.08	
119	亚美尼亚	中方外交、公务、公务普通护照；亚方外交、公务、公务普通、加注“公务”字样的普通护照	1994.08.03	
120	意大利	外交护照、欧盟通行证	2016.03.03	③
121	伊朗	外交、公务护照	1989.07.12	
122	伊拉克	外交护照	2016.11.02	
123	以色列	外交、公务护照	2016.01.17	
124	印度尼西亚	外交、公务护照（限临时访问人员）	2005.11.14	
125	英国	中方外交护照、公务和公务普通护照（公务和公务普通护照限于随部长级及以上代表团出访者）；英方外交护照、官员护照（官员护照限于随部长级及以上代表团出访者）	2007.10.25	
		欧盟通行证	2016.03.03	
126	约旦	中方外交、公务护照；约方外交、公务、特别护照	1993.03.11	
127	越南	外交、公务、公务普通护照	1992.03.15	
128	智利	中方外交、公务护照；智方外交、官员护照	1986.05.07	

注：

① 目前适用中国与前南斯拉夫社会主义联邦共和国有关协议。

② 目前适用中国与前捷克斯洛伐克共和国有关协议。

③ 适用《中国与欧盟关于互免持外交护照人员短期停留签证的协定》。

* 免签入境并不等于可无限期在协定国停留或居住，根据协定要求，持有关护照免签入境后，一般只允许停留不超过30 日。持照人如需停留30日以上，按要求应尽快在当地申请办理居留手续。

（七）2016年中国参加的多边条约情况

序号	名称	签订日期 地点	生效日期	中国采取行动情况	备注
1	欧洲复兴开发银行成立协定	1990.5.29 巴黎	1991.3.28	2016.1.15国务院决定加入，同日交存加入书并对我国生效	适用于香港特区和澳门特区
2	濒危野生动植物种国际贸易公约第二十一条的修正案	1983.4.30 哈博罗内	2013.11.29	1988.7.7交存接受书，2013.11.29对我国生效 2016.4.11国务院决定修正案适用于香港和澳门特区，2016.5.10修正案扩展适用于香港和澳门特区	适用于香港特区和澳门特区
3	巴黎协定	2015.12.12 巴黎	2016.11.4	2016.4.22签署 2016.9.3 批准 2016.9.3交存批准书，2016.11.4对我国生效	适用于香港特区和澳门特区
4	关于汞的水俣公约	2013.10.10 熊本	尚未生效	2016.4.28批准 2016.8.31交存批准书	适用于香港特区和澳门特区
5	1975年国际公路运输公约	1975.11.14 日内瓦	1978	2016.4.28国务院决定加入	暂不适用于香港特区和澳门特区
6	《生物多样性公约》关于获取遗传资源和公正公平分享其利用所产生惠益的名古屋议定书	2010.10.29 名古屋	2014.10.12	2016.5.4国务院决定加入 2016.6.8交存加入书，2016.9.6对我国生效	暂不适用于香港特区和澳门特区

续表

序号	名称	签订日期地点	生效日期	中国采取行动情况	备注
7	第四代核能系统研究和开发国际合作框架协议的续签协议	2015.2.26 巴黎	2015.2.26	2016.6.23 签署 同日对我国生效	适用于香港特区和澳门特区
8	《关于持久性有机污染物的斯德哥尔摩公约》新增列六溴环十二烷修正案	2013.5.10 日内瓦	2014.11.26	2016.7.2批准 2016.9.27交存批准书，2016.12.26对我国生效	适用于香港特区和澳门特区
9	2007年内罗毕国际船舶残骸清除公约	2007.5.18 内罗毕	尚未生效	2016.7.12国务院决定加入	暂不适用于香港特区和澳门特区
10	《关于简化和协调海关制度的国际公约修正案议定书》专项附约四第二章、专项附约六第一章	1999.6.26 布鲁塞尔	2006.2.3	2016.4.20接受 2016.7.14递交接受书，同日对我国生效	暂不适用于香港特区和澳门特区
11	关于成立中亚区域经济合作学院的协议	2016.10.26 伊斯兰堡	尚未生效	2016.10.26签署	
12	上海合作组织成员国政府间国际道路运输便利化协定	2014.9.12 杜尚别	尚未生效	2016.10.28核准 2016.12.19交存核准书	适用于澳门特区，暂不适用于香港特区
13	关于印度共和国加入上海合作组织义务的备忘录	2016.6.24 塔什干	尚未生效	2016.11.10核准 2016.12.26交存核准书	适用于香港特区和澳门特区
14	关于巴基斯坦伊斯兰共和国加入上海合作组织义务的备忘录	2016.6.24 塔什干	尚未生效	2016.11.10核准 2016.12.26交存核准书	适用于香港特区和澳门特区
15	关于沿亚洲公路网国际道路运输政府间协定	2016.12.8 莫斯科	尚未生效	2016.12.8签署	暂不适用于香港特区和澳门特区

（八）2016年中国与外国签订的主要双边条约一览表

序号	条约名称	签署期	签署地点
1	中华人民共和国政府与亚洲基础设施投资银行总部协定	2016.1.16	北京
2	中华人民共和国政府和沙特阿拉伯王国政府关于科学技术合作的协定	2016.1.19	利雅得
3	中华人民共和国政府和拉脱维亚共和国政府关于在拉脱维亚设立中国文化中心的谅解备忘录	2016.1.29	里加
4	中华人民共和国政府与新开发银行关于在中国上海设立新开发银行总部的协定	2016.2.27	上海
5	中华人民共和国和冈比亚伊斯兰共和国关于恢复外交关系的联合公报	2016.3.17	北京
6	中华人民共和国政府和尼泊尔政府关于共同建设、管理和维护斜尔瓦界河公路桥的协定	2016.3.21	北京
7	中华人民共和国政府和捷克共和国政府关于共同编制中捷合作规划纲要的谅解备忘录	2016.3.29	布拉格
8	中华人民共和国政府和摩洛哥王国政府关于相互免除部分类别签证、简化部分类别签证手续的谅解备忘录	2016.5.11	北京
9	中华人民共和国政府与联合国教育、科学及文化组织关于在中国桂林建立由联合国教科文组织支持的国际岩溶研究中心(第2类)的协定	2016.5.12	廊坊
10	中华人民共和国政府与联合国教育、科学及文化组织关于在中国桂林建立由联合国教科文组织支持的全球尺度地球化学国际研究中心(第2类)的协定	2016.5.12	廊坊
11	中华人民共和国政府和埃塞俄比亚联邦民主共和国政府关于在埃设立中国文化中心的执行议定书	2016.5.22	北京
12	中华人民共和国政府和塞内加尔共和国政府关于在塞内加尔设立中国文化中心的协定	2016.6.17	达喀尔
13	中华人民共和国政府和波兰共和国政府关于共同编制中波合作规划纲要的谅解备忘录	2016.6.20	华沙

续表

序号	条约名称	签署期	签署地点
14	中华人民共和国政府和波兰共和国政府对国际航空运输服务互免增值税或类似税收的协议	2016.6.20	华沙
15	中华人民共和国政府和波兰共和国政府关于相互承认高等教育文凭和学位的协议	2016.6.20	华沙
16	中华人民共和国政府和乌兹别克斯坦共和国政府知识产权保护合作协定	2016.6.22	塔什干
17	中华人民共和国政府与巴布亚新几内亚独立国政府关于开展产能合作的框架协议	2016.7.6	北京
18	中华人民共和国政府和巴布亚新几内亚独立国政府民用航空运输协定	2016.7.6	北京
19	中华人民共和国政府和加拿大政府关于合作拍摄电影的协议	2016.8.23	北京
20	中华人民共和国政府和阿尔巴尼亚共和国部长会议关于相互提供使馆馆舍和土地的协议	2016.8.25	北京
21	中华人民共和国政府和荷兰王国政府社会保障协定	2016.9.12	海牙
22	中华人民共和国政府—越南社会主义共和国政府经贸合作五年发展规划延期和补充协议	2016.9.12	北京
23	中华人民共和国政府和哈萨克斯坦共和国政府关于对《中华人民共和国政府和哈萨克斯坦共和国政府关于成立中哈合作委员会的协定》进行补充的议定书	2016.9.20	杭州
24	中华人民共和国和葡萄牙共和国关于互设文化中心的协定	2016.10.9	北京
25	中华人民共和国外交部和孟加拉人民共和国外交部关于在双边、国际和地区事务中加强合作的谅解备忘录	2016.10.14	达卡
26	中华人民共和国政府和孟加拉人民共和国政府关于建立海上合作对话机制的谅解备忘录	2016.10.14	达卡
27	中华人民共和国政府和乌拉圭东岸共和国政府关于海关合作与行政互助的协定	2016.10.18	北京
28	中华人民共和国政府和几内亚共和国政府关于文化合作的协定	2016.11.2	北京
29	中华人民共和国政府与智利共和国政府关于加强两国战略对接的谅解备忘录	2016.11.22	圣地亚哥
30	中华人民共和国政府和老挝人民民主共和国政府关于加强两国边境地区经贸合作的协定	2016.11.28	北京

（九）2016年中国与各国（地区）进出口总值情况表

（按国名英文字母顺序排列）

国别（地区）	2016年全年					
	统计人民币（亿元）			统计美元（亿美元）		
	进出口	出口	进口	进出口	出口	进口
合计	243387.1	138419.9	104967.2	36855.6	20976.4	15879.2
亚洲						
阿富汗	28.8	28.5	0.3	4.4	4.3	0.1
巴林	56.3	52.1	4.2	8.5	7.9	0.6
孟加拉国	999.9	942.4	57.4	151.7	143.0	8.7
不丹	0.3	0.3	0.0	0.1	0.1	0.0
文莱	48.2	33.6	14.6	7.3	5.1	2.2
缅甸	812.1	540.5	271.7	122.9	81.9	41.0
柬埔寨	314.0	259.1	54.9	47.6	39.3	8.3
塞浦路斯	33.6	30.4	3.2	5.1	4.6	0.5
朝鲜	355.8	187.9	168.0	53.8	28.4	25.4
香港	20075.0	18977.3	1097.8	3039.5	2872.5	167.0
印度	4627.7	3850.2	777.5	701.6	584.0	117.6
印度尼西亚	3534.9	2118.6	1416.3	535.3	321.2	214.1
伊朗	2065.0	1084.7	980.3	312.4	164.2	148.3
伊拉克	1203.1	498.0	705.1	182.1	75.5	106.6
以色列	748.7	538.9	209.7	113.5	81.7	31.7
日本	18164.6	8529.1	9635.6	2749.4	1292.7	1456.7
约旦	208.5	194.6	14.0	31.7	29.5	2.1
科威特	618.5	197.6	420.9	93.7	30.0	63.7
老挝	155.1	65.2	89.9	23.5	9.9	13.6
黎巴嫩	139.5	138.3	1.2	21.2	21.0	0.2
澳门	216.5	207.2	9.3	32.8	31.4	1.4
马来西亚	5744.6	2487.1	3257.5	869.3	376.6	492.7
马尔代夫	21.1	21.1	0.0	3.2	3.2	0.0
蒙古	304.8	65.3	239.4	46.1	9.9	36.2

续表

国别（地区）	2016年全年					
	统计人民币（亿元）			统计美元（亿美元）		
	进出口	出口	进口	进出口	出口	进口
尼泊尔联邦民主共和国	58.7	57.3	1.5	8.9	8.7	0.2
阿曼	937.7	141.4	796.3	141.9	21.5	120.4
巴基斯坦	1262.5	1136.1	126.4	191.5	172.3	19.1
巴勒斯坦	3.9	3.9	0.0	0.6	0.6	0.0
菲律宾	3116.6	1967.1	1149.5	472.3	298.4	174.0
卡塔尔	365.3	99.8	265.5	55.3	15.2	40.1
沙特阿拉伯	2789.0	1228.4	1560.6	422.8	186.5	236.3
新加坡	4654.8	2935.1	1719.6	705.1	445.0	260.1
韩国	16688.7	6185.0	10503.7	2526.8	937.1	1589.8
斯里兰卡	300.7	282.6	18.1	45.6	42.9	2.7
叙利亚	60.6	60.4	0.2	9.2	9.2	0.0
泰国	5001.5	2452.2	2549.4	757.2	371.8	385.3
土耳其	1282.6	1098.4	184.2	194.7	166.9	27.9
阿联酋	2641.9	1980.9	661.1	400.6	300.7	99.9
也门	122.5	111.4	11.1	18.6	16.9	1.7
越南	6497.2	4036.2	2461.0	982.7	610.9	371.7
中国	8538.6	75.6	8463.0	1291.9	11.3	1280.6
台澎金马关税区	11833.8	2655.1	9178.7	1790.7	402.3	1388.5
东帝汶	10.9	10.9	0.0	1.7	1.6	0.0
哈萨克斯坦	865.7	548.1	317.6	131.0	82.9	48.1
吉尔吉斯斯坦	375.3	370.5	4.7	56.8	56.1	0.7
塔吉克斯坦	116.0	114.0	2.1	17.6	17.3	0.3
土库曼斯坦	388.7	22.2	366.4	59.0	3.4	55.6
乌兹别克斯坦	238.0	132.0	106.0	36.2	20.1	16.1
亚洲其他国家(地区)	0.0	0.0	0.0	0.0	0.0	0.0
非洲						
阿尔及利亚	525.7	504.0	21.7	79.8	76.5	3.3
安哥拉	1032.6	110.9	921.7	156.5	16.8	139.7
贝宁	137.8	134.1	3.6	21.0	20.4	0.6
博茨瓦纳	17.9	13.8	4.1	2.7	2.1	0.6
布隆迪	3.2	3.0	0.2	0.5	0.5	0.0

续表

国别（地区）	2016年全年					
	统计人民币（亿元）			统计美元（亿美元）		
	进出口	出口	进口	进出口	出口	进口
喀麦隆	129.1	102.6	26.5	19.6	15.6	4.0
加那利群岛	0.3	0.3	0.0	0.0	0.0	0.0
佛得角	3.2	3.2	0.0	0.5	0.5	0.0
中非	3.1	1.0	2.1	0.5	0.2	0.3
塞卜泰(休达)	0.1	0.1		0.0	0.0	
乍得	13.7	6.2	7.5	2.1	0.9	1.2
科摩罗	3.2	3.2	0.0	0.5	0.5	0.0
刚果(布)	203.0	48.7	154.2	30.7	7.4	23.3
吉布提	141.7	141.7	0.0	21.5	21.5	0.0
埃及	723.6	686.9	36.8	109.9	104.4	5.5
赤道几内亚	51.4	9.8	41.7	7.8	1.5	6.3
埃塞俄比亚	239.2	211.7	27.5	36.3	32.1	4.2
加蓬	120.0	24.9	95.1	18.2	3.8	14.4
冈比亚	26.7	20.8	6.0	4.1	3.2	0.9
加纳	394.2	307.6	86.6	59.8	46.7	13.1
几内亚	117.3	75.4	41.8	17.7	11.4	6.3
几内亚比绍	1.4	1.4	0.0	0.2	0.2	0.0
科特迪瓦	111.1	104.4	6.7	16.9	15.9	1.0
肯尼亚	374.8	368.4	6.4	56.9	55.9	1.0
利比里亚	108.2	105.1	3.2	16.4	15.9	0.5
利比亚	100.9	77.9	23.0	15.3	11.9	3.5
马达加斯加	72.8	62.2	10.6	11.0	9.4	1.6
马拉维	16.8	15.1	1.7	2.5	2.3	0.3
马里	30.7	24.2	6.5	4.7	3.7	1.0
毛里塔尼亚	106.6	57.2	49.4	16.2	8.7	7.5
毛里求斯	51.3	50.0	1.3	7.8	7.6	0.2
摩洛哥	239.5	202.9	36.5	36.3	30.8	5.5
莫桑比克	118.0	86.3	31.7	17.9	13.1	4.8
纳米比亚	28.7	17.7	11.0	4.3	2.7	1.7
尼日尔	14.8	6.6	8.2	2.3	1.0	1.2
尼日利亚	699.9	640.3	59.6	106.2	97.1	9.1
留尼汪	11.4	11.4	0.0	1.7	1.7	0.0
卢旺达	9.4	7.2	2.2	1.4	1.1	0.3

续表

国别（地区）	2016年全年					
	统计人民币（亿元）			统计美元（亿美元）		
	进出口	出口	进口	进出口	出口	进口
圣多美和普林西比	0.4	0.4	0.0	0.1	0.1	0.0
塞内加尔	155.1	144.5	10.6	23.6	21.9	1.6
塞舌尔	3.7	3.7	0.0	0.6	0.6	0.0
塞拉利昂	31.8	16.0	15.8	4.8	2.4	2.4
索马里	26.6	25.9	0.7	4.0	3.9	0.1
南非	2319.2	847.6	1471.6	350.8	128.5	222.3
西撒哈拉	0.0	0.0	0.0	0.0	0.0	0.0
苏丹	173.5	140.2	33.3	26.3	21.3	5.1
坦桑尼亚	256.0	235.0	21.0	38.8	35.7	3.2
多哥	133.2	126.3	6.9	20.3	19.2	1.1
突尼斯	94.5	85.3	9.2	14.4	13.0	1.4
乌干达	57.2	54.7	2.5	8.6	8.2	0.4
布基纳法索	10.2	9.3	0.9	1.6	1.4	0.1
刚果(金)	202.9	65.3	137.6	30.8	9.9	20.9
赞比亚	176.2	32.3	143.9	26.7	4.9	21.8
津巴布韦	73.1	25.6	47.6	11.1	3.9	7.3
莱索托	4.9	3.6	1.3	0.7	0.6	0.2
梅利利亚	0.7	0.7	0.0	0.1	0.1	0.0
斯威士兰	2.8	2.8	0.0	0.4	0.4	0.0
厄立特里亚	16.1	4.5	11.6	2.5	0.7	1.8
马约特	2.5	2.5	0.0	0.4	0.4	0.0
南苏丹共和国	99.3	3.0	96.3	15.1	0.5	14.6
非洲其他国家(地区)	2.7	2.7	0.0	0.4	0.4	0.0
欧洲						
比利时	1425.3	971.3	454.0	216.1	147.3	68.7
丹麦	636.6	356.8	279.9	96.4	54.0	42.4
英国	4907.0	3673.3	1233.8	743.5	556.6	186.8
德国	9993.7	4302.2	5691.5	1513.2	652.1	861.1
法国	3114.0	1626.2	1487.9	471.6	246.6	225.0
爱尔兰	534.2	183.2	351.0	80.8	27.8	53.0
意大利	2843.6	1737.9	1105.7	430.7	263.6	167.1
卢森堡	102.8	82.6	20.2	15.6	12.6	3.1

续表

国别（地区）	2016年全年					
	统计人民币（亿元）			统计美元（亿美元）		
	进出口	出口	进口	进出口	出口	进口
荷兰	4441.9	3793.8	648.1	672.6	574.5	98.1
希腊	296.0	277.2	18.8	44.9	42.0	2.8
葡萄牙	368.2	263.5	104.8	55.9	40.0	15.8
西班牙	1810.7	1405.1	405.6	274.4	213.1	61.4
阿尔巴尼亚	41.8	33.3	8.5	6.4	5.1	1.3
安道尔	0.1	0.1	0.0	0.0	0.0	0.0
奥地利	479.9	147.7	332.2	72.7	22.4	50.3
保加利亚	108.6	69.6	39.0	16.5	10.6	5.9
芬兰	417.8	189.6	228.3	63.3	28.8	34.6
直布罗陀	0.5	0.5	0.0	0.1	0.1	0.0
匈牙利	586.9	357.7	229.2	88.9	54.2	34.6
冰岛	15.1	8.8	6.3	2.3	1.3	0.9
列支敦士登	9.9	2.5	7.4	1.5	0.4	1.1
马耳他	129.5	103.1	26.4	19.7	15.7	4.0
摩纳哥	1.4	0.9	0.5	0.2	0.1	0.1
挪威	384.7	171.5	213.2	58.3	26.0	32.3
波兰	1163.9	996.2	167.7	176.3	150.9	25.4
罗马尼亚	323.8	227.5	96.3	49.0	34.5	14.6
圣马力诺	0.8	0.3	0.4	0.1	0.1	0.1
瑞典	823.3	416.2	407.1	124.7	63.1	61.6
瑞士	2858.3	209.0	2649.2	430.0	31.6	398.3
爱沙尼亚	77.6	63.6	14.0	11.8	9.6	2.1
拉脱维亚	78.8	70.1	8.7	12.0	10.6	1.3
立陶宛	96.0	85.2	10.9	14.6	12.9	1.6
格鲁吉亚	52.7	49.1	3.5	8.0	7.5	0.5
亚美尼亚	25.8	7.3	18.5	3.9	1.1	2.8
阿塞拜疆	50.4	22.8	27.6	7.6	3.5	4.1
白俄罗斯	100.4	71.7	28.8	15.3	10.9	4.4
摩尔多瓦	6.7	5.1	1.6	1.0	0.8	0.2
俄罗斯联邦	4596.4	2466.0	2130.4	696.0	373.4	322.6
乌克兰	441.8	278.2	163.7	67.1	42.2	24.9
塞尔维亚和黑山	0.0	0.0	0.0	0.0	0.0	0.0
斯洛文尼亚	178.7	149.8	28.9	27.1	22.7	4.4

续表

国别（地区）	2016年全年					
	统计人民币（亿元）			统计美元（亿美元）		
	进出口	出口	进口	进出口	出口	进口
克罗地亚	77.7	67.0	10.7	11.8	10.2	1.6
捷克	726.9	531.8	195.1	110.1	80.6	29.5
斯洛伐克	348.0	188.9	159.1	52.7	28.6	24.1
马其顿	9.0	5.9	3.1	1.4	0.9	0.5
波黑	7.1	4.2	2.9	1.1	0.6	0.4
梵蒂冈城国	0.0	0.0	0.0	0.0	0.0	0.0
法罗群岛	6.9	0.1	6.8	1.1	0.0	1.0
塞尔维亚	39.2	28.5	10.7	5.9	4.3	1.6
黑山	9.3	7.1	2.2	1.4	1.1	0.3
欧洲其他国家(地区)	0.0	0.0	0.0	0.0	0.0	0.0
拉丁美洲						
安提瓜和巴布达	8.6	8.6	0.0	1.3	1.3	0.0
阿根廷	813.8	474.6	339.2	123.2	72.0	51.2
阿鲁巴	1.7	1.7	0.0	0.3	0.3	0.0
巴哈马	27.0	23.6	3.4	4.1	3.6	0.5
巴巴多斯	6.0	4.8	1.2	0.9	0.7	0.2
伯利兹	6.0	5.9	0.1	0.9	0.9	0.0
玻利维亚	61.9	40.3	21.6	9.4	6.1	3.3
博内尔	0.0	0.0	0.0	0.0	0.0	0.0
巴西	4474.3	1450.8	3023.6	678.3	219.8	458.6
开曼群岛	11.4	11.4	0.0	1.7	1.7	0.0
智利	2072.8	844.9	1227.9	314.1	128.0	186.1
哥伦比亚	612.9	445.1	167.7	93.0	67.5	25.5
多米尼克	2.3	2.2	0.1	0.3	0.3	0.0
哥斯达黎加	144.7	98.6	46.1	21.9	15.0	7.0
古巴	135.3	117.3	18.0	20.6	17.8	2.7
库腊索岛	1.5	1.5	0.0	0.2	0.2	0.0
多米尼加	112.0	103.4	8.6	17.0	15.7	1.3
厄瓜多尔	211.1	149.0	62.1	32.0	22.6	9.4
法属圭亚那	0.9	0.9	0.0	0.1	0.1	0.0
格林纳达	0.5	0.5	0.0	0.1	0.1	0.0
瓜德罗普	2.2	2.2	0.0	0.3	0.3	0.0

续表

国别（地区）	2016年全年					
	统计人民币（亿元）			统计美元（亿美元）		
	进出口	出口	进口	进出口	出口	进口
危地马拉	128.9	122.3	6.6	19.6	18.6	1.0
圭亚那	13.6	11.8	1.9	2.1	1.8	0.3
海地	30.4	30.0	0.4	4.6	4.5	0.1
洪都拉斯	49.3	47.5	1.8	7.5	7.2	0.3
牙买加	34.4	33.3	1.1	5.2	5.1	0.2
马提尼克	1.6	1.6	0.0	0.2	0.2	0.0
墨西哥	2816.7	2134.1	682.6	426.8	323.6	103.3
蒙特塞拉特	0.0	0.0	0.0	0.0	0.0	0.0
尼加拉瓜	42.2	41.0	1.2	6.4	6.2	0.2
巴拿马	420.9	418.4	2.5	63.8	63.4	0.4
巴拉圭	78.7	77.2	1.5	11.9	11.7	0.2
秘鲁	1022.3	395.1	627.2	154.8	59.9	94.9
波多黎各	83.8	39.3	44.6	12.7	6.0	6.8
萨巴	0.0	0.0		0.0	0.0	
圣卢西亚	1.1	1.1	0.0	0.2	0.2	0.0
圣马丁岛	0.5	0.5	0.0	0.1	0.1	0.0
圣文森特和格林纳丁斯	1.2	1.2	0.0	0.2	0.2	0.0
萨尔瓦多	53.9	50.9	3.0	8.2	7.7	0.5
苏里南	10.9	9.0	1.9	1.7	1.4	0.3
特立尼达和多巴哥	34.3	22.8	11.4	5.2	3.5	1.8
特克斯和凯科斯群岛	0.1	0.1	0.0	0.0	0.0	0.0
乌拉圭	245.8	117.0	128.9	37.2	17.7	19.5
委内瑞拉	533.0	165.6	367.4	80.8	25.2	55.6
英属维尔京群岛	2.4	2.4	0.0	0.4	0.4	0.0
圣其茨和尼维斯	0.3	0.3	0.0	0.1	0.0	0.0
圣皮埃尔和密克隆	0.0	0.0		0.0	0.0	
荷属安地列斯	3.3	3.3	0.0	0.5	0.5	0.0
拉丁美洲其他国家(地区)	0.1	0.1	0.0	0.0	0.0	0.0
北美洲						
加拿大	3012.5	1802.0	1210.5	456.5	273.1	183.4

续表

国别（地区）	2016年全年					
	统计人民币（亿元）			统计美元（亿美元）		
	进出口	出口	进口	进出口	出口	进口
美国	34304.6	25414.4	8890.2	5195.3	3850.8	1344.5
格陵兰	6.7	0.0	6.7	1.0	0.0	1.0
百慕大	15.1	15.1	0.0	2.3	2.3	0.0
北美洲其他国家（地区）	0.0	0.0	0.0	0.0	0.0	0.0
大洋洲						
澳大利亚	7147.1	2460.5	4686.5	1081.8	372.8	709.0
库克群岛	0.3	0.2	0.1	0.0	0.0	0.0
斐济	26.4	25.3	1.1	4.0	3.8	0.2
盖比群岛	0.0	0.0		0.0	0.0	
马克萨斯群岛						
瑙鲁	0.1	0.1	0.0	0.0	0.0	0.0
新喀里多尼亚	39.0	5.7	33.4	5.9	0.9	5.0
瓦努阿图	4.5	4.2	0.3	0.7	0.6	0.1
新西兰	785.1	314.4	470.7	119.0	47.6	71.4
诺福克岛	0.2	0.2	0.0	0.0	0.0	0.0
巴布亚新几内亚	150.4	42.7	107.6	22.8	6.5	16.3
社会群岛	0.2	0.2		0.0	0.0	
所罗门群岛	30.6	5.7	24.9	4.6	0.9	3.8
汤加	2.0	2.0	0.0	0.3	0.3	0.0
土阿莫土群岛	0.0		0.0	0.0		0.0
土布艾群岛	0.0		0.0	0.0		0.0
萨摩亚	4.6	4.6	0.1	0.7	0.7	0.0
基里巴斯	2.3	1.6	0.6	0.3	0.3	0.1
图瓦卢	0.4	0.4	0.0	0.1	0.1	0.0
密克罗尼西亚联邦	1.4	1.0	0.5	0.2	0.1	0.1
马绍尔群岛	261.1	259.8	1.3	39.7	39.5	0.2
帕劳	1.3	1.3	0.0	0.2	0.2	0.0
法属波利尼西亚	3.8	3.4	0.4	0.6	0.5	0.1
瓦利斯和浮图纳	0.1	0.1	0.0	0.0	0.0	0.0
大洋洲其他国家（地区）	0.5	0.5	0.0	0.1	0.1	0.0
国（地）别不详	67.7	0.0	67.7	10.3	0.0	10.3

（十）2016年中国接受各国留学生情况统计表

（按国名英文字母顺序排列）

国别	长期留学生人数	短期留学生人数	总数
亚洲			
阿富汗	650	92	742
亚美尼亚	192	127	319
阿塞拜疆	299	62	361
巴林	616	13	629
孟加拉国	4456	449	4905
不丹	63	36	99
文莱	52	18	70
柬埔寨	1733	517	2250
朝鲜	1712	117	1829
格鲁吉亚	169	89	258
印度	17556	615	18171
印度尼西亚	10422	4292	14714
伊朗	1442	103	1545
伊拉克	691	165	856
以色列	253	262	515
日本	8080	5515	13595
约旦	896	145	1041
哈萨克斯坦	12600	1396	13996
科威特	99	1	100
吉尔吉斯斯坦	2926	321	3247
老挝	8058	1849	9907
黎巴嫩	127	68	195
马来西亚	4474	2406	6880
马尔代夫	160	26	186
蒙古	7628	880	8508
缅甸	2413	3249	5662
尼泊尔	4427	733	5160

续表

国别	长期留学生人数	短期留学生人数	总数
阿曼	36	13	49
巴基斯坦	18027	599	18626
巴勒斯坦	267	120	387
菲律宾	1218	1843	3061
卡塔尔	17	1	18
韩国	53979	16561	70540
沙特阿拉伯	1199	94	1293
新加坡	2318	2665	4983
斯里兰卡	2049	262	2311
叙利亚	711	104	815
塔吉克斯坦	2276	330	2606
泰国	16248	6796	23044
东帝汶	108	44	152
土耳其	1693	454	2147
土库曼斯坦	2079	70	2149
阿拉伯联合酋长国	30	10	40
乌兹别克斯坦	2773	356	3129
越南	8610	2029	10639
也门	3081	166	3247
非洲			
阿尔及利亚	706	286	992
安哥拉	676	38	714
贝宁	551	122	673
博茨瓦纳	372	24	396
布基纳法索	72	22	94
布隆迪	878	74	952
佛得角	325	15	340
喀麦隆	2569	307	2876
中非	137	339	476
乍得	293	16	309
科摩罗	235	50	285
刚果共和国	1544	121	1665
科特迪瓦	572	113	685
吉布提	585	30	615
刚果民主共和国	1316	134	1450

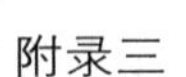

续表

国别	长期留学生人数	短期留学生人数	总数
埃及	1108	244	1352
赤道几内亚	805	24	829
厄立特里亚	160	52	212
埃塞俄比亚	2171	658	2829
加蓬	307	22	329
冈比亚	142	32	174
加纳	4981	571	5552
几内亚	528	142	670
几内亚比绍	313	60	373
肯尼亚	1872	542	2414
莱索托	180	26	206
利比里亚	290	70	360
利比亚	216	50	266
马达加斯加	767	108	875
马拉维	424	124	548
马里	532	76	608
毛里塔尼亚	209	13	222
毛里求斯	1040	238	1278
摩洛哥	861	259	1120
莫桑比克	403	93	496
纳米比亚	587	14	601
尼日尔	467	148	615
尼日利亚	4533	213	4746
卢旺达	1588	70	1658
圣多美和普林西比	9		9
塞内加尔	631	82	713
塞舌尔	67	24	91
塞拉利昂	419	203	622
索马里	1476	77	1553
南非	1900	399	2299
南苏丹	391	121	512
苏丹	1979	650	2629
斯威士兰	55	3	58
坦桑尼亚	3330	190	3520
多哥	370	33	403

续表

国别	长期留学生人数	短期留学生人数	总数
突尼斯	242	104	346
乌干达	938	179	1117
赞比亚	3205	223	3428
津巴布韦	3224	201	3425
法属南部领地	14		14
欧洲			
阿尔巴尼亚	109	15	124
安道尔	0	1	1
奥地利	295	286	581
白俄罗斯	575	283	858
比利时	632	722	1354
波斯尼亚与黑塞哥维那	64	29	93
保加利亚	291	94	385
克罗地亚	88	23	111
塞浦路斯	54	26	80
捷克	461	254	715
丹麦	733	588	1321
爱沙尼亚	61	47	108
芬兰	381	99	480
法国	6877	3537	10414
德国	5619	2526	8145
直布罗陀	1		1
希腊	164	50	214
匈牙利	416	124	540
冰岛	56	21	77
爱尔兰	311	264	575
意大利	3559	2025	5584
拉脱维亚	143	43	186
列支敦士登	5	1	6
立陶宛	196	98	294
卢森堡	30	7	37
马其顿	42	10	52
马耳他	4	11	15
摩尔多瓦	119	18	137
摩纳哥	2	1	3

 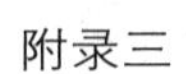 

续表

国别	长期留学生人数	短期留学生人数	总数
黑山	49	19	68
荷兰	1304	1047	2351
挪威	383	233	616
波兰	1314	443	1757
葡萄牙	430	205	635
罗马尼亚	399	136	535
俄罗斯	14073	3898	17971
圣马力诺	3		3
塞尔维亚	184	80	264
斯洛伐克	157	34	191
斯洛文尼亚	75	22	97
西班牙	1802	1043	2845
瑞典	1028	501	1529
瑞士	448	405	853
乌克兰	2443	453	2896
英国	3012	3205	6217
美洲			
安提瓜和巴布达	142	17	159
阿根廷	313	113	426
阿鲁巴	0	8	8
巴巴多斯	38	49	87
巴哈马	171	25	196
伯利兹	30	2	32
玻利维亚	199	50	249
巴西	1005	582	1587
英属维尔京群岛	1	38	39
加拿大	2285	1561	3846
智利	238	261	499
哥伦比亚	769	321	1090
哥斯达黎加	260	20	280
古巴	182	92	274
多米尼克	95	13	108
多米尼加	48	28	76
厄瓜多尔	383	82	465
瓜德罗普	1		1

续表

国别	长期留学生人数	短期留学生人数	总数
格林纳达	101	55	156
危地马拉	26	3	29
法属圭亚那	1		1
圭亚那	102	27	129
洪都拉斯	25	4	29
牙买加	300	15	315
海地	47	1	48
墨西哥	1434	666	2100
荷属安的列斯	2		2
尼加拉瓜	7	1	8
巴拿马	200	356	556
巴拉圭	17	5	22
秘鲁	444	159	603
波多黎各	2	1	3
圣基茨和尼维斯	2	2	4
圣卢西亚	4		4
圣文森特和格林纳丁斯	4		4
萨尔瓦多	9	1	10
苏里南	68	17	85
特立尼达和多巴哥	32	8	40
美国	10663	13175	23838
乌拉圭	35	133	168
委内瑞拉	412	89	501
大洋洲			
澳大利亚	1509	3287	4796
美属萨摩亚	4		4
库克群岛	0	5	5
斐济	142	37	179
法属波利尼西亚	14		14
基里巴斯	13		13
马绍尔群岛	6		6
瑙鲁	2		2
新喀里多尼亚	1		1
帕劳	0	1	1
密克罗尼西亚	64	23	87

续表

国别	长期留学生人数	短期留学生人数	总数
新西兰	375	520	895
巴布亚新几内亚	333	15	348
萨摩亚	120	57	177
所罗门群岛	7	8	15
汤加	88	17	105
图瓦卢	1		1
瓦努阿图	82	76	158
总计	333728	109045	442773

后 记

《中国外交》由外交部政策规划司主编、外交部各地区业务司撰稿、世界知识出版社出版发行，每年出版一卷，向国内外公开发行。

《中国外交》旨在准确、全面地阐述中国的外交政策和中国对国际形势的最新看法，系统、完整地介绍中国上年度对外关系及外交实践。

《中国外交》（2017年版）主要介绍2016年的中国外交，同时发行中文版和英文全译本。

《中国外交》（2017年版）共分九章。

第一章和第二章主要介绍中国对2016年国际形势的看法和中国的外交工作概况。

第三章主要介绍2016年中国与各建交国家的关系。

第四章主要介绍2016年中国与国际和地区组织的关系以及中国对有关问题的立场及观点。

第五章介绍2016年中国外交中的军控、裁军与防扩散工作。

第六章介绍2016年中国外交中的条约法律工作。

第七章介绍2016年中国外交中的边界与海洋工作。

第八章介绍2016年中国外交中的新闻工作和公共外交工作。

第九章介绍2016年中国外交中的领事工作。

最后为附录，收录了“2016年中国外交重要活动”“2016年中国外交重要文献”目录以及“2016年中华人民共和国外交部组织机构表”“中华人民共和国外交部领导成员名单”和2016年中国与各建交国有关情况的部分资料、数据等。

外交部政策规划司

2017年4月